STARK

ABITUR 2010

Prüfungsaufgaben
mit Lösungen

Wirtschaft/Recht

Leistungskurs
Gymnasium
Bayern
2003 – 2009

STARK

ISBN 978-3-89449-103-1

31. ergänzte Auflage
www.stark-verlag.de

Inhalt

Fortsetzung nächste Seite

Abiturprüfungsaufgaben 2005

Abiturprüfungsaufgaben 2006

Abiturprüfungsaufgaben 2007

Abiturprüfungsaufgaben 2008

Abiturprüfungsaufgaben 2009

Jeweils im Herbst erscheinen die neuen Ausgaben
der Abiturprüfungsaufgaben mit Lösungen.

Lösungen der Aufgaben:

Dr. Kerstin Vonderau

Stichwortverzeichnis

Die angeführten Begriffe werden thematisch in den dazu genannten Teilaufgaben der einzelnen Abituraufgaben behandelt. Dabei kann eine Teilaufgabe unter mehreren Begriffen erscheinen, z. B. Abitur 2006, Aufgabe I, Frage 3.2 beschäftigt sich sowohl mit staatlicher ***Finanz****- und* ***Konjunkturpolitik*** *als auch mit Wirkungen der* ***Leitzinspolitik*** *der* ***EZB****.*

Volkswirtschaftslehre

Betriebswirtschaftslehre

Recht

Wichtige Hinweise zum Arbeiten mit diesem Buch

Wichtige Hinweise zum Arbeiten mit diesem Buch

Ein wesentliches Element der Abiturvorbereitung ist die Arbeit mit Abituraufgaben früherer Jahrgänge. Da sich die Schulaufgaben in der Kursphase meist an den Anforderungen im Abitur orientieren, kann das Arbeiten mit Abituraufgaben auch für die Schulaufgabenvorbereitung sinnvoll und nützlich sein.

Die zentralen Fragen bei der **Prüfungsvorbereitung** sind:
1. Welche Themen werden geprüft (Inhalte der Aufgaben)?
2. Wie detailliert muss man die Themen vorbereiten (Breite und Tiefe der Vorbereitung)?
3. Welche Arten von Aufgabenstellungen gibt es im Abitur?
4. Welche Hinweise kann man aus der Aufgabenformulierung für Inhalt und Tiefe der Antwort ableiten?
5. Wie gliedert und formuliert man adäquate Antworten?

Zu 1. und 2.:
Da es sich im vorliegenden Band um eine Auswahl von Aufgaben handelt, erhält man zwar einen Überblick über die geprüften Themen, muss aber davon ausgehen, dass es auch andere abiturrelevante Themen gibt. Maßgeblich ist hier der Lehrplan für das G 9[1]. Hinweise zu aktuellen Entwicklungen, die als Themen im Abitur infrage kommen könnten, finden sich auf den Seiten XV f.
Da zahlreiche Fragestellungen eine Vielzahl an Lösungsaspekten zulassen, muss in solchen Fällen die Lösung als exemplarisch betrachtet werden, d. h. es kann durchaus weitere korrekte Aspekte geben, die im Lösungsvorschlag nicht genannt werden. Im Zweifelsfall kann die Diskussion im Kurs und die Rücksprache mit dem Kursleiter hier Klarheit bringen.

Zu 3. und 4.:
Es ist sinnvoll, sich durch diagonales Lesen einen Überblick über die verschiedenen Aufgabenformen zu verschaffen. Mit der korrekten Erfassung der Fragestellung steht und fällt die Aufgabenbearbeitung. Die folgenden Hinweise und Beispiele zu Operatoren (Arbeitsanweisungen) und Arbeitstechniken stellen einen umfassenden „Werkzeugkasten" für die Bearbeitung von Abituraufgaben dar und sollten zum Grundwissen gehören. Ab dem Prüfungsjahrgang 2003 werden im Lösungsteil neben den Antworten auch entsprechende methodische Hinweise zur Bearbeitung der Aufgaben gegeben. Seit dem Jahrgang 2006 sind diese Hinweise mit Rauten am Rand markiert.

Zu 5.:
Hier hilft nur Üben und Vergleichen mit den Lösungsvorschlägen. Eine klare gedankliche und optische Strukturierung der Antwort ist immer von Vorteil.

1 Der Lehrplan ist im Internet zu finden unter: www.isb.bayern.de

Lösungsstrategien für Abituraufgaben: Inhalte und Methodenkompetenz

Die Abituraufgaben werden zentral vom Bayerischen Kultusministerium gestellt und sind für alle Abiturienten in Bayern verbindlich. Von den **vier gestellten Aufgaben** hat der Prüfling **zwei** aus unterschiedlichen Fachgebieten zu **bearbeiten**. Für die Auswahl und Beantwortung dieser zwei Aufgaben stehen **270 Minuten** zur Verfügung.
Als **Hilfsmittel** sind zugelassen: Taschenrechner, unkommentierte Ausgaben des Grundgesetzes, der Bayerischen Verfassung, des Bürgerlichen Gesetzbuches, des Strafgesetzbuches, des Handelsgesetzbuches und des Aktiengesetzes, jeweils mit Nebengesetzen.
„Unkommentiert" bedeutet, dass nur Markierungen, Hervorhebungen und Querverweise auf andere Rechtsnormen erlaubt sind.

Im Zusammenhang mit der Einführung der Bildungsstandards und den bundesweit einheitlichen Prüfungsanforderungen für das Abitur (EPA) der Ständigen Konferenz der Kultusminister erhalten die sogenannten **Operatoren** offiziell einen höheren Stellenwert, da sie einheitlich und verbindlich festgelegt sind. Die Hinweise zu den Operatoren in diesem Buch orientieren sich an den EPA für Wirtschaft und für Recht und an den Abituraufgaben der vergangenen zehn bis fünfzehn Jahre. Sie zeigen, dass recht einheitliche **Zusammenhänge zwischen Fragestellungen und Art bzw. Anspruchsniveau** der Antworten bestehen. Die folgenden Seiten geben einen Überblick über gängige Fragestellungen und kurze Erläuterungen zum jeweils erwarteten Anspruchsniveau der Antwort (jeweils grau hinterlegt). Anschließend werden zur Verdeutlichung Beispiele aus den verschiedenen Themengebieten VWL, BWL und Recht gegeben. Um im Abitur optimal arbeiten zu können, muss jedem Prüfungsteilnehmer klar sein, welcher Erwartungshorizont sich hinter den einzelnen Operatoren verbirgt.
Im Anschluss an die Operatoren-Liste finden sich noch **Hinweise zu weiteren prüfungsrelevanten Arbeitstechniken** (ab S. IX).

Schlüssel zu den Anspruchsebenen der verschiedenen Fragestellungen

Fragestellung
→ Anforderungsspektrum

Beispiel

Definieren Sie …
→ Definition reproduzieren.

VWL:
F: Definieren Sie „Warenkorb"!
A: Ein Warenkorb ist eine repräsentative Auswahl an Gütern und Dienstleistungen zur Ermittlung des Preisindex.

BWL:
F: Definieren Sie „Fixkosten"!
A: Fixkosten sind die Kosten der Betriebsbereitschaft, die unabhängig von der Menge der produzierten Güter entstehen.

Recht:
F: Definieren Sie „gegenseitiger Vertrag"!
A: Ein gegenseitiger Vertrag ist ein zwei- oder mehrseitiges Rechtsgeschäft, das durch mindestens zwei inhaltlich übereinstimmende und entgegengesetzte Willenserklärungen zustande kommt und aus dem für beide Vertragspartner vertragliche Leistungspflichten entstehen.

Nennen Sie …

→ Eine reine Auflistung wird verlangt; Spiegelstrichliste genügt theoretisch, ein einleitender Satz kann aber nicht schaden.

VWL:

F: Nennen Sie die Ziele des Stabilitätsgesetzes!

A: Die Ziele des Stabilitätsgesetzes sind:
- außenwirtschaftliches Gleichgewicht
- hoher Beschäftigungsstand
- stetiges, angemessenes Wirtschaftswachstum
- Preisniveaustabilität

BWL:

F: Nennen Sie drei primäre Unternehmensziele!

A: Drei primäre Unternehmensziele sind:
- Gewinnmaximierung
- Liquidität
- Sicherheit

Recht:

F: Nennen Sie drei Rechtsfunktionen!

A: Drei Rechtsfunktionen sind:
- Schutzfunktion
- Ordnungsfunktion
- Ausgleichsfunktion

Zeigen Sie … (auf) …/Beschreiben Sie … /

→ Geht über reines Nennen hinaus, erfordert noch keine ausführliche Erläuterung, aber definitiv einen geschlossenen Text; ggf. Zusammenhänge zwischen den relevanten Aspekten; Beispiele sind möglich; ggf. wird Material (z. B. ein Diagramm) vorgegeben.

VWL:

F: Beschreiben Sie zwei Ziele des Stabilitätsgesetzes!

A: Zwei Ziele des Stabilitätsgesetzes sind z. B. außenwirtschaftliches Gleichgewicht und Preisniveaustabilität. Von außenwirtschaftlichem Gleichgewicht spricht man, wenn der Außenbeitrag eines Landes weder positiv noch negativ ist, d. h. Wert der Importe = Wert der Exporte. Von Preisniveaustabilität spricht man, wenn der Verbraucherpreisindex einen bestimmten Wert nicht übersteigt; zurzeit laut EZB 2 %.

BWL:

F: Beschreiben Sie drei primäre Unternehmensziele!

A: Drei primäre Unternehmensziele sind z. B. Gewinnmaximierung, Liquidität und Sicherheit. Unter Gewinnmaximierung versteht man die Optimierung der Differenz zwischen Erlös und Kosten. Liquidität beschreibt den Grad der Zahlungsfähigkeit eines Unternehmens. Sicherheit beinhaltet das Streben nach dauerhaftem Substanz- und Kapitalerhalt eines Unternehmens.

Recht:

F: Beschreiben Sie die Ausgleichsfunktion des Rechts!

A: Das Recht soll bei Interessenkonflikten zu einem möglichst gerechten Interessenausgleich zwischen den Beteiligten führen; z. B. Kompromisslösung zur störenden Hausmusik eines Schlagzeugers: festgelegte Spiel- und Ruhezeiten in der Hausordnung.

Erläutern Sie …/Legen Sie dar …/Stellen Sie dar …
→ Erfordert neben der Beschreibung eine weitergehende Erörterung der Inhalte; möglichst umfassende Darstellung der Kenntnisse zu einem Inhalt.

VWL:

F: Erläutern Sie das wirtschaftspolitische Ziel „außenwirtschaftliches Gleichgewicht"!

A: Von außenwirtschaftlichem Gleichgewicht spricht man, wenn der Außenbeitrag eines Landes weder positiv noch negativ ist, d. h. Wert der Importe = Wert der Exporte bzw. X – M = 0. Der Außenbeitrag wird über die Zahlungsbilanz ermittelt. Ein Zahlungsbilanzungleichgewicht ist aus Sicht der beiden beteiligten Länder unerwünscht, da für das Überschussland die Gefahr einer importierten Inflation besteht, im Defizitland die Wirtschaftsentwicklung negativ ist und daher langfristig Zahlungsunfähigkeit droht.

BWL:

F: Erläutern Sie (ausführlich) das Unternehmensziel „Gewinnmaximierung"!

A: Unter Gewinnmaximierung versteht man ganz allgemein die Optimierung der Differenz zwischen erwirtschaftetem Kapital (Output) und eingesetztem Kapital (Input). Man kann verschiedene Arten von „Gewinn" unterscheiden, z. B. bilanzieller Gewinn, d. h. die Differenz zwischen Ertrag und Aufwand in der Erfolgsrechnung; kalkulatorischer Gewinn, d. h. die Differenz zwischen Erlös und Kosten in der Kostenrechnung; Gewinn vor und nach Steuern, d. h. vor bzw. nach Abzug der Steuern, die auf den zu versteuernden Gewinn zu zahlen sind; auszuschüttender gegenüber einbehaltener Gewinn: Aus Sicht der Kapitalgeber ist der ausgeschüttete Gewinn maßgeblich. (Gewinnmaximierung kann in Konkurrenz zu anderen Unternehmenszielen stehen.)

Recht:

F: Erläutern Sie die Ausgleichsfunktion des Rechts!

A: Das Recht soll bei Interessenkonflikten zu einem möglichst gerechten Interessenausgleich zwischen den Beteiligten führen. Wird beispielsweise einem Vertragspartner das Recht auf Anfechtung per Gesetz zugestanden, wenn er sich bei Vertragsabschluss geirrt hat (§§ 119, 120 BGB), sodass er sich – entgegen dem Grundsatz *pacta sunt servanda* – aus dem irrtümlicher Weise abgeschlossenen Vertrag lösen kann, dann muss er im Gegenzug dem anderen Vertragspartner, der auf die Gültigkeit des Vertrags vertraut hat, einen ggf. resultierenden Schaden ersetzen (§ 122 BGB).

Systematisieren Sie …
→ Verlangt eine Ordnung einer Anzahl von Aspekten anhand eines oder mehrerer Kriterien; die Aspekte können vorgegeben, aus einem Text zu ermitteln oder Bestandteil der Lösung sein; ggf. auch grafische Lösung (vgl. S. IX, 1.).

VWL:

F: Systematisieren Sie die folgenden wirtschaftspolitischen Maßnahmen: 1) Subventionen, 2) Steuererhöhungen, 3) Mindestreserveerhöhung, 4) Abschluss von flexiblen Tarifverträgen, 5) Leitzinssenkung.

A: Kriterium ist der Träger:
- Fiskalpolitik (Staat): Maßnahmen 1) und 2)
- Geldpolitik (EZB): Maßnahmen 3) und 5)
- Tarifpolitik (Tarifparteien): Maßnahme 4).

BWL:

F: Systematisieren Sie folgende Unternehmensziele: 1) 30 % Umsatzsteigerung, 2) Erhöhung des Bekanntheitsgrades, 3) 200 Stück Tagesproduktion, 4) Senkung der Stückkosten auf 5 €, 5) Erhaltung der Zahlungsbereitschaft.

A: Kriterium ist die Messbarkeit:
- quantitative Ziele: Ziele 1), 3) und 4)
- qualitative Ziele: Ziele 2) und 5)

Recht:

F: Systematisieren Sie folgende Rechtsgeschäfte: 1) Leihe, 2) Miete, 3) Tausch, 4) Schenkung, 5) Auftrag, 6) Kaufvertrag.

A: Kriterium ist die (Un-)Entgeltlichkeit:
- entgeltliche Rechtsgeschäfte: 2), 3) und 6)
- unentgeltliche Rechtsgeschäfte: 1), 4) und 5)

Grenzen sie ... voneinander ab/Vergleichen Sie ...

→ Bedeutet das Beschreiben von Gemeinsamkeiten und Unterschieden.

VWL:

F: Grenzen Sie die Spitzenrefinanzierungsfazilität (SRF) und die Hauptrefinanzierungsgeschäfte (HRG) voneinander ab!

A: Sowohl SRF als auch HRG dienen der Refinanzierung der Geschäftsbanken (GB) und werden über Wertpapiere abgesichert. Sie unterscheiden sich allerdings in der Laufzeit (SRF über Nacht; HRG eine Woche), dem Rhythmus (SRF auf Initiative der GB; HRG wöchentlich) und der Vergabe (SRF wird mit einzelnen GB abgewickelt; HRG richtet sich an alle GB des Eurosystems).

BWL:

F: Grenzen Sie OHG und KG voneinander ab!

A: Sowohl OHG als auch KG sind Personengesellschaften und im HGB geregelt. Zur Gründung sind bei beiden mindestens zwei Gesellschafter erforderlich und bei beiden gibt es kein gesetzliches Mindestkapital. Bei beiden gibt es Vollhafter, allerdings sind dies bei der OHG alle Teilhaber, bei der KG nur der Komplementär. Während bei der OHG alle Teilhaber zur Geschäftsführung berechtigt sind, ist dies bei der KG nur der Komplementär, d. h. bei beiden ist die Geschäftsführung mit der Vollhaftung verbunden.

F: Grenzen Sie die Begriffe Betrieb, Unternehmen und Firma voneinander ab!

A: Während „Unternehmen" als Oberbegriff verwendet werden kann, aber primär die rechtlich-organisatorische Einheit darstellt, bezeichnet „Betrieb" den Bereich der Leistungserstellung in einem Unternehmen. „Firma" wiederum ist lediglich der Name eines Unternehmens.

Recht:

F: Grenzen Sie Rechtsgeschäft (RG) und Realakt (RA) voneinander ab!

A: Während das RG durch Willenserklärung(en) entsteht, ist der RA eine Tathandlung. Das RG ist immer bewusst auf eine Rechtsfolge gerichtet (z. B. Einigung mit dem Ziel der Eigentumsübertragung), beim RA ergibt sich die Rechtsfolge per Gesetz, egal ob man es will oder nicht (z. B. Eigentumserwerb durch Verbindung mit dem Grundstück).

Erklären Sie ...

→ Heißt einen Zusammenhang darstellen, also wie etwas abläuft, funktioniert, zusammenhängt ...

VWL:

F: Erklären Sie den Investitionsmultiplikator!

A: Durch Multiplikatorprozesse wird durch eine einmalige autonome Investition zusätzliches Volkseinkommen geschaffen: Die einmalige Investition erhöht zunächst die Einnahmen in der Investitionsgüterindustrie und damit das Volkseinkommen (Y) in Form von zusätzlichen Gewinnen oder Löhnen. Dieses zusätzliche Y wird zum Teil konsumiert und zum Teil gespart. Der Konsumanteil führt zu einer Erhöhung der Einnahmen in der Konsumgüterindustrie und damit - wie oben - wiederum zu einer Erhöhung von Y. Auch diese Erhöhung wird wieder zum Teil für Konsum verwendet und erhöht wiederum Y. Dieser Prozess läuft theoretisch unendlich lange mit abnehmenden Zuwachsraten von Y. Die Höhe des gesamten Y-Zuwachses hängt von der Höhe der Konsumquote ab: Je höher der Anteil des Konsums an der Y-Verwendung (d. h. je weniger gespart wird), desto höher der Gesamtzuwachs.

BWL:

F: Erklären Sie, wie man eine rationale Rechtsformwahl treffen kann!

A: Man kann z. B. eine gewichtete Entscheidungsmatrix erstellen, d. h. man trägt in einer Tabelle in die Kopfzeile die verschiedenen Rechtsformen und in die Kopfspalte die verschiedenen Entscheidungskriterien ein und bewertet anhand der gegebenen Ausgangssituation die verschiedenen Rechtsformen, indem man bei jedem Kriterium einen Punktwert von z. B. 1–5 vergibt. Gewichten kann man diese Punktwerte noch, indem man wichtigere Kriterien mit einem höheren Faktor multipliziert und weniger wichtige mit einem niedrigeren. Die Rechtsformen, die im Endergebnis den höchsten Punktwert haben, kommen in die engere Wahl. Die endgültige Entscheidung sollte dann aber nicht mechanisch nach Punktwerten erfolgen.

Recht:

F: Erklären Sie, wie bei nichtigen Kaufverträgen von beschränkt Geschäftsfähigen die Interessen des Verkäufers gewahrt werden!

A: Wird der Kaufvertrag nichtig, so wird analog auch die Übereignung des bezahlten Geldes nichtig und der Minderjährige kann es über § 985 vom Verkäufer zurückfordern. Die Übereignung der Sache dagegen ist gemäß § 107 und Abstraktionsprinzip rechtswirksam, sodass der Verkäufer keinen Anspruch aus § 985 hat, obwohl er das Geld zurückgeben muss. Gemäß § 812 kann er jedoch die Sache zurückverlangen, da durch die Nichtigkeit des Kaufvertrags der Rechtsgrund für die Übereignung fehlt und der beschränkt Geschäftsfähige daher ungerechtfertigt bereichert ist.

Begründen Sie …

→ Zusammenhang zwischen Ursache und Wirkung herstellen, d. h. erklären, „warum“. Ein Fazit ist erwünscht, aber nicht zwingend.

VWL:

F: Begründen Sie, warum Wirtschaftswachstum nicht das einzige Ziel des Staates sein kann!

A: Wirtschaftswachstum kann nicht das einzige Staatsziel sein, da die Bundesrepublik Deutschland eine soziale Marktwirtschaft und ein sozialer Rechtsstaat ist und daher nicht nur wirtschaftspolitische Ziele verfolgen kann. Einseitiges Wachstumsstreben kann zu negativen Effekten bei den anderen Zielen führen. So kann z.B. durch rücksichtslosen Raubbau bei Ressourcen eine Zerstörung der Umwelt entstehen, die mittelfristig sogar die Grundlage für das Wirtschaftswachstum selbst zerstört. Wachstum durch massive Rationalisierung kann zu hoher Arbeitslosigkeit führen und dadurch die soziale und politische Stabilität eines Landes gefährden. Wirtschaftswachstum führt in der Regel auch zu Wettbewerbsvorteilen und Marktmacht für Großunternehmen, die kleine Unternehmen und Verbraucherschutz gefährden.

Fazit: Neben Wirtschaftswachstum muss der Staat auch andere elementare Ziele wie z. B. Umweltschutz, sozialen Ausgleich/Frieden, Wettbewerbsschutz, Verbraucherschutz etc. verfolgen, um langfristig die Ziele unserer Wirtschaftsordnung und Staatsform zu gewährleisten.

BWL:

F: Begründen Sie, warum Gewinnmaximierung nicht das einzige Unternehmensziel sein kann!

A: Gewinnmaximierung kann nicht das einzige Unternehmensziel sein, da einseitiges Gewinnstreben zu negativen Effekten führen kann, die mittelfristig die Gewinnerzielung oder sogar die Existenz des Unternehmens gefährden können, z. B. wenn hohe

Gewinne dadurch begründet sind, dass auf notwendige Investitionen verzichtet wird, und das Unternehmen so mittelfristig seine Wettbewerbsfähigkeit verliert. Ein weiterer Grund sind inner- und außerbetriebliche Interessengruppen, die ihre Zielvorstellungen bis zu einem gewissen Maß in das Unternehmen einbringen können, u. a. über Gesetze (z. B. Umweltrecht), politischen oder gesellschaftlichen Druck (z. B. Ächtung von Kinderarbeit).

Fazit: Ein Unternehmen muss immer ein ganzes Bündel an Zielen verfolgen, das durch inner- und außerbetriebliche Interessen beeinflusst wird.

Recht:

F: Begründen Sie, warum der Gesetzgeber den § 110 eingeführt hat!

A: Das Ziel der Regelungen zur Geschäftsfähigkeit ist das allmähliche Hineinwachsen von Minderjährigen in das Geschäftsleben. Der § 110 wurde eingeführt, damit die Freiheit zu selbstständigen Rechtsgeschäften vom gesetzlichen Vertreter unkompliziert dem Reifegrad des Minderjährigen angepasst werden kann, indem er einfach die Summe des frei zur Verfügung gestellten Betrages variiert. Je mehr dem Minderjährigen zugetraut wird, desto höher kann der Betrag sein, den man ihm zur freien Verfügung überlässt.

Beurteilen Sie … /Erörtern Sie … /Betrachten Sie kritisch … /Wägen Sie ab … / Diskutieren Sie … /Nehmen Sie Stellung ...

→ Vor- und Nachteile, Chancen und Risiken, positive und negative Aspekte eines Inhalts müssen gegenübergestellt werden; ggf. sind unterschiedliche Perspektiven zu berücksichtigen. Ein Fazit wird in der Regel erwartet.

VWL:

F: Beurteilen Sie das wirtschaftspolitische Ziel „Wirtschaftswachstum“ vor dem Hintergrund unserer Wirtschaftsordnung!

A: Die Wirtschaftsordnung der BRD ist die soziale Marktwirtschaft, d. h. eine Verbindung von Marktwirtschaft und sozialem Ausgleich im Rahmen einer Wettbewerbswirtschaft.

Aus der Sicht der Marktwirtschaft ist Wirtschaftswachstum (WW) positiv zu sehen, da es zu technischem Fortschritt, einem höheren Güterangebot und Neuinvestitionen führt. Für das Ziel des sozialen Ausgleichs kann WW positiv sein, wenn die erwirtschafteten Gewinne nicht nur den Unternehmen (U), sondern auch den Privathaushalten (H) zugute kommen und über die Einkommensumverteilung des Staates durch die höheren Steuereinnahmen auch dem Ausgleich dienen. Negativ wäre eine einseitige Gewinnansammlung bei den U bzw. prozentual kleinen Bevölkerungsschichten, die die Schere zwischen arm und reich weiter spreizen würde. Im Hinblick auf den Wettbewerb ist Wirtschaftswachstum dann positiv, wenn es auch bei kleinen und mittelständischen Unternehmen zu Gewinnen führt, die deren Wettbewerbsfähigkeit erhöhen. Einseitiges Wirtschaftswachstum bei Großunternehmen führt dagegen zu höherer Marktmacht mit negativen Effekten für kleine Unternehmen (werden vom Markt verdrängt) und Verbraucher (höhere Preise, weniger Produkte).

Fazit: Wirtschaftswachstum ist in unserer Wirtschaftsordnung dann positiv zu sehen, wenn es nicht nur einseitige Vorteile für einzelne Unternehmen und/oder Bevölkerungsschichten schafft, sondern auch dem sozialen Ausgleich dient und den Wettbewerb fördert bzw. nicht gefährdet.

BWL:

F: Beurteilen Sie das Unternehmensziel „kurzfristige Gewinnmaximierung“ in einer AG!

A: Aus der Sicht der spekulativen Aktionäre und des erfolgsorientierten Managements ist kurzfristige Gewinnmaximierung positiv zu bewerten, da die Aktionäre mit hohen

Dividenden und die Manager mit entsprechend positiven Kritiken rechnen können. Aus der Sicht der substanzorientierten Aktionäre und der Belegschaft muss kurzfristiges Gewinnstreben kritisch betrachtet werden, wenn dadurch mittel- und langfristige Sicherheit und Rentabilität der AG und damit auch das eingesetzte Kapital und Arbeitsplätze gefährdet werden.

Fazit: Kurzfristiges Gewinnstreben ist nur dann positiv zu sehen, wenn die mittel- und langfristigen Unternehmensziele dadurch nicht in Frage gestellt werden.

Recht:

F: Beurteilen Sie den Anspruch auf Nacherfüllung beim Sachmangel gemäß § 439 BGB aus Sicht des Käufers und des Verkäufers!

A: Aus Sicht des Käufers ist der Anspruch auf Nacherfüllung positiv zu bewerten, da er wählen kann, ob er Ersatzlieferung oder Nachbesserung möchte. Negativ ist ggf., dass er sich nicht gleich aus einem unzufriedenstellenden Vertrag lösen kann, sondern dem Verkäufer erst noch eine zweite Chance in Form der Nacherfüllung geben muss. Aus Sicht des Verkäufers ist die Nacherfüllung positiv, da er eine zweite Chance erhält und damit der Grundsatz *pacta sunt servanda* gestärkt wird. Ebenfalls positiv ist die Möglichkeit, eine unverhältnismäßig teure Wahl der Nacherfüllung abzulehnen. Negativ ist die unabdingbare Verpflichtung zur Übernahme der gesamten Kosten der Nacherfüllung.

Fazit: Die Regelungen zur Nacherfüllung beim Sachmangel begünstigen weder Käufer noch Verkäufer einseitig, sondern dienen in erster Linie der Rechtssicherheit und dem Interessenausgleich.

Analysieren Sie … /Arbeiten Sie heraus … /Werten Sie aus …

→ Zahlen- oder Textmaterial muss vor dem Hintergrund relevanter Kriterien ausgewertet werden; die Ergebnisse sollten zunächst rein deskriptiv formuliert werden, müssen aber um Aussagen über Übereinstimmung oder Widersprüche ergänzt werden. Die Aufgabenform ist oft in anderen Fragestellungen „versteckt“ enthalten (siehe Beispiele, vgl. auch S. IX, 4.).

VWL:

z. B. Konjunkturlage, Zielerreichung, Zielbeziehungen, Ländervergleich, Entwicklungen im Zeitverlauf, Entwicklungsvergleich (vgl. Abitur 2003-I, 2002-I/3.1).

BWL:

z. B. Daten aus Bilanz, Gewinn- und Verlustrechnung, Quartalsberichten zur Geschäftslage, Finanzierungsvorgängen, etc.; z. B. Grafen und Kostenfunktionen zur Kostenstruktur, Gewinnermittlung, etc. (vgl. Abitur 2005-III/1.1, 2001-III/2.2).

Recht:

v. a. Rechtsnormen und Fallbeispiele hinsichtlich Tatbestandsmerkmalen und Rechtsfolgen (vgl. Abitur 2004-III/1, 2004-IV/4).

Weitere prüfungsrelevante Arbeitstechniken im Fach Wirtschaft und Recht:

1. Erstellung von **Übersichten zur Systematisierung** von z. B. Zielen, Zielbeziehungen, Instrumenten, Wirkungsgrenzen …
   Übersichten können z. B. als Bäumchendiagramme, Flussdiagramme oder Tabellen erstellt werden. Es handelt sich definitiv nie um einen einfachen Text, selbst wenn dieser optisch untergliedert ist. Beispiele siehe Lösungen zu den folgenden Aufgaben:
   2003 Aufgabe IV/2.2, 2004 Aufgabe IV/1, 2002 Aufgabe 2/3.1, 2006 Aufgabe II/1.2.
2. Einsatz einer (gewichteten) **Entscheidungsmatrix:** Vgl. oben zum Punkt „Erklären Sie" Beispiel für BWL!
3. Einsatz von **Fachterminologie:** Da die terminologische Genauigkeit und Trennschärfe von Fachbegriffen die Umgangssprache in der Regel weit übertrifft bzw. sogar deutlich von ihr abweicht, sollte soweit wie möglich immer die einschlägige Fachterminologie verwendet werden. Beispiele:
   - Während in der Umgangssprache „Arbeitslosigkeit" generell verwendet wird, muss man fachterminologisch klar zwischen Arbeitslosenzahl, Arbeitslosenquote und Beschäftigtenzahl unterscheiden. So kann z. B. die Arbeitslosenquote steigen, obwohl die Arbeitslosenzahl sinkt, oder auch die Beschäftigtenzahl steigen, obwohl die Arbeitslosenzahl/-quote steigt.
   - Das Wort „Arbeiter" ist fachterminologisch i. d. R. nicht adäquat. „Arbeitnehmer" ist korrekt, da damit alle abhängig Beschäftigten (Arbeiter, Angestellte, Beamte) bezeichnet werden.
4. Interpretation von **Tabellen und Grafiken:**
   Die **Analyse** von statistischem Material erfolgt in drei Schritten:
   - **Basisinformation:** wesentliche Angaben zu Inhalt bzw. Gegenstand des Schaubilds/der Tabelle
   - **Beschreibung** der dargestellten Informationen (siehe unten!)
   - **Interpretation** der dargestellten Informationen vor dem Hintergrund der Fragestellung

   Die folgende Tabelle gibt einen Überblick, über die wesentlichen Fragen, die innerhalb der drei Bearbeitungsschritte beantwortet werden müssen.
   Wichtig ist bei der Beantwortung, dass die einzelnen Aspekte nicht einfach nacheinander abgehakt werden, sondern aufeinander bezogen werden, sodass die Antwort in sich geschlossen ist.

Fragen	Erläuterung/Beispiel
Basisinformation	
Was/welcher Sachverhalt/ welche Information wird dargestellt?	Titel/Überschrift und ggf. Zusatzangaben beachten
Welche Darstellungsform liegt vor?	Tabelle/Diagramm (Art des Diagramms z. B. Linien-, Säulen-, Balken-, Flächen-, Kreis-, Torten-, Blockdiagramm)
Wie werden Zahlenwerte dargestellt? Welche Einheiten werden verwendet?	• absolute Zahlen = Mengenangaben; • relative Zahlen = %; • Indexzahlen = ausgehend von einer Basiszahl, z. B. 100; werden Veränderungen auf diese umgerechnet?

Welcher Zeitraum und welche Zeiteinteilung wurden für die Statistik gewählt?	• Angaben von Werten je Monat – Jahr – Jahrzehnt; • Abstände zwischen den einzelnen Werten in Monaten, Jahren, Jahrzehnten
Aus welcher Quelle stammt die Statistik?	z. B. Wirtschaftsforschungsinstitut/Regierung/Unternehmen
ggf.: An welchen Adressatenkreis richtet sich das statistische Material?	z. B. an die interessierte Öffentlichkeit, an Kunden, an Geschäftspartner, an staatliche Institutionen

Beschreibung

Einzelne Datenreihen bzw. grafische Elemente (Kurven, Balken o. ä.)	• Wie verhalten sich Anfangs- und Endwert zueinander? • Wie ist der Datenverlauf: stetig, schwankend? • Wo liegen Maxima, Minima, Plateaus?
Vergleich mehrerer Datenreihen: Welche Parallelen oder Unterschiede liegen vor?	Vergleich von Anfangs- und Endwerten und des Verlaufs (vgl. oben).

Interpretation

Wie lassen sich der Verlauf bzw. Veränderungen erklären?	Ursachen/Gründe
Bei Vergleichen: Welche Gründe gibt es für Unterschiede bzw. Parallelen?	Ursachen/Gründe
Welche Schlussfolgerungen lassen sich ziehen?	z. B. zukünftige Entwicklung
Welchen Zweck verfolgt die Darstellung?	Dient die Darstellung • zur Information • als Erklärung • als Handlungsempfehlung • als Aufforderung?
ggf.: Welche Informationen fehlen in der Darstellung?	z. B. Zeitpunkte order -räume, Vergleichsgrößen, andere Angaben
ggf.: Versucht die Darstellung zu manipulieren?	z. B. durch selektive Darstellung oder Hervorhebung, grafische Effekte etc.

Beispiel

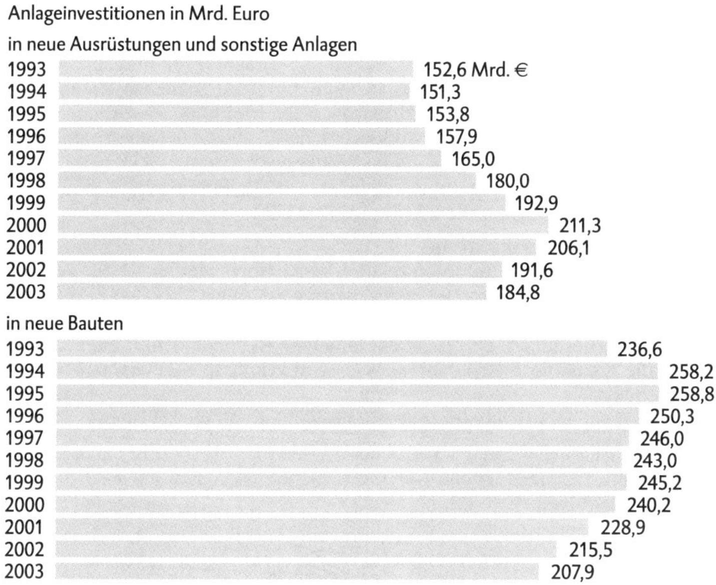

gezeichnet nach: Globus Infografik 9240; Quelle: ila

Aufgabe:
Arbeiten Sie die wesentlichen Aussagen der Grafik heraus und beurteilen Sie die dargestellte Entwicklung aus betriebs- und volkswirtschaftlicher Perspektive!

Lösung:
Basisinformation und Beschreibung: Die beiden Balkendiagramme in der Grafik (Quelle: Globus Infografik/ila) beschreiben die Entwicklung der Anlageinvestitionen in Deutschland von 1993–2003 in Mrd. Euro, gegliedert nach Ausrüstungen und Anlagen einerseits und Bauten andererseits. Während der erste Posten von 1993 bis 2000 fast stetig anstieg (von 152,6 auf 211,3) und sich erst seitdem negativ entwickelte (Rückgang auf 184,8), sind die Investitionen in Bauten bereits ab 1996 rückläufig und fallen insgesamt sogar deutlich unter das Niveau von 1993 (von 236,6 bzw. maximal 258,8 auf 207,9). Das entspricht einem maximalen Rückgang von ca. 20 %. Bei den Ausrüstungsinvestitionen folgte einem Zuwachs von ca. 30 % von 1993–2000 ein Rückgang um etwa 15 % bis 2003, sodass sie 2003 nur etwa 20 % höher lagen als 10 Jahre vorher. In der Summe liegen die Investitionen in Bauten immer über denen in neue Ausrüstungen und Anlagen.

Interpretation aus betriebswirtschaftlicher Sicht: Ursachenbezogen zeigt der Rückgang der Investitionen entweder fehlende Bereitschaft oder Fähigkeit der deutschen Unternehmen zu Investitionen. Ergebnisbezogen bedeuten sinkende Investitionen, dass Kapazitäten nicht erneuert oder sogar abgebaut werden und technische bzw. andere Neuerungen immer weniger in den Unternehmen umgesetzt werden. Mittelfristig bedeutet das den Verlust der Wettbewerbsfähigkeit deutscher Unternehmen bzw. des Standorts Deutschland. Dieser betrifft zuerst die Investitionsgüterindustrie, über Multiplikatorprozesse dann aber auch andere Bereiche.

Interpretation aus volkswirtschaftlicher Sicht: Der Rückgang der Investitionen resultiert direkt in einem Rückgang des Volkseinkommens, der durch Multiplikatoreffekte noch verstärkt werden kann. Weniger Volkseinkommen bedeutet gleichzeitig weniger Konsum und Steuereinnahmen (z. B. Einkommen-, Mehrwertsteuer) einerseits und ggf. höhere Staatsausgaben durch erhöhte Einkommensersatzleistungen (z. B. Arbeitslosengeld) andererseits. Konjunkturell führt dies zu einem kontraktiven Effekt mit weiteren negativen und unerwünschten Multiplikatorwirkungen.
Fazit: Sowohl betriebs- als auch volkswirtschaftlich ist der Rückgang der Investitionen negativ zu bewerten, da sowohl die Wettbewerbsfähigkeit einzelner Unternehmen als auch des Standorts Deutschland sinkt, Beschäftigung abgebaut wird und negative konjunkturelle wie strukturelle Effekte resultieren.

5. Interpretation von **Karikaturen:**
Bereits mehrfach wurde die Interpretation einer Karikatur im Abitur verlangt (2003, 2004, 2006). Folgende Vorgehensweise ist zu empfehlen:
- Erst die relevanten Elemente der Karikatur beschreiben: Text- und Bildelemente
- Soweit erforderlich, den relevanten Elementen Bedeutung zuordnen.
- Dann die Karikatur interpretieren: Was wird kritisiert, problematisiert bzw. lächerlich gemacht?
- Falls verlangt, den Hintergrund der Fragestellung mit berücksichtigen.

Beispiel (passt zu BWL und VWL: Themen Wettbewerbspolitik und Globalisierung): Interpretieren Sie die folgende Karikatur! Gehen Sie dabei auch auf das Phänomen der Globalisierung ein!

Quelle: Wirtschaftswoche, Nr. 36, vom 29. 8. 1986 © Tomicek/CCC,www.c5.net

- **Beschreibung:** Die Karikatur zeigt eine Menge großer Fische, die kleinere Fische fressen, und einen Taucher, der die Aufschrift „Kartellamt" trägt und einen Kescher in den Händen hält.
- **Bedeutung zuordnen:** Der Taucher stellt das Bundeskartellamt dar, die großen Fische sind Großunternehmen, die kleinere Unternehmen „schlucken", d. h. diese aufkaufen (Fusion durch Aufnahme) oder Mehrheitsbeteiligungen einkaufen (Unterordnungskonzern).

- **Interpretation:** Die Karikatur problematisiert die Tatsache, dass das Bundeskartellamt gegen derartige Unternehmenszusammenschlüsse nur wenig ausrichten kann, da ihm keine entsprechenden „Waffen“ (wettbewerbsrechtliche Maßnahmen) zur Verfügung stehen. Der kleine Kescher des kleinen Tauchers ist zur Bekämpfung der großen Fische nicht geeignet.
- **Hintergrund der Fragestellung:** Im Zuge der Globalisierung nehmen transnationale Unternehmenszusammenschlüsse zu. Ist die Bedeutung des geschluckten Unternehmens im Inland gering, sodass sich zunächst keine wesentliche Verschiebung der Marktanteile im Inland ergibt, hat das Bundeskartellamt keine Handhabe gegen eine Fusion vorzugehen, selbst wenn international betrachtet weitreichende Folgen entstehen.

6. **Arbeiten mit Gesetzestexten:**
Informationen, die man aus Gesetzestexten, die auch in der Abiturprüfung verwendet werden dürfen, erarbeiten kann, müssen nicht auswendig gelernt werden. Die Abiturvorbereitung wird so von rein reproduktiv orientierter Lernarbeit entlastet.

   Das Erarbeiten von Informationen aus Gesetzestexten nennt man „Normenanalyse“. In der Regel folgt der Aufbau von Gesetzestexten dem Schema Tatbestandsmerkmale und Rechtsfolgen, d. h. Voraussetzungen und Ergebnisse bei diesen gegebenen Voraussetzungen. In dieser Weise sollte die Analyse der Rechtsnormen erfolgen. Manche Rechtsnormen beinhalten auch Rahmenbedingungen. So ist z. B. der Schutz der Umwelt in Art. 23a GG und 141 BV enthalten.

7. **Lösen von Rechtsfällen:**
Grundschema zur Überprüfung von Anspruchsgrundlagen

I. Vertragliche und vertragsähnliche Ansprüche
A. Vorprüfung: Zustandekommen eines Vertrages
B. Vertragliche Ansprüche
– Primäransprüche (Gegennormen wegen Nichterfüllung)
– Sekundäransprüche wegen Leistungsstörungen/Pflichtverletzungen:
1. Unmöglichkeit
2. Verspätete Leistung/Annahme
3. Sachmangel
4. Verletzung einer Schutzpflicht gemäß § 241 II BGB
C. Ergänzende Vorschriften zum Verbrauchsgüterkauf

II. Ansprüche aus Eigentum und Besitz
1. Herausgabeanspruch aus § 985 BGB
2. Abwehranspruch aus § 1004 bzw. § 862 BGB
3. Anspruch aus Besitzentziehung § 861 BGB

III. Ansprüche aus ungerechtfertigter Bereicherung
1. Grundtatbestand § 812 BGB
2. Sondertatbestand § 816 BGB

IV. Ansprüche aus unerlaubter Handlung und Gefährdungshaftung
A. Unerlaubte Handlung
B. Gefährdungshaftung
1. Haftung für Personen
2. Haftung für Sachen und Tiere

V. Ergänzende Vorschriften
– Allgemeine Geschäftsbedingungen §§ 305–310 BGB
– Produkthaftungsgesetz

Prägen Sie sich diesen Aufbau gut ein, ehe Sie die Einzelheiten des Grundschemas durcharbeiten. Der Aufbau gibt gleichzeitig die Reihenfolge an, die man bei der Prüfung der einzelnen Ansprüche einhalten muss.

Anleitung zur Lösung von Rechtsfällen
Rechtsfälle sind meist verbal zu lösen. Stichpunktartige Lösungen werden dem Anforderungsniveau in vielen Fällen nicht gerecht. Folgende Vorgehensweise hat sich bewährt:

1. **Tatbestand**
   Erfassen des Tatbestands (Was ist geschehen?)
   – Sachverhalt genau durcharbeiten.
   – Rechtserhebliche Tatsachen unterstreichen.
   – Dabei können folgende Fragen helfen: Wie war die Ausgangslage? Was war gewollt? Was geschah tatsächlich? Was ist unbestritten?
2. **Streitpunkte**
   Feststellen der Streitpunkte (Wer will was von wem?)
3. **Normen**
   Aufsuchen der Rechtsvorschriften (Wer will was von wem woraus?)
   – Anspruchsgrundlagen-Schema anwenden! Ggf. Register- und Inhaltsverzeichnis verwenden – Abschnitte aufschlagen und nachlesen – §§ notieren.
   – Die Systematik des BGB beachten!
4. **Normenanalyse I: Tatbestandsmerkmale**
   Feststellung der Tatbestandsmerkmale (Welche Voraussetzungen müssen erfüllt sein?)
   – Mit dem BGB arbeiten.
   – Gegebenenfalls Hilfsvorschriften suchen, Querverweise beachten!
5. **Subsumtion**
   Überprüfung der Tatbestandsmerkmale am vorliegenden Sachverhalt: Sind die Voraussetzungen erfüllt? Jede Entscheidung ist zu begründen!
   – Tatbestandsmerkmale einzeln mit Tatbestand laut Text vergleichen, abhaken und begründen.
6. **Normenanalyse II: Rechtsfolgen**
   Feststellen der Rechtsfolgen (Wer kann was von wem woraus verlangen?)
   – vgl. Punkte unter 4.!
7. **Zusammenfassung, Entscheidung**
   Wie ist die Rechtslage? Fragestellung **genau** beachten!

Aktuelle Entwicklungen in VWL, BWL und Recht

Für alle aktuellen Entwicklungen gilt, dass sie auch Thema im Abitur sein können, obwohl sie nicht explizit im Lehrplan genannt werden, wenn in der Aufgabe entsprechendes Material vorgegeben wird, das z. B. für einen Vergleich mit dem Hintergrundwissen herangezogen werden soll. Die folgenden Listen erheben keinen Anspruch auf Vollständigkeit.

Volkswirtschaftslehre

In VWL basieren die Aufgaben i. d. R. auf **aktuellen volkswirtschaftlichen Themen** vor dem Hintergrund der im Leistungskurs erarbeiteten **Theorie**. Die Aufgaben erfordern vielfach das **Arbeiten mit Texten und statistischen Daten**. Regelmäßig wird auch die Interpretation von **Karikaturen** verlangt.

Für den Prüfungsjahrgang 2010 sind nach wie vor die **Finanzkrise** und deren **einzel- und gesamtwirtschaftliche Auswirkungen** sowie **politische Reaktionen** darauf ein zentrales Thema. Vor diesem Hintergrund, aber auch in anderen Kontexten, könnten z. B. folgende Themen wichtig sein, da sie im Zentrum der volkswirtschaftlichen Diskussion stehen:[2]

1. Soziale Marktwirtschaft: Aufgaben, Kosten und Grenzen des Sozialstaats
2. Staatliche Konjunkturpolitik (Maßnahmen, Wirksamkeit und Wirkungsgrenzen):
   - Konjunkturpakete im Zusammenhang mit der Finanzkrise
   - angebots- und nachfrageorientierte Ansätze und Maßnahmen
   - Finanzierung, Staatsverschuldung und Haushaltskonsolidierung
   - Wirtschaftswachstum und Arbeitsmarkt/Arbeitslosigkeit (vgl. auch 4., 5., 6.)
3. Geldpolitik, ESZB und EWU (vgl. auch 5.):
   - geldpolitische Maßnahmen und deren angestrebte Wirkung vor dem Hintergrund der Ziele (v. a. Preisstabilität) und der geldpolitischen Strategie des ESZB
   - Unabhängigkeit der EZB und anderer Zentralbanken
   - aktuelle Entwicklungen in der EU bzw. EWU
   - Verhältnis von US-Dollar und Euro; Geldpolitik und Zinsniveau in den USA und der EWU; auch vor dem Hintergrund von Rohstoffkrisen und -spekulationen
   - Finanzmarktprobleme, -maßnahmen und -aufsicht
4. Tarifpolitik
   - Inhalte, Maßnahmen und Auswirkungen von Tarifkonflikten
   - Trends in der Tarifpolitik vor dem Hintergrund der wirtschaftlichen Entwicklung
   - Arbeitsmarktpolitik (z. B. Hartz IV, Mindestlöhne, Kurzarbeitergeld)
5. Außenwirtschaftspolitik (vgl. auch 3.)
   - Entwicklung des Euro im internationalen Umfeld: Gründe, Auswirkungen
   - Zahlungsbilanzentwicklung wichtiger Industriestaaten
   - internationale Unterstützung für von Krisen betroffene Länder
   - Wirtschaftssanktionen und Protektionismus
   - Wirtschaftsentwicklung in neuen Industriestaaten wie China oder Indien und deren Auswirkungen auf die EU/Deutschland bzw. die Weltwirtschaft
6. Wachstums- und Strukturpolitik (im engen Zusammenhang mit anderen Themen)
   - Subventionen in Deutschland und der EU; branchenspezifische und individuelle staatliche Hilfsmaßnahmen
   - horizontaler und vertikaler Finanzausgleich

2 Rein technisch können die Aufgabenstellungen Entwicklungen bis etwa Februar 2010 berücksichtigen.

7. Umweltpolitik
   - nationale, europäische und globale Ansätze, z. B. CO_2-Emissionszertifikate, Klimagipfel, Kyoto-(Nachfolge-)Protokoll
   - gesamtwirtschaftliche Auswirkungen
8. Volks- und weltwirtschaftliche Auswirkungen aktueller Ereignisse (z. B. Finanzkrise, Wirtschaftsentwicklung in China und Indien, Lebensmittel-/Rohstoffkrise)

Die Themenmöglichkeiten sind sehr zahlreich. Meist werden drei bis vier Problembereiche in einer Abituraufgabe angesprochen.

Betriebswirtschaftslehre

Auch wenn aktuelle Entwicklungen in BWL weniger zentral als in VWL sind, gäbe es z. B. folgende Ansatzpunkte für aktuelle Fragestellungen:
- Auswirkungen aktueller Entwicklungen auf deutsche Unternehmen und die Globalisierung, z. B. Finanzkrise, Wirtschaftsentwicklung in China oder Indien, Dollarkursentwicklung, Rohstoffpreise, Lebensmittelkrise
- Erfahrungen mit Chancen/Risiken der EU-Osterweiterung; Standort(rück)verlagerung
- erfolgreiche und gescheiterte transnationale Unternehmenszusammenschlüsse, Änderungen bei deutschen und europäischen Rechtsformen, insbesondere Gesetz zur Modernisierung des GmbH-Rechts (MoMiG)
- Nachhaltigkeit als Unternehmensziel, Kyoto-(Nachfolge-)Protokoll und CO_2-Emissionszertifikate
- Unterschiede zwischen deutschen und internationalen Bilanzverfahren, Änderungen im Bilanzrecht, insbesondere Bilanzrechtsmodernisierungsgesetz (BilMoG)

Recht

Die letzten Jahre haben keine wesentlichen Rechtsänderungen gebracht. Das 2002 reformierte Schuldrecht und Schadensersatzrecht ist mittlerweile Standard. Achten Sie darauf, dass Sie keine ältere Ausgabe des BGB als den Stand 1. 8. 2002 haben.

Dynamische Rechtsbereiche wie das EU-Verbraucherrecht, Fernabsatz- und Internetrecht bieten immer Möglichkeiten für Abituraufgaben. Im Bereich Recht treten die reinen Falllösungen in den letzten Jahren etwas in den Hintergrund. Verstärkt wurde die praxisbezogene Anwendung der Rechtskenntnisse z. B. auf Gerichtsurteile oder juristische Texte verlangt. Mehrfach mussten auch selbst Fälle konstruiert werden.

Insgesamt lässt sich bei den jüngeren Aufgabenstellungen in allen drei Bereichen ein Trend zu verstärkter Text- und Materialarbeit feststellen. Routinierter Umgang mit Texten und statistischen Daten auf der Basis solider textanalytischer Methodenkompetenz (vgl. Methodenkapitel) sind daher unverzichtbar.

Viel Erfolg in der Kollegstufe und im Abitur!

Dr. Kerstin Vonderau

Leistungskurs Wirtschaft/Recht: Abiturprüfung 2003
Fachgebiet Volkswirtschaft – Aufgabe I

Die Jahrhundertflut dieses Sommers hat erhebliche Schäden angerichtet. Das Ausmaß wird auf mindestens 15 Mrd. Euro geschätzt; der größte Teil davon entfällt auf die ostdeutschen Länder. Einigkeit herrscht allenthalben darüber, dass rasch geholfen werden muss. Heftig gestritten wird allerdings darüber, wie die notwendigen Mittel aufgebracht werden sollen. Eine Finanzierung der Fluthilfen durch höhere Schulden scheidet schon wegen des hohen Staatsdefizits weitgehend aus. Am besten wäre es sicherlich, die notwendigen Mittel durch Ausgabenumschichtungen frei zu machen. Das erscheint aber kurzfristig wenig realistisch. Die Bundesregierung geht denn auch einen anderen Weg. Sie will den Löwenanteil der notwendigen Mittel durch Verschiebung der für 2003 vorgesehenen steuerlichen Entlastungen aufbringen. Von der Opposition wird die Verschiebung der Steuerreform vehement abgelehnt. Sie will den Bundesbankgewinn – oder genauer: den Teil, der zum Abbau der Staatsverschuldung vorgesehen ist – zur Finanzierung der Flutschäden heranziehen.

Quelle: Eckhardt Wohlers, Finanzierungshickhack, in: HWWA Wirtschaftsdienst 2002 Nr. 9, S. 512, (bearbeitet)

1.1 Erläutern Sie mögliche kurz- und mittelfristige Auswirkungen der Hochwasserkatastrophe auf die Verwirklichung von zwei wirtschaftspolitischen Zielsetzungen des „Stabilitätsgesetzes“!

1.2 Entwickeln Sie je zwei mögliche Argumente gegen eine Finanzierung durch Aufnahme von Krediten oder durch Ausgabenkürzungen bzw. -umschichtungen!

1.3 Wägen Sie die beiden von der Regierung bzw. von der Opposition favorisierten Finanzierungsalternativen gegeneinander ab!

Im Laufe des Jahres 2002 verschlechterte sich die Lage auf dem deutschen Arbeitsmarkt zunehmend. Im Dezember stieg die Zahl der Arbeitslosen auf über 4,2 Millionen. Gleichzeitig nahm der Umfang der in Deutschland geleisteten Schwarzarbeit zu.

In den folgenden Statistiken werden wesentliche Probleme des Arbeitsmarktes deutlich:

Standardisierte Arbeitslosenquote im Jahre 2001 in Prozent										
Nieder lande	Öster- reich	Irland	Portugal	Däne- mark	USA	Belgien	Deutsch land	Frank- reich	Italien	Spanien
2,4	3,6	3,8	4,1	4,3	4,8	6,6	7,9	8,6	9,5	13,0

Quelle: iwd – Informationsdienst des Instituts der deutschen Wirtschaft Köln, Nr. 37/2002, 12. 9. 2002, © Deutscher Instituts-Verlag, Köln, S. 7

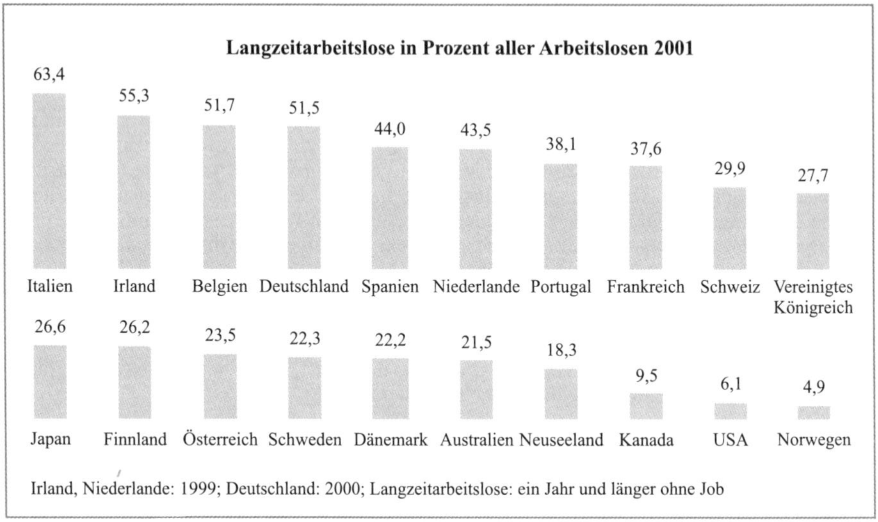

Quelle: OECD, Institut der deutschen Wirtschaft Köln

Maximale Anspruchsdauer in Monaten		
	Arbeitslosengeld	**Arbeitslosenhilfe**
Belgien	unlimitiert	keine Arbeitslosenhilfe
Frankreich	60	unlimitiert
Niederlande	60	24
Dänemark	48	keine Arbeitslosenhilfe
Deutschland	32	unlimitiert
Portugal	30	10,5
Spanien	24	6
Finnland	23	unlimitiert
Griechenland	15	keine Arbeitslosenhilfe
Irland	15	unlimitiert
Schweden	14	5
Österreich	12	unlimitiert
Luxemburg	12	keine Arbeitslosenhilfe
Italien	9	keine Arbeitslosenhilfe
Vereinigtes Königsreich	6	keine Arbeitslosenhilfe

Stand: 2000; Quelle: EU-Kommission; Institut der deutschen Wirtschaft Köln

Veränderung der Zahl der offenen Stellen in Deutschland im Jahr 2001 gegenüber 2000 in Prozent				
	Fertigungsberufe	Technische Berufe	Dienstleistungsberufe	insgesamt
6 Monate und mehr unbesetzt	+ 31,0	+ 51,8	+ 18,5	+ 22,9
gemeldete Stellen ohne ABM-Stellen, beschäftigungsschaffende Maßnahmen, dauerhaft ausgeschriebene Stellen und Stellen aus der Jobvermittlung der Arbeitsämter				

Quelle: Bundesanstalt für Arbeit

Wirtschaftswachstum in Europa Veränderungen des realen Bruttoinlandsprodukts in der EU-15 gegenüber dem Vorjahr in Prozent											
Jahr	1991	1992	1993	1994	1995	1996	1997	1998	1999	2000	2001
Staat mit der höchsten Wachstumsrate	Luxemburg 6,1	Luxemburg 4,5	Luxemburg 8,7	Irland 5,8	Irland 10,0	Irland 7,8	Irland 10,8	Irland 8,6	Irland 10,8	Irland 11,5	Irland 5,8
Staat mit der niedrigsten Wachstumsrate	Finnland −6,3	Finnland −3,3	Portugal −2,0	Portugal 1,0	Österreich 1,6	**D** 0,8	**D** 1,4	Italien 1,8	Italien 1,6	**D**/ Italien 2,9	**D** 0,6
Position Deutschlands im Wachstumsvergleich	2	4	10	11	14	15	15	14	14	14/15	15

Quelle: iwd 28/41

2 Stellen Sie grundlegende Probleme des deutschen Arbeitsmarktes dar, die aus den Statistiken ersichtlich werden! Gehen Sie unter Einbeziehung internationaler Vergleiche auch auf mögliche Zusammenhänge zwischen den angeführten Größen ein!

Um den Problemen auf dem Arbeitsmarkt entgegenzuwirken, gab die Bundesregierung der Kommission „Moderne Dienstleistungen am Arbeitsmarkt“ („Hartz-Kommission“) die Erstellung eines Konzepts zur Reformierung des Arbeitsmarkts in Auftrag. Im Herbst 2002 standen unter anderem drei Vorschläge zur Diskussion:

- „Zeitarbeit“: Die bei Arbeitsämtern oder Privatvermittlern angegliederten Zeitarbeitfirmen (Personal-Service-Agenturen) bieten Arbeitslosen eine Beschäftigung als Leiharbeiter an. Diese werden für eine begrenzte Zeit an Unternehmen „ausgeliehen“.
- „Ich-AG“: Arbeitslose sollen sich künftig einfach und unbürokratisch selbstständig machen können. Wer mit seiner Geschäftsidee nicht mehr als 25 000 € im Jahr einnimmt, darf seinen Verdienst zusätzlich zur Unterstützung behalten. Abführen muss er lediglich eine Pauschalsteuer von 10 Prozent.
- „Job-Floater“: Eine „Job-Floater“ genannte verzinsliche Anleihe im Volumen von 20 Mrd. € soll am Kapitalmarkt das Geld für die Förderung kleiner und mittelständischer Unternehmen in strukturschwachen Regionen aufbringen. Diese erhalten bei dauerhafter Einstellung eines Arbeitslosen über ihre Hausbank einen zinsgünstigen Kredit in Höhe von bis zu 100 000 €.

3.1 Erläutern Sie, wie die genannten Maßnahmen zur Lösung der Probleme des Arbeitsmarktes beitragen können!

3.2 Diskutieren Sie, inwieweit die als „Job-Floater“ bezeichnete Maßnahme mit den Grundprinzipien unserer Wirtschaftsordnung vereinbar ist!

Die Lohnabschlüsse der Tarifrunde 2002 wurden von Teilen der Wirtschaft als relativ hoch angesehen. So kam es in der Bau- und in der Metallbranche zu Lohnerhöhungen von über 3 %. Von Gewerkschaften und Arbeitgebern wurden diese Lohnabschlüsse kontrovers diskutiert.

4 Stellen Sie die grundsätzlichen Positionen der Tarifpartner bei der Einkommenspolitik dar und setzen Sie sich mit der These auseinander, dass höhere Löhne Arbeitsplätze schaffen! Gehen Sie dabei auch auf die Auswirkungen höherer Löhne auf das Ziel der Preisniveaustabilität ein!

Vorgegebene Bewertungseinheiten:

Frage	1	2	3	4
BE	20	12	16	12

Lösungsvorschlag

1.1 **Ziele des Stabilitätsgesetzes:**

a) stetiges, angemessenes Wirtschaftswachstum,
b) hoher Beschäftigungsstand,
c) Preisniveaustabilität,
d) außenwirtschaftliches Gleichgewicht.

Zwei dieser Ziele sind in der Lösung zu erläutern. Je nach Interpretation der Fragestellung muss man entweder wie in der folgenden Lösung „kurz- und mittelfristige Auswirkungen" gegenüberstellen oder eine Auswahl an „kurz- und mittelfristigen Auswirkungen" erläutern. Fraglich ist auch, was hier unter kurz- und mittelfristig zu verstehen ist. Damit die Fragestellung sinnvoll beantwortet werden kann, wird von einem Zeitraum von unter 1 Jahr gegenüber 1 bis 3 Jahre ausgegangen.

zu a) Kurzfristig dürfte die Hochwasserkatastrophe einen negativen Effekt auf das Wirtschaftswachstum gehabt haben, da die Zerstörung von Warenlagern, Rohstofflagern, Produktionsmitteln wie Maschinen und Werkzeugen, aber auch der Ausfall von Verkaufs- und Produktionszeiten durch überschwemmte oder zerstörte Gebäude für die betroffenen Betriebe in Handel, Handwerk und Industrie sowohl erhebliche Kosten als auch Umsatzeinbußen bedeutete. Somit müsste der auf die betroffenen Regionen entfallende Anteil des BIP zunächst deutlich gesunken sein. Mittelfristig könnte sich jedoch ein positiver Effekt für das Wirtschaftswachstum ergeben, da der Wiederaufbau und die Ersatzbeschaffung von Inventar und Warenlagern zu erhöhten Umsätzen in Branchen wie Bauindustrie, Baumaterialien-Hersteller und -Handel, Möbel- und Ausstattungsbetriebe, Großhandel etc. führt. Die Neuinvestitionen sowie die erhöhte Nachfrage in den genannten Branchen können darüber hinaus ggf. positive Multiplikatoreffekte auslösen. Eine Aussage über den Saldo aus Schäden und Einbußen einerseits und Wachstumseffekten andererseits ist schwer zu treffen.

zu b) Die Beschädigung oder Zerstörung von Produktions- und Handelsbetrieben zum Teil verbunden mit Unternehmenskonkursen führte kurzfristig zu einer Erhöhung von Kurzarbeit und Arbeitslosigkeit in den betroffenen Regionen. Mittelfristig wird die durch den Wiederaufbau und Ersatzbeschaffung gestiegene Nachfrage (vgl. Antwort zu a) wahrscheinlich einen Anstieg der Beschäftigung bewirken. Eine nachhaltige Wirkung auf den Arbeitsmarkt dürfte aufgrund der Einmaligkeit der Situation allerdings ausbleiben.

zu c) Für Lebensmittel und Güter des täglichen Bedarfs dürfte das Hochwasser aufgrund der Mangelsituation kurzfristig einen deutlichen Preisanstieg bewirkt haben, der mit der Sicherstellung der Versorgung mittelfristig verpufft sein sollte. Die erhöhte Nachfrage nach den für Wiederaufbau und Ersatzbeschaffung erforderlichen Gütern und Arbeitsleistungen dürfte dagegen auch mittelfristig eine Wirkung auf das lokale Preisniveau haben. Inwieweit sich dies und andere Faktoren wie der erhöhte Finanzierungsbedarf auf das nationale Preisniveau auswirken, ist schwer einzuschätzen.

zu d) Auswirkungen auf das außenwirtschaftliche Gleichgewicht können z. B. durch internationale Unterstützungen (z. B. EU-Hilfszahlungen) entstehen und in Branchen, in denen eine starke Import- oder Exportabhängigkeit besteht (z. B. Reduktion des Exports durch Produktionsausfälle, Erhöhung der Importe bei Wiederaufbau und Ersatzbeschaffung). Der Umfang dieser Verschiebungen dürfte eher gering sein, da sie nur einmalig auftreten und daher keine anhaltenden Auswirkungen haben.

1.2 *Es sollten jeweils mindestens zwei Argumente genannt werden.*

Argumente gegen Kreditfinanzierung:

- Die so genannte „Manövriermasse“ des Staatshaushaltes, d. h. die für staatliche Aufgaben verfügbaren Haushaltsmittel, ist ohnehin bereits relativ gering. Sie würde durch weitere Zins- und Tilgungsverpflichtungen noch mehr schrumpfen. Damit würde auch die in der derzeit konjunkturell angespannten Lage dringend erforderliche politische Handlungsfähigkeit des Staates weiter eingeschränkt.
- Eine Kreditfinanzierung der notwendigen Mittel ist unwirtschaftlich, da aus den Leistungen keine Rückflüsse für den Staat zu erwarten sind, aber bis zur Tilgung der Kredite laufend Zinszahlungen fällig werden.
- Die erhöhte Zins- und Tilgungslast müsste mangels Rückflüssen ebenfalls gegenfinanziert werden, sodass mittelfristig ohnehin eine Einnahmenerhöhung (z. B. Steuererhöhung) oder Ausgabenkürzungen notwendig wären, d. h. die Belastung würde nur zeitlich verschoben, durch die Kreditfinanzierung aber noch erhöht.
- Deutschland hat sich gegenüber der EU verpflichtet, in absehbarer Zeit seine Neuverschuldung wieder unter die Drei-Prozent-Grenze des Konvergenzkriteriums zu bringen. Eine Kreditfinanzierung hätte genau den gegenteiligen Effekt.
- Die erhöhte Kreditnachfrage des Staates könnte ggf. zu einem höheren Zinsniveau führen, das negative Auswirkungen auf die private Kreditnachfrage für Investitionen und Konsum haben könnte („Crowding out“-Effekt). Dies wäre in der gegebenen konjunkturellen Situation kontraproduktiv.

Argumente gegen Ausgabenkürzungen oder -umschichtungen:

Eine Lösungshilfe könnte darin bestehen, sich die Ausgabenströme des Staates im Modell des Wirtschaftskreislaufs ins Gedächtnis zu rufen: Konsum, Subventionen an die Unternehmen, Transferzahlungen an die Haushalte. Es gibt aber auch andere Ansatzpunkte.

- Da der Staat aufgrund der hohen Staatverschuldung bereits seit einiger Zeit nach Einsparpotenzialen sucht, sind die Möglichkeiten für weitere Einsparungen gering.
- Zahlreiche Ausgaben des Staates beruhen auf Verpflichtungen, die gesetzlich oder durch nationale oder internationale Vereinbarungen festgelegt sind und daher kurzfristig nicht reduziert werden können.
- Aufgrund der schwachen konjunkturellen Lage wird von Vertretern der nachfrageorientierten Wirtschaftspolitik eine Erhöhung der staatlichen Ausgaben propagiert und einige Interessengruppen fordern zumindest die Wahrung ihres Besitzstandes. Ausgabenkürzungen dürften daher politisch schwer durchsetzbar sein.
- Kürzungen bei notwendigen Infrastrukturmaßnahmen, anderen staatlichen Investitionsvorhaben oder Bildungsausgaben gefährden mittelfristig die Wettbewerbsfähigkeit der Wirtschaft und die Attraktivität des Standorts Deutschland.

- Das Gleiche gilt für die Kürzung von Subventionen an die Unternehmen, die außerdem die Finanzlage der Unternehmen verschlechtern und damit die Investitionsneigung reduzieren könnte. Dies hätte negative Auswirkungen auf Konjunktur, Beschäftigung und ggf. Wettbewerbsfähigkeit.
- Kürzungen von Transferleistungen an die Privathaushalte reduzieren deren verfügbares Einkommen und gefährden so nicht nur soziale und verteilungspolitische Ziele, sondern können sich auch negativ auf den privaten Konsum und damit die konjunkturelle Entwicklung auswirken.
- Die in den beiden letzten Punkten genannte Schwächung der Konjunktur würde wiederum zu Einnahmeausfällen (z. B. Einkommens-, Mehrwertsteuer) und ggf. Ausgabensteigerungen (z. B. bei erhöhter Arbeitslosigkeit) beim Staat führen und so einen Teufelskreis in Gang setzen (negativer Multiplikatoreffekt).

1.3 *Diese Aufgabe erfordert das genaue Lesen des Textes, um die beiden erwähnten Finanzierungsmaßnahmen zu ermitteln. Gegeneinander abwägen heißt, Vor- und Nachteile der beiden Lösungen gegenüberstellen und idealerweise mit einem Fazit abschließen. Da keine Zahl an Aspekten genannt wird, sollte die Gegenüberstellung an mindestens drei Aspekten erfolgen.*

Die Bundesregierung favorisiert eine Verschiebung der für 2003 vorgesehenen Steuerentlastungen. Die Opposition dagegen möchte, dass der Teil des Bundesbankgewinns, der zur Rückführung der Staatsverschuldung vorgesehen ist, für die Finanzierung eingesetzt wird.

- Während die Maßnahme der Regierung zunächst kostenneutral wäre, würde die Lösung der Opposition eine Reduktion der Schulden- und damit der Zinslast verzögern.
- Die Verschiebung der Steuerreform würde die daraus erhofften Impulse für die gesamtwirtschaftliche Nachfrage verschieben, die angesichts der derzeitigen konjunkturellen Lage dringend nötig wären. Der Einsatz des Bundesbankgewinns würde kurzfristig keine negativen konjunkturellen Effekte haben.
- Verlässliche Rahmenbedingungen sind unerlässlich für ein positives Wirtschaftsklima. Die Verschiebung der Steuerreform würde im Gegensatz zum Einsatz des Bundesbankgewinns das Vertrauen der Haushalte und der Unternehmen in die Politik weiter schwächen.

Fazit: Ungeachtet der Verzögerung des Schuldenabbaus wäre der Verwendung des Bundesbankgewinns der Vorzug zu geben, da die konjunkturellen Probleme akuter sind und ein Anspringen der Konjunktur durch die Steuerreform ebenfalls dem Ziel der Schuldentilgung dienen kann.
Je nach Wahl und Gewichtung der Argumente könnte das Fazit auch anders ausfallen

Weitere Aspekte, die genannt werden könnten:

- Im Hinblick auf die Staatsverschuldung befindet sich die Bundesregierung wegen des Drei-Prozent-Kriteriums der EWU in Zugzwang. Der Einsatz des Bundesbankgewinns für die Reduzierung der Staatsverschuldung erscheint daher unerlässlich. Allerdings könnte auch der negative Impuls der verschobenen Entlastung weitere negative Effekte auf Konjunktur und damit Haushaltslage haben.
- Die Verschiebung der Steuerentlastung dürfte aufgrund der unmittelbaren Betroffenheit der Wähler politisch schwerer durchzusetzen sein und die Regierung mehr an Sympathien kosten als der Einsatz des Bundesbankgewinns.
- Die Verwendung des Bundesbankgewinns würde die tatsächlich zu tragenden Lasten nur eine Zeit lang hinauszögern, könnte sie aber nicht wirklich kompensieren. Die einmalige Verschiebung der Steuerentlastung würde keine weiteren Lasten für die Zukunft anhäufen, sondern das Problem endgültig beseitigen, sofern das Volumen den zusätzlichen Ausgaben der Hochwasserhilfe entspräche.

2 *Da fünf Statistiken abgebildet sind, sollten möglichst auch fünf Probleme dargestellt werden. Die Fragestellung ist relativ komplex, da auf drei Aspekte zu achten ist.*
a) Grundprobleme in Deutschland,
b) internationaler Vergleich,
c) Zusammenhänge zwischen den Größen.

- Deutschland hat – auch im internationalen Vergleich gegenüber anderen europäischen Ländern und den USA – eine relativ hohe Arbeitslosenquote. Nur drei der angeführten Länder liegen höher. (Grafik 1)
- Deutschland hat eine große Zahl an Arbeitslosen, die länger als ein Jahr keine Beschäftigung haben. Der Anteil der Langzeitarbeitslosen an den Arbeitslosen insgesamt ist mit 51,5 % nicht nur sehr hoch, sondern auch im weltweiten Vergleich der OECD einer der höchsten. Nur drei Länder der EU haben einen höheren Wert. Ein direkter Zusammenhang zwischen der Höhe der Arbeitslosenquote und Langzeitarbeitslosigkeit scheint allerdings nur begrenzt zu bestehen, da Länder mit geringer Langzeitarbeitslosigkeit zwar meist auch insgesamt wenige Arbeitslose haben, andererseits aber auch Länder mit niedriger Arbeitslosenquote (Irland, Niederlande) einen hohen Anteil an Langzeitarbeitslosen aufweisen. (Grafik 1 und 2)
- Mit wenigen Ausnahmen scheint ein Zusammenhang zwischen staatlicher Arbeitslosenunterstützung und Langzeitarbeitslosigkeit zu bestehen: Länder mit langer oder unbegrenzter Anspruchsdauer wie Deutschland, Belgien und Irland haben tendenziell auch mehr Langzeitarbeitslose. Dass die Ursachen auch anders gelagert sein können, zeigen andere Länder wie z. B. Italien, wo es trotz geringer Anspruchsdauer hohe Langzeitarbeitslosigkeit gibt, und im Gegensatz dazu Österreich, wo trotz unlimitierter Arbeitslosenhilfe weniger als ein Viertel Langzeitarbeitslosigkeit besteht. (Grafik 2 und 3)
- Trotz der hohen (Langzeit-)Arbeitslosenquote ist die Zahl der längerfristig unbesetzten Stellen in Deutschland in bestimmten Branchen 2001 um fast ein Viertel angestiegen (um welche Größenordnung an freien Stellen es sich hier handelt, kann nicht abgelesen werden, da die Ausgangsgrößen fehlen.). Der Anstieg kann auf ein Auseinanderklaffen der Nachfrage- und Angebotsstruktur auf dem Arbeitsmarkt im Hinblick auf die Qualifikation, auf fehlende Mobilität der Arbeitssuchenden oder auch auf zu geringe Effizienz der Arbeitsvermittlung hindeuten. Bei Arbeitslosen mit hohen Ansprüchen auf Arbeitslosengeld, wie z. B. in den genannten höher qualifizierten technischen Berufen, könnte auch die Anreizschwelle eine neue Stelle anzunehmen, entsprechend hoch liegen. (Grafik 1, 2 und 4)
- Deutschlands schlechte Arbeitsmarktsituation im internationalen Vergleich ist mit bedingt durch die schlechte wirtschaftliche Entwicklung: Deutschland ist mit Italien seit Jahren das Schlusslicht der EU beim Wirtschaftswachstum, nachdem es 1991 noch an zweiter Stelle lag. Beide Länder haben auch mit die höchsten Werte in der Arbeitslosen- und Langzeitarbeitslosenstatistik, d. h. hier liegt ein direkter Zusammenhang vor, der darauf hinweist, dass ein wesentlicher Teil der Arbeitslosigkeit in Deutschland auch konjunkturell bedingt ist. Dieser Zusammenhang wird dadurch bestätigt, dass Irland, das Land mit den höchsten Wachstumsraten im gleichen Zeitraum, eine der niedrigsten Arbeitslosenquoten hat; der hohe Anteil an Langzeitarbeitslosen in Irland erscheint allerdings atypisch und weist auf strukturelle Probleme hin. (Grafik 1, 2 und 5)

3.1 **Zeitarbeit** bietet zunächst Vorteile für Unternehmen, die Arbeitnehmer suchen, da das Zeitarbeitskonzept die strengen Rahmenbedingungen regulärer Arbeitsverhältnisse umgeht. Unternehmen können Arbeitskräfte flexibel für bestimmte Zeiträume „anmieten", solange Bedarf besteht und sich ohne Einhaltung von Kündigungsfristen schnell wieder von ihnen trennen. Kosten und Risiken für die Unternehmen sinken, Wettbewerbsfähigkeit und Rentabilität steigen entsprechend.

Die beschriebene Flexibilität wirkt sich für die Arbeitssuchenden positiv aus, da sie über entsprechende Zeitarbeitsfirmen zumindest zeitweise leichter und schneller Arbeit finden. Bei Bewährung im Unternehmen kann daraus durchaus ein Dauerarbeitsverhältnis werden. Vor allem für Langzeitarbeitslose können sich so neue Perspektiven und Arbeitsplätze ergeben.

Das Konzept der **Ich-AG** birgt einen Anreiz für motivierte Arbeitslose, sich mit einer Geschäftsidee selbstständig zu machen, indem es bürokratische Hindernisse auf dem Weg zur Selbstständigkeit gezielt abbaut und finanzielle Anreize durch Freibeträge und geringe Besteuerung bietet. Sie stellt v. a. durch die geringe Besteuerung auch eine Alternative zur Schwarzarbeit dar.

Die **Job-Floater-Anleihe** verbindet vier Vorteile miteinander:
- Sie ermöglicht die relativ kostengünstige Finanzierung einer staatlichen Maßnahme,
- welche die Hauptarbeitgeber der deutschen Wirtschaft, nämlich die kleinen und mittelständischen Unternehmen fördert,
- und zwar dann, wenn sie den Arbeitsmarkt entlasten, indem sie einen Arbeitslosen einstellen,
- und dort, wo es am nötigsten ist: in strukturschwachen Regionen.

Das finanzielle Risiko der Neueinstellung wird für das Unternehmen reduziert und Investitionen zur Schaffung eines Arbeitsplatzes werden erleichtert. Ggf. ergeben sich über positive Multiplikatorwirkungen gerade in strukturschwachen Regionen weitere Beschäftigungseffekte, die dazu beitragen können, den Strukturwandel zu beschleunigen.

3.2 *Diskutieren heißt, sowohl positive als auch negative Aspekte müssen genannt werden und mit einem Fazit abgeschlossen werden.*

Grundprinzipien der sozialen Marktwirtschaft sind
a) marktwirtschaftliche Koordination,
b) sozialer Ausgleich und
c) Wettbewerbswirtschaft.

zu a) Die Job-Floater-Anleihe versucht zwar den Arbeitsmarkt gezielt zu beeinflussen, ist jedoch eine marktkonforme Maßnahme, da sie weder in den Arbeitsmarkt noch in den Kapitalmarkt direkt eingreift, sondern lediglich positive Rahmenbedingungen als Anreizstrukturen für die Schaffung von Arbeitsplätzen und Investitionen schafft.

zu b) Der „Job Floater" trägt zu einem sozialen Ausgleich bei, da Arbeitslose in strukturschwachen Regionen besonders gefördert werden und durch eine höhere Beschäftigung soziale Unterschiede abgebaut werden. Arbeitslose und von Strukturkrisen betroffene Unternehmer, welche die Förderung nicht nutzen können, könnten die Beschränkung auf bestimmte Regionen allerdings als willkürlich und sozial ungerecht empfinden.

zu c) Der „Job Floater" verzerrt zwar einerseits den Wettbewerb, indem nur kleine und mittelständische Unternehmen gefördert werden und auch nur in bestimmten Regionen, andererseits kann dies den Wettbewerb verbessern, da für kleinere Unternehmen Wettbewerbsnachteile gegenüber Großunternehmen ausgeglichen werden können.

Fazit: Im Vergleich zu z. B. Arbeitslosenhilfe oder Arbeitsbeschaffungsmaßnahmen ist der „Job-Floater" deutlich systemkonformer, da er keinem der Elemente der Sozialen Marktwirtschaft grundlegend entgegen läuft.

Je nachdem, welche Aspekte höher bewertet werden, kann das Fazit die Vereinbarkeit der Maßnahme bejahen, ablehnen oder ggf. relativieren.

4 *Die Fragestellung lässt sich in drei Teile gliedern:*
a) Positionen der Tarifpartner
b) These zur Kaufkrafttheorie
c) Auswirkungen hoher Lohnabschlüsse auf das Preisniveau.

Punkt c) kann ggf. bei b) integriert werden.

a) Darstellen der grundsätzlichen Positionen der Tarifpartner:

Die Gewerkschaften verfolgen eine offensive Tarifpolitik, die primär eine Erhöhung der Lohnquote (Anteil der Einkommen aus unselbstständiger Arbeit am Volkseinkommen) anstrebt. Das Ziel ist eine langfristige Umverteilung von Einkommen und Vermögen zugunsten der Arbeitnehmer und damit die Stärkung der Kaufkraft.

Die Arbeitgeber verfolgen eine defensive oder produktivitätsorientierte Lohnpolitik, in der Lohnerhöhungen maximal dem Zuwachs der Produktivität (Veränderung des BIP pro Erwerbstätigen) entsprechen, sodass die Lohnstückkosten konstant bleiben oder ggf. sogar sinken.

b) These zur Kaufkrafttheorie:

Die These, dass durch höhere Löhne Arbeitsplätze geschaffen werden können, entspricht der Kaufkrafttheorie. Diese geht von folgender Wirkungskette aus: Lohnerhöhungen führen zu größerer Kaufkraft der Haushalte, die sich in erhöhtem privaten Konsum äußert, der über positive Verstärkereffekte das Wirtschaftswachstum fördert und zur Schaffung neuer Arbeitsplätze führt.

Dem ist entgegenzuhalten, dass der primäre Effekt von Lohnerhöhungen eine Kostensteigerung für die Unternehmen ist. Liegen die Lohnerhöhungen über dem Produktivitätszuwachs, steigen die Lohnstückkosten. Können die Unternehmen die Lohnsteigerungen nicht oder nur teilweise auf die Preise überwälzen, reduziert sich ihr Gewinn. Reagieren die Unternehmen mit Vermeidungsstrategien wie Rationalisierungsmaßnahmen und Abwanderung in Billiglohnländer, führt dies zu Arbeitsplatzabbau anstelle der erhofften Beschäftigungseffekte.

Das Kaufkraftargument kommt aber auch nicht zum Tragen, wenn sich die Lohnsteigerungen ganz oder teilweise auf die Preise überwälzen lassen, da die Löhne dann zwar nominal steigen, die Kaufkraftsteigerung aber durch die Preiserhöhungen abgeschöpft wird (so genannter Bumerang-Effekt).

Fazit: Lohnsteigerungen führen nicht zwangsläufig zu einer Erhöhung der Kaufkraft und den damit verbundenen positiven Effekten für Wachstum und Beschäftigung. Unangemessene Lohnerhöhungen können sogar zu einem Verlust von Arbeitsplätzen führen.

c) Auswirkungen auf das Preisniveau

Gelingt es den Unternehmen, die Lohnerhöhungen ganz oder teilweise auf die Preise überzuwälzen, kommt es zu Preissteigerungen. Verschärfen kann sich die Situation, wenn die höheren Löhne durch einen progressiven Steuertarif effektiv zu einem geringeren Realeinkommen führen. Reagieren die Gewerkschaften auf den Kaufkraftverlust wieder mit erhöhten Lohnforderungen, besteht die Gefahr einer Lohn-Preis-Spirale, die die Preisniveaustabilität ernsthaft gefährden kann.

Mögliche Verteilung der Bewertungseinheiten:

Frage	1.1	1.2	1.3	2	3.1	3.2	4
BE	6	8	6	12	9/6	7/10	12

Leistungskurs Wirtschaft/Recht: Abiturprüfung 2003
Fachgebiet Betriebswirtschaft – Aufgabe II

(nicht kombinierbar mit Aufgabe III)

Die fortschreitende weltwirtschaftliche Verflechtung und zunehmende Nutzung globaler Informationssysteme bewirken einen ständigen Wandel des wirtschaftlichen Umfelds deutscher Unternehmen. Das Aufbrechen der Märkte und das rasche Vordringen der Internet-Wirtschaft stellen nicht nur die großen Industrieunternehmen, sondern auch den Mittelstand, der für die Beschäftigung und die Bruttowertschöpfung in Deutschland eine wichtige Rolle spielt, vor weit reichende neue Aufgaben.

1 Erläutern Sie Chancen und Risiken, die sich für mittelständische Unternehmen aus der beschriebenen Entwicklung ergeben können!

Die ASY GmbH ist ein traditionsreiches mittelständisches Unternehmen, das Gebäudeaufzugssysteme herstellt. In einem Informationsprospekt des Unternehmens heißt es u. a.: „Teil unserer Unternehmensphilosophie ist es, unseren Kunden individuell zugeschnittene Komplettlösungen für Aufzugssysteme anzubieten. Effektive Planung, qualifizierter Vertrieb und ein konsequentes Qualitätsmanagement unterstreichen das kundenorientierte, ganzheitliche Leistungsspektrum des Unternehmens. In jedem Aufzugssystem, vom Treppenlift für Senioren bis hin zum repräsentativen Panoramaaufzug, wird eine erkennbare und charakteristische Produktqualität deutlich, die fasziniert und zum Gebrauch einlädt.“

2.1 Zeigen Sie vor dem Hintergrund des Textes aus dem Informationsprospekt auf, mit welchen Maßnahmen der Produktpolitik die ASY GmbH ihrer Unternehmensphilosophie gerecht werden kann und entwickeln Sie die Grundzüge eines passenden Konzepts für den Vertrieb!

Trotz massiver Marketingbemühungen und damit einhergehender Umsatzzuwächse stellt die Unternehmensleitung der ASY GmbH entgegen ihren Erwartungen sinkende Gewinne fest.

2.2 Begründen Sie, dass Gewinn- und Umsatzsteigerung sowohl komplementäre als auch konkurrierende Ziele sein können!

Für die Herstellung eines neu entwickelten und nun produktionsreifen Panorama-Glaskabinenaufzugs sind umfangreiche Investitionen erforderlich. Es ist Teil der Unternehmensstrategie, Investitionen möglichst nicht über Bankkredite zu finanzieren.

3.1 Setzen Sie sich mit der angesprochenen Strategie auseinander und zeigen Sie Finanzierungsmöglichkeiten aus dem Bereich der Innenfinanzierung für die geplanten Investitionen auf!

Da die Möglichkeiten der Innenfinanzierung nicht ausreichen, muss ein Teil der Investitionen schließlich doch über einen langfristigen Bankkredit finanziert werden. Die Bank macht die Kreditvergabe von einer umfassenden Bonitätsprüfung abhängig, um ihr Kreditrisiko zu minimieren. Die Bonität wird in einem so genannten Rating, also der Bewertung des Unternehmens durch die Bank oder eine externe Agentur, festgestellt. Dabei sind neben dem Jahresabschluss noch zahlreiche andere Informationen von Bedeutung. Unternehmensratings sind inzwischen eine weit verbreitete Praxis, die auch volkswirtschaftliche Auswirkungen hat.

3.2 Erläutern Sie drei wesentliche Informationen, die bei einer Bonitätsprüfung aus dem Jahresabschluss abgeleitet werden können, und beurteilen Sie deren Aussagekraft! Zeigen Sie auf, welche zusätzlichen Informationen neben den Erkenntnissen, die aus dem Jahresabschluss gewonnen werden können, in die Bonitätsprüfung einbezogen werden sollten!

3.3 Diskutieren Sie je zwei betriebs- und volkswirtschaftliche Auswirkungen der Durchführung von Unternehmensratings!

Die ASY GmbH plant eine Kooperation mit einem Unternehmen in China (Joint Venture), das vornehmlich im Maschinen- und Anlagenbau tätig ist, aber auch Aufzugssysteme herstellt.

4 Legen Sie dar, welche Erwartungen die ASY GmbH einerseits und das chinesische Unternehmen andererseits mit dieser Kooperation verbinden könnten!

Vorgegebene Bewertungseinheiten:

Frage	1	2	3	4
BE	10	18	24	8

Lösungsvorschlag

1 *Da keine Angabe zur Zahl der Aspekte gemacht wird, empfiehlt es sich, mindestens je zwei bis drei Chancen und Risiken zu erläutern. Dabei bietet sich die im Text angedeutete Gliederung nach Globalisierung einerseits und Informationssystemen andererseits an; auch eine gedankliche Gliederung nach Funktionsbereichen kann hilfreich sein. Zwingend ist die Ausrichtung der Antwort auf mittelständische Unternehmen.*

Mögliche Chancen:

- Die zunehmende internationale Verflechtung und die damit verbundene Öffnung internationaler Märkte ermöglicht die Erschließung ausländischer, ggf. billigerer Beschaffungsmärkte.
- Der Einsatz der Internettechnologie erleichtert dies, da Beschaffungsgeschäfte z. B. online über jederzeit erreichbare virtuelle Marktplätze oder Rohstoffbörsen erfolgen können. Diese Form der Abwicklung erschließt auch mittelständischen Unternehmen Vorteile, die früher nur große Unternehmen mit Auslandspräsenz hatten, und ist oft schneller, organisatorisch einfacher, flexibler und kostengünstiger als traditionelle Beschaffungswege.
- Genau wie bei der Beschaffung bietet das Internet in international geöffneten Märkten auch neue Absatzchancen: Mit relativ geringem technischen Aufwand können auch Mittelständler ihre Produkte weltweit anbieten, ein größeres Publikum ansprechen und damit konkurrenzfähiger werden.
- Der unkomplizierte und schnelle Datenaustausch via Internet erlaubt auch mittelständischen Unternehmen Kostensenkungen durch die Zusammenlegung betrieblicher Funktionen wie z. B. Rechnungswesen, Bestellannahme und Teile der Verwaltung an einem Standort und ggf. deren Verlagerung ins kostengünstigere Ausland.
- Für Beratung und Kundenservice eröffnet das Internet auch Mittelständlern leicht zu realisierende direkte und kundenfreundliche Kommunikationswege mit hoher Kundennähe, die sich sonst nur Großunternehmen mit Außendienstnetz leisten konnten.

Mögliche Risiken:
- Sowohl der Einsatz des Internets als auch die stärkere Verflechtung mit ausländischen Unternehmen und Kunden birgt rechtliche Risiken, insbesondere wenn Mittelständler noch keine langfristige Erfahrung mit E-Commerce und internationalem Recht haben.
- Die generelle Öffnung internationaler Beschaffungs- und Absatzmärkte und die durch das Internet erhöhte Markttransparenz setzt auch mittelständische Unternehmen unter Zugzwang, sich eine Internetpräsenz zu schaffen um konkurrenzfähig zu bleiben. Die technische und gestalterische Realisation und Pflege dieser Systeme verursachen ggf. kostenintensive Neuinvestitionen und zusätzliche laufende Kosten.
- Bei der für Kunden weit transparenteren Konkurrenz im Internet steigt der Druck für Mittelständler, sich z. B. durch Produktinnovationen, Preisvorteile oder größere Kundennähe von der großen Zahl der Mitbewerber abzusetzen.
- Die für mittelständische Unternehmen oft typischen regionalen Marktvorteile durch fehlende Konkurrenzunternehmen werden durch das Internet weitgehend abgebaut, da sowohl Preisvergleiche als auch die komplette Geschäftsabwicklung in vielen Branchen via Internet möglich sind.
- Ein Zusammenbruch der Kommunikationsnetze z. B. durch technische Defekte oder Virusattacken kann ggf. zu massiven Störungen des Geschäftsablaufs und Umsatzeinbußen bis hin zum Kundenverlust führen.

2.1 *Die Aufgabe erfordert zunächst eine Analyse des Textes im Hinblick auf die Unternehmensphilosophie und entsprechende produktpolitische Maßnahmen (3 bis 4 Aspekte) und anschließend die Entwicklung eines auf das Produkt abgestimmten Vertriebskonzepts.*

Unternehmensphilosophie und produktpolitische Maßnahmen:
Die Unternehmensphilosophie beinhaltet vor allem Kundennähe, hohe Qualität und Komplettservice. Dies kann z. B. durch folgende Maßnahmen umgesetzt werden:
- Sortimentgestaltung: breite Produktpalette, um allen Kundenwünschen gerecht zu werden.
- Produktgestaltung: auf individuelle Kundenwünsche angepasste Produktvarianten.
- Konsequentes Qualitätsmanagement zur Erhöhung der Kundenzufriedenheit, z. B. durch den Einsatz hochwertiger Materialien und neuester Technologie.
- Gewährung langfristiger Garantien auf Materialien und Funktion zur Betonung von Kundennähe und Qualitätsanspruch.
- Programmtiefe: Komplettangebot von der Planung bis zur Lieferung und Montage aus einer Hand.
- Serviceleistungen wie Kundendienst, Reparatur- und Ersatzteilservice mit Notfalldienst zur Abrundung des Komplettservices.

Vertriebskonzept: *Erwartet wird eine systematische und textbezogene Darstellung.*
Entscheidungen müssen bezüglich Vertriebssystem, Absatzform und Absatzweg getroffen werden. Da es sich bei den Aufzügen um ein kostspieliges, planungsintensives und stark individualisiertes Produkt handelt, kommt primär nur ein werkseigener oder zumindest werksgebundener (z. B. Franchise-Partner oder Vertragshändler) Vertrieb in Frage. In beiden Fällen kann die Kontaktaufnahme zwischen Kunden und Lieferant über Verkaufsniederlassungen oder eine zentrale Verkaufsabteilung erfolgen. Der Absatzweg kann nur direkt sein, da der Qualitätsanspruch und die Anpassung der Aufzüge an örtliche Verhältnisse und Kundenwünsche den Einsatz qualifizierter (werkseigener) Außendienstmitarbeiter vor Ort erfordert.

2.2 *Die Lösung ist nur bei nicht-linearem oder exogen verändertem Kostenverlauf möglich.*

Gewinn = Umsatz – Kosten = Preis × verkaufte Menge – Kosten

Komplementäre Ziele sind Ziele, bei denen ein höherer Zielerreichungsgrad des einen Zieles auch dem anderen Ziel zugute kommt. Aus dem in der Formel dargestellten Zusammenhang kann abgeleitet werden, dass Umsatzsteigerungen immer dann auch zu Gewinnsteigerungen führen, wenn die Erhöhung des Umsatzes entweder auf reinen Preiserhöhungen beruht oder wenn die Kosten für eine zusätzlich abgesetzte Mengeneinheit geringer als der Umsatzzuwachs sind, d. h. solange der Grenzerlös (Preis pro zusätzlich verkauftem Stück) größer ist als die Grenzkosten.

Konkurrierende Ziele sind Ziele, bei denen ein höherer Zielerreichungsgrad des einen Zieles den des anderen Zieles beeinträchtigt. Bei Gewinn und Umsatz ist folgender Fall denkbar: Wenn die Umsatzsteigerungen zu höheren Grenzkosten als Grenzerlösen führen (vgl. oben), wird mit dem zusätzlichen Absatz Stückverlust gemacht, d. h. der Gesamtgewinn sinkt.

3.1 *Es sollten mindestens je zwei positive und negative Aspekte genannt werden.*

Gegen eine Kreditfinanzierung spricht:

- Kreditfinanzierung erhöht den Anteil an Fremdkapital. Daraus resultieren höhere laufende Kosten für Zins und Tilgung, eine höhere Abhängigkeit vom Kreditgeber (v. a. bei Anschlussfinanzierungen) und eine geringere Bonität des Unternehmens.
- Unter Sicherheitsgesichtspunkten ist eine Kreditfinanzierung ungünstig, weil bei Umsatzeinbrüchen die Liquidität sinkt, da die Kreditverpflichtungen einzuhalten sind. Bei Absatzkrisen kann dies bis zur Insolvenz führen.
- Bei sehr hohen Kapitalmarktzinsen kann die Kreditfinanzierung unrentabel sein.
- Die bisher genannten Punkte sind noch stärker zu berücksichtigen bei Risiko-behafteten Investitionen wie bei Neuentwicklungen, deren Erträge unsicher sind.
- Die bilanztechnische Bewertung eines Unternehmens kann durch einen hohen Anteil an Kreditfinanzierung leiden, wenn z. B. Finanzierungsregeln nicht eingehalten werden oder der Verschuldungsgrad zu hoch wird.

Für eine Kreditfinanzierung spräche z. B.:

- Fremdkapital in Form von Krediten ist in der Regel schneller und flexibler erhältlich als beispielsweise Beteiligungskapital, das außerdem ggf. mit Einflussnahmerechten verbunden ist.
- Die Zinszahlungen im Zusammenhang mit der Kreditfinanzierung können in der Regel steuermindernd geltend gemacht werden.
- Wenn eine Investition nur unterlassen wird, um kein Fremdkapital aufnehmen zu müssen, werden ggf. Markt- und Wachstumschancen nicht genutzt und die Konkurrenzfähigkeit des Unternehmens gefährdet.
- Bei relativ niedrigen Kreditzinsen bedeutet der Ausschluss der Kreditfinanzierung ggf. den Verzicht auf erhöhte Eigenkapitalrentabilität über den „Leverage-Effekt“ (sofern die Kreditzinsen niedriger als die Gesamtkapitalrentabilität sind).

Möglichkeiten der Innenfinanzierung:

- Selbstfinanzierung durch Gewinnthesaurierung, d. h. Periodengewinne werden für die Investition einbehalten und nicht an die Gesellschafter ausgeschüttet.
- Selbstfinanzierung durch Auflösung stiller Rücklagen, z. B. durch die Veräußerung von unterbewerteten Aktiva wie Wertpapiere oder Immobilien.
- Finanzierung aus Abschreibungsrückflüssen, die zunächst nicht für Ersatzbeschaffung benötigt werden.

- Finanzierung aus langfristigen Rückstellungen (Pensionsrückstellungen), aus denen keine aktuellen Zahlungen zu leisten sind.
- Umfinanzierung durch Verkauf entbehrlicher Vermögensteile (z. B. Wertpapiere, Immobilien, ungenutzte Anlagen).

3.2 *Es sollten jeweils mindestens drei Informationen erläutert und beurteilt werden.*

Mögliche Informationen für die Bonitätsprüfung aus dem Jahresabschluss:
- Analyse der Vermögensstruktur, um verwertbare Sicherheiten festzustellen: Bei Über- oder Unterbewertung der aufgeführten Posten können Fehleinschätzungen entstehen. Unter Umständen sind die Vermögensposten nicht wirklich verwertbar.
- Kennziffer der Finanzierung bzw. Verschuldungsgrad als Indiz für die Krisenfestigkeit des Unternehmens: Die Finanzierung kann aufgrund von Rentabilitätsgesichtspunkten von sicherheitsorientierten Grenzwerten abweichen.
- Kennziffer der Investierung als Maß für die Fristenkongruenz und die Anlagendeckung: Auch Abweichungen von der Goldenen Bilanzregel müssen noch kein Risiko darstellen, wenn z. B. große sehr langfristige Rückstellungen zur Verfügung stehen oder die Abweichungen nur vorübergehender Natur sind. Dies kann aus der Bilanz nicht abgelesen werden.
- Liquiditätskennziffern als Maß für die Zahlungsfähigkeit des Unternehmens: Globalliquidität und Barliquidität haben wenig Aussagekraft. Am aussagekräftigsten ist die einzugsbedingte Liquidität. Ohne einen Finanzplan mit detaillierten Daten kann aber keine zuverlässige Aussage zur Zahlungsfähigkeit gemacht werden.
- Cash Flow als Maß der Selbstfinanzierungskraft: Der Cash Flow allein hat nur geringe Aussagekraft; er muss zu internen und externen (branchentypischen) Größen in Bezug gesetzt werden.
- Rentabilitätskennziffern zur Beurteilung der Ertragskraft des Unternehmens: Die Analyse macht nur bei einer Betrachtung über mehre Jahre hinweg unter Berücksichtigung weiterer Faktoren Sinn.

Mögliche zusätzliche Informationen:
- Bankinterne Unterlagen zu bisherigen Kreditverbindlichkeiten überprüfen, um ggf. frühere Unregelmäßigkeiten festzustellen.
- Marktanalyse hinsichtlich der Erfolgschancen des neuen Produktes und der Marktposition des Unternehmens im Vergleich zur Konkurrenz.
- Entwicklung von Auftragslage und -eingang, Umsatz und Ertragslage des Unternehmens über mehrere Jahre hinweg.
- Anfälligkeit der Branche hinsichtlich konjunktureller Schwankungen und Strukturwandel.
- Analyse von z. B. Maschinen und Betriebs- und Geschäftsausstattung des Unternehmens hinsichtlich Alter und Stand der Technik (Ermittlung des kurzfristigen Ersatzbedarfs).
- bilanzexterne Bewertung von Vermögensposten als verwertbare Sicherheiten.

3.3 *Diskutieren heißt, Vor- und Nachteile erläutern und idealerweise mit einem Fazit abschließen.*

Betriebswirtschaftliche Aspekte:
- Einerseits bedeutet das obligatorische Unternehmensrating für betroffene Unternehmen in erster Linie zeitlichen und organisatorischen Aufwand, der zusätzliche Kosten verursacht und die regulären Geschäftsprozesse behindern kann, z. B. wenn eine Stärken-Schwächen-Analyse durchgeführt und ggf. entsprechende Gegenmaßnahmen ergriffen

werden müssen. Andererseits kann dieser Prozess auch überfällige Veränderungen herbeiführen, die Erfolg und Stabilität des Unternehmens fördern.
- Fällt das Rating schlecht aus, kann der Kreditantrag abgelehnt oder die Konditionen schlechter werden, sodass der Aufwand des Ratings keine oder primär negative Auswirkungen hat. Ein sehr gutes Rating kann aber die Verhandlungsposition des Unternehmens stärken und so u. U. zu besseren Kreditkonditionen führen.
- Werden Maßnahmen ausschließlich mit dem Ziel eines positiven Ratings ergriffen, können diese mit den eigentlichen Unternehmenszielen konkurrieren. Diese Situation bietet aber auch die Gelegenheit, das Zielsystem des Unternehmens zu überprüfen und ggf. zu modifizieren.
- Aus betriebswirtschaftlicher Sicht der Banken können Unternehmensratings einerseits zu einem geringeren Ausfallrisiko führen. Andererseits bieten auch die Ratings keinen ganz sicheren Schutz vor Fehleinschätzungen oder unerwarteten zukünftigen Entwicklungen.
- Aus betriebswirtschaftlicher Sicht kooperierender Unternehmen (z. B. Lieferanten, Kunden) kann die Gewährung eines großen Kredits nach einem Rating ein Indiz für die Stabilität des Geschäftspartners sein. Es gilt allerdings die gleiche Einschränkung wie beim vorigen Punkt.

Volkswirtschaftliche Aspekte:
- Unternehmensratings können einerseits die Wettbewerbsfähigkeit eines Landes erhöhen, indem die Auslese schwacher Unternehmen bzw. erforderliche Umstrukturierungen beschleunigt werden und Unternehmen mit positiver Entwicklung stärker gefördert werden. Andererseits können überzogene Anforderungen bei den Ratings zur Blockade innovativer Kräfte speziell in kleinen, jungen, weniger stabilen Unternehmen führen und damit die Innovationskraft einer Volkswirtschaft schwächen.
- Gefahren für Wirtschaftswachstum und Arbeitsmarkt durch Unternehmensinsolvenzen werden ggf. reduziert. Allerdings kann die Verweigerung von Krediten auch zum Ausbleiben sinnvoller Investitionen und der entsprechenden Impulse für Wachstum und Beschäftigung führen. Im Extremfall werden Arbeitsplätze abgebaut.
- Ratings können einerseits zu Wettbewerbsverzerrungen führen, da es für kleine und mittelständische Unternehmen u. U. schwieriger sein kann, die Rating-Kriterien zu erfüllen. Andererseits können weitgehend ineffektive staatliche Ausgaben bei Mega-Insolvenzen (wie z. B. Schneider oder Holtzmann) durch konsequent durchgeführte Ratings möglicherweise vermieden werden.
- In der Realität führen schwache Ratings zur Erhöhung der von den Banken geforderten Zinsen. Diese Erhöhung des Kreditzinsniveaus kann einer expansiven Zinspolitik der EZB und konjunkturpolitischen Erfordernissen entgegenwirken.

Fazit: Zur Auslese von „schwarzen Schafen“ können Unternehmensratings sicher hilfreich sein, für junge Unternehmen und risikoreichere Innovationen stellen sie aber ein oft unüberwindbares Hindernis dar und mindern so die Innovationskraft der Wirtschaft.

Je nachdem wie die in der Lösung genannten Aspekte bewertet werden, können die Ratings befürwortet, abgelehnt oder uneinheitlich gesehen werden.

4 *Trotz möglicher Überschneidungen sollte es vermieden werden, identische Argumente für beide Unternehmen anzuführen.*

Erwartungen der ASY GmbH:
- Frühzeitiges Erschließen eines neuen Kundenkreises, da die sich öffnenden Märkte Chinas ein erhebliches Wachstumspotenzial darstellen.

- Eine Kooperation mit einem einheimischen Unternehmen sollte in einem Land wie China, das z. B. kulturell, wirtschaftlich, politisch und rechtlich große Unterschiede zu den westlichen Industriestaaten aufweist, viele Zugangsbarrieren abbauen, indem bestehende Strukturen genutzt werden können und ein interner Wissensaustausch im interkulturellen Management stattfinden kann.
- Erschließen neuer Beschaffungsquellen, da das chinesische Unternehmen ggf. günstigere einheimische Bezugsquellen hat.
- Die Auslagerung von Produktionsteilen in das chinesische Unternehmen kann aufgrund des deutlich niedrigeren Lohnniveaus in China Kostenvorteile bringen.
- Eine Kooperation dürfte aus den oben genannten Gründen wesentlich kostengünstiger, unkomplizierter und weniger riskant sein als der Aufbau eines eigenen Unternehmens in China.

Erwartungen des chinesischen Unternehmens:
- Technologie- und Know-how-Transfer zur Schaffung und Sicherung der internationalen Wettbewerbsfähigkeit, z. B. durch Erwerb von Lizenzen, Austausch von Ingenieuren etc.
- Bezug technisch ausgereifter Teile, die lokal ggf. noch nicht rentabel produziert werden können.
- Erschließung eines europäischen Kundenpotenzials.
- Schaffung neuer Erträge als Teile-Zulieferer für die ASY GmbH.
- Wie bei der ASY GmbH: Wissensaustausch im interkulturellen Management.
- Schaffung einer breiteren Kapitalbasis und Risikostreuung für Neuinvestitionen.

Mögliche Verteilung der Bewertungseinheiten:

Frage	1	2.1	2.2	3.1	3.2	3.3	4
BE	10	11	7	6	9	9	8

Leistungskurs Wirtschaft/Recht: Abiturprüfung 2003
Fachgebiet Betriebswirtschaft – Aufgabe III

(nicht kombinierbar mit Aufgabe II)

Berechnungen müssen auch bei Verwendung des elektronischen Taschenrechners auf dem Lösungsblatt nachvollziehbar sein.

Dem Geschäftsbericht 2001 des ELOX-Konzerns sind folgende Informationen zu entnehmen: „ELOX ist ein international agierendes Unternehmen der Elektro- und Elektronikbranche mit weltweit mehr als 400 000 Mitarbeitern. ELOX ist in den Bereichen Information und Kommunikation, Automatisierung und Steuerung, Energie, Verkehrstechnik, Medizintechnik sowie Beleuchtung tätig. Die IT-AG ist eine Tochtergesellschaft, die im Bereich der Halbleiterindustrie tätig ist. Der frühere Geschäftsbereich wurde im Jahr 1999 ausgegliedert und als Unternehmen mit eigener Rechtsform an die Börse gebracht. Bis zum Geschäftsjahresende 2001 wurde die Beteiligung an der IT-AG bis auf 50,4 % zurückgenommen und soll weiter reduziert werden. Im April 2001 hat ELOX eine Mehrheitsbeteiligung an der ATECS-AG erworben, einem Unternehmen der Automobil- und Automatisierungstechnik.
Die Aktionäre der ELOX-AG, der Muttergesellschaft des ELOX-Konzerns, haben im laufenden Geschäftjahr einem Aktiensplit[1] für die ELOX-Aktie zugestimmt."

Zur Lage des Konzerns schreibt der Vorstandsvorsitzende der ELOX-AG Folgendes: „Unsere geschäftsführenden Einheiten folgen unterschiedlichen Marktzyklen. Mehrere Bereiche arbeiten an Märkten, die langfristig stabil sind und zur Zeit günstige Voraussetzungen bieten. Andere Bereiche sind abhängig von den kürzeren Zyklen des allgemeinen Konjunkturverlaufs. Etwa 40 Prozent unseres Unternehmens sind von speziellen Branchenzyklen abhängig. Dies gilt besonders für die IT-AG, die an einem extrem zyklischen Markt arbeitet.
Das vergangene Jahr hat an den Kapitalmärkten viele Enttäuschungen hervorgerufen. Die Illusionen der New Economy sind zerbrochen. Eine kreative Geschäftsidee allein ist eben keine hinreichende Basis für die Zukunft. Leider sind in den Abwärtssog auch Industriewerte hineingezogen worden. Die im ersten Quartal 2001 eingetretenen und im vierten Quartal noch anhaltenden Schwierigkeiten auf wesentlichen Feldern unseres Unternehmens wurden überwiegend durch externe Faktoren verursacht. Die strukturellen Verwerfungen in der Informations- und Kommunikationstechnik haben viele Wettbewerber in existenzielle Krisen gebracht. ELOX ist weniger anfällig."

1.1 Zeigen Sie mögliche externe Faktoren auf, die zu Schwierigkeiten in einzelnen Bereichen des Konzerns geführt haben könnten!
Begründen Sie anhand des Textes die Aussage des Vorstandsvorsitzenden, der ELOX-Konzern sei weniger als andere Wettbewerber anfällig, in existenzielle Krisen zu geraten!

1.2 Diskutieren Sie die dem Geschäftsbericht zu entnehmenden unternehmenspolitischen Maßnahmen des ELOX-Konzerns!

---

1 Kapitalerhöhung aus Gesellschaftsmitteln gemäß §§ 207 ff. AktG; auf jeweils zwei alte Aktien wird bei der ELOX-AG zusätzlich eine neue Gratisaktie ausgegeben.

Der ELOX-Konzern weist für die Jahre 2001 und 2000 in der Gewinn- und Verlustrechnung sowie der Bilanz u. a. folgende Zahlen aus:

Auszüge aus der Gewinn- und Verlustrechnung (gerundet, in Mio. €)	**2001**	**2000**
Umsatz	87 000	77 500
Abschreibungen auf immaterielle Vermögensgegenstände	2 100	800
Abschreibungen auf Sachanlagen	3 900	4 300
Abschreibungen auf Finanzanlagen	200	15

Aktiva	**Schlussbilanz des ELOX-Konzerns (in Mio. €)** (vereinfacht und gerundet)				**Passiva**
	2001	**2000**		**2001**	**2000**
Immaterielle Vermögensgegenstände	9 800	6 500	Gezeichnetes Kapital	2 700	1 500
			Kapitalrücklage	4 900	5 500
Sachanlagen	17 800	15 700	Gewinnrücklage	16 200	21 400
Finanzanlagen	3 300	5 400	Anteile im Fremdbesitz[1]	4 000	2 400
Sonstiges Anlagevermögen	8 200	5 000	Pensionsrückstellungen	4 700	2 500
Vorräte	13 400	12 400	Sonstige langfristige Rückstellungen	3 000	4 100
Wertpapiere	800	3 300			
Forderungen	19 000	19 200	Kurzfristige Rückstellungen	10 900	9 900
Zahlungsmittel	7 800	6 900	Langfristige Bankschulden	10 000	6 700
Sonstiges Umlaufvermögen	10 100	7 300	Sonstige langfristige Verbindlichkeiten	100	700
			Verbindlichkeiten aus Lieferungen und Leistungen	10 400	9 500
			Sonstige kurzfristige Verbindlichkeiten	23 300	17 500
	90 200	**81 700**		**90 200**	**81 700**

[1] Sonderposten einer Konzernbilanz: Bestandteil des Eigenkapitals (§ 307 HGB)

2.1 Erstellen Sie eine Bewegungsbilanz, aus der die Investitions- und Finanzierungspolitik des ELOX-Konzerns ersichtlich wird! Zeigen Sie auf, in welchen Positionen sich die angesprochene Beteiligungsreduzierung an der IT-AG, der durchgeführte Aktiensplit sowie die dargestellte Umsatzentwicklung widerspiegeln können!

2.2 Erklären Sie allgemein, wie sich die im Text beschriebene Entwicklung an den Kapitalmärkten (vgl. Seite 2003-17) auf die Bilanz eines Unternehmens auswirken kann!

2.3 Stellen Sie das Wesen von Rückstellungen sowie deren Bedeutung als Finanzierungsinstrument dar!

Im Bereich Medizintechnik des ELOX-Konzerns wurde ein neuer Kernspintomograph entwickelt und durch ein Patent geschützt.
Die Gesamtkosten K (in € pro Jahr) und der auf dem Markt erzielbare Preis p (in €) in Abhängigkeit von der pro Jahr produzierten bzw. abgesetzten Menge x können durch folgende Funktionsgleichungen beschrieben werden:

$K(x) = 15\,000\,000 + 600\,000\,x$

$p(x) = 1\,200\,000 - 1\,000\,x$

3.1 Charakterisieren Sie die vorliegende Marktsituation und errechnen Sie den Preis, den das Unternehmen am Markt realisieren muss, um das Ziel der Gewinnmaximierung zu erreichen!

Die ELOX-AG gehört dem Arbeitgeberverband Gesamtmetall an. Die Tarifverhandlungen 2002 ergaben deutliche Lohnerhöhungen für die gesamte Belegschaft in Verwaltung und Produktion.

3.2 Erörtern Sie mithilfe einer Skizze mögliche kurz- und mittelfristige Auswirkungen einer deutlichen Lohnerhöhung auf die Lage des Cournot'schen Punkts bei der Produktion des Kernspintomographen!

Vorgegebene Bewertungseinheiten:

Frage	1	2	3
BE	18	26	16

Lösungsvorschlag

1.1 *Für diese Frage wären Hintergrundkenntnisse zu Konjunkturindikatoren und wirtschaftlicher Entwicklung im Jahr 2001 ideal, zahlreiche Aspekte ergeben sich aber auch aus dem Text. Da in der Angabe keine Anzahl für externe Faktoren angegeben ist, sollten mindestens zwei behandelt werden.*

a) Externe Faktoren für Schwierigkeiten des Konzerns:

- Die Konjunktur in Deutschland war 2001 bereits rückläufig. Damit könnten Auftrags- und Umsatzrückgänge für ELOX verbunden gewesen sein.
- Auch im gesamten Euro-Raum schwächte sich das Wachstum 2001 stark ab, sodass auch die EU-Exporte gesunken sein könnten.
- Die Inflationsrate stieg 2001 in Deutschland deutlich an. Dies wirkte sich u. U. negativ auf die Binnennachfrage aus. Das Gleiche gilt für den Euro-Raum und ggf. die Exporte.
- In der Halbleiterindustrie gab es 2001 weltweit massive Einbrüche, bedingt durch konjunkturelle Abhängigkeit und Sättigungseffekte in der Kommunikationsbranche.

b) Im Text genannte Gründe für die geringere Krisenanfälligkeit des Konzerns, z. B.:

- Der Konzern ist laut Geschäftsbericht an verschiedenen Märkten aktiv, deren Zyklen zeitlich unterschiedlich ablaufen. So können Krisen einer Branche durch Zuwächse in anderen abgefangen werden.
- Außerdem ist ELOX in langfristig stabilen Märkten tätig, die sich auch im Berichtsjahr 2001 günstig entwickelten.
- Der Konzern arbeitet in sechs verschiedenen Geschäftsfeldern. Diese Diversifikation trägt zur Risikostreuung und Krisenfestigkeit bei.
- Die internationale Ausrichtung des Konzerns reduziert die Anfälligkeit für regionale Krisen.
- Die Ausgliederung der IT-AG und die schrittweise Reduzierung der Beteiligung stellen einen frühzeitigen Ausstieg aus der stark zyklischen und derzeit gefährdeten Halbleiterbranche dar.

1.2

- Die Ausgliederung der IT-AG und die schrittweise Reduzierung der Beteiligung sind angesichts der Krise des Halbleitermarktes positiv zu bewerten. Andererseits zieht sich ELOX damit aus einer Zukunftsbranche zurück.
- Die Mehrheitsbeteiligung an der ATECS-AG baut die Unternehmensbereiche Automation und Verkehrstechnik aus und könnte neben der Erhöhung des Marktanteils eine Konzentration auf Kernkompetenzen des Konzerns, Reduktion der Zuliefererabhängigkeit, und Einkauf von Know-how beinhalten. Andererseits sind für eine Mehrheitsbeteiligung umfangreiche Finanzmittel erforderlich, die den finanziellen Spielraum für andere Investitionen einschränken und ELOX angesichts der insgesamt ungünstigen Entwicklung 2001 zusätzlich belasten.

Die Fußnote der Aufgabenstellung ist etwas unklar: Ein ***Aktiensplit*** *erfolgt, wenn wegen eines zu hohen Kurses immer weniger Anleger eine Aktie kaufen. Die Zahl der Aktien wird dann in einem bestimmten Verhältnis in eine höhere Zahl von Aktien mit kleinerem (rechnerischen) Nennwert aufgeteilt. Das Aktienkapital pro Aktionär und das gesamte Grundkapital bleiben unverändert. Die in der Aufgabenstellung beschriebene* ***Kapitalerhöhung aus Gesellschaftsmitteln*** *erhöht zwar auch die Zahl der Aktien, aber nicht wertneutral. Die Ausgabe von Gratisaktien erhöht sowohl das Grundkapital durch Umwandlung von Gewinn- oder Kapitalrücklagen als auch den Umfang des Aktienkapitals des einzelnen Aktionärs.*

Je nachdem von welcher Situation man ausgeht ergibt sich einer der beiden folgenden Lösungspunkte:

- Der Aktiensplit führt zu einem geringeren Kurs der ELOX-Aktien. Dies könnte die Aktie für potenzielle Anleger einerseits wieder attraktiver machen und ggf. als Vorbereitung für eine Kapitalerhöhung dienen. Andererseits führt der Split in Verbindung mit einer Kapitalerhöhung zu einer Verwässerung des Aktienwertes und in der gegebenen wirtschaftlichen Situation des Konzerns dürfte das Klima für eine Kapitalerhöhung durch Emission junger Aktien denkbar ungünstig sein.
- Durch die Ausgabe von Gratisaktien hat das Unternehmen einen Teil der in der Gewinn- oder Kapitalrücklage kumulierten Gewinne in gezeichnetes Kapital umgewandelt und damit endgültig vor der Ausschüttung an Aktionäre gesichert. Es steht in Verlustjahren aber auch eine geringere Gewinnrücklage zur Auflösung zur Verfügung.

2.1 *Für die Bewegungsbilanz muss eine Gliederung gewählt werden, aus der Investitions- und Finanzierungsvorgänge abgelesen werden können.*

Bewegungsbilanz:

Mittelverwendung		Bewegungsbilanz (in Millionen €) Mittelherkunft	
Vermögensmehrung		**Außenfinanzierung**	
AV-Mehrung		– Mehrung Anteile im Fremdbesitz	1 600
– Immaterielle Vermögensgegenstände	5 400	– Mehrung Langfristige Bankschulden	3 300
– Sachanlagen	6 000	– Mehrung der Verbindlichkeiten aus Lieferungen und Leistungen	900
– Sonstiges AV	3 200		
UV-Mehrung		– Mehrung der Sonstigen kurzfristigen Verbindlichkeiten	5 800
– Vorräte	1 000		
– Zahlungsmittel	900	**Innenfinanzierung**	
– Sonstiges UV	2 800	*Erhöhung der Rückstellungen*	
Kapitalminderung		– Pensionsrückstellungen	2 200
EK-Minderung		– Kurzfristige Rückstellungen	1 000
– Kapitalrücklage	600	*Umfinanzierung*	
– Gewinnrücklage	5 200	– Mehrung des Gezeichneten Kapitals[1]	1 200
FK-Minderung		– Minderung der Finanzanlagen	1 900
– Sonstige langfristige Rückstellungen	1 100	– Minderung der Wertpapiere	2 500
– Sonstige langfristige Verbindlichkeiten	600	– Minderung der Forderungen	200
		– Abschreibungsrückflüsse	6 200
	26.800		**26.800**

[1] Entsprechend der Angaben bei Aufgabe 1.2: Kapitalerhöhung aus Gesellschaftsmitteln

Positionen der Bilanz

- Die Beteiligungsreduzierung an der IT-AG könnte sich in folgenden Posten widerspiegeln: Minderung der Finanzanlagen, ggf. Mehrung der Zahlungsmittel.
- Die Kapitalerhöhung aus Gesellschaftsmitteln (in der Angabe Aktiensplit genannt, vgl. Anmerkung 1.2!) resultiert in einer Erhöhung des gezeichneten Kapitals und in der Reduktion der Kapital- und/oder Gewinnrücklage.
- Der deutliche Anstieg des Umsatzes könnte sich folgendermaßen widerspiegeln: Erhöhung der Sachanlagen als Voraussetzung für die höhere Produktion, Zunahme der immateriellen Vermögensgegenstände (z. B. Patente und Lizenzen für neue Produkte), gestiegene Vorratshaltung wegen höherer Produktion, Zunahme der Zahlungsmittel aus gestiegenen Umsatzerlösen.

2.2 Der Text auf S. 2003-17 erwähnt Enttäuschungen an den Kapitalmärkten, Einbruch der New Economy und Abwärtssog auch für Industriewerte. Diese könnten z. B. folgende Auswirkungen auf eine Unternehmensbilanz haben:

- Im Umlaufvermögen gilt das strenge Niederstwertprinzip, d. h. bei Wertpapieren des Umlaufvermögens führen Kurseinbrüche von Aktien der New Economy wie auch der Industriewerte unter den Anschaffungswert zwingend zu einem niedrigeren Wertansatz.
- Bei den Finanzanlagen gilt das gemilderte Niederstwertprinzip, d. h. bei als vorübergehend eingeschätzten Kursverlusten kann gewählt werden, ob der Wertansatz in der Bilanz herabzusetzen ist, bei nachhaltigen Verlusten muss er angepasst werden.
- Beim Konkurs von Unternehmen und Totalverlust des Aktienwertes ist der entsprechende Bilanzposten des Anlage- oder Umlaufvermögens zwingend herabzusetzen.
- Der Wertminderung durch Kursverluste auf der Aktivseite steht auf der Passivseite eine Minderung des Eigenkapitals gegenüber, da sich der Jahresüberschuss verringert bzw. ein Jahresfehlbetrag entsteht. Ggf. wird ein Gewinnvortrag aufgelöst.
- Bei drohendem Konkurs bei Beteiligungen könnte das Unternehmen ggf. Rückstellungen für drohende Verluste bilden.

Ggf. könnten anstelle der primär durch Kursverluste von Beteiligungspapieren verursachten Wirkungen auch Effekte durch den Konkurs von Kunden oder Lieferanten auf Umsatz, Produktion, Lagerhaltung, Forderungen etc. beschrieben werden.

2.3 Rückstellungen sind Passivposten der Bilanz, die für ungewisse Verbindlichkeiten und drohende Verluste gebildet werden müssen (§ 249 I BGB), d. h. für Aufwendungen, deren Ursache am Bilanzstichtag zwar bekannt ist, deren Höhe und Fälligkeit jedoch ungewiss sind. Ihre Höhe wird geschätzt und soweit möglich mit dem maximalen Risikobetrag angesetzt. Ob und inwieweit eine Rückstellung auch zur Auszahlung kommt, ist unsicher. Rückstellungen sind Fremdkapital, da sie Verbindlichkeiten gegenüber Dritten absichern sollen.

Aufwendungen für Rückstellungen mindern den Jahresüberschuss und damit sowohl den steuerpflichtigen Gewinn als auch ggf. die Dividendenausschüttung, d. h. sie können z. B. gezielt steuerstrategisch eingesetzt werden. Werden überhöhte Rückstellungen gebildet, können umfangreiche stille Reserven entstehen. Bis zur Auflösung der Rückstellung und Freisetzung der Mittel aus der stillen Reserve entsteht ein zinsloses Darlehen des Fiskus und/oder der Aktionäre an das Unternehmen.

Handelt es sich um sehr langfristige Rückstellungen wie z. B. Pensionsrückstellungen, können diese für Investitionszwecke eingesetzt werden (Innenfinanzierung), sofern die Mittel vor Fälligkeit der Rückstellungsverbindlichkeit wieder freigesetzt werden.

3.1 **Vorliegende Marktsituation:**

Da ELOX das Produkt durch ein Patent geschützt hat, liegt bis zum Ablauf, Lizenzierung oder Verkauf des Patentes ein zeitlich begrenztes Angebotsmonopol vor, weil ELOX als Alleinanbieter zahlreichen Nachfragern gegenübersteht.

Preis, bei dem Ziel der Gewinnmaximierung erreicht wird:

Gewinn = Erlös – Kosten

Für die Berechnung des Gewinnmaximums muss die erste Ableitung gleich 0 gesetzt werden:

G_{max} : E' – K' = 0 → E' = K'

K' = 600 000;

E = Preis × Absatzmenge = (1 200 000 – 1 000x) × x = 1 200 000x – 1 000x^2

E' = 1 200 000 – 2.000 x

E' – K' = 1 200 000 – 2 000x – 600 000; → x = 300

Die gewinnmaximale Menge ist 300 Stück.

Einsetzen in p: p(300) = 1 200 000 – 1 000 × 300 = 900 000;

Das Gewinnmaximum wird bei einem Verkaufspreis von 900 000 € pro Stück erreicht.

3.2 **Mögliche Skizze:**

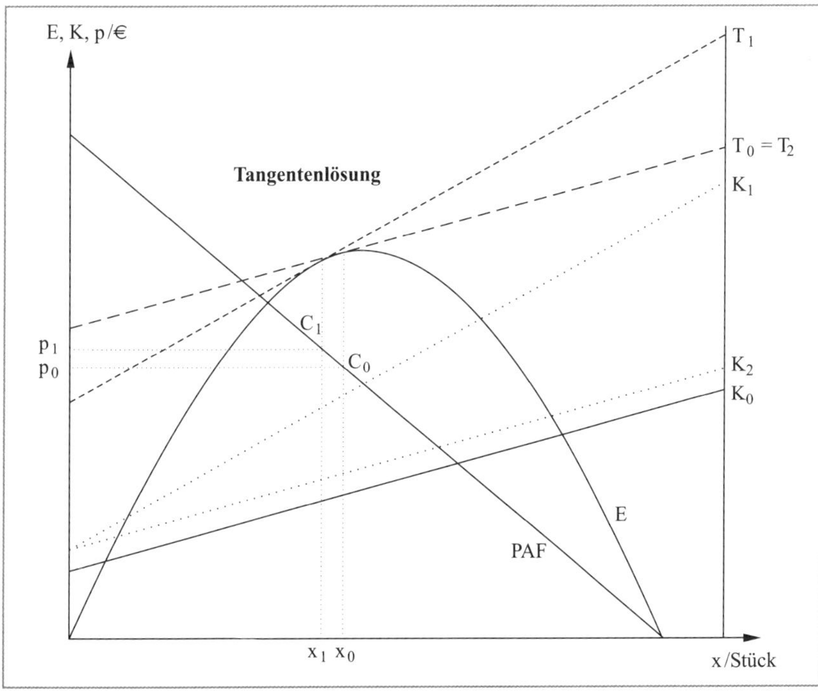

Die Tangentenlösung ist weniger günstig, da sie durch die Bestimmung über Tangentialpunkte ungenauer und außerdem deutlich unübersichtlicher als die alternative Grenzkostenlösung ist.

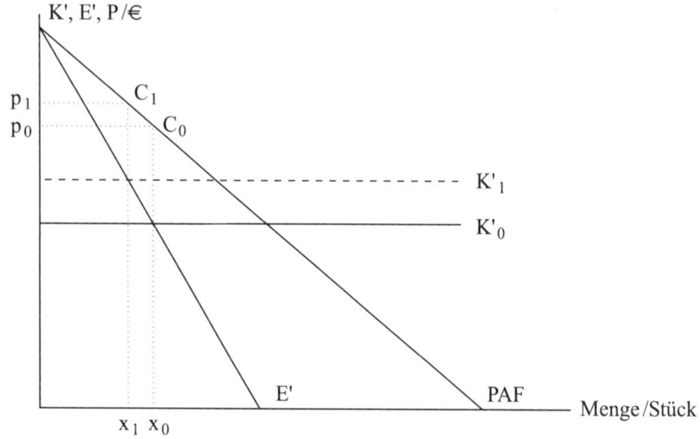

Erörterung anhand der Grenzkostendarstellung:
Nimmt man die Fragestellung genau, müsste zwischen kurz- und mittelfristigen Folgen unterschieden werden. Dabei könnte der Hinweis auf Verwaltung und Produktion helfen. Eine Differenzierung zwischen fixen und variablen Kosten muss erfolgen.

Der Cournot'sche Punkt dient der Ermittlung der gewinnmaximalen Preis-Mengen-Kombination des Monopolisten bei gegebener Preis-Absatz-Funktion. Er wird folgendermaßen bestimmt: Die grafische Umsetzung der Gewinnmaximierungsbedingung E' = K' (vgl. 3.1) ist der Schnittpunkt zwischen Grenzerlösfunktion (E') und Grenzkostenfunktion (K'). Die vertikale Projektion dieses Schnittpunkts auf die Preis-Absatz-Funktion ergibt den Cournot'schen Punkt (C) in Höhe des gewinnmaximalen Preises (p).
Eine deutliche Lohnerhöhung kann, je nachdem, ob die Lohnkosten als Fixkosten oder als variable Kosten zu betrachten sind, unterschiedliche Wirkung haben.
Erhöht der Lohnanstieg ausschließlich die Fixkosten, so hat dies keinerlei Auswirkung auf den Cournot'schen Punkt. Die Fixkosten beeinflussen zwar den Betrag des maximal möglichen Gewinns, nicht jedoch die gewinnmaximale Preis-Mengen-Kombination, da diese unabhängig von den Fixkosten ermittelt wird.

Ggf. verändert die Lohnerhöhung auch die variablen Kosten, wenn z. B. Lieferanten aus der Metallbranche die Lohnerhöhungen auf die Bezugspreise der ELOX-AG überwälzen (mittelfristig) oder nicht nur Zeitlöhne, sondern auch Akkordlöhne in der Produktion betroffen sind (kurzfristig). Dann führt dies zu einer Verschiebung der Grenzkostenkurve nach oben (K'_1) und damit zu einer Verschiebung des Cournot'schen Punktes auf der PAF (C_1), die in einem höheren gewinnmaximalen Preis (p_1) bei geringerer gewinnmaximaler Ausbringungsmenge (x_1) resultiert.

Eine Argumentation über die PAF wäre nicht möglich, da die Nachfrage nach Kernspintomographen sicher nicht von Lohnveränderungen in der Metallbranche beeinflusst wird.

Mögliche Verteilung der Bewertungseinheiten:

Frage	1.1	1.2	2.1	2.2	2.3	3.1	3.2
BE	8	10	14	6	6	6	10

Leistungskurs Wirtschaft/Recht: Abiturprüfung 2003
Fachgebiet Recht – Aufgabe IV

Sämtliche Aufgaben sind, soweit möglich, unter Angabe der entsprechenden Normen des BGB zu bearbeiten.

Auf der Grundlage des römischen Rechts ist dann am Ende des 19. Jahrhunderts das Bürgerliche Gesetzbuch entstanden. Nach langen Vorarbeiten war sein Entwurf 1888 fertig und sollte vom Reichstag beraten werden. Es gab einen Sturm der Entrüstung, wegen seiner Unverständlichkeit. Einer der schärfsten Kritiker des BGB, der Wiener Professor Anton Menger, schrieb dazu in seinem Buch *Das Bürgerliche Recht und die besitzlosen Volksklassen*, 1890:
„Kein Teil der Gesetzgebung bedarf so sehr einer volkstümlichen, allgemein verständlichen Ausdrucksweise als das bürgerliche Recht; denn die übrigen Gesetze – die Verfassungs-, Verwaltungs-, Zivilprozess- und Strafgesetze – werden nur von bestimmten Volkskreisen oder in besonderen Fällen, dieses wird dagegen täglich und von allen Staatsbürgern angewendet. Nun besitzen wir aber eine juristische Literatur, in welcher die Differenzierung der Rechtsbegriffe und überhaupt die Zerfaserung des Rechtsstoffes so weit getrieben ist, dass man die deutsche Rechtswissenschaft treffend mit einem Messer verglichen hat, welches so dünn und scharf geschliffen ist, dass es nicht mehr schneidet. Die Verfasser des Entwurfes, welchen ohnedies kein besonderes Talent nachzurühmen ist, stehen nun ganz unter dem Einfluss dieser juristischen Lehre und haben demgemäß ein Werk geliefert, dessen unpopuläre Ausdrucksweise kaum überboten werden kann."

Quelle: Uwe Wesel, Fast alles, was Recht ist. Frankfurt 2002 (bearbeitet)

1 Fassen Sie Anton Mengers Kritik zusammen und erläutern Sie die Gliederungs- und Formulierungsprinzipien des BGB, auf die sich diese Kritik bezieht! Zeigen Sie die Vorteile dieser Prinzipien auf!

Auch die Reform des Schuldrechts zum 1. 1. 2002 war unter Fachleuten umstritten. Diskutiert wurde unter anderem die von einigen Befürwortern der Reform geäußerte Behauptung, die neue Fassung des Bürgerlichen Gesetzbuchs würde es auch dem Laien ermöglichen, sich im BGB selbst über seine Rechte als Verbraucher zu informieren.

2.1 Nehmen Sie anhand ausgewählter Regelungen zur Sachmängelhaftung beim Kauf kritisch Stellung zu dieser Behauptung!

2.2 Erarbeiten Sie aus den § 280 I, §§ 280 III i. V. m. 281 I S. 1 sowie § 323 I einen systematischen Überblick, der den Zusammenhang zwischen möglichen Rechten des Gläubigers bei Pflichtverletzungen im Schuldverhältnis und den jeweils erforderlichen Tatbestandsmerkmalen aufzeigt! Zeigen Sie anhand der erarbeiteten Systematik, wie der Gesetzgeber versucht, einen gerechten Interessenausgleich zwischen Schuldner und Gläubiger zu gewährleisten!

Der 17-jährige Andreas (A) möchte in den Sommerferien einen sechswöchigen Sprachkurs in den USA besuchen und trifft mit seinen Eltern folgende Vereinbarung: Die Hälfte der Kosten übernehmen sie, die andere Hälfte soll er selbst durch Ferienarbeit in den Oster- und Pfingstferien verdienen.
Während der Pfingstferien lernt er Belinda (B) kennen. Belinda schlägt Andreas vor, zusammen mit anderen Bekannten die Sommerferien in einem Jugendcamp am Gardasee zu verbringen. Andreas will deshalb auf den Sprachkurs verzichten. Er erwirbt am 1. Juli im Fachgeschäft Vogt (V) ein Zelt für 150 €, bezahlt mit einem Teil seines Verdienstes aus der Ferienarbeit und nimmt das Zelt mit.

Am 5. Juli will Belinda ihren Freund Andreas zu einem Spaziergang abholen, trifft aber nur dessen Mutter an. Im Gespräch erzählt Belinda dabei auch von den gemeinsamen Reiseplänen mit Andreas in den Sommerferien und von dem bereits mit dessen Verdienst gekauften Zelt. Die Mutter ist zwar über diese Pläne entsetzt, aus Höflichkeit erklärt sie jedoch Belinda gegenüber, dass sie damit einverstanden sei. Aber als Andreas am Abend nach Hause kommt, stellt ihn die Mutter zur Rede und sagt ihm, dass sie und sein Vater der Meinung seien, er solle wegen seiner mangelhaften Englischkenntnisse unbedingt am Sprachkurs teilnehmen. Sie fordert ihn auf, das Zelt unverzüglich zurückzubringen.

3 Prüfen Sie die Rechtswirksamkeit der von Andreas bezüglich des Zeltes abgeschlossenen Rechtsgeschäfte!

Belinda ist sehr enttäuscht, weil ihr Freund nun doch am Sprachkurs teilnimmt, und möchte deshalb mit Andreas nichts mehr zu tun haben. Um Belinda wieder für sich zu gewinnen, sprüht Andreas auf die Glaswand der Bushaltestelle, von der aus Belinda täglich zur Arbeit fährt: „Belinda, ich liebe dich."
Da sich der Missbrauch von Werbeflächen in letzter Zeit gehäuft hat, haben die Stadtwerke (S) an allen öffentlichen Bushaltestellen folgenden Hinweis angebracht:

> Achtung! Plakatieren verboten!
> Jede unautorisierte Nutzung ist rechtswidrig, verpflichtet zur Zahlung eines Werbenutzungsentgelts gem. § 812 BGB, zur Zahlung von Schadensersatz gem. § 823 BGB und wird grundsätzlich gem. § 303 StGB wegen Sachbeschädigung verfolgt.

4.1 Prüfen Sie, inwieweit sich aus den auf dem Hinweisschild genannten Rechtsnormen zivilrechtliche Ansprüche gegen Andreas ableiten lassen!

4.2 Entwickeln Sie ein anderes Fallbeispiel, bei dem die Stadtwerke einen Anspruch aus ungerechtfertigter Bereicherung wegen „unautorisierter Nutzung" geltend machen können!

Vorgegebene Bewertungseinheiten:

Frage	1	2	3	4
BE	10	18	12	20

Lösungsvorschlag

1 *Die Aufgabenstellung lässt sich in drei Teile gliedern*
a) Zusammenfassung der Kritik,
b) Erläuterung der jeweiligen Prinzipien des BGB
c) Vorteile der Prinzipien. Es empfiehlt sich, auch die Antwort entsprechend zu gliedern.

a) **Zusammenfassung der Kritik Mengers:**

Menger kritisiert in erster Linie, dass das BGB für den juristisch nicht gebildeten „Normalbürger" nur schwer oder gar nicht zu verstehen ist, obwohl gerade das Bürgerliche Recht praktisch jeden Staatsbürger in seinem täglichen Leben betrifft. Die Ursache liegt seiner Ansicht nach in dem hohen Grad an juristischer Fachterminologie und in der Abstraktheit der Regelungen im Bürgerlichen Recht.

b) **Erläuterung der kritisierten Gliederungs- und Formulierungsprinzipien:**

Grundlegende Gestaltungsprinzipien des BGB sind das Reduktions- und das Abstraktionsprinzip.

Durch eine möglichst allgemeine Formulierung der Rechtsnormen soll die unendliche Vielfalt an Tatbeständen des täglichen Lebens auf eine überschaubare Zahl von Rechtsnormen reduziert werden (Reduktionsprinzip). Das Ergebnis ist ein hoher Abstraktionsgrad einzelner Rechtsnormen, die nur noch mithilfe geeigneter juristischer Auslegung angewandt werden können (z. B. § 242 BGB: Was unter „Treu und Glauben" im Einzelfall zu verstehen ist, kann der Laie nicht eindeutig klären.).
Es könnte auch das Prinzip des „vor die Klammer Ziehens" allgemein gültiger Rechtsnormen im Allgemeinen Teil des BGB genannt werden, das dazu führt, dass die Regelungen für einen einzigen Fall an mehreren Stellen im BGB zu suchen sind, und daher entsprechende rechtstechnische Grundkenntnisse erforderlich macht.

Das Abstraktionsprinzip führt dazu, dass geschlossene Tatbestände des täglichen Lebens juristisch in einzelne Rechtsgeschäfte zerlegt werden, die ein rechtliches Eigenleben führen. Der Kauf einer Flasche Milch wird z. B. in ein Verpflichtungsgeschäft und zwei Erfüllungsgeschäfte zerlegt, deren Regelungen an unterschiedlichen Stellen im BGB zu finden sind (Allgemeiner Teil, Schuldrecht und Sachenrecht). Sowohl die Trennung an sich geschlossener Vorgänge als auch das Auffinden der entsprechenden Stellen im Gesetz können vom Laien kaum geleistet werden.

c) **Vorteile von Reduktions- und Abstraktionsprinzip:**

Das Reduktionsprinzip ermöglicht die Begrenzung des Gesetzestextes auf einen überschaubaren Umfang. Wollte man jeden Einzelfall des täglichen Lebens getrennt erfassen, ergäbe dies kein Buch, sondern einen Rechtsnormenkatalog, der z. B. den umfangreichen Rechtsbibliotheken des angelsächsischen Case Law entspräche. Die Gleichbehandlung ähnlich gelagerter Fälle entspricht außerdem dem Gleichheitsgedanken des Gerechtigkeitsbegriffs. Die allgemeine Formulierung von Rechtsnormen führt auch dazu, dass seltener Gesetzesänderungen notwendig werden, und dient daher der Rechtssicherheit.

Das Abstraktionsprinzip ermöglicht eine klare Gliederung des BGB und erhöht so die Übersichtlichkeit des Gesetzestextes (vgl. die fünf Bücher des BGB). Bei entsprechender Vertrautheit mit der Systematik des BGB lassen sich relevante Rechtsnormen leichter finden, da sie unabhängig vom jeweils konkreten Einzelfall in Sachgruppen angeordnet sind (z. B. ist die Übereignung immer in den §§ 929 ff. BGB zu finden, egal ob ein Kauf, eine Schenkung oder ein Darlehen zugrunde liegt.)

2.1 *Eine kritische Stellungnahme sollte immer sowohl positive als auch negative Aspekte beinhalten. Da in der Aufgabenstellung keine Angabe über die Zahl der zu nennenden Aspekte gemacht wird, kann als Faustformel für eine Darstellung von Vor- und Nachteilen eine Größenordnung von 4 Aspekten genommen werden (es sei denn die potenzielle BE-Zahl ist so hoch, dass mehr Aspekte zu erwarten sind). Die folgende Lösung gibt eine größere Auswahl an möglichen Aspekten. Eine Stellungnahme sollte im Idealfall ein kurzes Fazit enthalten, das hier am günstigsten vor den Beispielen steht.*

Die neuen Regelungen des Schuldrechts sind z. T. weniger abstrakt und daher leichter zu verstehen; durch die konsequente Übertragung des Prinzips des „vor die Klammer Ziehens" auch auf das Schuldrecht, ist jedoch noch mehr „Hin- und Herspringen" im Gesetz erforderlich; des Weiteren bleiben viele Formulierungen schwer verständlich.

Beispiele für Regelungen, die relativ leicht verständlich sind:
- § 434 BGB gibt eine ausführliche und oft sehr konkrete Auflistung der verschiedenen Sachmangelarten.
- § 437 listet alle theoretisch möglichen Rechte des Käufers und die zugehörigen Rechtsnormen auf, dient also quasi als Wegweiser durch das Gesetz.
- § 439 I und II BGB erläutern detailliert, was unter Nacherfüllung zu verstehen ist und welche Kosten der Verkäufer zu tragen hat.

Beispiele für unübersichtliche oder schwer verständliche Regelungen:
- Die Verteilung der Regelungen zum Sachmangel über eine Distanz von fast 200 Paragrafen (§ 280 bis § 479 BGB) macht das Gesetz für den juristischen Laien unübersichtlich.
- Verweise auf andere Rechtsnormen statt Nennen der konkreten Regelung sind für den Laien verwirrend, z. B. § 441 I Satz 2 BGB: Verweis auf § 323 V Satz 2 BGB statt „Minderung ist auch bei unerheblichen Mängeln möglich". Z. T. wird sogar auf andere Gesetze verwiesen, z. B. in § 434 III BGB auf das Produkthaftungsgesetz.
- Auch relativ konkrete Regelungen wie § 434 oder § 439 BGB enthalten noch abstrakte und damit auslegungsbedürftige Begriffe, z. B. „übliche Beschaffenheit", „gewöhnliche Verwendung", „unverhältnismäßige Kosten".
- Manche Paragrafen sind sehr komplex und für Laien schwer verständlich formuliert, z. B. §§ 439 III, 440 BGB.
- Einige Rechtsnormen enthalten juristische Fachbegriffe, die an anderer Stelle im BGB erläutert werden, ohne dass der jeweilige Paragraf genannt wird, z. B. „grobe Fahrlässigkeit", „arglistig" und „Garantie" in § 442 BGB.
- Einige Regelungen werden durch zahlreiche Ausnahmen relativiert, sodass der Laie nur schwer entscheiden kann, ob der Paragraf zutrifft, z. B. §§ 438, 440, 439 BGB.

2.2 *Die Fragestellung hat zwei Teile:*
a) Erarbeiten einer Systematik von allgemeinen Tatbestandsmerkmalen und Rechtsfolgen bei Pflichtverletzungen und
b) Förderung des Interessenausgleichs anhand der Systematik zeigen.

Für a) gibt es verschiedene Lösungsmöglichkeiten; unverzichtbar ist das Erstellen des Zusammenhangs zwischen den einzelnen Rechtsfolgen und den dafür erforderlichen Tatbestandsmerkmalen.

a) **Systematik:** *Es soll ein Überblick erarbeitet werden. Dies könnte grafisch oder verbal geschehen. Zwei mögliche Lösungen wären:*

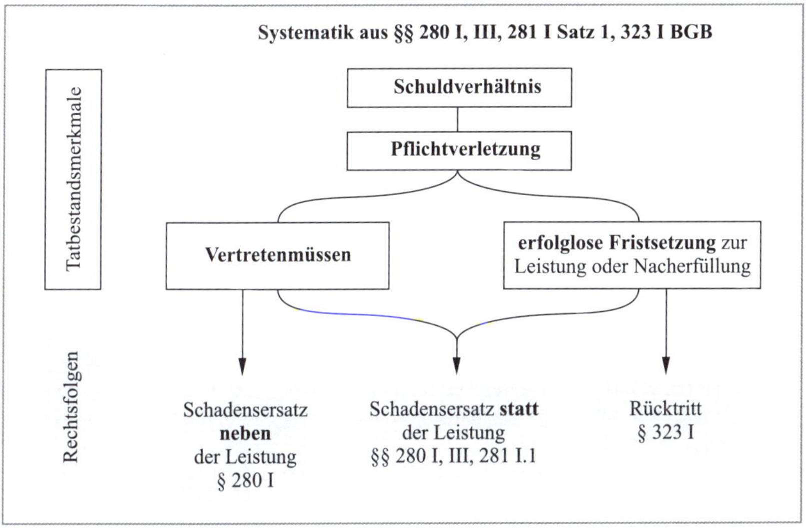

§§ 280 I, III, 281 I Satz 1, 323 I BGB	Tatbestandsmerkmale			
Rechtsfolgen	Schuld-verhältnis	Pflicht-verletzung	Vertretenmüssen	erfolglose Fristsetzung
Schadensersatz neben der Leistung § 281 I	erforderlich	erforderlich	erforderlich	nicht erforderlich
Schadensersatz statt der Leistung §§ 280 I, III, 281 I.1	erforderlich	erforderlich	erforderlich	erforderlich
Rücktritt § 323 I	erforderlich	erforderlich	nicht erforderlich	erforderlich

b) **Interessenausgleich:**

Interessenausgleich bedeutet, dass eine Regelung unter Berücksichtigung der Interessen aller Beteiligten gesucht wird.

Das Schuldrecht im BGB unterliegt einerseits dem Grundsatz **pacta sunt servanda**, d. h. prinzipiell sind einmal rechtswirksam geschlossene Verträge auch zu erfüllen. Andererseits muss ein Gläubiger bei nicht ordnungsgemäßer Erfüllung entsprechende Ansprüche haben.

Tatbestandsmerkmal: Fristsetzung

Im Fall einer Pflichtverletzung durch den Schuldner stehen sich das Interesse des Schuldners an der Gültigkeit des Vertrags und das Interesse des Gläubigers an der ordnungsgemäßen Erfüllung des Vertrags bzw. an der Beseitigung der Folgen der Pflichtverletzung gegenüber. Der Gesetzgeber versucht beiden Interessen gerecht zu werden, indem er als ersten Schritt nach einer Pflichtverletzung eine Fristsetzung zur nochmaligen bzw. korrekten Erfüllung festlegt. Nutzt der Schuldner diese „zweite Chance“ erfolgreich, sind die beidseitigen Interessen befriedigt. Verstreicht die Frist dagegen erfolglos, kann der Gläubiger weitere Rechte geltend machen.

Tatbestandsmerkmal: Vertretenmüssen
Schadensersatz hat für den Schuldner weit reichendere Folgen als Rücktritt. Daher stellt der Gesetzgeber für den Schadensersatz auch weit reichendere Voraussetzungen auf: Während für den Rücktritt die erfolglose Fristsetzung genügt, muss für einen Schadensersatzanspruch ein Vertretenmüssen des Schuldners gegeben sein, d. h. er hat die Pflichtverletzung fahrlässig oder vorsätzlich verursacht oder ggf. eine Leistungsgarantie übernommen, aber nicht eingehalten (vgl. § 276 BGB). Der Interessenausgleich besteht darin, dass für den umfassenderen Anspruch des Gläubigers auch schwer wiegendere Tatbestandsmerkmale vonseiten des Schuldners erforderlich sind.

Rechtsfolge: Schadensersatz neben der Leistung
Bestimmte Schäden lassen sich auch durch eine ordnungsgemäße Erfüllung „im zweiten Anlauf“ nicht ungeschehen machen (z. B. die Verletzung eines Menschen als Folge eines Sachmangels). Eine Fristsetzung zur Erfüllung wäre hier wirkungslos und wird vom Gesetzgeber daher nicht vorausgesetzt. Der Interessenausgleich besteht darin, dass bei derartigen Schäden der Gläubiger auch ohne Fristsetzung Schadensersatz verlangen kann, aber eben nur dann, wenn der Schuldner die Pflichtverletzung zu vertreten hat.

3 **Rechtswirksamkeit der Rechtsgeschäfte:**
A ist 17 und daher gemäß §§ 106, 2 UKS BGB beschränkt geschäftsfähig. Das bedeutet, dass in der Regel seine Willenserklärungen und Rechtsgeschäfte schwebend unwirksam sind, es sei denn, eine der Ausnahmen aus §§ 107, 110, 112, 113 BGB trifft zu.

Bei der Prüfung der Rechtswirksamkeit des Zeltkaufs ist das Abstraktionsprinzip zu beachten, d. h. das Verpflichtungsgeschäft und beide Verfügungsgeschäfte müssen separat geprüft werden.

Rechtswirksamkeit des Kaufvertrags über das Zelt:
A und V haben durch Antrag und Annahme einen Kaufvertrag über das Zelt geschlossen (§§ 145, 147, 433 BGB). A hat zu diesem Kaufvertrag nicht die Zustimmung der Eltern (§ 107 BGB), da sie nichts von dem Geschäft wissen. Er hat auch nicht lediglich einen rechtlichen Vorteil (§ 107 BGB), da er sich zur Bezahlung des Kaufpreises verpflichtet. Auch der Taschengeldparagraf (§ 110 BGB) trifft nicht zu, weil A das Geld, mit dem er das Zelt kauft, weder zur freien Verfügung noch zu diesem Zweck erhalten hat, da das Geld für den Sprachkurs bestimmt war. Ein Hinweis auf §§ 112, 113 BGB liegt im Sachverhalt nicht vor.

Ergebnis: Da keine der genannten Ausnahmen zutrifft, ist der Kaufvertrag zunächst schwebend unwirksam, d. h. seine Wirksamkeit hängt von der Genehmigung des gesetzlichen Vertreters ab (§ 108 I BGB). Da die Mutter gegenüber A das Geschäft nicht genehmigt, gilt der Kaufvertrag als von Anfang an unwirksam (§§ 108 I, 184 I BGB).

Ggf. kann ergänzt werden, dass die Erklärung gegenüber Belinda keinerlei Wirkung hat, da die Erklärung nur gegenüber A oder V erfolgen kann (§ 108 II BGB).

Rechtswirksamkeit der Übereignung des Zelts:
V übereignet das Zelt durch Einigung und Übergabe an A (§§ 145, 147, 929, i. V. m. 854 BGB).

Ergebnis: Dieses Rechtsgeschäft ist von Anfang an voll rechtswirksam, weil A durch die Übereignung lediglich einen rechtlichen Vorteil erlangt, da er Eigentümer und Besitzer des Zelts wird (§ 107 BGB).

Rechtswirksamkeit der Übereignung des Geldes:
A übereignet die 150 € für das Zelt durch Einigung und Übergabe an V (§§ 145, 147, 929, i. V. m. 854 BGB).

Ergebnis: Analog zum Kaufvertrag ist dieses Rechtsgeschäft zunächst schwebend unwirksam und nach der Verweigerung der Genehmigung durch die Mutter von Anfang an unwirksam, d. h. A bleibt Eigentümer des Geldes und V ist lediglich unmittelbarer Besitzer des Geldes (§ 854 BGB).

4.1 *Die Fragestellung bezieht sich ausschließlich auf zivilrechtliche Ansprüche, d. h. nur § 812 und § 823 I und II BGB sind zu prüfen. Da § 823 II sich auf Schutzrechte bezieht, die u. a. im Strafgesetzbuch zu finden sind, kommt hier allerdings § 303 StGB zum Tragen.*

§ 812 BGB, ungerechtfertigte Bereicherung:
§ 812 BGB dient zum Ausgleich ungerechtfertigter Vermögensvorteile und greift nur, wenn und solange eine Bereicherung tatsächlich vorliegt. Da A die Werbefläche nicht zu wirtschaftlichen Zwecken, sondern für seine Liebesbotschaft unerlaubter Weise benutzt, entsteht ihm auch kein Vermögensvorteil.

§ 823 I BGB, unerlaubte Handlung:
A verletzt das Eigentum der Stadtwerke, indem er die Glaswand einer Bushaltestelle besprüht. Er tut es absichtlich und handelt daher vorsätzlich im Sinne des § 276 I. Die Handlung von A ist widerrechtlich, weil er damit gegen die Rechtsordnung (hier z. B. § 303 StGB) verstößt und keinerlei Rechtfertigungsgrund erkennbar ist. Den Stadtwerken entsteht durch die Aktion von A ein Schaden, z. B. die Kosten der Reinigung.
Damit sind alle Tatbestandsmerkmale des § 823 I BGB erfüllt und A ist zum Ersatz des daraus entstandenen Schadens verpflichtet.
Zu prüfen ist bei § 823 I BGB allerdings, ob A überhaupt deliktsfähig ist. A ist 17 und damit beschränkt deliktsfähig, d. h. dass er gemäß § 828 III BGB UKS dann schadensersatzpflichtig ist, wenn davon auszugehen ist, dass ihm beim Besprühen der Scheibe bewusst war, dass es sich um eine unerlaubte Sachbeschädigung handelt. Diese Einsicht ist von einem 17-Jährigen zu erwarten, insbesondere angesichts des Hinweisschildes der Stadt.
Der Umfang des Schadensersatzes ergibt sich aus §§ 249 ff. BGB und kann entweder Naturalherstellung (d. h. A reinigt die Werbefläche) oder Ersatz aller kausal entstandenen Kosten (z. B. Reinigungskosten, Kosten der Ermittlung des Täters etc.) sein.

§ 823 II BGB, Verstoß gegen ein Schutzrecht:
A hat durch seine Sachbeschädigung gegen § 303 StGB und damit gegen ein Schutzrecht der Stadtwerke verstoßen. Die Regelung zur Deliktsfähigkeit gilt analog. Daher können die Stadtwerke auch aus § 823 II BGB Schadensersatz gemäß §§ 249 ff. BGB verlangen.

4.2 **Entwickeln eines Fallbeispiels:**

Der Gebrauch der Fläche stellt zwar keine reale Vermögensmehrung dar, bedeutet aber z. B. dann einen Gebrauchsvorteil, wenn der Nutzer durch die unautorisierte Nutzung Kosten erspart, die für eine gleichartige Nutzung anderweitig entstanden wären. Es kommen also z. B. alle Fälle in Frage, in denen dem Nutzer ein derartiger wirtschaftlicher Vorteil entsteht.

Denkbare Beispiele wären die unerlaubte Nutzung der Glaswand
- für Werbeplakate eines Unternehmens, das die Kosten einer offiziellen Werbefläche damit einspart.
- für die Wohnungssuche-Anzeige einer Studentin, die sich auf diese Weise ein Inserat in der Zeitung erspart.
- für die Wahlplakate einer Partei, die sich so das Anschaffen und Aufstellen von eigenen Plakatständern erspart.

Bezieht man „unautorisierte Nutzung" nicht ausschließlich auf das Plakatieren, sondern auf das Bushäuschen generell, wären auch andere Beispiele denkbar, z. B. die Verwendung des Bushäuschens als überdachten Eis-Verkaufsstand.

Fallbeispiel:
Das lokale Süßwarenunternehmen S will in einer Plakat-Sonderaktion auf seinen Tag der offenen Tür mit Events und Sonderverkauf hinweisen. Da die Plakate nur für eine Zeit von fünf Tagen unmittelbar vor dem entsprechenden Sonntag hängen sollen, mietet die Marketingabteilung von S keine teuren Werbeflächen, sondern die Plakate werden auf den Glaswänden sämtlicher Bushaltestellen angebracht. Das Unternehmen verspricht sich eine besonders große Wirkung von dieser Platzierung, da hier gerade die Zielgruppe der Kinder und Jugendlichen beim Warten auf den Schulbus Zeit zum Lesen der Plakate hat. Bereits am Montag nach der Aktion haben betriebseigene Mitarbeiter die Plakate wieder abgenommen.

Frage: Können die Stadtwerke trotz der einwandfrei gereinigten Glaswände das auf den Hinweisschildern angedrohte Nutzungsentgelt verlangen?

Lösung: Da das Unternehmen die Plakate auf jeden Fall aufgehängt hätte und bei der Nutzung anderer Flächen definitiv ein Nutzungsentgelt fällig gewesen wäre, können die Stadtwerke ein vergleichbares Entgelt als Wertersatz gemäß §§ 812, 818 II BGB verlangen.

Mögliche Verteilung der Bewertungseinheiten:

Frage	1	2.1	2.2	3	4.1	4.2
BE	10	6	12	12	12	8

Leistungskurs Wirtschaft/Recht: Abiturprüfung 2004
Fachgebiet Volkswirtschaft – Aufgabe I

Der neue EZB-Chef Trichet gilt als standfester Kämpfer für stabiles Geld. Das wird auch nötig sein – denn die Machtprobe mit der Politik steht ihm bevor.

[...] EZB-Beobachter gehen davon aus, dass der politische Druck auf die Zentralbank, den auch Vorgänger Duisenberg zu spüren bekam, noch zunehmen wird. Viele glauben, dass die eigentliche Machtprobe mit der Politik erst noch aussteht – aber dass Trichet das Zeug dazu hat, sie zu gewinnen. [...] Duisenberg konnte sich noch darauf berufen, dass die EZB sich einen Ruf als Wahrer der Geldwertstabilität erarbeiten musste. Inzwischen aber sei die EZB „erwachsen geworden", sagt die EU-Parlamentarierin Christa Randzio-Plath. Deshalb müsse sich die EZB jetzt fragen lassen, ob sie „die rigideste Definition von Preisstabilität in der Welt" haben müsse. Derlei Sticheleien könnten zunehmen – zumal sich die EZB selbst angreifbarer gemacht hat, als sie im Frühjahr die Bedeutung der Geldmenge in ihrer geldpolitischen Strategie relativierte. Damit, so Kritiker, habe die EZB ohne Not ein Argument aus der Hand gegeben, das sie von der Politik unabhängig macht. Gute Argumente wird Trichet künftig brauchen, wenn er die Politik des stabilen Geldes fortführen will. So droht in der Frage der ausufernden Staatsverschuldung gewaltiger Zoff mit der Politik. Immer wieder haben Regierungen Druck auf ihre Zentralbanken ausgeübt, durch Zinssenkungen die Last des Schuldendienstes zu mindern und die Konjunktur anzukurbeln, um die Steuereinnahmen wieder zum Sprudeln zu bringen. [...] Die EZB müsste nach Meinung mancher Ökonomen schon jetzt die Zinsen eher erhöhen, um zu verhindern, dass die rapide gestiegene Geldmenge in Inflation umschlägt. Die Amtszeit Trichets beginnt mit einem klassischen Konflikt zwischen Geld- und Fiskalpolitik. Die Gefahr von dieser Seite ist umso größer, weil gleichzeitig der Stabilitäts- und Wachstumspakt unter der Last der Rekorddefizite in Deutschland und Frankreich zu zerbröseln droht. Der Konflikt zwischen Trichet und dem französischen Staatspräsidenten Jacques Chirac und Bundeskanzler Gerhard Schröder scheint unvermeidlich. Die beiden haben sich darauf verabredet, den Pakt „flexibel" zu handhaben – was Trichet nicht gefallen kann. Das Drei-Prozent-Kriterium, gegen das die beiden Länder wiederholt verstoßen, geht sogar auf Trichet selbst zurück, der deutschen Diplomaten zufolge diese Zahl schon Anfang der Neunzigerjahre als damaliger Finanzstaatssekretär ins Spiel gebracht hat.

Auch von der Währungsseite könnte Trichet bald unter Beschuss geraten. Wegen des hohen Leistungsbilanzdefizits der USA schwächelt der Dollar seit Monaten. Viele erwarten, dass sich dies fortsetzen könnte – und manche befürchten sogar einen Dollar-Crash. Dann dürfte die EZB schon bald zu weiteren Zinssenkungen oder Interventionen auf dem Devisenmarkt aufgefordert werden. Dies würde [...] die Preisstabilität gefährden: Der EZB-Rat stünde unter seinem neuen Präsidenten schon sehr bald vor einer kniffligen Entscheidung.

Quelle: Wirtschaftswoche Nr. 45 vom 30. 10. 2003, Seite 26 f.

1.1 Stellen Sie allgemein dar, inwiefern die Unabhängigkeit der Europäischen Zentralbank (EZB) gewährleistet wird!

1.2 Erläutern Sie, warum die Geldmenge in der geldpolitischen Strategie der EZB berücksichtigt wird!

1.3 Arbeiten Sie anhand des Textes den in Z. 19 erwähnten „klassischen Konflikt zwischen Geld- und Fiskalpolitik" heraus!

2.1 Diskutieren Sie, ob die „Rekorddefizite in Deutschland und Frankreich" (Z. 21) das Wachstum und die Beschäftigung in Europa bedrohen können!

2.2 Erklären Sie, was der französische Staatspräsident Jacques Chirac und Bundeskanzler Gerhard Schröder unter einer flexiblen Handhabung (vgl. Z. 24) des Stabilitäts- und Wachstumspaktes verstehen!
Zeigen Sie vor dem Hintergrund der EU-Osterweiterung, welche Risiken diese Flexibilisierung mit sich bringen könnte!

3.1 Erklären Sie den Zusammenhang zwischen dem amerikanischen Leistungsbilanzdefizit und einem „schwächelnden" Dollarkurs (vgl. Z. 290)! Zeigen Sie, dass ein in diesem Zusammenhang befürchteter „Dollar-Crash" (vgl. Z. 30 f.) unwahrscheinlich ist!

3.2 Stellen Sie dar, wie sowohl „Zinssenkungen" der EZB als auch „Interventionen auf dem Devisenmarkt" (Z. 31 f.) wieder zu einem steigenden Dollarkurs führen können, andererseits aber auch die Preisstabilität in Europa möglicherweise gefährden!

4 Interpretieren Sie die obige Karikatur vor dem Hintergrund der wirtschaftlichen Lage und der Diskussion um die Steuerentlastung für das Jahr 2004 in Deutschland!

Vorgegebene Bewertungseinheiten:

Frage	1	2	3	4
BE	18	18	14	10

Lösungsvorschlag

1.1 *Drei bis vier Aspekte der folgenden Auswahl werden erwartet.*

Unabhängigkeit ist eine unabdingbare Voraussetzung für die erfolgreiche Tätigkeit der EZB und soll durch folgende Regelungen gewährleistet werden:

- Weisungsunabhängigkeit: Die EZB darf keine Weisungen von dritter Seite einholen oder entgegennehmen.
- Selbstständigkeit: Die EZB bzw. das Eurosystem verfügt über sämtliche Instrumente und Kompetenzen, die für die Durchführung einer effizienten Geldpolitik erforderlich sind, und bestimmt diese Politik selbst.
- Verbot der Kreditvergabe: Zum Schutz vor politischer Einflussnahme dürfen von der EZB keine Kredite an Einrichtungen der Gemeinschaft oder nationale Regierungsinstitutionen vergeben werden.
- Haushaltsautonomie: Die EZB hat einen eigenen Haushalt, der nicht Teil des Haushalts der Europäischen Gemeinschaft ist, sodass die Verwaltung der EZB unabhängig von den finanziellen Interessen der Gemeinschaft ist.
- Eigenkapital: Das Kapital der EZB stammt nicht von der Europäischen Gemeinschaft, sondern wird von den nationalen Zentralbanken der EU-Mitgliedstaaten gezeichnet und eingezahlt.
- Amtszeiten: Die Mitglieder der Beschlussorgane der EZB haben lange Amtszeiten und können nur aufgrund einer schweren Verfehlung oder wenn sie nicht mehr in der Lage sind, ihr Amt auszuüben, entlassen werden. Eine Wiederberufung in das Direktorium ist nicht möglich, sodass auch kein Druck im Hinblick auf eine zweite Amtsperiode ausgeübt werden kann.

1.2 *Es bestehen zwei Lösungsmöglichkeiten: Vorzugsweise sollte die Argumentation der EZB beschrieben werden, die auf dem empirisch belegten langfristigen Zusammenhang zwischen Geldmengenwachstum und Preisentwicklung beruht. Ggf. kann auch die klassische theoretische Argumentation über die Quantitätsgleichung erfolgen. Eine der beiden Lösungen wird erwartet.*

Geldmengenwachstum und Preisentwicklung:
Es gibt hinreichend dokumentierte Erkenntnisse, dass die langfristige Preisentwicklung auf das trendmäßige Geldmengenwachstum zurückzuführen ist. Nachdem das oberste Ziel der EZB Preisstabilität ist, muss sie für die langfristige Betrachtung die Geldmenge entsprechend berücksichtigen. Der Einfluss des Geldmengenwachstums beruht in erster Linie darauf, dass eine Geldlücke (bei zu geringem Geldmengenwachstum) bzw. Überschussliquidität (bei zu hohem Geldmengenwachstum) einen Effekt auf die gesamtwirtschaftliche Nachfrage hat (Nachfragelücke bzw. Nachfrageüberhang) und so auch die Preisentwicklung beeinflusst (Deflation bzw. Inflation).

Alternative Lösung über die Quantitätsgleichung:
Die Quantitätsgleichung (auch „Fisher'sche Verkehrsgleichung") postuliert folgenden theoretischen Zusammenhang:

Geldmenge x Umlaufgeschwindigkeit = Handelsvolumen x Preisniveau

Geht man von einer konstanten Umlaufgeschwindigkeit aus, führt ein Geldmengenwachstum, welches das Wachstum des Handelsvolumens über- bzw. unterschreitet, zwangsläufig zu Inflation bzw. Deflation. Die geldpolitische Strategie der EZB müsste demnach ein Geldmengenwachstum anstreben, das sich am Produktionspotenzial orientiert.

1.3 *Die Fragestellung erfordert einen gezielten Bezug auf die Inhalte des Textes. Dieser kann z. B. durch Zeilenangaben deutlich gemacht werden. „Herausarbeiten" geht über reines Zitieren von Textpassagen hinaus; eine klare Darstellung des Konflikts ist erforderlich.*

Das oberste Ziel der Geldpolitik ist die Preis(niveau)stabilität [1] (Z. 5 ff.), die primär über zinspolitische Maßnahmen erreicht werden soll.

Die Fiskalpolitik strebt Wirtschaftswachstum in erster Linie zur Sicherstellung eines hohen Beschäftigungsstandes und der Finanzierung staatlicher Aufgaben über die Steuereinnahmen an. Die Politik ist daher zum einen an niedrigen Zinsen interessiert, um die kreditfinanzierte private Nachfrage (Konsum der privaten Haushalte und Investitionen der Unternehmen) zu fördern, dadurch die Beschäftigung und das Volkseinkommen zu erhöhen und entsprechend höhere Steuereinnahmen zu erhalten (Z. 16). Zum anderen strebt die Politik nach niedrigen Zinsen, da diese den staatlichen Schuldendienst für die vorhandenen Haushaltsdefizite erleichtern und größere Spielräume bei der Finanzierung des Staatshaushaltes eröffnen (Z. 15).
(Ggf. könnte hier noch die Dollarproblematik mit ihrem negativen Effekt auf den Export genannt werden; da sie aber situationsspezifisch ist, entspricht sie eigentlich nicht der Fragestellung nach dem „klassischen Konflikt".)

Der beschriebene Wunsch der Politik nach niedrigen Zinsen führt immer dann zu dem „klassischen Konflikt zwischen Geld- und Fiskalpolitik", wenn vonseiten der Geldpolitik aufgrund von übermäßig wachsender Geldmenge oder anderen Inflationsfaktoren Zinssenkungen ausgeschlossen bzw. sogar Zinserhöhungen als notwendig erachtet werden (Z. 17 f.).

2.1 *Diskutieren heißt, dass sowohl positive als auch negative Aspekte genannt werden müssen und mit einem Fazit abgeschlossen werden muss. Jeweils mindestens zwei Aspekte z. B. aus der Auswahl unten werden erwartet.*

Angesichts der engen wirtschaftlichen Verflechtungen innerhalb der EU könnten sich negative und positive Effekte der staatlichen Rekorddefizite in Deutschland und Frankreich auch stark auf Wirtschaftswachstum und Beschäftigung in anderen Mitgliedsstaaten auswirken, da Deutschland und Frankreich die größten Volkswirtschaften der EU sind. Staatliche „Rekorddefizite" können folgende **negative Effekte** haben:
- Sie führen auf der Ausgabenseite mittel- bis langfristig zur Reduktion sowohl der staatlichen Nachfrage als auch der Wirtschaftsförderung durch Subventionen etc., da die Mittel dafür fehlen.
- Auf der Einnahmenseite können Steuererhöhungen zur Finanzierung des Staatsdefizits das verfügbare Einkommen der privaten Haushalte bzw. die einbehaltenen Gewinne der Unternehmen und dadurch den privaten Konsum und die Investitionen reduzieren und so das Wirtschaftswachstum hemmen.
- Der Staat verdrängt durch seine hohe Kreditnachfrage die private Kreditnachfrage auf dem Kapitalmarkt oder verschlechtert zumindest die Konditionen (crowding-out-Effekt), sodass die Bedingungen für kreditfinanzierte Konsum- und Investitionstätigkeit der privaten Haushalte und der Unternehmen als Basis für Wirtschaftswachstum und Beschäftigungseffekte ebenfalls beeinträchtigt werden.
- Das Vertrauen der Wirtschaftssubjekte in eine wachstumsfreundliche Wirtschaftspolitik könnte leiden, sodass mit Abwanderung von Unternehmen bzw. geringeren

1 Die von der EZB verwendete Bezeichnung „Preisstabilität" (engl. *price stability*) ist gleichzusetzen mit der früher von der Deutschen Bundesbank verwendeten Bezeichnung „Preisniveaustabilität", d. h. der Gesamtpreis einer repräsentativen Auswahl an Gütern und Dienstleistungen bleibt stabil, auch wenn einzelne Preisveränderungen stattfinden können, die sich aber gegenseitig kompensieren.

Direktinvestitionen aus dem Ausland gerechnet werden muss. Dies hätte insbesondere negative Beschäftigungseffekte.
- Das Vertrauen der Kapitalanleger in den Euro könnte leiden und ggf. eine Abwertung des Euro z. B. gegenüber dem US-Dollar bewirken. Diese könnte eine importierte Inflation bei Rohstoffen aber auch Fertigerzeugnissen verursachen und so eine insgesamt reduzierte Kaufkraft im Inland mit negativen Wachstumseffekten nach sich ziehen.

Andererseits können Rekorddefizite in Frankreich und Deutschland auch **positive Auswirkungen** auf Wachstum und Beschäftigung in Europa haben, wenn die Mittel entsprechend eingesetzt werden:
- In der Rezession können kreditfinanzierte staatliche Konsum- und Investitionsausgaben die fehlende private Nachfrage (Konsum der privaten Haushalte und Investitionen der Unternehmen) kompensieren und so ggf. die negativen Effekte einer Nachfragelücke auf Wachstum und Beschäftigung abmildern.
- Staatliche Transferleistungen der Arbeitslosenversicherung und staatliche Beschäftigungsprogramme, die das Defizit mit verursachen, können konjunkturelle Beschäftigungs- und Einkommenseinbrüche abmildern.
- Werden die Mittel, die das Defizit verursachen, dafür eingesetzt, den Wirtschaftsstandort attraktiver zu machen und neue Unternehmen anzusiedeln, sind mittelfristig positive Effekte für Wachstum und Beschäftigung zu erwarten.
- Eine Abwertung des Euro (vgl. Argumentation oben) kann zu gesteigerten Exporten führen, die als Initialzündung für die Binnenwirtschaft wirken können oder zumindest in exportorientierten Branchen Wachstum und Beschäftigung fördern.

Fazit: Auch wenn staatliches „deficit spending" in Deutschland und Frankreich kurzfristig zur Abmilderung vor allem konjunktureller Negativeffekte auf Wachstum und Beschäftigung dienen kann, ist mittel- bis langfristig mit negativen Effekten auf die Wirtschaft zu rechnen, da man davon ausgehen kann, dass staatliche Intervention in der Regel deutlich ineffektiver als privatwirtschaftliche Wachstumsdynamik ist. Letztere wird außerdem durch steigende Finanzierungslasten und fehlendes Vertrauen in die wirtschaftspolitischen Rahmenbedingungen behindert. Dieser Vertrauensverlust kann auch andere EU-Staaten erfassen.

2.2 **Erklärung**:
„Flexible Handhabung" bedeutet in diesem Kontext die Aufweichung der Konvergenzkriterien, die auch die Basis für den Stabilitäts- und Wachstumspakt bilden. Dies würde beispielsweise in Rezessionsphasen mit geringen Staatseinnahmen und hohen Staatsausgaben die Überschreitung der Neuverschuldungsgrenze von 3 % des BIP für mehrere aufeinander folgende Jahre ermöglichen.

Risiken *(mindestens zwei sollten genannt werden)*:
- Die Konvergenzkriterien sind auch die Zutrittsbedingungen zur Europäischen Währungsunion für alle Mitgliedsstaaten der EU, insbesondere für die Länder der EU-Osterweiterung. Erlaubt man eine „Flexibilisierung", d. h. eine Aufweichung der Kriterien nach Gutdünken der bisherigen EWU-Mitgliedsstaaten, schafft man damit Präzedenzfälle für Neumitglieder, die berechtigterweise die gleichen Konditionen für den Beitritt zur EWU für sich verlangen könnten.
- Ein stabiler Euro beruht auf dem Vertrauen der Anleger in diese Währung und damit vor allem auf stabilen Staatsfinanzen der beteiligten Staaten. Diese wären mit einer Aufweichung des Defizitkriteriums nicht mehr gewährleistet. Eine Abwertung des Euro wäre die Folge, die zu importierter Inflation und niedrigerer Kaufkraft mit negativen Effekten auf die Binnenwirtschaft führen könnte (vgl. auch Argumentation bei 2.1).
- Instabile Staatsfinanzen bilden aus den in Aufgabe 2.1 beschriebenen Gründen (negative Effekte eines Rekorddefizits) keine gute Basis für die wirtschaftliche Entwick-

lung eines Landes. Hohe Haushaltsdefizite einzelner EWU-Mitgliedsstaaten können negative Auswirkungen auf den gesamten Euro-Raum nach sich ziehen, da sie über die Entwicklung des Euro-Kurses und den EU-Haushalt auf die Wirtschaft der gesamten EU durchschlagen. Dies gilt sowohl für die Binnenwirtschaft als auch für Direktinvestitionen und Neuansiedelung bzw. Abwanderung von Unternehmen.

3.1 **Erklärung des Zusammenhangs:**
Die häufig verwendete Bezeichnung „Leistungsbilanz" beschreibt die Zusammenfassung der folgenden vier Teilbilanzen der Zahlungsbilanz: Handelsbilanz, Dienstleistungsbilanz, Übertragungsbilanz und Bilanz der Erwerbs- und Vermögenseinkommen. Das Leistungsbilanzdefizit der USA ist vor allem auf einen hohen Importüberschuss (Handelsbilanzdefizit) zurückzuführen, der auf der lange Zeit hohen Bewertung des US-Dollars auf den Devisenmärkten beruht und durch eine geringe Sparquote der Amerikaner verstärkt wird. Da wertmäßig mehr Güter in US-Dollars bezahlt werden (Importe der Amerikaner) als Exporte der Amerikaner in Dollars zu bezahlen sind, übersteigt das Angebot an US-Dollars die Nachfrage auf den Devisenmärkten. Dies führt bei freien Wechselkursen im Marktmodell zu einem niedrigeren Dollarkurs (Abwertung des Dollars).

Ein **Dollar-Crash** ist aus verschiedenen Gründen **unwahrscheinlich**:
(zwei Argumente werden erwartet)
- Die Abwertung des US-Dollars führt automatisch zu einer Verteuerung der US-Importe und einer Verbilligung der US-Güter für das Ausland. Dadurch wird das Leistungsbilanzdefizit im Bereich der Handelsbilanz und damit der Angebotsüberhang an US-Dollars auf dem Devisenmarkt abgebaut, sodass der Abwertungsdruck ebenfalls nachlässt.
- Empirisch ist der direkte Zusammenhang zwischen Wechselkurs und Handelsbilanzsaldo kaum belegbar, da in der Regel andere Faktoren als der Wechselkurs ebenfalls starken Einfluss auf Güterimporte und -exporte haben.
- Neben dem Handelsbilanzsaldo ist auch der Kapitalbilanzsaldo entscheidend für Angebot und Nachfrage nach einer Währung. Veränderungen im Zinsniveau können auf dem Devisenmarkt zu einer Veränderung der Kapitalströme führen, die einer Abwertung des US-Dollars entgegenwirken.

3.2 **Zinssenkungen der EZB**:
Senkt die EZB die Leitzinsen, führt dies in der Regel zu einem niedrigeren Zinsniveau auf dem Euro-Kapitalmarkt. Die Attraktivität des Euro gegenüber dem US-Dollar als Anlagewährung könnte bei einem entsprechenden Zinsgefälle sinken, dadurch die Nachfrage nach US-Dollars steigen und daraus eine Aufwertung des Dollars resultieren. Andererseits kann die Zinssenkung auf dem Euro-Kapitalmarkt die Kreditnachfrage in Euro erhöhen. Dies kann zu Geldmengenwachstum (Geldmultiplikator) und einer Zunahme der gesamtwirtschaftlichen Nachfrage im Euro-Raum führen und so inflationsfördernd wirken.

Interventionen auf dem Devisenmarkt:
Die EZB könnte durch Stützungskäufe die Nachfrage nach US-Dollars auf dem Devisenmarkt erhöhen und so eine Aufwertung des Dollarkurses bewirken. Andererseits erhöht sich dadurch das Angebot an Euro auf dem Devisenmarkt. Dies wiederum führt zu einem gesunkenen Außenwert des Euro und ggf. zu importierter Inflation. Erfolgen die Stützungskäufe mit zusätzlichem Zentralbankgeld, kann diese Ausweitung der Geldmenge ebenfalls eine Inflation fördern.

4 *Bei der Interpretation sind alle relevanten Elemente der Karikatur zu berücksichtigen und – soweit möglich – in Beziehung zueinander zu setzen. Da Interpretationen in der Regel subjektiv gefärbt sind, stellt die folgende Antwort nur eine mögliche Lösung dar.*

Die Karikatur zeigt Finanzminister Eichel im Spagat zwischen dem Spar-Kurs der Bundesregierung und dem Haushaltsdefizit. Die Ursache für diesen Spagat ist die akute Finanzierungslücke im Zusammenhang mit der Steuerreform vor dem Hintergrund einer weiter andauernden Rezession mit entsprechend niedrigen Steuereinnahmen und hohen staatlichen Ausgaben. Der Spagat illustriert die Problematik, dass einerseits die Regierung aufgrund des Stabilitäts- und Wachstumspaktes zur Haushaltskonsolidierung und damit zum Sparen gezwungen ist, andererseits eine Finanzierung der Steuerreform ohne Überschreiten des Maastrichter Defizitkriteriums in der derzeitigen wirtschaftlichen Lage aber nicht möglich ist. Letztendlich wird die Steuerreform jedoch auch als rettender „Luftballon" dargestellt, da die Hoffnung der Politik darauf baut, dass die Steuererleichterungen eine Initialzündung für die konjunkturelle Entwicklung bedeuten und über die steigenden Staatseinnahmen bei höherem Wirtschaftswachstum die Finanzierungslücke mittelfristig geschlossen werden kann.

Mögliche Verteilung der Bewertungseinheiten:

Frage	1.1	1.2	1.3	2.1	2.2	3.1	3.2	4
BE	8	4	6	10	8	6	8	10

Leistungskurs Wirtschaft/Recht: Abiturprüfung 2004
Fachgebiet Betriebswirtschaft – Aufgabe II

Zur Ertragslage und den Finanzierungsverhältnissen deutscher Unternehmen schreibt die Deutsche Bundesbank in ihrem Monatsbericht April 2003 u. a.:
„Die spürbare konjunkturelle Abschwächung im Jahr 2001 hat sich erwartungsgemäß in den Gewinn- und Verlustrechnungen der Unternehmen [...] deutlich niedergeschlagen. Das Jahresergebnis vor Gewinnsteuern sank um 12 ½ % unter den Stand von 2000. Die seit 1996 erzielte Verbesserung der Ertragsposition wurde damit weitgehend aufgezehrt. [...] Die Unternehmen haben die Verschlechterung der Ertragslage [...] nicht auf ihre Eigenkapitalbasis durchschlagen lassen. [Trotzdem ist] eine weitere Verbesserung der Eigenkapitalausstattung dringend erforderlich [...].“

Auszüge aus der deutschen Unternehmensbilanzstatistik für das produzierende Gewerbe, Handel und Verkehr:

Position	**1999**	**2000**	**2001**
	in % der Bilanzsumme		
Langfristig verfügbares Kapital	44,0	42,5	42,5
darunter Eigenmittel	17,5	17,0	17,5
Kurzfristige Verbindlichkeiten	45,0	46,5	46,5
	in % der Sachanlagen		
Eigenmittel	67,5	68,5	70,5
Langfristig verfügbares Kapital	170,0	168,5	170,5

1.1 Erklären Sie die Zusammensetzung der in der Tabelle angegebenen Positionen anhand von Beispielen und bewerten Sie die beschriebene Kapitalausstattung der Unternehmen! Begründen Sie dabei auch, warum in der dargestellten Situation eine zufrieden stellende Eigenkapitalausstattung für die Unternehmen wichtig ist!

1.2 Beschreiben Sie verschiedene Maßnahmen, die die Unternehmen trotz sinkender Erträge ergriffen haben könnten, um die Eigenkapitalausstattung nicht weiter absinken zu lassen!

Auch die EMIX AG hatte in den letzten Jahren mit der konjunkturellen Situation zu kämpfen. Die Hauptgeschäftsfelder der EMIX AG umfassen Spül- und Waschmaschinen, Elektroherde und Kühlschränke. Bei anhaltend schlechter Binnenkonjunktur wird bei der EMIX AG über die Möglichkeit einer Expansion in eines der neuen EU-Beitrittsländer diskutiert. Dabei werden u. a. folgende Alternativen in Erwägung gezogen:
- Verkauf über den ortsansässigen Einzelhandel unter einer dort eingeführten Marke,
- Eröffnung von eigenen Verkaufsniederlassungen,
- Gründung eines neuen Produktionsstandorts und Aufbau eines Vertriebsnetzes.

2.1 Wägen Sie die einzelnen Alternativen gegeneinander ab!

Überraschend bietet sich für die Geschäftsleitung der EMIX AG die Möglichkeit, ein bereits etabliertes Unternehmen in Osteuropa aufzukaufen. Zwei unabhängige Gutachter bewerten das Unternehmen. Dabei ermittelt der Gutachter der EMIX AG, der sich strikt an den Vorschriften des deutschen Handelsgesetzbuches (HGB) orientiert, einen wesentlich niedrigeren Wert als der Gutachter des Verkäufers.

2.2 Erläutern Sie, warum eine Bewertung nach HGB grundsätzlich zu relativ niedrigen Werten führen kann!

Um die notwendige Liquidität für die Übernahme bereitzustellen, stehen der EMIX AG wegen der angespannten Ertragslage folgende Alternativen zur Verfügung:
- die Emission einer Wandelschuldverschreibung,
- die Veräußerung von Wertpapieren des Umlaufvermögens.

2.3 Zeigen Sie jeweils Argumente für die Wahl der beiden angesprochenen Maßnahmen auf!

Im Zusammenhang mit der Expansion des Unternehmens wird von einem Unternehmensberater eine „Marktwachstums-Marktanteils-Matrix“ für die Hauptgeschäftsfelder der EMIX AG erstellt. Das Grundschema dieser so genannten „Boston-Consulting-Matrix“ ist nachfolgend abgedruckt:

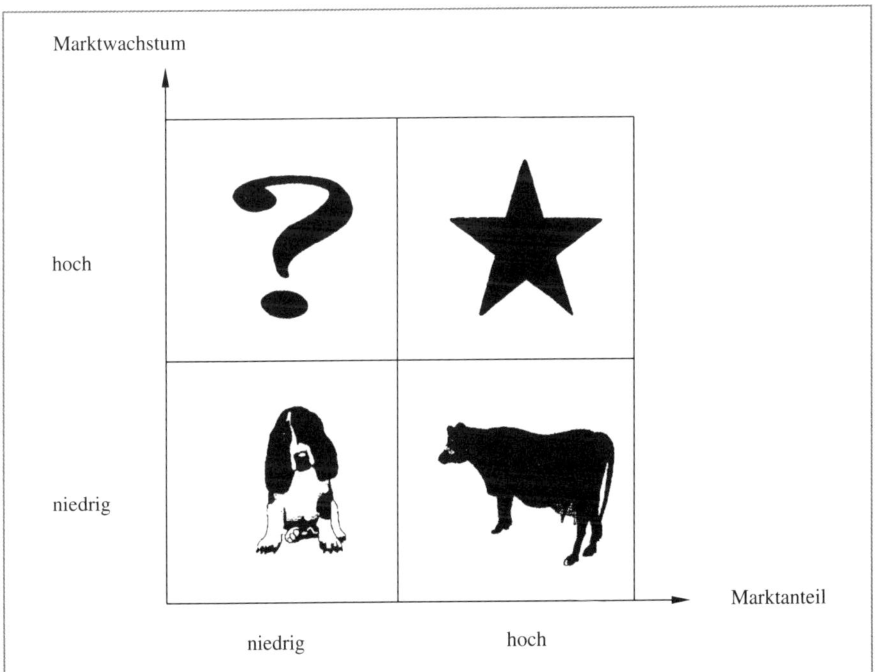

„Stars“ sind Produkte, die im Markt erfolgreich sind und gute Wachstumschancen haben. Sie brauchen aber große finanzielle Unterstützung und Aufmerksamkeit, um zum „Leuchten“ gebracht zu werden.

„Cash-Cows“ sind am Markt erfolgreich und gut positionierte Produkte. Sie liefern zuverlässig hohe Verkaufszahlen und benötigen kaum finanzielle Unterstützung.
„Dogs“ symbolisieren die „Ladenhüter“ des Unternehmens, die ihre besten Tage schon gesehen haben. Ihre Unterstützung würde für das Unternehmen einen großen Aufwand bedeuten, der sich nicht lohnt.
„Question marks (?)“: Bei diesen Produkten ist von der „Eintagsfliege“ bis zum „Dauerrenner“ alles möglich. Sie binden hohe Finanzmittel. Ihre „Lebenszeit“ wird bestimmt von ihrem zukünftigen Erfolg.

Quelle: Schierenbeck, H.: Grundzüge der Betriebswirtschaftslehre, S. 108ff., München 1989

Die EMIX AG hat folgende Marktdaten ermittelt:

	Spülmaschinen	**Waschmaschinen**	**Kühlschränke**	**Elektroherde**
Marktwachstum	7	8	3	2
Marktanteil	6	15	19	4
Anteil des Marketingaufwands der einzelnen Produkte am gesamten Marketingbudget	20	35	6	39
Umsatzrendite des Produkts im abgelaufenen Geschäftsjahr	+0,5	+3,2	+15,3	−3,9

Der Gesamtmarkt der Haushaltsgeräte wächst durchschnittlich mit 4 % pro Jahr. Der durchschnittliche Marktanteil der vier wichtigsten Mitbewerber auf diesem oligopolistischen Markt beträgt 10 %.

3.1 Ordnen Sie die Produkte der EMIX AG den Feldern der Boston-Consulting-Matrix zu! Beurteilen Sie die Verteilung des Marketing-Budgets der EMIX AG aufgrund der vorgegebenen Daten und entwickeln Sie daraus eine Empfehlung an die Geschäftsleitung!

3.2 Erläutern Sie mögliche Gründe, warum die Geschäftsleitung trotz der schlechten Zahlen die „Dogs“ unter Umständen weiter am Markt anbietet!

Vorgegebene Bewertungseinheiten:

Frage	1	2	3
BE	18	26	16

Lösungsvorschlag

1.1 **Erklärung der Positionen:**

- Langfristig verfügbares Kapital besteht aus Eigenkapital (Eigenmittel) und langfristigem Fremdkapital. Zum Eigenkapital zählen z. B. Kapitaleinlagen der Gesellschafter und ggf. Kapital- und Gewinnrücklagen; zum langfristigen Fremdkapital gehören neben langfristigen Bankdarlehen auch langfristige Rückstellungen (z. B. Pensionsrückstellungen).
- Kurzfristige Verbindlichkeiten beinhalten z. B. Lieferanten- und Kontokorrentkredite sowie Steuerschulden, aber auch ggf. den zur Ausschüttung beschlossenen Bilanzgewinn.
- Eigenmittel: Siehe Erläuterung zum Eigenkapital oben!

Bewertung der Kapitalausstattung: *Im Prinzip handelt es sich hier um eine reine Bilanzanalyse-Aufgabe zu den Kennziffern Eigenkapitalquote und Finanzierung.*

Für die Eigenkapitalausstattung gibt es folgende Bilanzregeln:

- Die vertikale Kapitalstrukturregel (Kennziffer Finanzierung) lautet aufgrund von Sicherheitsaspekten: Das Eigenkapital soll mindestens so hoch sein wie das Fremdkapital (EK : FK $\geq$ 100 %) bzw. die Eigenkapitalquote (EK : GesamtK) soll mindestens 50 % betragen.
- Die „Goldene Bilanzregel" lautet: Langfristig gebundenes Vermögen (AV und langfristig gebundenes UV) soll zu 100 % mit langfristig verfügbarem Kapital (EK und langfristiges FK) finanziert sein.

Bewertet man die Kapitalausstattung nach den o. g. Regeln und vor dem Hintergrund der schwachen konjunkturellen Entwicklung, ergibt sich folgendes Bild: Im gesamten Betrachtungszeitraum liegt die Eigenkapitalquote mit ca. 17 % weit unter dem geforderten Wert von 50 %; gleichzeitig ist der Anteil des kurzfristigen Fremdkapitals mit ca. 46 % sehr hoch. Angesichts der schwierigen wirtschaftlichen Lage kann dies bei sinkenden Erträgen durch die hohe Zinsbelastung durchaus zu einer kritischen Liquiditätslage führen. Auch die Abhängigkeit von den Gläubigern durch den hohen Fremdkapitalanteil muss kritisch gesehen werden. Allerdings war das Zinsniveau und damit die Zinsbelastung im Betrachtungszeitraum insgesamt niedrig und trotz der anhaltenden Wirtschaftsflaute ist bei der Kapitalausstattung trendmäßig keine Verschlechterung, sondern eine konstante Situation zu erkennen.

Vor dem Hintergrund der „Goldenen Bilanzregel" relativiert sich das kritische Bild weiter: Zwar sind nur etwa 70 % der Sachanlagen mit Eigenkapital gedeckt, bei der Einbeziehung des langfristigen Fremdkapitals ergibt sich jedoch eine Überdeckung der Sachanlagen um ca. 70 %, d. h. unter dem Gesichtspunkt der Fristenkongruenz ist die Finanzierung der Sachanlagen und damit die diesbezügliche Ausstattung mit langfristigem Kapital mehr als ausreichend einzuschätzen. Allerdings fehlen in der Tabelle wahrscheinlich weitere Posten des Anlagevermögens (z. B. Finanzanlagen, immaterielles Vermögen), welche die Basis für diese Einschätzung verändern könnten.

Ein Grund für die relativ niedrige Eigenkapitalquote könnten beispielsweise Rentabilitätsaspekte sein: Angesichts der anhaltend niedrigen Kapitalmarktzinsen nutzen die Unternehmen u. U. den Leverage-Effekt.

1.2 *Ein tatsächliches Absinken der Eigenkapital<u>ausstattung</u> (vgl. Aufgabenstellung) ist unwahrscheinlich. Gemeint ist eher eine Verschlechterung der Eigenkapital<u>quote</u> bzw. Kapital<u>struktur</u>.*

Folgende Maßnahmen wären denkbar *(zwei bis drei Maßnahmen werden erwartet)*:

- Reduzierung oder Streichung von Gewinnausschüttung, d. h. höhere Gewinnthesaurierung: Die Erhöhung der Gewinnrücklage oder ein Gewinnvortrag durch einbehaltene Gewinne erhöhen die Eigenkapitalbasis.
- Auflösung stiller Reserven durch das Ausschöpfen von Bewertungsspielräumen bzw. zur Verbesserung der Ertragslage (Erhöhen der Erlöse und/oder Tilgung von Verbindlichkeiten).
- Außen-/Eigenfinanzierung durch Kapitalerhöhung oder Aufnahme weiterer Gesellschafter: Dies könnte angesichts der schlechten Ertragslage aber unattraktiv und daher schwierig sein.

2.1 *Abwägen heißt: Vor- und Nachteile der Alternativen gegenüberstellen und idealerweise mit einem Fazit abschließen. Pro Alternative sollten mindestens zwei Vor- und Nachteile genannt werden (d. h. insgesamt mindestens 12 Aspekte).*

Der Verkauf über den **ortsansässigen Einzelhandel** unter einer bereits **eingeführten Marke** hätte den Vorteil, dass der Bekanntheitsgrad der Marke und ein bereits funktionierendes Distributionssystem mit vorhandenem Kundenstamm genutzt werden könnten. Die anfänglichen Kosten wären gegenüber den anderen Alternativen relativ niedrig, da weder ein Distributionsnetz noch eine neue Marke aufgebaut werden müssten. Nachteilig könnte sich ein ggf. schlechtes Image der bekannten Marke bzw. der Verzicht auf das Potenzial einer „Westmarke“ auswirken. Man wäre außerdem von der Verkaufspolitik und Kompetenz der ortsansässigen Einzelhändler abhängig und die Gewinnanteile des Einzelhandels würden die Erträge dauerhaft mindern.

Bei der Eröffnung **eigener Verkaufsniederlassungen** entstünden zunächst deutlich höhere Investitionskosten als bei der Nutzung des lokalen Einzelhandels. Auch laufende Kosten für die Ladenlokale, Lagerung und eigenes Personal würden anfallen und ein Kundenstamm müsste erst erarbeitet werden. Ein Verkauf zu „Westpreisen“ könnte angesichts des zum Teil deutlichen Kaufkraftgefälles ggf. unmöglich sein; dies würde Preisdifferenzierungsmaßnahmen erforderlich machen, die bei Verkauf unter einer einheitlichen Marke Kunden auf den „alten“ Märkten durchaus verärgern könnten bzw. im Rahmen des Binnenmarktes durch Reimporte umgangen werden könnten. Dafür ließen sich über eigenes, kompetentes Personal die oben beschriebenen Nachteile bei der Verkaufspolitik vermeiden, durch eine eigene Filialkette der Bekanntheitsgrad auch für zukünftige Produkteinführungen erhöhen und durch Wegfall der Gewinnspanne des lokalen Einzelhandels die Erträge steigern.

Bei der Gründung eines **eigenen Produktionsstandortes** und dem Aufbau eines **eigenen Vertriebsnetzes** entstünden anfänglich zwar sehr hohe Investitionskosten als hohes unternehmerisches Risiko und ebenfalls laufende Kosten für Standort und Personal. Diesen stünden allerdings Einsparungen bei Transport und Lagerung durch größere Marktnähe und kürzere Lieferzeiten gegenüber. Möglicherweise könnte sich diese Alternative positiv auf die Umsatzerlöse auswirken, weil der Bekanntheitsgrad des Unternehmens steigt und eine positives Image durch die Schaffung von Arbeitsplätzen am Produktionsstandort und im Vertrieb entstehen könnte. Außerdem könnten ggf. lokale Infrastruktur- und Ansiedelungssubventionen oder solche der EU genutzt werden. Ein weiterer Vorteil wären niedrigere Produktionskosten durch geringere Lohn- und Lohnnebenkosten, denen allerdings unter Umständen Produktions- und Qualitätsprobleme durch geringer qualifiziertes Personal gegenüber stünden.

Fazit: Zum relativ risikolosen Austesten des ausländischen Marktes würde sich die Nutzung des lokalen Einzelhandels, sinnvollerweise aber unter Einsatz der eigenen Marke anbieten. Bei positiven Marktanalysen wäre aus Kosten- und Ertragssicht langfristig der letzten Alternative der Vorzug zu geben.

2.2 Gemäß dem Grundsatz der kaufmännischen Vorsicht und des Gläubigerschutzes ist im § 252 I Nr. 4 HGB das Imparitätsprinzip festgeschrieben, welches das Ausweis**verbot** nicht realisierter Gewinne und das Ausweis**gebot** nicht realisierter Verluste beinhaltet. Durch das Niederstwertprinzip für Vermögenswerte und das Höchstwertprinzip für Schuldenwerte entstehen stille Reserven, da Aktiva (z. B. Immobilien oder Wertpapiere) generell niedriger als zum Zeitwert und Passiva (z. B. Auslandsverbindlichkeiten oder Rückstellungen) generell höher als zum Zeitwert ausgewiesen werden können („gemildertes Niederstwertprinzip" für Anlagevermögen, § 253 II HGB) oder müssen („strenges Niederstwertprinzip" für Umlaufvermögen, § 253 III HGB). Daraus ergibt sich zwangsläufig ein geringerer Unternehmenswert als bei eher zeitwertbezogenen Bewertungsverfahren, die in anderen Ländern eingesetzt werden.

2.3 *Es soll aus der Sicht der EMIX AG zwischen den Alternativen abgewogen werden.*

Eine Wandelschuldverschreibung ist zunächst Fremdkapital in Form eines festverzinslichen Wertpapiers, das aber innerhalb einer vorbestimmten Frist den Gläubiger berechtigt, den Nennwert der Schuldverschreibung in Aktien des Schuldners (Eigenkapital) umzutauschen (ggf. unter Zuzahlung).

Für die Emission einer Wandelschuldverschreibung *(bzw. gegen den Verkauf von Wertpapieren des Umlaufvermögens)* **spricht:**

- Die Ausgabe der Wandelschuldverschreibung bringt potenzielles Eigenkapital, da bei Wahrnehmung des Wandelungsrechts eine Umwandlung des Fremdkapitals in Eigenkapital stattfindet. Dieses steht dem Unternehmen dann unbefristet zur Verfügung.
- Bei Wahrnehmung des Wandelungsrechts sind keine weiteren Zinsen unabhängig von der Ertragslage zu zahlen, sondern nur eine ertrags- und beschlussabhängige Dividende.
- Bei einem aktuell niedrigen Zinsniveau ist der für die Wandelschuldverschreibung zu zahlende Zinssatz ggf. geringer als der Verlust des Zins- oder Dividendenertrags bei Veräußerung eigener Wertpapiere des Umlaufvermögens. Aus Rentabilitätsgründen ist daher die Emission der Wandelschuldverschreibung vorzuziehen.
- Der Verkauf von Wertpapieren des Umlaufvermögens erfolgt möglicherweise in einer schlechten Börsensituation und damit unter Kursverlust. Dies kann durch die Ausgabe einer Wandelschuldverschreibung verhindert werden.
- Im Gegensatz zum Verkauf der Wertpapiere des Umlaufvermögens, bei dem nur eine Liquiditätsverschiebung stattfindet, fließt dem Unternehmen bei der Emission der Wandelschuldverschreibung zusätzliche Liquidität zu.

Für den **Verkauf von Wertpapieren des Umlaufvermögens** *(bzw. gegen die Emission einer Wandelschuldverschreibung)* spricht:

- Der Veräußerungserlös der Wertpapiere führt zu einem Zufluss von Barliquidität (Aktivtausch, ggf. Auflösung stiller Reserven) ohne weitere Verbindlichkeiten wie z. B. die laufende Zinszahlung für eine Wandelschuldverschreibung zu verursachen.
- Die Kosten des Verkaufs der Wertpapiere dürften deutlich unter den Emissionskosten einer Wandelschuldverschreibung liegen und würden die Ertragslage daher weniger belasten.
- Wertpapiere des Umlaufvermögens werden in der Regel ohnehin als Liquiditätsreserve gehalten. Die Veräußerung würde also nur dem eigentlichen Zweck, nämlich der kurzfristigen Bereitstellung von Liquidität dienen.
- Der Verkauf der Wertpapiere birgt im Gegensatz zur Wandelschuldverschreibung nicht das Risiko der Verschiebung der Stimmrechte bei Wahrnehmung des Wandelungsrechts.
- Im Gegensatz zur Emission der Wandelschuldverschreibung erfordert der Verkauf der Wertpapiere keinen Beschluss der Aktionärsversammlung für eine bedingte Kapitalerhöhung, sodass die Unternehmensleitung flexibler agieren könnte.

3.1 *Die Zuordnung ist grafisch anhand einer Matrix, in einer Tabelle oder verbal möglich.*

Alternative 1 (Matrix):

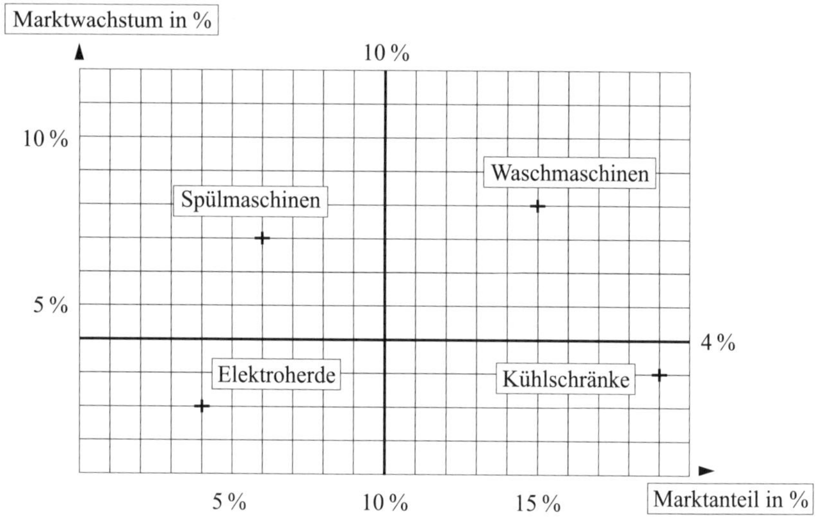

Alternative 2 (Tabelle):

	Spülmaschinen	Waschmaschinen	Kühlschränke	Elektroherde
Markt-wachstum (im Vergleich zum Gesamtmarkt)	deutlich über-durch-schnittlich	doppelt so hoch wie der Durch-schnitt bei Haus-haltsgeräten	knapp unter dem Durch-schnitt bei Haushalts-geräten	halb so hoch wie der Durchschnitt bei Haushalts-geräten
Marktanteil	unterdurch-schnittlich	weit über-durchschnittlich, zweithöchster bei EMIX	weit über-durchschnitt-lich, höchster bei EMIX	weit unter-durchschnitt-lich, gerings-ter bei EMIX
Zuordnung	„Question mark“: ggf. Wachstums-markt?	„Star“: erfolg-reiches Produkt mit Wachstums-potenzial	„Cash-Cow“: etabliertes Erfolgsprodukt	„Dog“: kaum wettbewerbs-fähiger „Ladenhüter“

Alternative 3 (verbal):
Bei den Spülmaschinen handelt es sich um „Question marks“, da sie einen geringen Marktanteil (6 % gegenüber einem Durchschnitt von 10 % der Mitbewerber bzw. 15 % und 19 % bei anderen EMIX-Geräten), aber ein relativ hohes Marktwachstum haben (7 % gegenüber dem Durchschnitt von 4 %), das ggf. auf einen Wachstumsmarkt hindeuten könnte.
Die Waschmaschinen sind „Stars“, da sie einen hohen Marktanteil (15 % gegenüber durchschnittlich 10 % der Mitbewerber; zweitgrößter Marktanteil der EMIX-Produkte) und ein doppelt so hohes Marktwachstum wie der Durchschnitt der Haushaltsgeräte aufweisen.

Die Kühlschränke sind „Cash-Cows“, da sie mit 19 % den höchsten Marktanteil der EMIX-Produkte erreichen, ihr knapp unterdurchschnittliches Marktwachstum von 3 % aber auf ein etabliertes Produkt schließen lässt.
Die Elektroherde können als „Dogs“ bezeichnet werden, da sie sowohl einen weit unterdurchschnittlichen Marktanteil von nur 4 % als auch ein nur halb so hohes Marktwachstum wie der Durchschnitt aufweisen.

Beurteilung und Empfehlung:
Der 20 %-Anteil der Spülmaschinen am Marketingbudget stellt in gewisser Weise Risikokapital dar, da nicht sicher ist, ob und wie sich der Marktanteil weiterhin steigern lässt. Solange die Entwicklung jedoch mit derartigen Wachstumsraten weiter läuft, sollte der Marketingaufwand nicht gescheut und unter Umständen sogar noch erhöht werden, da ggf. ein neuer „Star“ geboren werden könnte.
Die 35 % des Marketingbudgets für die Waschmaschinen sind angesichts des großen Erfolgs und der höchsten Umsatzrendite gut angelegt gewesen. Sollte sich die Entwicklung als „Star“ oder in Richtung „Cash-Cow“ stabilisieren, könnten die Marketingaufwendungen etwas reduziert werden.
Die 6 % bei den Kühlschränken haben offensichtlich genügt, um die „Cash-Cow“ weiterhin zu „melken“, d. h. die Kühlschränke sind quasi „Selbstläufer“. Eine Erhöhung des Marketingbudgets würde angesichts des hohen Marktanteils und der geringen Wachstumsdynamik wahrscheinlich nur unterproportionale Effekte haben.
Die 39 % für die Elektroherde haben sich angesichts der deutlich negativen Umsatzrendite offensichtlich nicht ausgezahlt: Sie könnten einen fehlgeschlagenen Relaunch-Versuch[2] dokumentieren. Im kommenden Budget sollte diese Fehlinvestition nicht wiederholt werden, sondern das Geld besser an anderer Stelle eingesetzt werden, z. B. bei den Spülmaschinen.

3.2 Die Geschäftsleitung könnte folgende Gründe haben, die Herde weiterhin anzubieten *(mindestens zwei Gründe werden erwartet)*:
- Die Elektroherde vervollständigen das Sortiment der EMIX AG: Die Kunden haben die Möglichkeit alle Elektrogeräte von der gleichen Marke zu kaufen, z. B. aus optischen Gründen bei einer Kücheneinrichtung.
- Elektroherde sind möglicherweise ein Imageprodukt, mit dem die Marke EMIX verbunden wird, das auch als Einsteigerprodukt in die Marke dient und damit für die EMIX AG den Absatz der rentableren Produkte fördert.
- Die Entwicklung könnte sich gerade im Umbruch befinden: Mit einer neuen Generation Herde will EMIX wieder wettbewerbsfähig werden. Um die Nische bis dahin nicht verwaisen zu lassen, werden die alten Herde weiterhin angeboten.
- Es handelt sich bei dem Verlust in diesem Geschäftsfeld ggf. um ein einmaliges außerordentliches Ergebnis. In allen anderen Jahren brachten unter Umständen auch Elektroherde positive Umsatzrenditen.
- Eventuell brächte der Abbau dieses Geschäftsfeldes aufgrund von Kostenremanenz kaum Einsparungen, sodass es mehr Sinn macht, das potenzielle Geschäftsfeld für die Zukunft offen zu halten.

Mögliche Verteilung der Bewertungseinheiten:

Frage	1.1	1.2	2.1	2.2	2.3	3.1	3.2
BE	14	4	15	5	6	12	4

2 Versuch, ein altes Produkt nochmals in das Kundenbewusstsein zu heben, um die Verkaufszahlen zu erhöhen.

Leistungskurs Wirtschaft/Recht: Abiturprüfung 2004
Fachgebiet Recht – Aufgabe III

(nicht kombinierbar mit Aufgabe IV)

Sämtliche Aufgaben sind, soweit möglich, unter Angabe der entsprechenden Normen des BGB zu bearbeiten.

Herr Wirth (W) hat in einem Wohngebiet an einem bayerischen See ein Grundstück mit altem Baumbestand nach deutschem Erbrecht in direkter Erbfolge von seinem Vater geerbt. Er nutzt dieses Grundstück, um sich selbstständig zu machen, und plant die Eröffnung eines Biergartens. Der von ihm beauftragte Architekt hat bereits eine preiswerte Lösung für die Wirtschaftsgebäude in Fertigbauweise entworfen. Unter anderem muss gemäß der bayerischen Gaststättenbauverordnung auch für ausreichende Sanitäranlagen gesorgt werden. Als Wirth seinen Bauantrag im Rathaus einreicht, erfährt er, dass der als Gemeindesatzung erlassene Bebauungsplan nur Gebäude im ortstypischen Baustil zulässt, was mit erheblichen Mehrkosten verbunden wäre. Sein Geschäftskonzept, das sich vor allem an jüngeren Gästen orientiert, sieht einen Biergarten mit Live-Musik vor, der täglich bis 1 Uhr geöffnet bleiben soll. Er muss erfahren, dass die „Bayerische Biergartenverordnung für Biergärten in der Nachbarschaft von Wohnbebauung" (erlassen aufgrund des Bundesimmissionsschutzgesetzes) Folgendes vorsieht: Musikdarbietungen sind „spätestens um 22 Uhr" zu beenden; die Betriebszeit ist so zu beenden, „dass der zurechenbare Straßenverkehr bis 23.00 abgewickelt ist".
Wirth ist empört und sieht sich in seinen Entfaltungsmöglichkeiten als Unternehmer und damit in seinem Grundrecht auf freie Entfaltung seiner Persönlichkeit in unzumutbarer Weise eingeschränkt.

1 Erstellen Sie eine Übersicht, in der eine Hierarchie der im Text angesprochenen Quellen des Rechts erkennbar wird, und erläutern Sie, welche Funktion diese Rechtshierarchie im föderalistischen Rechtsstaat der Bundesrepublik Deutschland erfüllt!

Als der Biergarten schließlich unter Beachtung aller Auflagen fertig gestellt ist, will der 17-jährige Paul (P), der ständig unter Geldmangel leidet, sein Taschengeld als Schankkellner aufbessern. Wirth weist ihn sorgfältig ein und stellt zufrieden fest, dass Paul sich äußerst geschickt anstellt.
Am Eröffnungstag herrscht reger Betrieb und es bildet sich eine lange Schlange am Bierausschank. Der gestresste Paul schenkt einige Krüge nicht ganz voll. Der Gast Dr. Göbel (G) beschwert sich darüber lautstark: „Das ist eine Unverschämtheit! Darf denn hier jeder Trottel an den Zapfhahn?" Paul lässt sich diese Beschimpfung in Anwesenheit seiner Freundin Belinda (B) nicht gefallen: Er schenkt Dr. Göbels Maßkrug zwar nach, schüttet aber einen Teil des Biers – wie aus Versehen – über Dr. Göbels hellen Sommeranzug. Dieser ist empört und schreit: „Das hast du absichtlich gemacht! Mein Designeranzug ist hinüber. Der hat 800 € gekostet! Ich werde dich verklagen!"

2.1 Prüfen Sie, ob Dr. Göbel einen Anspruch aus unerlaubter Handlung gegen Paul hat!

Dr. Göbel entschließt sich, in dieser Sache einen Rechtsanwalt einzuschalten. Der Anwalt meint, dass es sinnvoller sei, einen Anspruch gegen Wirth anstatt gegen Paul geltend zu machen. Bei der Begründung des Anspruchs stützt er sich auf den vertraglichen Schadensersatzanspruch gemäß §§ 241 II, 280 I.

2.2 Begründen Sie, dass Dr. Göbel tatsächlich einen vertraglichen Anspruch gegen Wirth hat, und arbeiten Sie unter Verwendung des § 831 heraus, warum der Rechtsanwalt einen vertraglichen Anspruch statt eines Anspruchs aus unerlaubter Handlung gegen Wirth wählt!

Da Wirth schon mit einem großen Andrang gerechnet hatte und seine Lagermöglichkeiten sehr begrenzt sind, hatte er eine Woche vor der Eröffnung mit dem Getränkehändler Hagerl (H) eine zweite Bierlieferung für den 15. Juni, den Eröffnungstag, vereinbart. Hagerl hatte Wirth ausdrücklich die Lieferung an diesem Tag bis spätestens 19.00 Uhr zugesichert. Weil Hagerl einen falschen Termin in seinen Kalender eingetragen hat, liefert er nicht zum vereinbarten Zeitpunkt. Wirth musste deswegen den Bierausschank früher einstellen und es entgehen ihm nachweislich an diesem Abend 300 € Gewinn.

3.1 Prüfen Sie, ob Wirth den Betrag von 300 € von Hagerl verlangen kann!

Am nächsten Tag liefert Hagerl das Bier. Wirth verweigert verärgert die Abnahme, weil er mit Hagerl wegen seiner Unzuverlässigkeit keine Geschäfte mehr machen will.

3.2 Erläutern Sie, ob Wirth vom Vertrag zurücktreten kann!

Pauls Freundin Belinda, die bereits 18 Jahre alt ist, freundet sich am Eröffnungstag mit dem amerikanischen Touristen Alan (A) an. Belinda holt eine Maß Bier, welche die beiden gemeinsam austrinken. Zum Abschied schenkt sie ihm den leeren Maßkrug. Da Alan glaubt, dass Belinda mit dem Bier auch den Krug erworben hat, freut er sich über dieses Zeichen der bayerischen Gastfreundschaft. Als er mit dem Maßkrug den Biergarten verlassen will, stellt ihn Wirth zur Rede und fordert den Maßkrug zurück.

4.1 Prüfen Sie die Eigentumsverhältnisse am Maßkrug!

4.2 Erläutern Sie, ob Wirth den Maßkrug herausverlangen kann!

4.3 Beurteilen Sie das Ergebnis von Aufgabe 4.2 aus der Sicht des Eigentumsschutzes!

Vorgegebene Bewertungseinheiten:

Frage	1	2	3	4
BE	10	18	16	16

Lösungsvorschlag

Alle Paragrafenangaben beziehen sich – soweit nicht anders vermerkt – auf das BGB.

1. a) Erstellen einer hierarchischen Übersicht über die Rechtsquellen aus dem Text:

Die im Text genannten Rechtsquellen können in zweierlei Hinsicht hierarchisch geordnet werden: Einmal hinsichtlich der Recht setzenden Institution (Bund, Länder, Gemeinden) und einmal hinsichtlich der Vorrangigkeit der Geltung (Verfassung, Gesetz, Verordnung, Satzung). Da der zweite Teil der Frage auf die föderalistische Struktur Deutschlands Bezug nimmt, sollte dies auch im ersten Teil der Frage berücksichtigt werden. Bei den Beispielen im Text sind beide Ebenen vermischt; eine Darstellung, die auch beides einbezieht wäre also optimal.

Rechtsquelle → / Normenhierarchie ↓	**Bund**	**Länder**	**Gemeinden**
Verfassung	Grundgesetz: „Grundrecht auf freie Entfaltung der Persönlichkeit“	---	---
Gesetz	Bundesgesetz: – „Bundesimmissionsschutzgesetz“ – „Erbrecht“ (Zivilrecht, BGB)	---	---
Verordnung	---	Länderverordnung: – „Bayerische Gaststättenbauverordnung“ – „Bayerische Biergartenverordnung“	---
Satzung	---	---	Kommunale Satzung: – „Gemeindesatzung“ – „Bebauungsplan“

Alternative Darstellung, z. B.:

Bundesrecht

Verfassung/Grundgesetz
– Grundrecht auf freie Entfaltung der Persönlichkeit

↓

Bundesgesetz
– Bundesimmissionsschutzgesetz
– Erbrecht (Zivilrecht, BGB)

↓

Landesrecht

(Landesverfassung)

↓

(Landesgesetz)

↓

Landesverordnung
– Bayerische Gaststättenbauverordnung
– Bayerische Biergartenverordnung

↓

Kommunalrecht

(Kommunale Verordnung)

↓

Kommunale Satzung
– Gemeindesatzung
– Bebauungsplan

Funktion der Rechtshierarchie im föderalistischen Rechtsstaat:

Der Föderalismus dient der Macht- und Kompetenzstreuung im Rechtsstaat, indem den verschiedenen Gebietskörperschaften nach dem Prinzip der Subsidiarität eigene Regelungsbereiche zugewiesen werden. So haben in allen Fällen, in denen Entscheidungen sinnvoller und kompetenter vor Ort unter Berücksichtigung lokaler Gegebenheiten getroffen werden können, auch die lokalen Entscheidungsträger die Entscheidungsbefugnis (z. B. Bebauungsplan unter Beachtung des ortstypischen Baustils; Art. 28 II GG: Selbstverwaltungsrecht der Gemeinden bei Angelegenheiten der örtlichen Gemeinschaft). In einigen Fällen liegt die Entscheidungskompetenz auch aus gesellschafts- oder kulturhistorischen Gründen bei den Bundesländern, insbesondere, wenn ursprünglich regionale Besonderheiten zu regeln sind (z. B. Bayerische Biergartenverordnung).
Andererseits gibt es Rechtsbereiche (z. B. Erbrecht), bei denen eine bundesweit einheitliche Regelung erforderlich ist. In diesen Fällen ist eine zentrale Normenkompetenz auf Bundesebene notwendig und wird u. a. durch Art. 31 GG (Bundesrecht bricht Landes-

recht) gewährleistet. Jede Form der Rechtsetzung ist schließlich dem Grundgesetz als höchster Ebene untergeordnet (Art. 20 III GG: Bindung der Legislative an die verfassungsgemäße Ordnung; Art. 28 I GG: Unterordnung der Landesverfassungen unter das Grundgesetz).

2.1 Dr. Göbel (G) hat einen Anspruch aus unerlaubter Handlung gegen P, wenn die erforderlichen Tatbestandsmerkmale der §§ 823, 828 erfüllt sind:

Paul verletzt vorsätzlich (§ 276 I) das Eigentum des G, da er ihm absichtlich Bier über den Anzug schüttet. Dadurch wird der Anzug des G beschädigt (Schaden mit Kausalzusammenhang). Er tut dies widerrechtlich, weil die Tatsache, dass er sich nicht blamieren will, keinen Rechtfertigungsgrund (z. B. aus §§ 227, 228, 229, 904) für seine Handlung darstellt. Paul ist mit 17 zwar noch beschränkt deliktsfähig; im vorliegenden Fall ist allerdings davon auszugehen, dass ihm völlig klar ist, dass er widerrechtlich handelt und er dafür zur Verantwortung gezogen werden kann (§ 828 III).
Ergebnis: G hat einen Anspruch auf Ersatz des entstandenen Schadens gegenüber P.

(Ggf.:
- *Die Höhe des Schadensersatzes ergibt sich aus §§ 249ff: Reinigungskosten oder Ersatz des Anzugs;*
- *G könnte auch aus § 823 II einen Anspruch gegen P haben, da eine vorsätzliche Sachbeschädigung, § 303 StGB, vorliegt.)*

2.2 a) **Begründung des vertraglichen Anspruchs gemäß §§ 241 II, 280 I:**

Schuldverhältnis: Zwischen G und Wirth (W) bestand ein Vertrag über die Bewirtung (§§ 145, 147, 311 I). Aus diesem Vertrag entstehen für W unter anderem Sorgfaltspflichten gemäß § 241 II.

Pflichtverletzung: Da der Anzug des G von P beschädigt wurde, liegt eine Rechtsgutverletzung gegenüber G vor (§§ 241 II, 280 I).

Vertreten müssen: W hat gemäß § 278 das Verschulden seines Erfüllungsgehilfen P (Vorsatz § 276 I; vgl. Prüfung bei 2.1) wie eigenes Verschulden zu vertreten, da er nicht beweisen kann, dass P die Beschädigung nicht zu vertreten hat.

Ergebnis: G hat gegen W einen Anspruch auf Schadensersatz neben der Leistung aus § 280 I (der Schaden kann auch durch die ordnungsgemäße Leistung nicht behoben werden), dessen Höhe sich aus §§ 249 ff. ergibt.

b) **Vertraglicher Anspruch statt gesetzlicher Anspruch:**

Es ist für G günstiger, vertragliche Ansprüche geltend zu machen, da W gemäß § 278 uneingeschränkt und ohne Rechtfertigungsmöglichkeiten für ein Verschulden des Erfüllungsgehilfen P haften muss, während bei gesetzlichen Ansprüchen § 831 I Satz 2 dem Geschäftsherrn W die Möglichkeit gibt, sich durch die Beachtung der Sorgfaltspflichten bei Auswahl und Aufsicht des Verrichtungsgehilfen P zu exkulpieren. Gelingt ihm dies (hier: sorgfältige Einweisung des P), muss W nicht haften.

3.1 Wirth (W) könnte die 300 € verlangen, wenn er einen Anspruch auf Schadensersatz gegen den Hagerl (H) hätte. Es kommt ein Schadensersatz neben der Leistung (§ 280 I, II) infrage, da der Schaden auch durch die nachgeholte Leistung nicht behoben werden kann.

Schuldverhältnis: Zwischen H und W besteht ein Kaufvertrag mit Lieferungsvereinbarung (§§ 145, 147, 433). Aus dem Vertrag ist H verpflichtet, dem W das Bier zu liefern und zu übereignen.

Pflichtverletzung: Es liegt eine verspätete Leistung, hier Verzug (§ 286) vor. H liefert trotz Fälligkeit nicht zum vereinbarten Termin (§ 271 II) am 15. Juni bis spätestens 19.00 Uhr, obwohl die Leistung für ihn möglich war. Er verursacht die Verspätung fahrlässig, da er den Termin falsch in seinen Kalender einträgt, und hat sie daher zu vertreten (§§ 286 IV, 276 I, II). H kommt auch ohne Mahnung in Verzug, da nach § 286 II Nr. 1 bei Termingeschäften mit kalendermäßig bestimmtem Leistungszeitpunkt (15. Juni) keine Mahnung erforderlich ist.

Vertreten müssen: Fahrlässigkeit (siehe Prüfung des Verzugs; ggf. außerdem Beweislastumkehr, d. h. H müsste gemäß § 280 I Satz 2 beweisen, dass er die Verspätung nicht zu vertreten hat).

Ergebnis: H ist ab dem 15. Juni, 19.00 Uhr in Verzug und muss daher gemäß §§ 280 I, II, 286 den durch die Verspätung entstandenen Schaden, also auch den nachweislich entgangenen Gewinn von 300 € (§ 252) ersetzen.

3.2 W könnte vom Vertrag mit H zurücktreten, wenn die erforderlichen Tatbestandsmerkmale des § 323 erfüllt sind:

Schuldverhältnis/gegenseitiger Vertrag: Zwischen W und H besteht eine Kaufvertrag (vgl. 3.1!).

Pflichtverletzung: Verspätete Leistung (vgl. 3.1!).

Fristsetzung: W hat dem H keine Nachfrist zur Leistung gesetzt; daher muss geprüft werden, ob die Fristsetzung entbehrlich war.

Je nach Interpretation des Sachverhalts ergeben sich hier drei alternative Lösungen. Eine der drei Möglichkeiten mit schlüssiger Argumentation wird erwartet!

Alternative 1: Laut Rechtsauffassung kann man von einem relativen Fixgeschäft ausgehen, wenn durch eine Terminvereinbarung in Verbindung mit Klauseln wie „genau", „fix" oder „spätestens" zum Ausdruck gebracht wird, dass mit der Termineinhaltung das Geschäft stehen oder fallen soll. Da mit der Zuverlässigkeit bei der Belieferung der Geschäftsbetrieb des W steht und fällt und H die Lieferung für „spätestens" 15. Juni um 19.00 Uhr ausdrücklich zugesichert hat, kann man von einem relativen Fixgeschäft ausgehen. In diesem Fall wäre die Fristsetzung gemäß § 323 II Nr. 2 entbehrlich.
Ergebnis: W könnte auch ohne Fristsetzung vom Vertrag mit H zurücktreten.

Alternative 2: Eine Fristsetzung ist gemäß § 323 II Nr. 3 entbehrlich, wenn besondere Umstände vorliegen, die unter Abwägung der beiderseitigen Interessen einen sofortigen Rücktritt vom Vertrag rechtfertigen. Da H das Bier liefern will (keine Leistungsverweigerung gemäß § 323 II Nr. 1, zum relativen Fixgeschäft vgl. Alternative 1!), W das Bier ohne weiteres am nächsten Geschäftstag verkaufen könnte und sein Schaden vom Vortag ohnehin von H zu ersetzen ist, könnte man davon ausgehen, dass dem Interesse des H an der Erfüllung des Vertrages Vorrang zu geben ist (pacta sunt servanda).
Ergebnis: Die Fristsetzung wäre nicht entbehrlich und W könnte nicht vom Vertrag mit H zurücktreten.

Alternative 3: Eine Fristsetzung ist gemäß § 323 II Nr. 3 entbehrlich, wenn besondere Umstände vorliegen, die unter Abwägung der beiderseitigen Interessen einen sofortigen Rücktritt vom Vertrag rechtfertigen. Da mit der Zuverlässigkeit bei der Belieferung der Geschäftsbetrieb des W steht und fällt, H seine ausdrückliche Zusicherung fahrlässig nicht eingehalten hat, W bereits ein Schaden von 300 € entstanden ist und H sein Bier ohne weitere Einbuße auch an einen anderen Kunden verkaufen kann, könnte man davon ausgehen, dass dem Interesse des W Vorrang zu geben ist.
Ergebnis: W könnte auch ohne Fristsetzung vom Vertrag mit H zurücktreten.

4.1 Eine reguläre Eigentumsübertragung von Belinda (B) an Alan (A) (§§ 145, 147, 929 i. V. m. 854) ist nicht möglich, da B nicht Eigentümerin des Maßkruges ist. Zu prüfen ist daher, ob A den Krug gutgläubig erworben hat:

- B ist nicht Eigentümerin (§ 903), aber unmittelbare Besitzerin des Maßkrugs (§ 854 I);
- B tritt als Eigenbesitzerin auf, indem sie A den Krug schenkt;
- Die Eigentumsübertragung erfolgt durch Einigung und Übergabe (§§ 145, 147, 929 i. V. m. § 854 I);
- Alan ist gutgläubig im Sinne des § 932 II (Umkehrschluss), da er sich nicht bewusst ist, dass B der Krug nicht gehört;
- § 935 I trifft nicht zu, da der Besitz an dem Krug im Rahmen des Biergartenbetriebs freiwillig aufgegeben wurde.

Ergebnis: A ist durch das Geschenk der B Eigentümer des Maßkrugs geworden.

4.2 Die Ansprüche bei Verfügungen durch Nichtberechtigte sind in § 816 geregelt:
Die Nichtberechtigte B hat eine Verfügung (Eigentumsübertragung) über den Maßkrug getroffen, die dem Berechtigten W gegenüber wirksam ist, da A rechtswirksam Eigentümer des Maßkrugs wurde (vgl. 4.1). Die Verfügung der B erfolgte unentgeltlich in Form einer Handschenkung (rechtlicher Vorteil für A).
Ergebnis: Gemäß § 816 I Satz 2 ist Alan zur Herausgabe des Kruges an W verpflichtet, d. h. W kann den Maßkrug von A herausverlangen.

4.3 Prinzipiell wird das Eigentum als Rechtsgut im deutschen Recht gewährleistet und geschützt. Im vorliegenden Fall entsteht ein Interessenkonflikt zwischen dem ursprünglichen Eigentümer W und dem neuen Eigentümer A. Da W sein Eigentum unfreiwillig und ohne Kompensation durch eine rechtswidrige Handlung verloren hat, A dagegen lediglich rechtliche Vorteile erworben hat, weil er für den Maßkrug keine Gegenleistung erbringen musste, werden durch die Regelung des § 816 I Satz 2 die ursprünglichen Eigentumsverhältnisse wieder hergestellt. Dabei wird zwar das Eigentumsrecht des A verletzt, aber im Vergleich zur ursprünglichen Situation keiner der Beteiligten schlechter gestellt: W ist wieder Eigentümer seines Kruges und A steht auch nicht schlechter da als vor der Schenkung. Diese Regelung entspricht der Rechtsauffassung, dass ein unentgeltlicher Eigentumserwerb nicht auf Kosten des Geschädigten aufrechterhalten werden soll, und sorgt dafür, dass keiner der Beteiligten unbillig benachteiligt wird.

Mögliche Verteilung der Bewertungseinheiten:

Frage	1	2.1	2.2	3.1	3.2	4.1	4.2	4.3
BE	10	10	8	11	5	7	5	4

Leistungskurs Wirtschaft/Recht: Abiturprüfung 2004
Fachgebiet Recht – Aufgabe IV

(nicht kombinierbar mit Aufgabe III)

Sämtliche Aufgaben sind, soweit möglich, unter Angabe der entsprechenden Normen des BGB zu bearbeiten.

Nach dem bestandenen Abitur möchte sich die 19-jährige Karina (K) auf den praktischen Eignungstest für ein Sportstudium an der Universität vorbereiten. Für das Lauftraining leiht sie sich von ihrer Freundin Franziska (F), die bereits Sport studiert, Laufschuhe mit Spikes. Vor dem Abitur hatte ihr ihre Tante Tina (T) einen neuen Tennisschläger versprochen. Als Karina ihre Tante auf den Tennisschläger anspricht, erwidert diese, sie habe sich die Sache anders überlegt, weil sich Karina zu selten bei ihr melde. Karina bestellt schließlich am 14. Juli den neuen Tennisschläger „Revolution" für 200 € im Sporthaus Steiger (S). Sie leistet eine Anzahlung von 75 €. Am nächsten Tag borgt sie sich den Restbetrag von ihrem Freund Lukas (L), zahlt den Restbetrag und nimmt den Schläger mit nach Hause.

1 Untersuchen Sie die Wirksamkeit aller angesprochenen schuldrechtlichen Verträge und legen Sie die sich daraus ergebenden Pflichten dar! Begründen Sie, wer am 14. Juli Eigentümer der angezahlten 75 € ist!

Am 15. August – zwei Wochen vor dem sportpraktischen Test – bestellt Karina die Laufschuhe mit Spikes für 90 € beim Sporthaus Steiger. Da ihre Größe nicht mehr vorhanden ist, verspricht Steiger, die Schuhe bis spätestens 28. August zu besorgen. Karina meint: „Das geht in Ordnung. Wenn Sie die Schuhe allerdings nicht bis zu diesem Termin bekommen, werde ich sie mir anderswo besorgen, denn ich habe am 29. August meine Prüfung." Als Karina am 28. August die Schuhe abholen möchte, erklärt der Verkäufer, dass er die Bestellung leider vergessen habe, sich aber sofort darum kümmern werde. Karina verlässt daraufhin verärgert das Geschäft und kauft beim Sportgeschäft Renner (R) das gleiche Modell, das allerdings dort um 10 € teurer ist. Am Tag nach der Prüfung erscheint Karina nochmals bei Steiger, erklärt ihm, dass sie kein Interesse mehr an den bei ihm bestellten Laufschuhen habe, und verlangt von Steiger die Zahlung der 10 €, die sie für die Schuhe bei Renner mehr bezahlen musste. Da Steiger inzwischen die Schuhe unter erheblichem Aufwand besorgt hat, besteht er jedoch auf der Erfüllung des Kaufvertrags.

2.1 Prüfen Sie, ob Karina vom Kaufvertrag mit Steiger zurücktreten kann!

2.2 Vergleichen Sie allgemein die Regelungen des § 281 II und des § 323 II und zeigen Sie auf, warum Karina wohl keinen Ersatz der 10 € verlangen kann! Erläutern Sie, wie der Gesetzgeber hier versucht, einen gerechten Interessensausgleich zu schaffen!

Schon wenige Tage nach der Prüfung löst sich beim Lauftraining die Sohle des linken Schuhs. Karina fährt sofort in das Sportgeschäft und verlangt von Renner ein neues Paar Schuhe. Renner ist unschlüssig und telefoniert zunächst mit dem Hersteller. Schließlich teilt er Karina Folgendes mit: „Ich habe die Schuhe zwar vorrätig, aber aus Hygienegründen nehmen wir gebrauchte Schuhe nicht zurück. Wie mir der Hersteller gerade mitgeteilt hat, besteht aber die Möglichkeit, die Schuhe beim werkseigenen Servicecenter reparieren zu lassen. Ihre Schuhe sind in spätestens 14 Tagen wieder fast wie neu."

3.1 Prüfen Sie, ob Karina zurecht verlangen kann, dass Renner ihr neue Schuhe aus dem Lager aushändigt!

3.2 Zeigen Sie, dass hier ein Verbrauchsgüterkauf vorliegt, und erläutern Sie an zwei Aspekten, wie der Verbraucher durch die Regelungen zum Verbrauchsgüterkauf besonders geschützt werden soll!

Da Karina keine eigene Waschmaschine hat, bringt sie ihre Sportkleidung in den Waschsalon Blank (B). Im Eingangsbereich hängt ein großes Schild mit folgender, gut erkennbarer Aufschrift:

„Selbstbedienung!
Wir haften grundsätzlich nicht für Schäden,
die aufgrund des Waschvorgangs entstehen.“

Karina übersieht das große Schild, wirft das erforderliche Geld in den Münzautomaten einer Waschmaschine und schaltet sie ein. Als Karina die Wäsche aus der Maschine holt, sind Trainingsanzug und Trikots zerrissen. Eine Untersuchung ergibt, dass der Schaden beim Schleudern entstanden ist. Der für einen Fachmann leicht zu erkennende Defekt der Maschine war bei der routinemäßigen Wartung durch Blank übersehen worden. Karina fordert Schadensersatz.

4 Zeigen Sie, dass es sich bei dem Haftungsausschluss um eine Allgemeine Geschäftsbedingung (AGB) handelt, und erläutern Sie, ob diese Klausel Bestandteil des Vertrags zwischen Karina und Blank geworden ist! Entscheiden Sie anhand des § 309 Nr. 7, ob Karina die Klausel gegen sich gelten lassen muss!

Vorgegebene Bewertungseinheiten:

Frage	1	2	3	4
BE	12	22	18	8

Lösungsvorschlag

Alle Paragrafenangaben beziehen sich – soweit nicht anders vermerkt – auf das BGB.

1. *Die Frage setzt sich aus zwei Teilen zusammen: a) Wirksamkeit der schuldrechtlichen Verträge und daraus resultierende Pflichten; b) Eigentumsverhältnisse an der Anzahlung. Außerdem ist zu beachten, dass im ersten Teil nur nach den schuldrechtlichen Verträgen, also den Verpflichtungsgeschäften, gefragt ist, und dass im zweiten Teil der Frage eine Begründung gefordert wird.*

a) **Wirksamkeit der schuldrechtlichen Verträge:**

Folgende schuldrechtlichen Verträge müssen geprüft werden: Leihe der Laufschuhe, Schenkungsversprechen der Tante, Kauf des neuen Tennisschlägers, Darlehen von Lukas. Hinsichtlich der Wirksamkeit der Rechtsgeschäfte ergeben sich außer bei der Schenkung keine Probleme, da keine Angaben im Text stehen, die die Wirksamkeit beeinträchtigen würden. Auch Fragen der Geschäftsfähigkeit spielen keine Rolle, da alle Beteiligten volljährig und daher voll geschäftsfähig sind.

Leihvertrag bezüglich der Laufschuhe:
K und F schließen einen wirksamen Leihvertrag über die Laufschuhe (§§ 145, 147, 598). Aus dem Leihvertrag ist F zur unentgeltlichen Überlassung der Schuhe für die vereinbarte Zeit verpflichtet. K muss am Ende der Leihzeit die Schuhe zurückgeben (§ 604).

Schenkungsversprechen der Tante:
Zwischen der Tante T und K kommt es zu einem Schenkungsversprechen über einen Tennisschläger (§§ 145, 147, 516). Das Schenkungsversprechen bedarf zur Wirksamkeit der notariellen Beurkundung (§ 518 I), es sei denn der Formmangel wird durch den Vollzug der Schenkung geheilt (§ 518 II). Beides trifft im vorliegenden Fall nicht zu; daher ist das Schenkungsversprechen nichtig (§ 125) und es entstehen somit auch keinerlei Pflichten.
(Ggf.: Durch ein wirksames Schenkungsversprechen hätte sich T zur unentgeltlichen Übereignung eines neuen Tennisschlägers an K verpflichtet, § 516 I.)

Kauf des neuen Tennisschlägers:
Zwischen K und S kommt ein wirksamer Kaufvertrag über den Tennisschläger zustande (§§ 145, 147, 433). S ist verpflichtet, K den Schläger zu übergeben, und zwar in mangelfreiem Zustand, und ihr das Eigentum daran zu übertragen (§ 433 I). K ist verpflichtet, den Schläger abzunehmen und S den vereinbarten Kaufpreis zu bezahlen (§ 433 II).

Darlehen von L:
K und L schließen einen wirksamen Darlehensvertrag über den Restbetrag von 125 € ab (Gelddarlehen, §§ 145, 147, 488). L ist verpflichtet, K das Eigentum an dem vereinbarten Betrag zu übertragen (§ 488 I Satz 1). K ist verpflichtet, den Darlehensbetrag bei Fälligkeit zurückzuerstatten und ggf. den vereinbarten Zins zu zahlen (§ 488 I Satz 2).

b) Eigentumsverhältnisse an der Anzahlung am 14. Juli:
Als K die Anzahlung leistet, überträgt sie das Eigentum an den 75 € wirksam an S (§§ 145, 147, 929 i. V. m. § 854 I), da beide sich über den Eigentumsübergang einigen und K dem S den Betrag übergibt. Also ist S am 14. Juli Eigentümer (und unmittelbarer Besitzer) der 75 €.

2.1 K könnte vom Kaufvertrag mit S zurücktreten, wenn die erforderlichen Tatbestandsmerkmale des § 323 erfüllt sind:

Schuldverhältnis (§ 323 I): Zwischen K und S besteht ein wirksamer Kaufvertrag (gegenseitiger Vertrag, §§ 145, 147, 433).

Pflichtverletzung (§ 323 I): Es liegt eine verspätete Leistung vor, da S trotz Fälligkeit und Möglichkeit der Leistung zum vereinbarten Termin („spätestens 28. August", § 271 II) die Schuhe nicht besorgt hat.

Fristsetzung(§ 323 I): K hat dem S keine angemessene Nachfrist zur Leistung gesetzt, daher muss geprüft werden, ob die Fristsetzung entbehrlich war. Gemäß § 323 II Nr. 2 liegt ein relatives Fixgeschäft vor, da K bereits bei der Bestellung nachdrücklich darauf hingewiesen hat, dass sie die Schuhe nur bei rechtzeitiger Lieferung bis spätestens 28. August nehmen würde. S hat zu diesem Termin dennoch nicht geleistet.

Ergebnis: K kann ohne Fristsetzung vom Kaufvertrag zurücktreten.

2.2 *Die Frage hat drei Teile: a) Vergleich der Rechtsnormen; b) Begründung, warum kein Schadensersatz verlangt werden kann; c) Erläuterung des Interessenausgleichs. Der Vergleich bei a) kann in Textform, aber auch tabellarisch erfolgen.*

a) **Vergleichende Normenanalyse** *(d. h. Beschreibung der Gemeinsamkeiten und Unterschiede)*:

	§ 323 II	**§ 281 II**
Anspruch	Rücktritt vom Vertrag (vgl. § 323 II Nr. 3)	Schadensersatz statt der Leistung (vgl. letzte Zeile von § 281 II)
	bei entbehrlicher Fristsetzung	
Voraussetzungen	Schuldner verweigert ernsthaft und endgültig die Leistung	
oder	besondere Umstände liegen vor, die unter Abwägung der beiderseitigen Interessen die sofortige Geltendmachung des Anspruchs rechtfertigen	
oder	relatives Fixgeschäft, d. h. Gläubiger hat bereits bei Vertragsabschluss sein Leistungsinteresse an die Rechtzeitigkeit der Leistung gebunden	keine analoge Regelung

Alternativ: Vergleich in Textform
Sowohl der Rücktritt vom Vertrag als auch der Schadensersatz statt der Leistung können auch ohne Fristsetzung gefordert werden, wenn entweder der Schuldner die Leistung ernsthaft und endgültig verweigert oder bei Abwägung der beiderseitigen Interessen die sofortige Geltendmachung des jeweiligen Anspruchs gerechtfertigt ist. Die Entbehrlichkeit der Fristsetzung bei relativem Fixgeschäft, d. h. wenn der Gläubiger bereits bei Vertragsabschluss sein Leistungsinteresse an die Rechtzeitigkeit der Leistung gebunden hat und der Schuldner dennoch nicht rechtzeitig leistet, ist jedoch auf den Rücktritt beschränkt. Schadensersatz kann in diesem Fall nicht ohne Fristsetzung gefordert werden.

b) Aus diesem Grund kann K auch keinen Schadensersatz für die Zusatzkosten von 10 €, die ihr durch das Deckungsgeschäft entstanden sind, verlangen. S hat die Leistung nicht verweigert, da er die Schuhe ja letztendlich besorgt, und K hat prinzipiell noch Interesse an Laufschuhen (kein objektiver Interessenwegfall). Die Tatsache, dass sie die Schuhe von S nicht mehr will, liegt lediglich daran, dass sie sich anderweitig Schuhe besorgt hat (subjektiver Interessenwegfall). Grundsätzlich gilt: pacta sunt servanda, d. h. K hätte, um einen Schadensersatzanspruch zu haben, dem S zunächst erfolglos eine angemessene Nachfrist zur Leistung setzen müssen, selbst wenn es – wie im vorliegenden Fall – nur ein Tag gewesen wäre. Da sie das Geschäft jedoch schweigend verlässt, ist keine entsprechende Fristsetzung erfolgt.

c) In den Regelungen der §§ 323 II und 281 II gesteht der Gesetzgeber dem Gläubiger zwar zu, sich – entgegen des Grundsatzes pacta sunt servanda – sofort aus einem Rechtsgeschäft zu lösen, wenn er vorher klar gemacht hat, dass die rechtzeitige Leistung für ihn ein Ausschlusskriterium ist. Im Sinne des Interessenausgleichs gesteht er einen sofortigen Anspruch auf Schadensersatz, der ggf. den Wert der Ware sogar übersteigen kann, jedoch nicht zu, sondern gibt so dem Verkäufer eine zweite Chance zu leisten und so Schadensersatzansprüche abzuwenden.

3.1 K könnte neue Schuhe verlangen, wenn die erforderlichen Voraussetzungen der §§ 433, 434, 437, 439 erfüllt sind:

Schuldverhältnis: K und R haben einen rechtswirksamen Kaufvertrag (§§ 145, 147, 433), aus dem R unter anderem verpflichtet ist, K mangelfreie Schuhe zu liefern.

Pflichtverletzung: Es liegt ein Sachmangel vor, da K und R zwar weder bezüglich der Beschaffenheit noch der Verwendbarkeit der Schuhe eine vertragliche Vereinbarung getroffen haben (§ 434 I Satz 1 und Satz 2 Nr. 1), aber die Schuhe aufgrund der abgelösten Sohle weder für die gewöhnliche Verwendung als Laufschuhe taugen noch die übliche und erwartbare Beschaffenheit aufweisen (§ 434 I Satz 2 Nr. 2). Die Ursache für die Ablösung lag bereits bei Gefahrübergang vor (§ 446 Übergabe, keine gegenteiligen Angaben im Text) und K hatte keine Kenntnis von dem Mangel, da sie die Schuhe sonst sicher nicht gekauft hätte (§ 442 I).
(Ggf.: Die Verjährungsfrist von zwei Jahren gemäß § 438 I Nr. 3 ist noch nicht abgelaufen.)

Nacherfüllung: Daher kann K gemäß § 437 Nr. 1 zunächst Nacherfüllung verlangen. Sie hat dabei prinzipiell das Recht, zwischen Ersatzlieferung und Beseitigung des Mangels zu wählen (§ 439 I). Gemäß § 439 III kann R jedoch eine oder beide Arten der Nacherfüllung verweigern, wenn sie mit unverhältnismäßigen Kosten verbunden ist. Die Verhältnismäßigkeit wird dabei mithilfe folgender Kriterien beurteilt: Wert der mangelfreien Sache, Bedeutung des Mangels und Ausweichmöglichkeit auf die andere Art der Nacherfüllung ohne erhebliche Nachteile für den Kunden.
Aus folgenden Gründen spricht alles dafür, dass R die Verweigerung der Ersatzlieferung nicht zusteht:
- Der Händler R kann die defekten Schuhe an den Hersteller zurückgeben bzw. seine Aufwendungen einfordern (Unternehmerrückgriff beim Verbrauchsgüterkauf, § 478).
- Außerdem ist das Ablösen der Sohle bei einem Laufschuh als schwer wiegender Mangel anzusehen.
- K müsste zwei Wochen warten, obwohl R neue Schuhe vorrätig hat.
- R sagt auch noch, dass die Schuhe nach der Reparatur nur „fast wie neu“ wären.

Ergebnis: K kann von R die neuen Schuhe aus dem Lager verlangen.

3.2 **Begründung des Verbrauchsgüterkaufs:**

Zwischen K und R liegt ein Verbrauchsgüterkauf gemäß § 474 I vor, da K eine bewegliche Sache, nämlich die Schuhe, weder zu gewerblichen noch zu selbstständigen beruflichen Zwecken, also als Verbraucherin kauft (§ 13) und R gemäß § 14 als Unternehmer handelt, da das Sportgeschäft als Gewerbe gilt.

Verbraucherschutz (zwei Aspekte aus der folgenden Auswahl werden verlangt):
- Beim Verbrauchsgüterkauf gilt die Beweislastumkehr gemäß § 476, d. h. innerhalb der ersten 6 Monate seit Gefahrübergang wird zugunsten des Verbrauchers in der Regel davon ausgegangen, dass ein Mangel an der Sache bereits bei Gefahrübergang vorhanden war. Der Unternehmer müsste das Gegenteil beweisen, um Gewährleistungsansprüche abzuwehren. Dies ist verbraucherfreundlich und dadurch begründet, dass dem Verbraucher in der Regel die technischen Möglichkeiten fehlen, um nachzuweisen, dass ein Mangel bereits bei Gefahrübergang vorhanden war.
- Beim Versendungskauf findet der Gefahrübergang erst bei der Übergabe der Sache an den Verbraucher statt (§ 474 II) und nicht schon bei der Übergabe an den Transporteur (§ 447 I). Dadurch trägt der Verkäufer das Risiko der Beschädigung oder des Untergangs der Sache während des Transports.
- Die Gewährleistungsrechte beim Kauf (§§ 433 bis 435, 437 und 439 bis 443) können vertraglich durch AGB oder Individualabrede kaum eingeschränkt werden.

- Die Gewährleistungsfrist kann bei neuen Sachen nicht auf unter zwei Jahre, bei gebrauchten Sachen nicht auf unter ein Jahr vertraglich reduziert werden (§ 475 II).
- Garantieerklärungen müssen gemäß § 477 einfach und verständlich mit gesetzlichen Mindestangaben verfasst sein und auf Verlangen des Käufers in Textform ausgehändigt werden.

4 a) **Begründung AGB:**

Allgemeine Geschäftsbedingungen (AGB) liegen gemäß § 305 I Satz 1 vor, wenn
- es sich um vorformulierte Bedingungen handelt: trifft hier zu, da die Klausel auf dem Schild fest formuliert ist;
- sie für eine Vielzahl von Verträgen gelten: trifft hier zu, da das Schild für alle Kunden des Waschsalons gilt;
- sie der Verwender dem Vertragspartner bei Vertragsabschluss stellt: trifft hier zu, da B das Schild im Eingangsbereich mit Gültigkeit für alle Vertragspartner aufgehängt hat.

b) **Prüfung Vertragsbestandteil:**

Die Klausel wird gemäß §§ 305 II und 305 c dann Vertragsbestandteil, wenn
- durch deutlich sichtbaren Aushang auf sie hingewiesen wird, da ein ausdrücklicher Hinweis an jeden Kunden unverhältnismäßig schwierig wäre: trifft hier zu, da das Schild groß und gut erkennbar im Eingangsbereich hängt und B in einem Selbstbedienungswaschsalon kaum jeden Kunden persönlich ansprechen kann;
- eine zumutbare Kenntnisnahme möglich ist: trifft hier zu, da das Schild problemlos und jederzeit für die Kunden zu lesen ist;
- beide Vertragsparteien einverstanden sind: trifft hier zu, da K durch das Bedienen der Waschmaschine die AGB auf dem Schild durch schlüssiges Handeln akzeptiert;
- keine Überraschungsklauseln, die den Verbraucher unangemessen benachteiligen, vorliegen: trifft hier zu, da die Klausel plausibel erscheint.

c) **Prüfung § 309 Nr. 7:**

§ 309 enthält die Klauselverbote ohne Wertungsmöglichkeit. Eine AGB über den Ausschluss der Haftung für Schäden, die auf grob fahrlässigen Pflichtverletzungen beruhen, ist laut § 305 Nr. 7 b unwirksam. Da der Defekt leicht zu erkennen war, handelt es sich bei den zerrissenen Kleidern um die Folge einer grob fahrlässigen Pflichtverletzung des B bei der Wartung der Waschmaschine.

Ergebnis: K muss die Klausel nicht gegen sich gelten lassen.

Mögliche Verteilung der Bewertungseinheiten:

Frage	1	2.1	2.2	3.1	3.2	4
BE	12	12	10	13	5	8

Leerseiten verbilligen in diesem Fall die Herstellung des Buches!

Leerseiten verbilligen in diesem Fall die Herstellung des Buches!

Leistungskurs Wirtschaft/Recht: Abiturprüfung 2005
Fachgebiet Volkswirtschaft – Aufgabe I

(nicht kombinierbar mit Aufgabe II)

M 1 Wechselkurs des Euro in US-$ von Januar 1999 bis Februar 2005

Quelle: http://www.ecb.int/stats/exchange/eurofxref/html/eurofxref-graph-usd.en.html aufgerufen am 7. 2. 2005 © 2002 European Central Bank

M 2 Wirtschaftswachstum im Euro-Raum: vierteljährliche Veränderungsrate

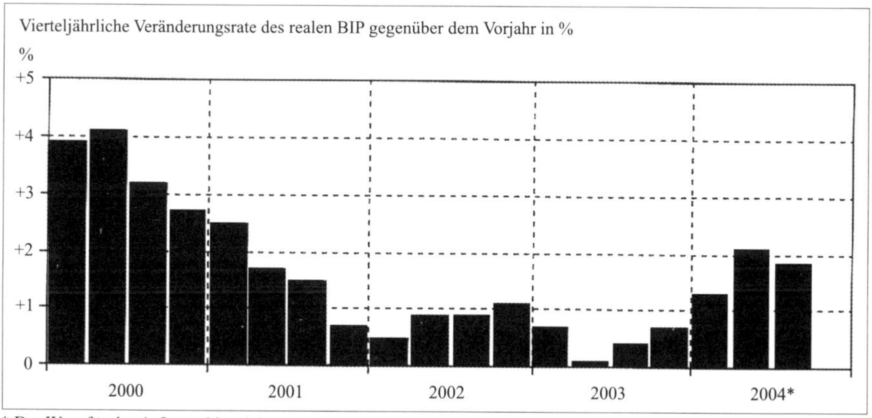

* Der Wert für das 4. Quartal ist nicht eingetragen.

Quelle: http://www.bankenverband.de/imageprint.asp?id=6581 aufgerufen am 1. 12. 2004 (bearbeitet)

M 3 Entwicklung der Leitzinsen in den USA und im Euro-Raum

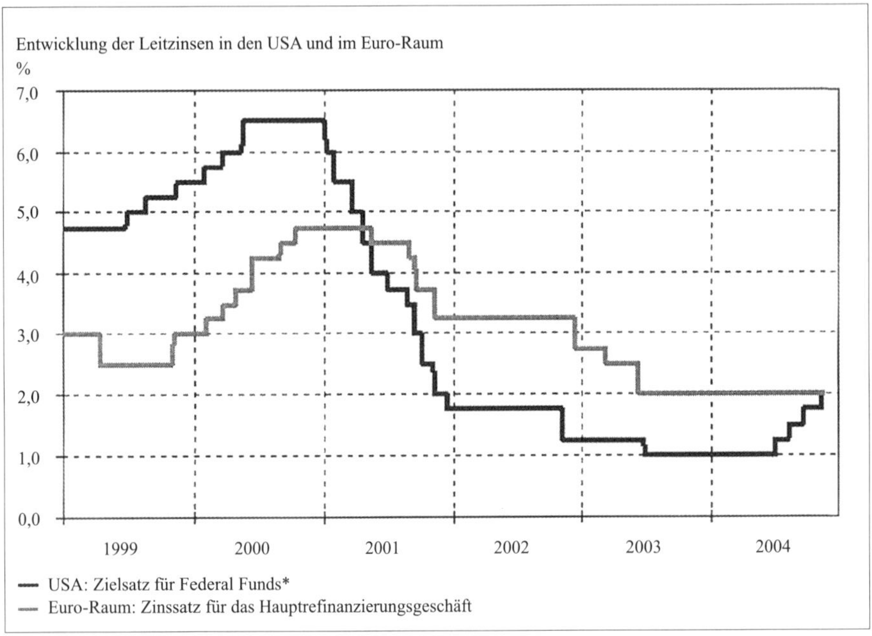

* entspricht dem Zinssatz für das Hauptfinanzierungsgeschäft im Euro-Raum

Quelle: http://www.bankenverband.de/imageprint.asp?id=2813
aufgerufen am 1. 12. 2004

1.1 Erläutern Sie jeweils einen möglichen idealtypischen Zusammenhang zwischen
- dem Wechselkurs des Euro in US-$ (M 1) und dem Wirtschaftswachstum im Euro-Raum (M 2),
- der Entwicklung der Leitzinsen (M 3) und dem Wechselkurs des Euro in US-$ (M 1),
- der Entwicklung der Leitzinsen in Europa (M 3) und dem Wirtschaftswachstum im Euro-Raum (M 2).

Geben Sie dabei jeweils einen Zeitraum an, in dem der tatsächliche Verlauf dieser Größen dem idealtypischen Zusammenhang entspricht!

1.2 Belegen Sie anhand der Grafiken, dass keiner der in 1.1 betrachteten theoretischen Zusammenhänge stets der Realität entspricht, und zeigen Sie jeweils mögliche Gründe für die Abweichung vom idealtypischen Verlauf auf!

M 4 Das Dollar-Problem

Der Dollar ist zur Belastung für die europäische und besonders für die deutsche Wirtschaft geworden. Wann immer in diesen Tagen Konjunkturforscher die Wachstumsprognosen für die Bundesrepublik herabsetzen, ist die Hauptursache der schwache Dollar. Der Sachverständigenrat der „Fünf Weisen" hat ausgerechnet, dass zehn Prozent Dollar-Abwertung ein halbes Prozent Wachstum kosten. Was ist im Interesse der deutschen Wirtschaft zu tun? Die ernüchternde Antwort lautet: Man kann gar nicht sehr viel tun. Ausgangspunkt des Ungleichgewichts ist der amerikanische Außenhandel mit einem

hohen Leistungsbilanzdefizit. Zudem ist der Staatshaushalt in Washington hoch defizitär. Viele Amerikaner haben ihre Ersparnisse abgebaut, um ihr Konsumniveau zu halten, was einerseits der Weltkonjunktur gut tut, andererseits aber dazu führt, dass die Vereinigten Staaten rund sechs Prozent mehr konsumieren als produzieren. Diese Differenz haben in den vergangenen Jahren zu einem erheblichen Teil die chinesische, die japanische und andere asiatische Notenbanken finanziert, indem sie amerikanische Staatspapiere erwarben. Nun gehen sie auf Nummer sicher und schichten ihre Anlagen in Euro-Papiere um – ein entscheidender Faktor bei der Euro-Aufwertung.
Ein Trost dabei bleibt, dass die Lage noch viel schwieriger wäre, wenn es noch die D-Mark gäbe. Dank des Euros ist der größere Teil des deutschen Außenhandels gegen Währungsschwankungen geschützt.

Quelle: Piper Nikolaus, Das Dollar–Problem, in: Süddeutsche Zeitung vom 8. 12. 2004, S. 4 (bearbeitet)

2.1 Erläutern Sie – ausgehend von einer Skizze der hierfür relevanten Sektoren und den entsprechenden Strömen des Kreislaufmodells der amerikanischen Volkswirtschaft – den Zusammenhang zwischen dem Leistungsbilanz- und dem Haushaltsdefizit der USA, wie er in M 4 erkennbar wird!

2.2 Erklären Sie anhand einer grafischen Darstellung des Marktmodells, wie das Sicherheitsstreben der asiatischen Notenbanken (M 4) zu einer Aufwertung des Euro führt!

M 5 Schon nah am Euro

Die osteuropäischen EU-Neulinge verfolgen teils recht unterschiedliche Wechselkursstrategien. Während Polen sowie die Tschechische und die Slowakische Republik ihren Währungen freien Lauf lassen, haben andere Staaten wie zum Beispiel Estland, Litauen und Ungarn ihre Währungen mehr oder weniger fest an den Euro gekoppelt.

Quelle: iwd, Jahrgang 30, Nr. 35 vom 26. 8. 2004, S. 6 (bearbeitet)

3.1 Erklären Sie die in M 5 angesprochenen Wechselkursstrategien und legen Sie dar, welche Gründe einige Beitrittsländer bewogen haben könnten, ihre Währungen an den Euro zu koppeln!

3.2 Diskutieren Sie mögliche Auswirkungen der EU-Osterweiterung auf Wachstum und Beschäftigung in der Bundesrepublik Deutschland!

Vorgegebene Bewertungseinheiten:

Frage	1	2	3
BE	22	18	20

Lösungsvorschlag

1.1 *Die Aufgabenstellung hat zwei Teile: Zum einen sollen Zusammenhänge erläutert werden; zum anderen sollen für diese Zusammenhänge Belege aus den Grafiken M 1 bis M 3 gefunden werden. Die zweite Aufgabenstellung befindet sich am Ende der Fragenliste und kann daher leicht übersehen werden.*
Erläutern erfordert neben der Beschreibung eine weitergehende Erörterung der Inhalte, d. h. eine möglichst umfassende Darstellung der Zusammenhänge.

<u>Vorüberlegungen zur Lösung</u> (kein Bestandteil der schriftlichen Lösung):
- *Der Wechselkurs des Euro zum Dollar wird durch das Verhältnis von Angebot und Nachfrage nach Euro im Vergleich zum Dollar bestimmt.*

- *Ein hoher Wechselkurs in der Grafik bedeutet, dass der Außenwert des Euro gegenüber dem Dollar hoch ist, d. h. der Euro ist „teuer" für die USA.*
- *Bestimmungsgründe für das Angebots-/Nachfrageverhältnis zwischen zwei Währungen sind z. B. in den Teilbilanzen der Zahlungsbilanz und in der volkswirtschaftlichen Gesamtrechnung zu finden.*

Idealtypische Zusammenhänge:

a) **zwischen Euro-/US-Dollar-Wechselkurs (M 1) und Wirtschaftswachstum (M 2) im Euro-Raum**

Je nachdem, ob man das Wirtschaftswachstum als Ursache oder als Resultat der Wechselkursentwicklung betrachtet, sind zwei Lösungsalternativen möglich, von denen jedoch nur eine erwartet wird. Die Formulierung deutet allerdings darauf hin, dass man den Wechselkurs als auslösende und das Wirtschaftswachstum als resultierende Größe betrachten soll.

Alternative 1 (Wechselkurs als Ursache): Je höher der Außenwert des Euro, desto teurer sind die Waren aus dem Euro-Raum für die USA, d. h. europäische Exporte in die USA müssten abnehmen. Umgekehrt werden die Importe aus den USA zunehmen, da sie durch den hohen Euro-Außenwert für den Euro-Raum relativ billig sind. Als Folge davon wird das Wirtschaftswachstum im Euro-Raum abnehmen, da der Außenbeitrag (X–M) sinkt. Dies lässt sich auch aus der Formel für das Bruttoinlandsprodukt, der Maßgröße für das Wirtschaftswachstum belegen: $BIP = C_H + C_{St} + I^{br} + (X-M)$; wird X–M kleiner, da die Exporte im Verhältnis zu den Importen wertmäßig abnehmen, sinkt auch das BIP.

Ggf.: Ein niedriger Außenwert hätte die umgekehrte Wirkung zur Folge. (Diese Variante ist nicht aus der Grafik belegbar!).

Dem oben beschriebenen Zusammenhang entspricht die Entwicklung von Juli 2002 bis Mitte 2003 (siehe M 1 und M 2 unten). In diesem Zeitraum steigt der Außenwert des Euro gegenüber dem US-Dollar deutlich an, während das Wirtschaftswachstum im Euro-Raum stagniert und anschließend sinkt.

Alternative 2: *Ggf. kann auch mit dem Wirtschaftswachstum als Ursache für einen sinkenden Eurokurs argumentiert werden.*

M 1: Wechselkurs des Euro in US-$ von Januar 1999 bis Februar 2005

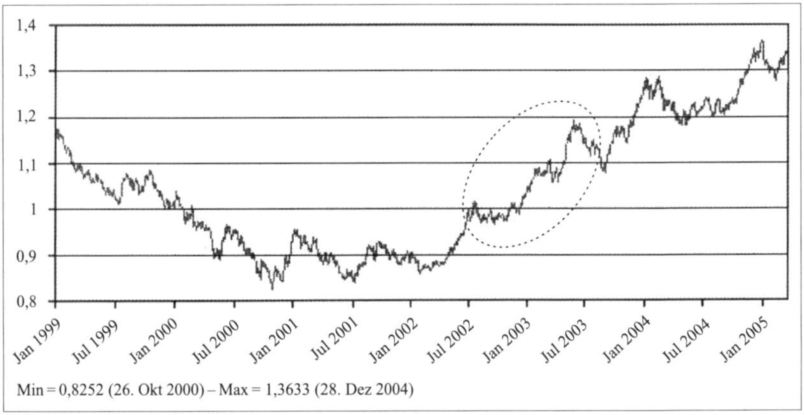

Quelle: http://www.ecb.int/stats/exchange/eurofxref/html/eurofxref-graph-usd.en.html aufgerufen am 7. 2. 2005 © 2002 European Central Bank (bearbeitet)

M 2: Wirtschaftswachstum im Euro-Raum: vierteljährliche Veränderungsrate

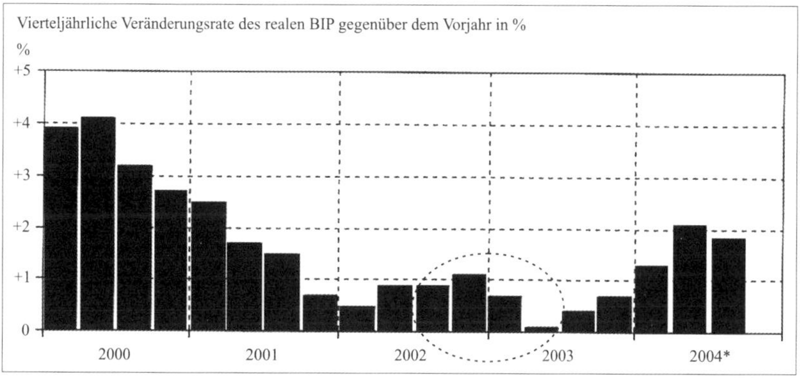

– * Der Wert für das 4. Quartal ist nicht eingetragen.

Quelle: http://www.bankenverband.de/imageprint.asp?id=6581
aufgerufen am 1. 12. 2004 (bearbeitet)

b) **zwischen Entwicklung der Leitzinsen (M 3) und Euro-/US-Dollar-Wechselkurs (M 1)**
Das Angebot- und Nachfrageverhältnis zwischen zwei Währungen kann durch ein Zinsgefälle zwischen den beteiligten Ländern beeinflusst werden, da dieses zu Verschiebungen bei den Kapitalströmen führt. Sind die Leitzinsen in den USA höher als im Euro-Raum, ist der US-Dollar als Anlagewährung attraktiver. Daher wird die Nachfrage nach US-Dollar im Verhältnis zum Euro steigen und der Wechselkurs des Euro zum US-Dollar entsprechend sinken. Ein höherer Zins im Euro-Raum würde umgekehrt den Euro-Kurs steigen lassen, da dann Anlagegelder von US-Dollar in Euro umgeschichtet würden.
Von 1999 bis Ende 2000 war das Zinsniveau in den USA deutlich höher als im Euro-Raum; gleichzeitig sank der Euro-Wechselkurs deutlich. Das umgekehrte Bild ergibt sich ab Ende 2001 bis Anfang 2004: Das Euro-Zinsniveau steigt und wird deutlich höher als die Leitzinsen in den USA; fast gleichzeitig steigt der Wechselkurs des Euro fast kontinuierlich an.

c) **zwischen Entwicklung der Leitzinsen in Europa (M 3) und dem Wirtschaftswachstum im Euro-Raum (M 2)**
Höhere Leitzinsen verteuern die Refinanzierung der Geschäftsbanken, die dies wiederum über die Kreditkonditionen für die Nichtbanken an Unternehmen und Haushalte weitergeben. Steigende Leitzinsen führen daher i. d. R. durch eine sinkende Kreditnachfrage zu einem Rückgang der Investitionstätigkeit (I^{br}) und der privaten Nachfrage (C_H), sodass das Wirtschaftswachstum ($BIP = C_H + C_{St} + I^{br} + X - M$) gedämpft wird. Eine Senkung der Leitzinsen würde dagegen idealtypischer Weise die Kreditnachfrage und damit das Wirtschaftswachstum stimulieren.
Die steigenden Zinsen im Euro-Raum von Anfang 2000 bis Mitte 2001 gehen entsprechend mit einem Rückgang des Wirtschaftswachstums in diesem Zeitraum einher (siehe Abbildungen M 3 und M 2 unten).
(*Ggf.:* Umgekehrt steigt das Wirtschaftswachstum nach der nochmaligen Zinssenkung Mitte 2003 wieder an.)

M 3: Entwicklung der Leitzinsen in den USA und im Euro-Raum

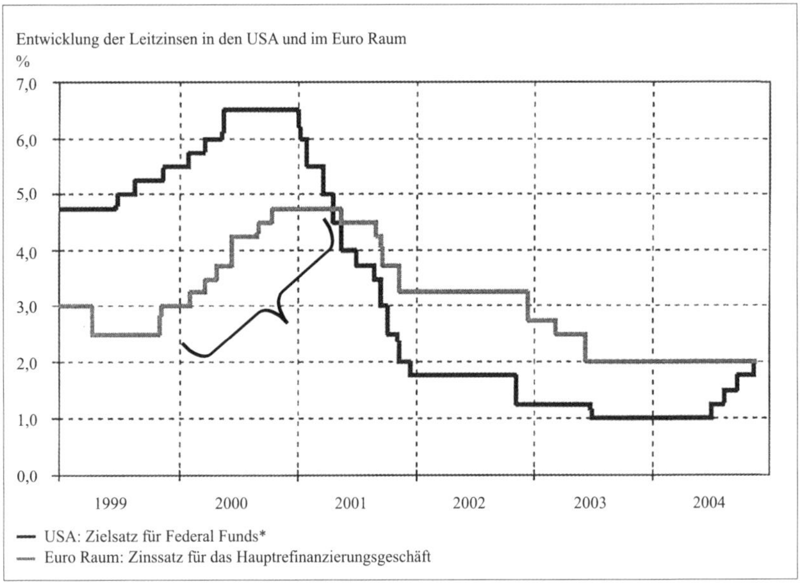

– * entspricht dem Zinssatz für das Hauptfinanzierungsgeschäft im Euro-Raum

Quelle: http://www.bankenverband.de/imageprint.asp?id=2813 aufgerufen am 1. 12. 2004 (bearbeitet)

M 2: Wirtschaftswachstum im Euro-Raum: vierteljährliche Veränderungsrate

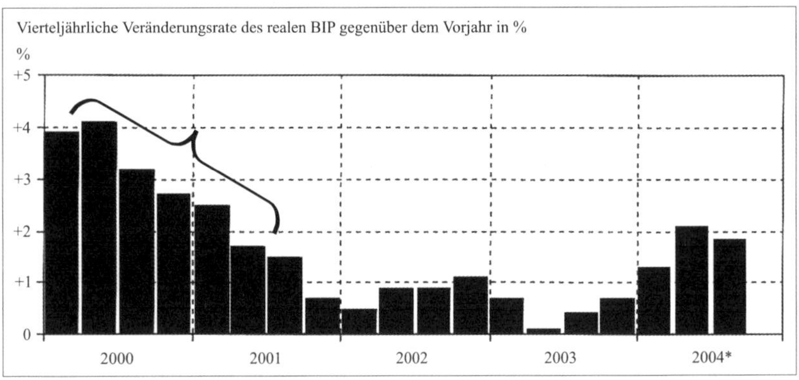

– * Der Wert für das 4. Quartal ist nicht eingetragen.

Quelle: http://www.bankenverband.de/imageprint.asp?id=6581 aufgerufen am 1. 12. 2004 (bearbeitet)

1.2 Gegenbelege aus der Realität für den Zusammenhang:

a) **zwischen Euro-/US-Dollar-Wechselkurs und Wirtschaftswachstum im Euro-Raum**

Alternative 1: *Die drei folgenden Zeiträume erscheinen geeignet für eine Argumentation; nur einer davon ist zu beschreiben, wobei der erste am prägnantesten erscheint.* Obwohl der Eurokurs ab dem 2. Quartal 2000 bis Ende 2000 fast kontinuierlich um über 10 US-Cent fällt, hat dies keine positive Wirkung über den Export auf das Wirtschaftswachstum, sondern dieses fällt ebenfalls deutlich um über einen Prozentpunkt. Eine mögliche Begründung wäre ein deutlicher Rückgang der Binnennachfrage, z. B. auch durch die weiter steigenden Zinsen im Euro-Raum, der durch den potentiellen Export-Zuwachs nicht kompensiert werden kann.
(*Ggf.:* Auch die Phase des relativ niedrigen Euro von Ende 2000 bis Mitte 2002 hat keine durchgreifende Wirkung auf das Wirtschaftswachstum, das auf niedrigem Niveau verharrt. *Begründung wie oben durch schwache Binnennachfrage.*
Ggf.: Trotz des starken Anstiegs des Euro-Kurses von ca. September 2003 bis Frühjahr 2004 um etwa 20 US-Cent steigt das Wirtschaftswachstum deutlich an. Dies könnte auf einen vom Wechselkurs unabhängigen Anstieg der Binnennachfrage im Euro-Raum, z. B. durch den positiven Impuls der Zinssenkungen beruhen, der den zu erwartenden Exportrückgang überkompensiert.)

Alternative 2: *Ggf. Argumentation zu folgendem Zeitraum:* Obwohl von Mitte 2000 bis Mitte 2002 das Wirtschaftswachstum sinkt, entwickelt sich der Außenwert des Euro nicht gegenläufig, sondern praktisch parallel zum Wirtschaftswachstum.

b) **zwischen Entwicklung der Leitzinsen und Euro-/US-Dollar-Wechselkurs**
Langfristig entspricht der Verlauf der Leitzinsen und die Entwicklung des Euro-/US-Dollar-Wechselkurses dem idealtypischen Zusammenhang. Nur kurzfristig lassen sich Abweichungen feststellen, z. B. Ende 2004, als der Euro-Kurs deutlich um ca. 10 US-Cent steigt, obwohl das Zinsgefälle durch die Leitzinsanhebungen in den USA schrittweise aufgehoben wird; oder der deutliche Anstieg des Euro-Kurses von April bis August 2002 (ca. 12 US-Cent) trotz konstanten Zinsgefälles zum US-Dollar, oder auch der Anstieg des Euro-Kurses von April bis Juli 2003 (ca. 13 US-Cent) trotz der Leitzinssenkungen der EZB um insgesamt 0,75 Prozentpunkte gegenüber den konstanten Leitzinsen in den USA. Gründe für diese Kursanstiege des Euro können z. B. in spekulativen Devisengeschäften, der Vorwegnahme weiterer Zinsschritte oder auch dem politischen Umfeld und dem daraus resultierenden Vertrauen in eine Währung liegen.

c) **zwischen Entwicklung der Leitzinsen in Europa und dem Wirtschaftswachstum im Euro-Raum**
Trotz deutlicher Zinssenkungen ab Mitte 2001 (von 4,75 % auf 3,25 %) kann der Rückgang des Wirtschaftswachstums von über 2 % auf nur etwa 0,5 % nicht verhindert werden. Da Konsum- und Investitionsentscheidungen sehr stark auch von Zukunfts- und Gewinnerwartungen beeinflusst werden, kann der Anreiz günstiger Kreditkonditionen bei negativen Perspektiven wirkungslos verpuffen. Unter Umständen wollten die Nichtbanken auch noch weitere Zinssenkungen abwarten (Attentismus) oder die Geschäftsbanken haben die verbesserten Konditionen nicht zeitnah an die Nichtbanken weitergegeben und so die Wirkung verzögert (*time lag*) oder verwässert.

2.1 *Inhalt der Aufgabe war die Umsetzung der Angaben des Textes (M 4) in Sektoren und Ströme des Kreislaufmodells. In der anschließenden Erläuterung ist auf eindeutige Bezüge zwischen der Zeichnung und der verbalen Erklärung zu achten.*

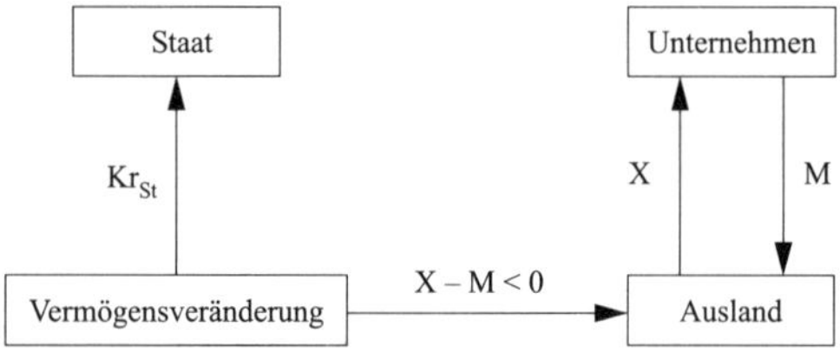

Das Leistungsbilanzdefizit der USA beruht darauf, dass sie „mehr konsumieren als produzieren" (M 4, Z. 11). Das bedeutet einen wertmäßigen Überschuss der US-Importe (M) gegenüber den Exporten (X), der per saldo zu einem Mittelabfluss von den US-Unternehmen an das Ausland führt und durch einen negativen Außenbeitrag (X – M < 0[1]) ausgeglichen werden muss, da die Summe der Mittelzu- und -abflüsse im Kreislauf stets gleich groß sein muss. Dieser negative Außenbeitrag entspricht einer Kreditgewährung des Auslands an die US-Wirtschaftssubjekte über den technischen Sektor Vermögensveränderung und bedeutet für die USA Verbindlichkeiten gegenüber dem Ausland. Diese Kreditgewährung erfolgt, indem das Ausland (v. a. chinesische, japanische und andere asiatische Notenbanken, M 4, Z. 12 f.) mit seinem Devisenüberschuss aus dem Außenhandel mit den USA amerikanische Staatsanleihen kauft und so eine Kreditaufnahme der US-Staatsregierung (Kr_{St}) zum Zahlungsbilanzausgleich und zur Finanzierung des Staatsdefizits ermöglicht.

2.2 *Erklären heißt, Zusammenhänge darstellen. Auf eindeutige Bezüge zwischen der Zeichnung und der verbalen Erklärung ist zu achten.*

Das Sicherheitsstreben der asiatischen Notenbanken veranlasst sie zu einer Umschichtung ihrer Anlagen aus US-Dollar in Euro-Wertpapiere (M 4, Z. 14 f.). Das bedeutet, dass die Nachfrage nach Euro im Verhältnis zum US-Dollar steigt (Verschiebung der Nachfragekurve nach rechts von N 1 auf N 2). Bei gleich bleibendem Angebot (A) an Euro (ceteris paribus-Bedingung) führt dies zu einem Anstieg des Euro-Wechselkurses von WK 1 auf WK 2, d. h. der Euro wird teurer.

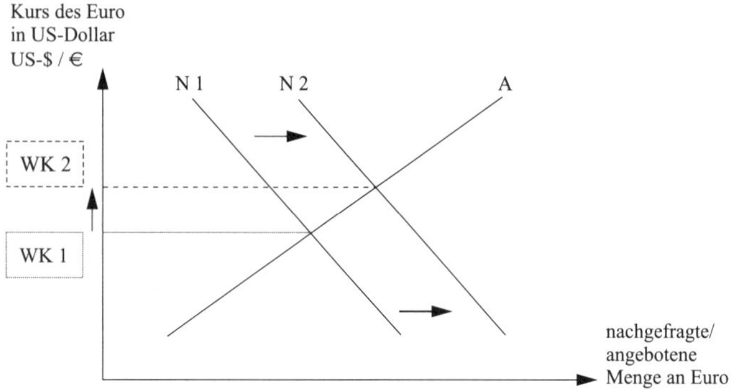

1 Beachte: X– M verläuft normalerweise vom Sektor Vermögensveränderung an den Sektor Ausland. Da der Außenbeitrag in diesem Fall aber negativ ist, könnte man theoretisch auch (X– M) durch (M –X) ersetzen und die Pfeilrichtung ändern, statt einen negativen Betrag einzusetzen.

3.1 *Die Aufgabenstellung hat zwei Teile:*
– Zunächst sollen die beiden Wechselkurssysteme genannt und erklärt werden.
– Danach soll der Einsatz des zweiten Wechselkurssystems noch begründet werden.
Erklären heißt, darstellen, wie etwas zusammenhängt. Begründen heißt, erklären, warum etwas z. B. gewählt wird.

Bei den im Text angesprochenen Wechselkursstrategien handelt es sich um freie oder flexible Wechselkurse (Währungen haben „freien Lauf") und um relativ feste Wechselkurse (Währungen sind an eine andere „mehr oder weniger fest … gekoppelt"; *managed floating*).

Freie/flexible Wechselkurse entstehen durch das freie Zusammenspiel von Angebot und Nachfrage nach einer Währung auf dem Devisenmarkt. Die beteiligten Notenbanken greifen nicht über Devisenmarktinterventionen in das Marktgeschehen ein.

Bei **relativ festen Wechselkursen** (vgl. Abb. unten) wird in der Regel ein Leitkurs festgelegt (Parität). Weicht der Wechselkurs, der durch Angebot und Nachfrage auf dem Devisenmarkt entsteht über ein gewisses Maß hinaus von diesem Leitkurs ab, d. h. verlässt er eine vorher festgelegte „Bandbreite", greift die betroffene Zentralbank in Form von Devisenmarktinterventionen in das Marktgeschehen ein. Fällt der Kurs unter den unteren Interventionspunkt, muss die Zentralbank Stützungskäufe tätigen, d. h. die eigene Währung mit Euro aufkaufen, um die Nachfrage nach der eigenen Währung künstlich anzuheben und das Angebot an Euro zu erhöhen. Steigt der Kurs über den oberen Interventionspunkt, muss die Zentralbank eigene Währung gegen Euro verkaufen, um das knappe Angebot künstlich zu erhöhen und die Nachfrage nach Euro zu erhöhen.

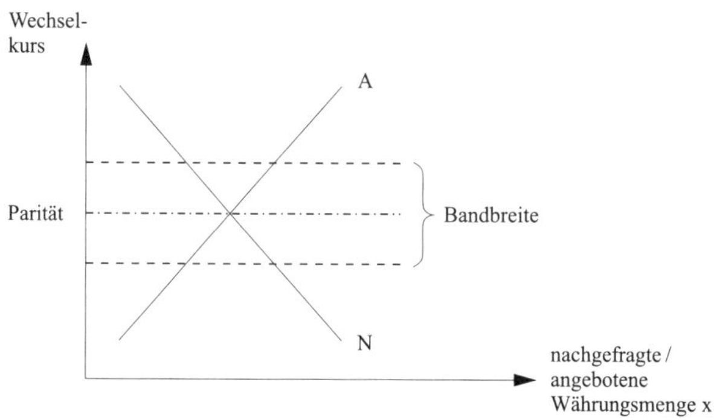

Verschiedene **Gründe** sprechen für die Koppelung an den Euro *(mindestens zwei Gründe, z. B. aus der folgenden Liste, werden erwartet)*:
- Relativ feste Wechselkurse reduzieren das Währungsrisiko im Außenhandel zwischen den beteiligten Ländern, da die Wechselkursschwankungen begrenzt werden. Der Handel zwischen diesen EU-Ländern wird dadurch – gegenüber anderen, nicht gekoppelten Ländern – gefördert und die europäische Integration vorangetrieben.
- Ähnliches gilt für die Kosten und Erträge ausländischer Investoren: Sie lassen sich relativ zuverlässig kalkulieren, da das Wechselkursrisiko weitgehend wegfällt; dies fördert Direktinvestitionen in Estland, Ungarn und Litauen.
- Rein wechselkursbedingte Verzerrungen der Import- und Exportströme, z. B. bei spekulativen Wechselkursschwankungen, werden weitgehend ausgeschaltet.
- Der Beitritt in die Europäische Währungsunion wird vorbereitet, da ein Konvergenzkriterium die Mitgliedschaft im EWS II (*managed floating*) und relativ stabile Wechselkurse sind.

3.2 *Diskutieren heißt, positive und negative Aspekte eines Inhalts (hier: Auswirkungen der EU-Osterweiterung auf Wachstum und Beschäftigung) müssen gegenübergestellt und mit einem Fazit abgeschlossen werden. Mindestens zwei positive und zwei negative Aspekte z. B. aus der folgenden Auswahl werden erwartet.*

Chancen für Wachstum und Beschäftigung in Deutschland:
- Die EU-Osterweiterung schafft über den Binnenmarkt den Zutritt zu neuen Absatzmärkten. Für exportbasierte Unternehmen mit Sitz in Deutschland bietet dies die Chance zur Expansion. Die erforderlichen Investitionen können zur Schaffung von neuen Arbeitsplätzen und Wirtschaftswachstum beitragen.
- Die Nutzung günstiger Arbeitskräfte in den osteuropäischen Ländern kann die Wettbewerbsfähigkeit deutscher Unternehmen gegenüber Drittländern verbessern und dadurch langfristig zum Wirtschaftswachstum beitragen.
- Die Optimierung der internationalen Arbeitsteilung (z. B. Forschung und Entwicklung in Deutschland; Produktion in Osteuropa) kann zu Synergieeffekten mit Kosten- und Produktivitätsvorteilen führen, die langfristig auch Wachstum und Beschäftigung in den deutschen Unternehmen fördern.
- Der erhöhte Konkurrenzdruck durch die Beitrittsländer kann die Innovationsbereitschaft der Unternehmen und die Kompromissbereitschaft der Tarifparteien in Deutschland erhöhen und positive Impulse für Beschäftigung, Volkseinkommen und Wachstum nach sich ziehen.

Risiken für Wachstum und Beschäftigung in Deutschland:
- Die Verlagerung von Produktionsstätten in die Beitrittsländer – sei es wegen der niedrigeren Lohnkosten oder der größeren Marktnähe – kann zu Arbeitsplatzverlusten in Deutschland führen. Diese haben einen Rückgang des Volkseinkommens zur Folge und dämpfen daher das Wirtschaftswachstum.
- Billigere Konkurrenzprodukte aus Osteuropa, die im Rahmen des Binnenmarktes ohne Beschränkungen auch in Deutschland angeboten werden, können deutsche Produkte vom Markt verdrängen und daher Beschäftigung und Wirtschaftswachstum reduzieren.
- Steuervorteile für Unternehmen, die sich in den Beitrittsländern niederlassen, können zur vollständigen Abwanderung von Unternehmen oder zumindest zur Verlagerung von Neuinvestitionen in diese Länder führen, sodass die Beschäftigungs- und Wachstumseffekte ebenfalls nach Osteuropa verlagert werden.
- Die Zuwanderung ausländischer Arbeitnehmer kann gerade im weniger qualifizierten Arbeitsmarktsegment die Arbeitslosigkeit noch verschärfen.

Fazit: Obwohl die EU-Osterweiterung gerade durch das Potential im Bereich der billigen Arbeitskräfte Risiken für die Beschäftigung und damit das Wachstum in Deutschland birgt, können deutsche Unternehmen durch die Erschließung neuer Absatzmärkte, Nutzung von Synergien durch internationale Arbeitsteilung und das Ausspielen von Kompetenzvorsprüngen positive Impulse für Beschäftigung und Wachstum erhalten.
Je nach Argumentation kann das Fazit auch anders ausfallen.

Leistungskurs Wirtschaft/Recht: Abiturprüfung 2005
Fachgebiet Volkswirtschaft – Aufgabe II

(nicht kombinierbar mit Aufgabe I)

M 1 EZB warnt vor Folgen des Ölpreisschocks

Normalerweise gilt der Monatsbericht der Europäischen Zentralbank (EZB) nicht gerade als spannender Schmöker. Anders der aktuelle Novemberreport: So deutlich wie sonst nur selten warnen die EZB-Ökonomen in ihrem über 200 Seiten starken Bericht diesmal vor den Folgen des jüngsten Ölpreisanstiegs. Dieser stelle einen „beträchtlichen negativen Schock" für Europas Wirtschaft dar. „Sollten die Ölpreise auf ihrem derzeitigen Stand verharren oder sogar weiter steigen, könnte dies die Stärke der wirtschaftlichen Erholung sowohl innerhalb als auch außerhalb der Euro-Zone dämpfen", schreiben die Ökonomen.

Zwar sei die Wirtschaft im Euro-Raum dank des gesunkenen Energieverbrauchs besser für Ölpreisschocks gewappnet als im Vergleich zu den siebziger Jahren. „Dennoch wären ein dauerhaft hohes Ölpreisniveau oder noch weitere Preiserhöhungen ein Grund zur Besorgnis."

Einen deutlichen Dämpfer hat der hohe Ölpreis der deutschen Wirtschaft versetzt. Diese kam nach dem ölpreisbedingten Abflauen des Exportbooms im dritten Quartal fast vollständig zum Erliegen.

Spekulative Investoren an den Finanzmärkten hatten den Ölpreis im Oktober auf den Rekordstand von über 55 Dollar pro Barrel getrieben. Zuletzt hatte sich der Preis für den Rohstoff wieder auf 48,50 Dollar pro Barrel abgeschwächt.

Nach Ansicht der EZB-Ökonomen hat sich der Ölpreisanstieg auch in den Inflationsraten des Euro-Gebiets bereits sichtbar niedergeschlagen. Im Oktober waren die Verbraucherpreise in der Euro-Zone um 2,5 Prozent gestiegen. Nach Einschätzung der Notenbank dürfte die jährliche Teuerungsrate auch in den kommenden Monaten deutlich über zwei Prozent bleiben. „Das ist eine beunruhigende Entwicklung", heißt es in dem Bericht weiter. […]

Beobachter rechnen aber weiterhin damit, dass die EZB frühestens im zweiten Quartal 2005 auf den Zinserhöhungskurs der US-Notenbank umschwenken wird. Diese hatte die amerikanischen Leitzinsen am Mittwoch erneut um ein Viertel Prozentpunkt auf nun zwei Prozent erhöht. Die Leitzinsen in den USA und in der Euro-Zone liegen damit gleichauf. […]

Quelle: Struve, Anja, EZB warnt vor Folgen des Ölpreisschocks, http://www.welt.de/data/2004/11/12/358936.html aufgerufen am 9. 1. 2005 (bearbeitet)

1.1 Erläutern Sie, warum der „jüngste Ölpreisanstieg" einen „beträchtlichen negativen Schock" (M 1, Z. 4 f.) für die gesamtwirtschaftliche Nachfrage darstellen kann!

1.2 Legen Sie mögliche Gründe dar, warum die Europäische Zentralbank trotz der von ihr festgestellten „beunruhigend[n] Entwicklung" (M 1, Z. 23) im Rahmen ihrer geldpolitischen Strategie derzeit auf eine Zinserhöhung verzichten könnte!

Das ökonomische Dauerproblem in Deutschland ist die hohe Arbeitslosigkeit. Nach einer Prognose des Instituts der deutschen Wirtschaft wird im Jahr 2005 die durchschnittliche Arbeitslosenquote 9,9 % betragen. Hauptursache dafür ist die strukturelle Arbeitslosigkeit. Folgende Lösungsansätze zur Bekämpfung der Arbeitslosigkeit werden in jüngster Zeit verstärkt diskutiert:

- Erhöhung der Wochen- bzw. Jahresarbeitszeit ohne Lohnausgleich
- Senkung der Arbeitnehmerentgelte (insbesondere bei Sonderzahlungen wie Urlaubs- und Weihnachtsgeld)
- Reduzierung der Beiträge zur Sozialversicherung (Kranken-, Renten-, Arbeitslosen- und Pflegeversicherung)
- Senkung der Unternehmenssteuern

2.1 Erklären Sie das Phänomen der strukturellen Arbeitslosigkeit in Deutschland an zwei Beispielen!

2.2 Diskutieren Sie, inwiefern die genannten Maßnahmen geeignet sind, zu einem dauerhaften Abbau der Arbeitslosigkeit beizutragen!

Neben den genannten Maßnahmen für mehr Beschäftigung versucht die Bundesregierung, mit dem so genannten Hartz IV-Gesetz unter anderem eine Ausweitung der Beschäftigung im Niedriglohnsektor zu erreichen. Zu diesem Thema liest man in der Wirtschaftswoche:

M 2

Wolfgang Franz, Mitglied im Sachverständigenrat zur Begutachtung der gesamtwirtschaftlichen Entwicklung, fordert […]: „Damit mehr Jobs im Niedriglohnbereich entstehen, müssen Arbeitgeber und Gewerkschaften die Tarifverträge nach unten öffnen.“ Zudem müsse die Höhe des neuen Arbeitslosengeldes II kräftiger als bisher geplant gesenkt werden. Franz: „Je stärker die Löhne für gering qualifizierte Arbeit sinken, desto mehr muss die Staatshilfe für Nichtarbeitende gekürzt werden. Andernfalls lohnt es sich für niemanden, arbeiten zu gehen.“
Bisher haben vor allem die Gewerkschaften im Zusammenspiel mit der Politik verhindert, dass sich ein Niedriglohnsektor in Deutschland entwickelt. Flächentarifverträge, die vom Arbeitsministerium meist auch für verbandsunabhängige Unternehmen allgemeinverbindlich erklärt werden, sowie das Günstigkeitsprinzip, das ein Abweichen vom Tarifvertrag nur nach oben ermöglicht, blockieren die freie Preisbildung auf den Arbeitsmärkten. Der faktische Mindestlohn, der bisher durch die Höhe der Sozialhilfe definiert war, wird für viele Menschen sogar steigen. Denn das Arbeitslosengeld II drückt lediglich für jene den Anspruchslohn nach unten, die bisher eine Arbeitslosenhilfe bezogen, die deutlich über der Sozialhilfe lag.

Quelle: Gräf, Peter Leo/Afhüppe, Sven, Arbeitsmarkt. Arbeit muss sich lohnen, in: Wirtschaftswoche Nr. 37 vom 2. 9. 2004, S. 2

3.1 Leiten Sie aus dem Text (M 2) ab, inwiefern sowohl Tariflöhne als auch das Arbeitslosengeld II faktisch wie Mindestlöhne wirken können!

3.2 Stellen Sie die freie Lohnfindung auf dem Arbeitsmarkt mit Hilfe des Marktmodells grafisch dar, arbeiten Sie die Auswirkung von Mindestlöhnen in Ihre Modelldarstellung ein und erklären Sie kurz Ihre Darstellung!

3.3 Erörtern Sie, inwieweit die Forderungen von Wolfgang Frank mit dem Wesen unserer Wirtschaftsordnung vereinbar sind!

Vorgegebene Bewertungseinheiten:

Frage	1	2	3
BE	14	28	18

Lösungsvorschlag

1.1 *Erläutern erfordert neben der Beschreibung der Inhalte eine weitergehende Darstellung der Zusammenhänge. Bei dieser Frage muss möglichst auf alle Komponenten der gesamtwirtschaftlichen Nachfrage eingegangen werden, indem der Zusammenhang zwischen den einzelnen Größen und dem Ölpreisanstieg beschrieben wird.*

Die Formel für die gesamtwirtschaftliche Nachfrage lautet: $N_{ges} = C_H + C_{St} + I^{br} + X$.
Der Ölpreisanstieg kann folgende Auswirkungen auf die einzelnen Komponenten der gesamtwirtschaftlichen Nachfrage haben:

- C_H: Der Konsum der privaten Haushalte hängt in erster Linie von deren Kaufkraft ab. Der Ölpreisanstieg verteuert direkt die Kosten für Mobilität, Energie und Heizung, die nur sehr begrenzt durch ein verändertes Konsumverhalten reduziert werden können. Deshalb reduziert sich der verbleibende Teil des Budgets für andere Konsumgüter, C_H sinkt. Dieser Effekt kann durch ölpreisbedingte Preiserhöhungen bei Konsumgütern noch verstärkt werden (vgl. M 1, Z. 19 f.: „der Ölpreisanstieg" hat sich „auch in den Inflationsraten […] bereits sichtbar niedergeschlagen").
- C_{St}: Der Staatskonsum ist zwar in erster Linie durch politische Entscheidungen bedingt und kurzfristig nur wenig flexibel. Ein Ölpreisanstieg hat aber Auswirkungen auf den Staatshaushalt und damit auch auf C_{St}. Zunächst ist auch der Staat von den gleichen Kostenerhöhungen wie die privaten Haushalte betroffen. Die Einnahmen aus der Mineralölsteuer und der Ökosteuer steigen zwar mit dem Ölpreis, preisbedingte Mengenreduzierungen dämpfen allerdings diesen Effekt. Andererseits führt der Rückgang des übrigen Konsums zu Einbußen bei der Mehrwertsteuer und anderen Verbrauchsteuern. Ein ölpreisbedingter Rückgang des Wirtschaftswachstums wird ebenfalls über Verluste bei der Einkommensteuer und den Unternehmenssteuern die Staatseinnahmen reduzieren, sodass insgesamt von einem Rückgang der Staatsausgaben auszugehen ist.
- I^{br}: Die Investitionen der Unternehmen hängen primär von Absatz- und Gewinnerwartungen ab. Sinken diese aufgrund von ölpreisbedingten Kostenerhöhungen und einem Rückgang des privaten Konsum, wird auch die Investitionsbereitschaft der Unternehmen sinken, da geringere finanzielle Spielräume bleiben. Dies hat über negative Multiplikatoreffekte negative Auswirkungen auf das Volkseinkommen und C_H.
- X: Die Preise der Unternehmen, die ölpreisbedingte Kostenerhöhungen überwälzen müssen, werden steigen. Damit verteuern sich die Produkte auch im Ausland, der Export kann entsprechend sinken. Andererseits haben die erdölexportierenden Staaten deutlich höhere Einnahmen und können daher ggf. ihre Nachfrage nach deutschen Gütern erhöhen. Insgesamt muss man jedoch ein ölpreisbedingtes „Abflauen des Exportbooms" (M 1, Z. 14) feststellen.

1.2 *„Legen Sie dar" entspricht der Arbeitsanweisung „erläutern Sie" (vgl. Hinweise zu 1.1).*

Die EZB hat zwei grundlegende Ziele: Das vorrangige Ziel ist die Sicherung der Preis(niveau)stabilität[1]. Sofern diese nicht gefährdet ist, kann die EZB das nachrangige Ziel der Unterstützung der allgemeinen Wirtschaftspolitik in der EU verfolgen.
Von Preisstabilität spricht die EZB dann, wenn der harmonisierte Verbraucherpreisindex (HVPI) im Euro-Raum unter, aber nahe 2 Prozent liegt. Da die EZB insgesamt mit einer jährlichen Teuerungsrate von deutlich über 2 Prozent rechnet (M 1, Z. 21 ff.), ist das vorrangige Ziel der EZB gefährdet. Allerdings gründet die EZB ihre geldpolitischen Entscheidungen auf die so genannte „Zwei-Säulen-Strategie", d. h. einerseits auf die wirt-

1 Der korrekte Begriff wäre Preisniveaustabilität. In Anlehnung an das englische *price stability* wird von der EZB aber die Bezeichnung Preisstabilität verwendet.

schaftliche Analyse der Indikatoren für kurz- bis mittelfristige Bestimmungsfaktoren der Preisentwicklung und andererseits auf die monetäre Analyse der Indikatoren für die mittel- bis langfristige Entwicklung der Geldmenge. Sofern der Ölpreis der einzige Faktor für die Inflationsentwicklung ist, und keine anderen systemimmanenten Gründe für den Preisniveauanstieg vorliegen, kann die EZB auf eine Anhebung der Leitzinsen verzichten, da der Ölpreisanstieg ein so genannter „externer Schock" ist, der auch durch eine Anhebung des Zinsniveaus nicht bekämpft werden kann. Sind aus der wirtschaftlichen und der monetären Analyse keine Gefahren für das Preisniveau zu erkennen, kann die EZB also trotz der absoluten Überschreitung der 2 %-Marke das Zinsniveau unverändert niedrig lassen, um die wirtschaftliche Entwicklung im Euro-Raum zu unterstützen.

2.1 Strukturelle Arbeitslosigkeit entsteht durch die fehlende Übereinstimmung des Angebots von und der Nachfrage nach Arbeitskräften auf dem Arbeitsmarkt. Die Abweichung kann verschiedene Gründe haben *(zwei Beispiele aus der Auswahl unten werden erwartet)*:

- Qualifikationsunterschiede: Die gesuchten Arbeitskräfte (z. B. IT-Spezialisten oder Facharbeiter) haben ein anderes Qualifikationsprofil als die Arbeitssuchenden (z. B. ungelernte oder gering qualifizierte Arbeitnehmer).
- Fehlende Mobilität/regionale Disparitäten: Regionen mit Arbeitskräfteüberschuss (z. B. Ostdeutschland) stehen solchen mit Arbeitskräftemangel (z. B. Stuttgarter Raum) gegenüber. Aufgrund fehlender Mobilität der Arbeitssuchenden findet kein Ausgleich statt.
- Sektorale Disparitäten: Nachfrageverschiebungen, technischer Fortschritt, gesellschaftliche oder demografische Entwicklungen führen zur Freisetzung von Arbeitskräften in bestimmten Branchen oder Wirtschaftssektoren (z. B. Baubranche, Bergbau, Landwirtschaft) und erhöhter Arbeitskräftenachfrage in anderen Branchen/Sektoren (z. B. Dienstleistungsgewerbe, IT-Branche, Pflegeberufe).
- Unterschiede zwischen Lohnforderungen und -angeboten: Lohnforderungen über einem bestimmten Niveau lassen menschliche Arbeitskraft unrentabel werden, sodass Arbeitskräfte freigesetzt werden; andererseits verhindern zu hohe Lohnforderungen z. B. im Niedriglohnsektor auch Neueinstellungen.

2.2 *Diskutieren heißt, positive und negative Aspekte eines Inhalts (hier: der Maßnahmen zur Bekämpfung der Arbeitslosigkeit) müssen gegenübergestellt und mit einem Fazit abgeschlossen werden. Alle Maßnahmen aus der Liste in der Aufgabenstellung müssen diskutiert werden.*

- **Erhöhung der Wochenarbeitszeit ohne Lohnausgleich:** Einerseits würden durch diese Maßnahme die Lohnstückkosten für die Unternehmen sinken, sodass über höhere Gewinne und Investitionen ggf. neue Arbeitsplätze geschaffen würden. Andererseits reduziert die Erhöhung der Arbeitszeit den Arbeitskräftebedarf, sodass Neueinstellungen u. U. überflüssig werden. Gleichzeitig stagniert das Volkseinkommen, sodass keine Nachfrageimpulse für Gewinne und Beschäftigung zu erwarten sind.
- **Senkung der Arbeitnehmerentgelte (v. a. Sonderzahlungen):** Auch durch diese Maßnahme würden die Lohnstückkosten gesenkt (Resultat vgl. oben!). Im Gegensatz zur ersten Maßnahme würde aber der Arbeitskräftebedarf nicht sinken; außerdem würde die menschliche Arbeitskraft günstiger, sodass möglicherweise ein Beschäftigungszuwachs entstehen könnte. Andererseits würde durch die Lohnsenkungen der Anteil des Volkseinkommen aus unselbstständiger Arbeit reduziert und dadurch der private Konsum sinken. Dies würde die Ertragssituation in der Konsumgüterindustrie wieder verschlechtern und über negative Multiplikatoreffekte die gesamtwirtschaftliche Nachfrage reduzieren. Per saldo ist von dieser Maßnahme kaum eine nachhaltige Wir-

kung für die Beschäftigung zu erwarten. Außerdem ist mit negativen Effekten für die Motivation und Produktivität der Mitarbeiter zu rechnen.

- **Reduzierung der Beiträge zur Sozialversicherung:** Diese Maßnahme würde zunächst nur die Staatseinnahmen reduzieren, die Unternehmen und Arbeitnehmer aber entlasten und deren Ertrags-/Einkommenssituation verbessern. Eine erhöhte Investitions- und Konsumneigung könnte positive Multiplikatoreffekte auslösen und sich positiv auf Wachstum und Beschäftigung auswirken. Allerdings müsste die Regierung angesichts des bereits sehr hohen Staatsdefizits die Einnahmeausfälle irgendwie kompensieren. Tut sie dies zeitgleich z. B. über Steuererhöhungen oder die Erhöhung der privaten Eigenbeteiligung in der Sozialversicherung, ergibt sich ein Null-Summen-Spiel. Eine echte Alternative wären nur sinnvolle Ausgabenkürzungen in Bereichen, die nicht direkt auf den Arbeitsmarkt durchschlagen.
- **Senkung der Unternehmenssteuern:** Dies würde die Ertragssituation der Unternehmen verbessern und ggf. zu Neuinvestitionen mit Beschäftigungseffekten führen, insbesondere dann, wenn Unternehmen sich neu in Deutschland engagieren (Direktinvestitionen) oder hier expandieren, statt ins Ausland abzuwandern. Allerdings hat auch bei dieser Maßnahme der Staat Einnahmeausfälle mit den oben beschriebenen negativen Auswirkungen (vgl. vorherige Maßnahme).

Fazit: Von den genannten Maßnahmen erscheinen die beiden letzten noch am ehesten geeignet, einen positiven Impuls für beschäftigungswirksame Multiplikatorwirkungen zu setzen. Allerdings besteht im hohen Staatsdefizit Deutschlands ein ernst zu nehmendes Problem zur effektiven Verwirklichung dieser Maßnahmen.
Je nach Argumentation kann das Fazit auch anders ausfallen.

3.1 *Aus dem Text ableiten heißt, Argumente und /oder Erklärungen aus dem Text erarbeiten und erläutern.*

Tariflöhne wirken wie Mindestlöhne, da sie für diejenigen Arbeitnehmer, die eine tarifgebundene Beschäftigung haben, die Untergrenze der Entlohnung bilden. Dies liegt an zwei Gründen: Erstens gilt der Tariflohn aufgrund der Allgemeinverbindlichkeitserklärung des Bundesarbeitsministers auch für Unternehmen und deren Arbeitnehmer, die nicht in einem Arbeitgeberverband bzw. gewerkschaftlich organisiert sind (M 2, Z. 10 f.). Zweitens können aufgrund des Günstigkeitsprinzips nur höhere, aber nicht niedrigere Löhne als im Tarifvertrag vereinbart werden, sodass keine marktgerechte Lohnbildung durch Angebot und Nachfrage möglich ist (M 2, Z. 11 f.).

Das **Arbeitslosengeld II** wirkt wie ein Mindestlohn, da rationaler Weise niemand bereit ist, für weniger als „Sozialhilfeniveau" zu arbeiten. Da das Arbeitslosengeld II die Sozialhilfe ersetzt, bildet es jetzt die faktische Lohnuntergrenze für jemanden, der Arbeit sucht. Realistisch betrachtet müsste noch deutlich mehr bezahlt werden, wenn man dafür entsprechend nicht mehr 100 Prozent „Freizeit" hat, sondern ggf. 40 Wochenstunden arbeiten soll. Selbst für tarifungebundene Beschäftigungsverhältnisse ist daher diese absolute Lohnuntergrenze definiert.

3.2 *Erklären heißt, Zusammenhänge darstellen. Auf eindeutige Bezüge zwischen der Zeichnung und der verbalen Erklärung ist zu achten.*

Bei freier Lohnbildung auf dem Arbeitsmarkt ergäben sich der Gleichgewichtslohn (Lohnniveau) und die Gleichgewichtsmenge durch den Schnittpunkt von Arbeitskräfteangebot (A) und Arbeitskräftenachfrage (N).

Bei der Einführung eines Mindestlohns, der über dem Gleichgewichtslohn liegt, ergibt sich ein Angebotsüberhang, d. h. Arbeitslosigkeit in Höhe der Differenz zwischen N_{ML} und A_{ML}, da bei diesem relativ attraktiven Mindestlohn das Angebot an Arbeitskraft auf die Menge A_{ML} steigt, bei dieser Lohnhöhe aber nur noch Arbeitskraft in der Menge von N_{ML} nachgefragt wird, weil sie zu teuer ist. Der Mindestlohn verursacht in diesem Modell also Arbeitslosigkeit.

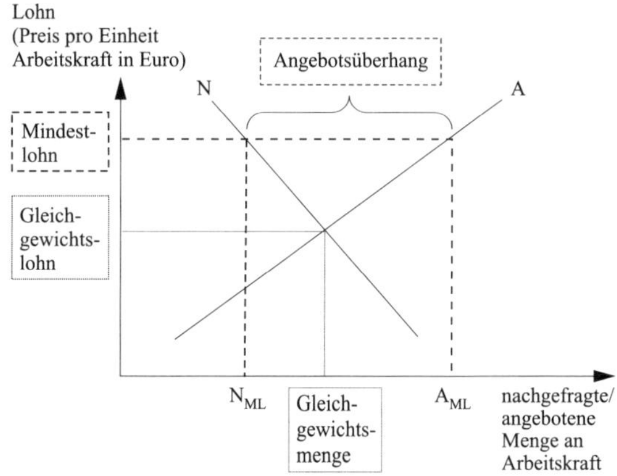

3.3 *Erörtern erfordert hier neben der Beschreibung eine weitergehende Erläuterung der Inhalte. Da der Inhalt kontrovers ist, wird ein Fazit erwartet. Aufgrund der Fragestellung ist außerdem sowohl eindeutig auf den Text als auch auf die Wirtschaftsordnung Deutschlands Bezug zu nehmen.*

Die Wirtschaftsordnung der Bundesrepublik Deutschland ist die Soziale Marktwirtschaft, welche (nach Müller-Armack) die Freiheit auf dem Markt (1) mit dem Prinzip des sozialen Ausgleichs (2) verbinden soll.

Wolfgang Franz fordert die Öffnung der Tarifverträge nach unten (M 2, Z. 3) und die Kürzung der staatlichen Unterstützung für Nichtarbeitende (M 2, Z. 6), damit mehr Arbeitsplätze im Niedriglohnbereich entstehen können (M 2, Z. 2 f.).

Dem marktwirtschaftlichen Prinzip (1) würden beide Forderungen von W. Franz entgegen kommen, da sie die nicht marktkonformen Eingriffe der Politik in die Lohnfindung auf dem Arbeitsmarkt reduzieren würden. Obwohl die Tarifautonomie ja gerade der marktwirtschaftlichen Idee entspricht, fördert die Tarifpolitik in Deutschland nicht die freie Marktpreisbildung, v. a. auch, weil die Arbeitslosen nicht an der Lohnfindung beteiligt sind. Eine Absenkung des Arbeitslosengeldes würde auch dem marktwirtschaftlichen Leistungsprinzip entsprechen, indem sie „Nichtleistung“ unattraktiver macht.

Vor dem Hintergrund des Prinzips des sozialen Ausgleichs (2) sind die Forderungen jedoch kritisch zu sehen. Da der Wohlstand in der Gesellschaft nach diesem Prinzip möglichst gleichmäßig verteilt sein soll, dürfte eine Absenkung der staatlichen Unterstützung die Schere zwischen Arm und Reich eher noch weiter spreizen. Könnten Arbeitslose durch diese Maßnahmen allerdings wieder Fuß in der Arbeitswelt fassen, würde dies auch dem sozialen Ausgleich dienen, da diese Arbeitnehmer dann über die Einkommensumverteilung bei der Einkommensbesteuerung profitieren könnten. Betrachtet man sozialen Ausgleich nicht nur als finanzielles Problem, wäre die (Re-)Integration jedes Arbeitslosen in die Arbeitswelt positiv für die gesellschaftliche Gleichstellung.

Fazit: Vor dem Hintergrund des marktwirtschaftlichen Prinzips besteht Handlungsbedarf, da die derzeitige Politik in nicht marktkonformer Weise Arbeitnehmer und Arbeitgeber, die niedrigere Löhne akzeptieren würden, blockiert. Um den sozialen Ausgleich nicht zu gefährden, könnte der Staat dann ergänzend eingreifen und beispielsweise in Härtefällen Zulagen gewähren.
Je nach Argumentation kann das Fazit auch anders ausfallen.

M 1

Die Wafer AG zählt zu den weltweit größten Zulieferern der Elektronik-Chipindustrie. Zu den wenigen Kunden gehören die drei größten Chiphersteller des Weltmarkts. In diesem Branchensegment ist das Unternehmen der führende Hersteller in Europa. Die Wafer AG deckt zusammen mit den beiden Weltmarktführern 95 Prozent der weltweiten Nachfrage ab. Wie ihre beiden großen Konkurrenten setzt die Wafer AG auf die neue 300-mm-Technologie, für die allerdings weiterhin hohe Investitionen notwendig sind. In Sachsen wird derzeit eine der modernsten Anlagen für diese Technologie errichtet, die demnächst die Produktion aufnehmen wird. Die Wafer AG wird dann eines von drei Unternehmen sein, das 300-mm-Siliziumplatten in marktrelevanter Stückzahl herstellen kann.

Zum Ende des 1. Quartals 2005 legt die Wafer AG folgende Zahlen vor:

M 2 Vereinfachte Bilanzen der Wafer AG zum 31. 3. 2005 und 31. 12. 2004

(Eine Quartalsbilanz ist eine Stichtagsbetrachtung jeweils zum Ende eines Vierteljahres; sie entspricht in Aufbau und Struktur einer Jahresbilanz.)

Aktiva in Mio. €	**31. 3. 2005** 1. Quartal 2005	**31. 12. 2004** Jahresbilanz 2004	**Passiva in Mio. €**	**31. 3. 2005** 1. Quartal 2005	**31. 12. 2004** Jahresbilanz 2004
Immaterielle Vermögenswerte	3,2	4,8	Gezeichnetes Kapital	100,0	100,0
Sachanlagen	832,6	758,3	Kapitalrücklage	37,2	37,2
Finanzanlagen	0,2	0,2	Gewinnrücklage	37,8	123,0
Vorräte	136,7	133,2	Jahresüberschuss/-fehlbetrag		– 85,2
Forderungen aus Lieferungen und Leistungen	146,8	142,3	Quartalsfehlbetrag	– 31,2	
			Pensionsrückstellungen	52,6	53,2
Sonstige Vermögenswerte	27,8	32,9	Sonstige Rückstellungen (davon kurzfristig*)	84,6 (45,3)	92,9 (47,2)
Flüssige Mittel	15,2	10,5	Finanzverbindlichkeiten (davon kurzfristig*)	723,2 (610,3)	629,3 (521,9)
			Verbindl. aus Lieferungen und Leistungen	84,5	85,4
			Sonstige Verbindlichkeiten	73,8	46,4
	1 162,5	**1 082,2**		**1 162,5**	**1 082,2**

Anmerkung:
Der Jahresfehlbetrag 2004 wurde der Gewinnrücklage entnommen.
* Rest: langfristig

M 3 Auszüge aus dem Quartalsbericht Q 1/2005
(die Zahlen beziehen sich auf Entwicklungen im jeweiligen Quartal)

In Mio. €	1. Quartal 2004	4. Quartal 2004	1. Quartal 2005
Umsatz	194,2	202,5	195,5
Herstellungskosten	212,8	223,8	196,6
Ergebnis vor Zinsen und Steuern	– 13,6	– 50,1	– 26,5
Investitionen	29,4	50,9	86,7
Mitarbeiterstand zum Quartalsende	6 960	6 216	6 270

M 4

Im Rahmen einer Pressekonferenz äußert sich der Vorstandsvorsitzende Gobauer u. a. wie folgt:

„Die 300-mm-Technologie ist der Wachstumsmotor der Branche. […] Die Wafer AG richtet ihr Geschäft stark auf die Absatzmärkte in Asien aus. Der Kontinent entwickelt sich zum Hauptabnehmer für Siliziumplatten. Schon jetzt wird rund 30 Prozent des Absatzes in Asien und dort vor allem in Japan getätigt.“ Das Unternehmen verfüge bereits über zwei Fabriken, ein Zentrum für Forschung und Entwicklung sowie Servicestützpunkte in Singapur und Japan. Der Vorstandsvorsitzende räumt ein, dass die Wafer AG „zwei harte Jahre hinter sich hat“. Er verweist auf die branchenweiten Überkapazitäten sowie den Preisverfall der Halbleiter. Aus diesem Grunde habe das Unternehmen im Jahr 2004 Restrukturierungen eingeleitet; die dafür notwendigen Aufwendungen in Höhe von 40 Millionen Euro (inklusive Rückstellungen) seien bereits im Ergebnis des Geschäftsjahres 2004 berücksichtigt. Diese beinhalten Gobauer zufolge die Verlagerung der 200-mm-Kapazitäten nach Asien, mit der Konsequenz der Schließung von Werken in Deutschland. Zudem werde zur betrieblichen Leistungssteigerung auch über eine Veränderung der derzeit noch streng hierarchischen Organisationsstruktur nachgedacht. Die Wafer AG sehe sich für die Zukunft „gut aufgestellt“ und erwarte einen Aufschwung in der Halbleiterindustrie. Ein Garant für steigende Gewinne ist dabei laut Gobauer die steigende Kapazitätsauslastung. „Rund 50 Prozent der Herstellungskosten sind Fixkosten“, gibt er zu bedenken.
Gelitten habe das Unternehmen nicht nur unter der Flaute der Halbleiterindustrie, sondern auch unter dem schwachen Dollar. Rund 70 Prozent der Umsätze würden in Dollar fakturiert: „Je stärker der Dollar, umso besser.“

1.1 Analysieren Sie die Lage des Unternehmens anhand der gegebenen Bilanzpositionen, geeigneter Kennzahlen und der zusätzlichen Daten aus dem Quartalsbericht (M 2 und M 3)! Stellen Sie dabei aussagekräftige Zusammenhänge zwischen einzelnen Daten her!

Die Veröffentlichung von Quartalsbilanzen, wie auch von der Wafer AG im Jahr 2005 praktiziert, wird derzeit kontrovers diskutiert.

1.2 Argumentieren Sie aus der Perspektive des Vorstands einer Aktiengesellschaft gegen die Veröffentlichung von Quartalszahlen!

2.1 Beschreiben Sie unterschiedliche Auswirkungen, die sich für das Unternehmen aus der Form seines Absatzmarktes ergeben könnten (vgl. M 1)!

2.2 Erläutern Sie mögliche Gründe, warum die Unternehmensleitung der Wafer AG über eine Veränderung ihrer „streng hierarchischen Organisationsstruktur“ (M 4, Z. 14 f.) nachdenkt!

2.3 Beurteilen Sie aus Aktionärssicht die Chancen und die Risiken für die zukünftige Unternehmensentwicklung, die sich aus den Aussagen Gobauers (M 4) ergeben, auch vor dem Hintergrund Ihrer Ergebnisse aus 1.1!

3.1 Nehmen Sie anhand zweier unterschiedlicher Modelle für den Gesamtkostenverlauf eines Unternehmens zu der Behauptung des Vorstandsvorsitzenden Gobauer Stellung, die steigende Kapazitätsauslastung sei ein „Garant für steigende Gewinne“ (M 4, Z. 16 f.)! Veranschaulichen Sie Ihre Aussagen auch mithilfe geeigneter Grafiken!

3.2 Zeigen Sie anhand der in 3.1 erarbeiteten Kostenverläufe, dass eine Verringerung der Fixkosten (M 4) die Gewinnsituation des Unternehmens verbessern könnte, und erklären Sie mögliche Gründe, warum die Fixkosten der Wafer AG nur bedingt abbaubar sind!

Vorgegebene Bewertungseinheiten:

Frage	1	2	3
BE	22	24	14

Lösungsvorschlag

1.1 *Eine anspruchsvolle Aufgabenstellung, die aber auch Freiräume bei der Beantwortung lässt, da die Daten und Kennziffern frei wählbar sind und man so bis zu einem gewissen Maß die Schwerpunkte auf seine Stärken legen kann. Zu berücksichtigen sind laut Fragestellung a) Bilanzpositionen b) Kennziffern und c) zusätzliche Daten aus dem Quartalsbericht. Ganz wesentlich ist die Herstellung von Zusammenhängen und ein schlüssiges Fazit. Eine unverbundene Auflistung verschiedener Aspekte genügt nicht.*
Ein weiteres Problem ist die Frage, wie viele Aspekte man wählen sollte. Hier kann nur der Blick auf die Punktzahl eine Orientierung geben. Vier bis fünf Aspekte werden erwartet. Der Rest der BE bleibt für das Fazit. Da das Material sehr ausführlich ist, sollte es kein Problem sein, fünf Aspekte auszuarbeiten. Die folgende Lösung ist nur eine Möglichkeit der Beantwortung; angesichts der erreichbaren Punktzahl ist sie eher zu umfangreich, da der Zeitbedarf dafür zu groß wäre. Sie soll aber zeigen, was inhaltlich möglich ist. Insgesamt muss ein schlüssiges Bild der Geschäftslage entstehen.

Für die Berechnung der Kennziffern empfiehlt es sich, die wesentlichen Bilanzpositionen sinnvoll zusammenzufassen und zu berechnen. Dies erspart später Rechenarbeit, da diese Zahlen in verschiedenen Kennziffern immer wieder eingesetzt werden können, und kann – im Gegensatz zur folgenden Tabelle – einfach formlos auf dem Konzeptpapier geschehen.

Angaben in Mio €	1. Quartal 2005	Jahresbilanz 2004
Passiva		
Eigenkapital gesamt	143,8	175,0
Fremdkapital gesamt	1 018,7	907,2
Fremdkapital kurzfristig (inkl. kurzfr. Rückstellungen)	813,9	700,9
Fremdkapital langfristig	204,8	206,3
Aktiva		
Anlagevermögen	836	763,3
Umlaufvermögen gesamt	326,5	318,9
monetäres Umlaufvermögen	189,8	185,7
flüssige Mittel	15,2	10,5
Bilanzsumme	1 162,5	1 082,2

- Der erste Blick bei der Analyse der Geschäftslage gilt dem Unternehmensergebnis. Dieses zeigt für 2004 einen Fehlbetrag von 85,2 Mio. € und 2005 bereits im ersten Quartal 31,2 Mio. € im Minus. Rechnet man diesen Betrag auf vier Quartale hoch, ergäbe dies für 2005 einen noch höheren Fehlbetrag von ca. 150 Mio. €, also nahezu doppelt so viel wie 2004. Vergleicht man dazu die Quartalszahlen aus M 3, ist der Quartalsverlust vor Zinsen und Steuern für 1/2005 zwar geringer als für 4/2004 (–26,5 Mio. € gegenüber –50,1 Mio. €), gegenüber dem ersten Quartal 2004 (–13,6 Mio. €) aber fast doppelt so hoch.

  Dabei ist zusätzlich zu berücksichtigen, dass die Gewinnrücklage im Vorjahr bereits um 85,2 Mio. € reduziert wurde, um den Jahresfehlbetrag abzudecken, d. h. auch die Eigenkapital-Reserven des Unternehmens sind bereits deutlich reduziert. Berechnet man in diesem Zusammenhang die Eigenkapitalquote bzw. die Kennziffer der Finanzierung (*eine der beiden Kennziffern genügt*), erhält man folgende Ergebnisse:

  $$\text{Eigenkapitalquote} = \frac{\text{Eigenkapital}}{\text{Gesamtkapital}} \cdot 100\,\%$$

  → 1. Quartal 2005 ca. 12 %; Jahresbilanz 2004 ca. 16 %, d. h. ein Rückgang um ein Viertel und deutliches Unterschreiten des Sollwerts (50 %) und des Durchschnitts in Deutschland (ca. 18 %).

  $$\text{Finanzierung} = \frac{\text{Eigenkapital}}{\text{Fremdkapital}} \cdot 100\,\%$$

  → 1. Quartal 2005: ca. 14 %; Jahresbilanz 2004: ca. 19 %, d. h. nicht nur ein Rückgang von mehr als einem Viertel, sondern auch diese Kennziffer ist weit von ihrem Sollwert von 100 % (vertikale Kapitalstrukturregel) entfernt und analog zur Eigenkapitalquote deutlich unter dem Durchschnitt in Deutschland.

  Insgesamt ist die Eigenkapitaldecke der Wafer AG also nicht nur sehr dünn, sondern im letzten Jahr auch drastisch abgeschmolzen.
- Dies kann insbesondere bei knapper Liquidität zu Problemen führen. Für die aus der Bilanz berechenbaren Liquiditätskennziffern erhält man folgende Ergebnisse:

Angaben in Mio €	**1. Quartal 2005**	**Jahresbilanz 2004**
Barliquidität	1,9 %	1,5 %
Einzugsbedingte Liquidität	23,3 %	26,5 %

Obwohl sich die Barliquidität aufgrund der höheren flüssigen Mittel leicht verbessert hat, ist die Liquiditätslage als kritisch einzuschätzen, da nur etwa ein Viertel des kurzfristigen Fremdkapitals durch das monetäre Umlaufvermögen abgedeckt ist und sich die Lage I/2005 gegenüber 2004 auch noch leicht verschlechtert hat. Die hohen Fixkosten (ca. 50 % der Gesamtkosten, vgl. M 4) wirken hier ebenfalls negativ. Allerdings fehlt zur aussagekräftigen Interpretation der Liquiditätslage ein Finanzplan mit genauen Angaben zu Fälligkeiten und Fristen.

- Auch die Analyse der Fristenkongruenz beim Anlagevermögen verbessert die Beurteilung nicht.

Angaben in Mio €	**1. Quartal 2005**	**Jahresbilanz 2004**
Anlagendeckung I	17,2 %	22,9 %
Anlagendeckung II	41,7 %	50,0 %

Gemäß der „Goldenen Bilanzregel“ sollte das Anlagevermögen möglichst vollständig mit Eigenkapital gedeckt sein, um den Substanzerhalt zu sichern. Mit 17,2 % ist die Kennziffer für I/2005 nicht nur weit von diesem Ziel entfernt, sondern auch noch deutlich schlechter als 2004. Auch wenn man das langfristige Fremdkapital mit einbezieht (Anlagendeckung II) bietet sich noch ein kritisches Bild, da dann 2004 gerade etwa die Hälfte der Anlagen langfristig finanziert war, sich I/2005 die Kennziffer aber nochmals deutlich verschlechtert hat.
Dies liegt vor allem an der umfangreichen Investitionstätigkeit (I/2005 bereits mehr als in I/2004 und IV/2004 zusammen, vgl. M 3) und Aufstockung des Anlagevermögens, die in erster Linie durch kurzfristige Fremdmittel finanziert wurde. In Kombination mit der geringen Liquidität kann dies schnell kritisch werden, insbesondere angesichts der Tatsache, dass es sich um ein sehr anlagenintensives Unternehmen handelt (ca. 70 % Anlagevermögen, vgl. Bilanz), die Branche insgesamt unter Überkapazitäten leidet und aufgrund der hohen Fixkosten die Wafer AG unbedingt eine Steigerung der Kapazitätsauslastung braucht (vgl. M 4). Andererseits muss die Wafer AG in die neue 300-mm-Technologie investieren, da diese zukunftsträchtig ist und diese Investitionen das Unternehmen auf einem Markt positionieren, in dem aufgrund noch geringer Konkurrenz vorerst hohe Markt- und Umsatzanteile zu erwarten sind (vgl. M 1: „eines von drei Unternehmen“; M 4: „300-mm-Technologie ist der Wachstumsmotor der Branche“). Außerdem sichert die Wafer AG dadurch ihre bisherige Marktposition auf dem Weltmarkt (vgl. M 1).

- In diesem Zusammenhang kann man die Entwicklung des Umsatzes und der Beschäftigung betrachten. Die Umsatzentwicklung ist im Vergleich zu 2004 zwar weitgehend stabil, zeigt aber auch keine Zuwächse. Die Beschäftigtenzahl wurde deutlich abgebaut (ca. 13 %), dies schlägt sich bereits positiv in den Herstellungskosten nieder, die ebenfalls um knapp 8 % gesunken sind (vgl. M 4). Zusammen mit der Schließung von Werken in Deutschland und weiteren Restrukturierungsmaßnahmen auch im Bereich der Organisation (vgl. M 4) können hier positive Kostenreduzierungen und damit eine Verbesserung der Ertragssituation erwartet werden.

Fazit: Die Wafer AG hat sich durch die umfangreichen Investitionen in einer schwachen Absatzsituation in eine durchaus als kritisch zu betrachtende Lage manövriert.

Der weitere Geschäftsverlauf hängt sehr stark von der allgemeinen Geschäftsentwicklung in der Branche und dem Kurs des US-Dollars ab. Dies sind Faktoren, auf die das Unternehmen keine direkten Einfluss hat. Ob sich das Unternehmen mit einer Belebung des Chip-Markts erholt oder – bei längerer Fortsetzung der Durststrecke – mit seiner offensiven Investitionsstrategie an der zu kurzen Kapitaldecke scheitert, ist zum derzeitigen Zeitpunkt nicht zu sagen.

1.2 *Drei Argumente werden erwartet, z. B.:*

Gegen die Veröffentlichung von Quartalszahlen sprechen u. a. folgende Gründe:
- die zusätzlichen Kosten der Ermittlung, Aufbereitung und Publikation der Zahlen;
- unter Umständen schlechte Außenwirkung z. B. bei Aktionären und Gläubigern durch negative Zahlen, die ggf. nur auf saisonalen oder punktuellen Schwankungen beruhen und so das Gesamtbild von der Geschäftslage verzerren;
- daraus resultieren ggf. ungerechtfertigte Kursschwankungen, die das Unternehmensimage weiter belasten und Kapitalerhöhungen erschweren können;
- eine einseitige Orientierung an Quartalsvorgaben behindert ggf. längerfristige Strategien und Ziele des Vorstands;
- die Bewertung der Qualität des Managements an kurzfristigen Zahlen kann zu falschen Aussagen führen, da grundlegende Managementaufgaben wie z. B. Investitionsentscheidungen, Reorganisation oder Standortpolitik immer mittel- und langfristig ausgerichtet sind.

2.1 *Zunächst ist die Marktform anhand der Angaben in M 1 festzulegen. Beschreiben geht über reines Nennen hinaus, erfordert noch keine ausführliche Erörterung, aber definitiv einen geschlossenen Text; Beispiele sind möglich. Da unterschiedliche Auswirkungen zu beschreiben sind, werden mindestens zwei verschiedene Aspekte z. B. aus der Auswahl unten erwartet.*

Die Wafer AG befindet sich in einem bilateralen Oligopol, d. h. einer Marktform mit wenigen Nachfragern und wenigen Anbietern, da sie einerseits nur „wenige Kunden" hat und andererseits mit nur zwei weiteren Anbietern „95 % der weltweiten Nachfrage" abdeckt (vgl. M 1). Diese Marktform bietet sowohl Chancen als auch Risiken.
- Als positiv ist der relativ geringe Konkurrenzdruck zu sehen, da vermutlich keiner der anderen Anbieter kurzfristig weitere große Marktanteile an sich binden kann.
- Auch die Preisbildung ist bei den wenigen Anbietern und Nachfragern sehr transparent. Häufig gibt es einen Preisführer, an den sich die anderen anpassen. Gelingt es der Wafer AG z. B. durch ihre Investitionen, diese Position einzunehmen, kann sie die Preise stark beeinflussen.
- Alternativ könnte eines der drei Unternehmen versuchen, über Preiskampf seine Konkurrenten zu verdrängen. Bei der schwachen finanziellen Situation der Wafer AG hat sie selbst dafür keine Reserven und stellt eher einen Übernahmekandidaten dar.
- Da es nur drei große Abnehmer gibt, haben diese eine relativ große Nachfragemacht und können ggf. die drei Anbieter preispolitisch gegeneinander ausspielen und so auch die Ertragslage der Wafer AG verschlechtern.
- Andererseits verringert die geringe Anzahl an Nachfragern den erforderlichen Aufwand für Kommunikations- und Distributionspolitik, da stets der direkte Kontakt zu den Kunden möglich ist.
- Extrem problematisch wäre der Verlust eines der drei großen Kunden, da dann ein großer Absatzanteil wegfallen würde, d. h. es besteht eine große wirtschaftliche Abhängigkeit zwischen der Wafer AG und ihren wenigen Kunden.

2.2 *Erläutern erfordert neben der Beschreibung eine weitergehende Darstellung der Inhalte. Aufgrund der BE-Zahl sollten mindestens drei Aspekte erläutert werden.*

Eine streng hierarchische Organisationsstruktur hat verschiedene Nachteile, welche die Wafer AG durch eine Restrukturierung beseitigen könnte.
- Streng vorgeschriebene Dienstwege blockieren in der Regel Eigeninitiative und Motivation der Mitarbeiter auf tieferen Hierachieebenen, v. a. wenn Vorgesetzte Impulse ihrer Mitarbeiter nicht oder nur selektiv nach oben weitergeben.
- Außerdem dauert der Weg durch viele Hierarchie-Ebenen zu lang. Kurze Dienstwege führen zu Zeitvorteilen und größerer Transparenz für alle Beteiligten.
- Strenge Führungshierarchien fördern Machtdenken der vorgesetzten Entscheidungsträger und verhindern kooperative Arbeitsstrukturen, die nachweislich produktiver sind.
- Der Abbau von zwischengelagerten Hierarchie-Ebenen (mittleres Management) führt zu Kosteneinsparungen.
- Stures Abteilungsdenken verhindert die Identifikation der Mitarbeiter mit dem Gesamtunternehmen.
- Flexible Organisationsstrukturen wie Gruppenarbeit oder temporäre Teams optimieren den Einsatz von Arbeitskräften zeitlich und hinsichtlich ihrer Kernkompetenzen. Leerlaufzeiten einerseits und Fachkräftemangel andererseits in verschiedenen Abteilungen werden reduziert.
- Die Delegation von Entscheidungskompetenz an tiefere Personalebenen führt aufgrund der Fachkompetenz der Mitarbeiter oft zu besseren Lösungen. Werden diese umgesetzt und ggf. prämiert, steigt wiederum die Motivation für den kontinuierlichen Verbesserungsprozess.

2.3 *Beurteilen heißt, Chancen und Risiken müssen gegenübergestellt werden. Dazu muss konkret auf die Aussagen aus M 4 und die Ergebnisse aus 1.1 Bezug genommen werden. Laut Fragestellung ist die Perspektive der Aktionäre einzunehmen. Ein schlüssiges Fazit wird erwartet. Es werden mindestens je zwei Chancen und Risiken erwartet.*

Die Aktionäre eines Unternehmens streben in erster Linie nach Rentabilität ihrer Kapitalanlage durch Dividenden oder Kursgewinne und dauerhaft sicherem Kapitalerhalt. Folgende Punkte bergen Chancen und/oder Risiken:

Umfangreiche Investitionen:
- Gelingt es der Wafer AG durch ihre Investitionen in den „Wachstumsmotor der Branche" in Asien Marktführer zu werden, hat dies mittelfristig positive Auswirkungen auf die Ertragslage und die Kursentwicklung der Wafer AG.
- Kurzfristig bergen die hohen finanziellen Verpflichtungen bei schlechter Eigenkapitalausstattung und schwacher Ertragslage allerdings große Risiken, die nicht nur zu Fehlbeträgen geführt haben (keine Dividende), sondern auch den Kurs der Aktie drücken dürften (Kursverluste) und im Extremfall zu Illiquidität des Unternehmens führen könnten (Totalverlust des Kapitals).

Produktionsverlagerung nach Asien:
- Die Verlagerung von Kapazitäten nach Asien und die Schließung von Werken in Deutschland ist kostentechnisch und aufgrund der größeren Marktnähe in der Wachstumsregion Asien für die Unternehmensentwicklung positiv zu bewerten.
  Ggf. können bei der Fertigung in Asien Qualitätsprobleme entstehen.

Restrukturierungsmaßnahmen:
- Die Restrukturierungsmaßnahmen haben das Budget der Wafer AG mit 40 Mio. € belastet und daher die aktuelle Ertragslage stark verschlechtert.

– Die Aufwendungen sind aber bereits in der Bilanz für 2004 berücksichtigt, d. h. für die Zukunft können ausschließlich die positiven Kosten- und Produktivitätseffekte daraus genutzt werden.

Entwicklung in der Halbleiterindustrie:

– Derzeit leidet die Wafer AG zwar noch unter freien Kapazitäten mit hohen Fixkosten; sollte der prognostizierte Aufschwung jedoch eintreten, ist sie gut darauf vorbereitet.
– Der aktuelle Preisverfall, die Flaute in der Halbleiterindustrie und der niedrige Dollarkurs sind insgesamt als kritisch zu bewerten.

Fazit: Sollte der erwartete Aufschwung in der Halbleiterindustrie frühzeitig kommen und die Wafer AG sich auf dem asiatischen Markt durchsetzen können, können die Aktionäre mittelfristig wieder mit Dividendenausschüttung und positiver Kursentwicklung rechnen. In der derzeitigen Situation ist eine Investition in Aktien der Wafer AG jedoch mit hohen Risiken verbunden, da Verluste gemacht werden, keine Dividende zu erwarten ist und die gesamte Branche in einer Krise steckt, sodass die geringe Eigenkapitalausstattung und Liquidität als kritisch einzustufen sind und ein hohes Kursrisiko beinhalten.
Je nach Argumentation kann das Fazit auch anders ausfallen.

3.1 *Sichere Kenntnisse der verschiedenen Kostenmodelle sind zur Beantwortung erforderlich.*

Bei **linearem Gesamtkostenverlauf** ist Gobauers Aussage korrekt. Da die Erlösfunktion (E = Preis · abgesetzte Menge) ebenfalls linear ist, liegt die Gewinnzone rechts vom Schnittpunkt NS (Nutzenschwelle) zwischen Gesamtkostenfunktion (K) und Erlösfunktion (E). Der vertikale Abstand zwischen den beiden Funktionsgraphen entspricht dem jeweiligen Gesamtgewinn. Dieser wird mit zunehmender Produktions- bzw. Absatzmenge stetig größer, sodass erst an der Kapazitätsgrenze das Gewinnmaximum erreicht wird.

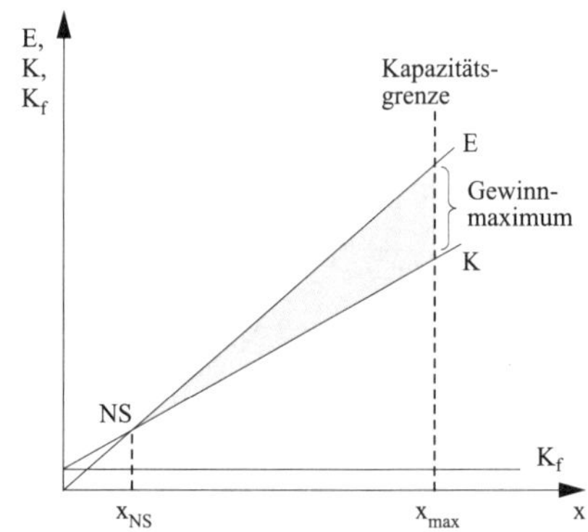

Bei **ertragsgesetzlichem (S-förmigem)** Kostenverlauf gilt dies nur begrenzt. Innerhalb der Gewinnzone, die beim linken Schnittpunkt (Nutzenschwelle, NS) der Gesamtkostenkurve (K) mit der Erlöskurve (E) beginnt, steigt der Gesamtgewinn mit zunehmender Produktions- bzw. Absatzmenge zunächst an, erreicht dann aber beim Tangentialpunkt der zu E parallelen Tangente T an die Kostenkurve K das Maximum (maximaler Gesamtgewinn). Bei weiterer Erhöhung der Kapazitätsauslastung über die gewinnmaximale Absatzmenge (x_{max}) hinaus nimmt der Gesamtgewinn wieder ab und wird nach der Nutzengrenze (NG) sogar negativ (Verlust).

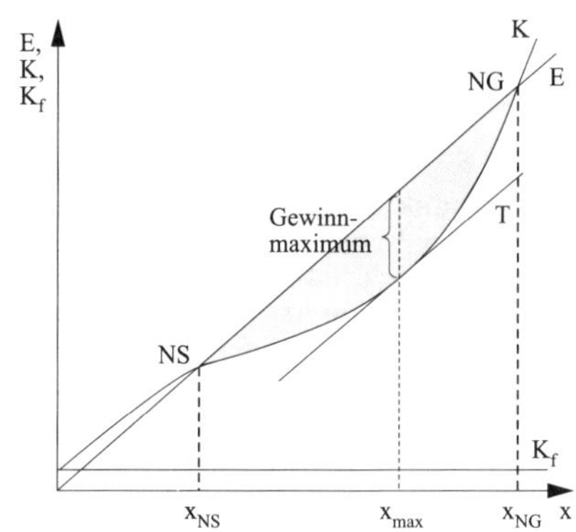

3.2 *Die Aufgabe hat zwei Teile:*
– Zeigen der verbesserten Gewinnsituation und
– Hinderungsgründe für einen Fixkostenabbau.

Verbesserung der Gewinnsituation:
Sinken die Fixkosten der Wafer AG, so verschieben sich in beiden Grafiken die Gesamtkostenkurven um den Betrag der Fixkostensenkung parallel nach unten. Da die Erlöskurven jedoch unverändert bleiben, nimmt bei jeder beliebigen Produktions-/Absatzmenge in der Gewinnzone der senkrechte Abstand zwischen Erlöskurve und Gesamtkostenkurve zu. Dieser Abstand entspricht dem Gesamtgewinn bei der jeweiligen Absatzmenge. Außerdem verschiebt sich die Nutzenschwelle nach links, sodass bereits bei einer geringeren Stückzahl der break-even-point erreicht wird; bei ertragsgesetzlichem Kostenverlauf wandert die Nutzengrenze nach rechts, sodass auch erst später wieder die Verlustzone erreicht wird.

Hinderungsgründe für Fixkostenabbau *(mindestens drei Aspekte werden erwartet)*:
Aus folgenden Gründen besteht bei Fixkosten nur bedingt die Möglichkeit zur Reduktion:
- Personalkosten sind weitgehend Fixkosten, da z. B. durch gesetzliche Vorschriften wie Kündigungsschutz und Kündigungsfristen der Personalstand nur bedingt an Kapazitätsschwankungen angepasst werden kann.
- Produktionsfaktoren wie Maschinen sind nur bedingt teilbar, da z. B. jede Maschine eine bestimmte Zu- bzw. Abnahme der Produktionskapazität bedeutet (intervallfixe Kosten). Außerdem können Maschinen und technische Anlagen kurzfristig nicht beliebig auf- und abgebaut werden. Des Weiteren soll i. d. R. eine bestimmte Betriebsbereitschaft aufrecht erhalten werden, sodass Anlagen nur stillgelegt, aber nicht veräußert werden.
- Andere Anlagegüter wie z. B. Gebäude sind praktisch gar nicht teilbar, da selbst bei der Reduktion der technischen Anlagen für den Rest sowie die gesamte Verwaltungseinheit des Unternehmens nach wie vor Gebäude erforderlich sind.
- Bei vertraglichen Bindungen wie Miet- und Leasingverträgen sind Vertragsdauer und Kündigungsfristen einzuhalten.
- Gebäude und technische Anlagen lassen sich nicht ohne weiteres veräußern, da die Gebäude an den Standort des Unternehmens gebunden sind und die technischen Anlagen i. d. R. nur branchenintern genutzt werden können. Wenn die ganze Branche unter einer Flaute leidet, besteht jedoch keine Nachfrage nach den Anlagen.

Leistungskurs Wirtschaft/Recht: Abiturprüfung 2005
Fachgebiet Recht – Aufgabe IV

Sämtliche Aufgaben sind, soweit möglich, unter Angabe der entsprechenden Normen des BGB zu bearbeiten.

Die 17-jährige Belinda (B) möchte mit ihrem neuen Freund, dem volljährigen Studenten Peter Baumann (P), zusammenziehen. Deshalb sucht sie seit einigen Wochen eine 2-Zimmer-Wohnung. Da sie Peter ihren Eltern noch nicht vorgestellt hat, erzählt sie ihnen zunächst nichts von diesen Plänen.

Frau Dorn (D), eine ältere Dame, bietet ihr eine Wohnung an. Am 12. 3. 2005 besichtigt Belinda die Wohnung und ist begeistert. Frau Dorn, die Belinda für volljährig hält und sie sich auch als Mieterin vorstellen kann, verlangt von ihr nur einen Nachweis über ein festes Einkommen. Belinda schließt daher zum Schein mit ihrem Bekannten Lukas (L), der als Elektromeister selbstständig ist, einen Arbeitsvertrag ab und legt diesen Frau Dorn vor. Am 15. 3. 2005 schließen Frau Dorn und Belinda einen schriftlichen Mietvertrag ab. Die Miete ist jeweils am Ersten des Monats im Voraus fällig. Frau Dorn ist einverstanden, das Peter in die Wohnung mit einziehen wird, und Anfang April beziehen Belinda und Peter die Wohnung.

Am 2. 4. 2005 kauft Peter im Möbelhaus Holzinger (H) ein rotes Schlafsofa mit Kunstlederbezug zum Preis von 299 €. Peter vereinbart mit Holzinger, dass er das Sofa am Nachmittag selbst abholen und dann auch bezahlen wird. Peter mietet sich dafür für eine Stunde einen Kleintransporter für 19 €. Bei der Abholung unterläuft Holzinger ein Fehler: Er verwechselt die Artikelnummer und übergibt Peter ein Schlafsofa mit einem echten Lederbezug (Preis 888 €). Belinda bemerkt dies und flüstert Peter zu: „Sei bloß still, das Ding kostet mindestens das Dreifache, wenn ich mich recht erinnere."

Am 12. 4. 2005 erreicht Peter folgender Brief, den er sofort liest:

Möbelhaus Holzinger
....
.... München

Herrn
Peter Baumann
....
.... München

Ihr Zeichen	Ihre Nachricht	Unser Zeichen	Datum
		Hol	11. 04. 2005

Falschlieferung eines Schlafsofas

Sehr geehrter Herr Baumann,

bei unserer heutigen routinemäßigen Lagerbestandsprüfung haben wir leider feststellen müssen, dass wir Ihnen – aufgrund eines Versehens – am 02. 04. 2005 ein falsches Schlafsofa ausgehändigt haben. Wir würden diesen Fehler, für den wir uns bei Ihnen in aller Form entschuldigen, gerne korrigieren. Wir werden das von Ihnen gekaufte Schlafsofa (Art. Nr. 171183, Kaufpreis: 299 €) gegen das irrtümlich ausgelieferte Sofa (Art. Nr. 171138, Kaufpreis: 888 €) am Freitag, 15. April 2005, gegen 10.00 Uhr austauschen. Sollten Sie an diesem Termin verhindert sein, bitten wir um eine kurze telefonische Terminabsprache unter der Nummer 0 89/8 15 47 11.

Mit freundlichen Grüßen

Holzinger

Holzinger
(Inhaber)

1.1 Erklären Sie im Detail die rechtliche Bedeutung des Schreibens von Holzinger an Peter Baumann und prüfen Sie die möglichen gegenseitigen Ansprüche, die sich für beide Vertragsparteien daraus ergeben!

1.2 Erläutern Sie anhand von zwei konkreten Beispielen aus dem gegebenen Sachverhalt, wie die Wirksamkeit von Willenserklärungen bzw. von Verträgen beeinträchtigt sein kann!

Gehen Sie nun von folgender Fallvariante aus:
Peter erhält zwar das Modell zu 299 €, aber in einer anderen Farbe. Er stellt dies allerdings erst zu Hause beim Auspacken fest.

2 Prüfen Sie, ob Peter einen schuldrechtlichen Anspruch auf Austausch hat!

Bereits am 3. 4. 2005 hatte Peter Besuch von seinem Freund Jürgen (J) gehabt. Dieser hatte sich sehr interessiert an Peters neuem Leder-Schlafsofa gezeigt: „Genau so ein Sofa wollte ich bei Holzinger kaufen, doch leider war es nicht mehr lieferbar." Sowohl für Peter als auch für Jürgen hatte sich dadurch die Chance für ein gutes Geschäft geboten und Peter hatte das Sofa für 700 € an Jürgen verkauft. Es war verabredet worden, dass Jürgen das Sofa gegen Barzahlung am Freitag, den 15. 4. 2005 gegen 13 Uhr bei Peter abholen sollte. Als Jürgen nun zum vereinbarten Termin bei Peter vorbeikommt, um das Sofa in Empfang zu nehmen, muss ihm dieser gestehen, dass das gute Stück bereits am Vormittag von Holzinger wieder abgeholt worden ist. Jürgen ist darüber sehr verärgert. Er erklärt Peter, dass er extra deswegen für das ganze Wochenende einen großen Umzugswagen gemietet habe, und fordert ihn auf, sich das Schlafsofa bei Holzinger wieder zu beschaffen. Da ihm dies nur zum Peis von 888 € möglich wäre, lehnt Peter diese Forderung kategorisch ab. Jürgen verlangt nun die Kosten für seinen gemieteten LKW in Höhe der Wochenendpauschale von 79 €.
Gehen Sie davon aus, dass Jürgen im vorliegenden Fall gegen Peter einen Anspruch auf Schadensersatz statt der Leistung gemäß der §§ 281, 280 hat!

3.1 Prüfen Sie, ob Jürgens Forderung nach Erstattung der 79 € gemäß § 284 gerechtfertigt ist! Gehen Sie dabei insbesondere auf den Aspekt der Billigkeit der Forderung ein!

3.2 Erklären Sie, wodurch bei der abgebildeten „Justitia" der Aspekt der „Billigkeit" symbolisiert wird, und erläutern Sie die Bedeutung weiterer dargestellter Symbole!

Mitte April kommt es zu einem Kälteeinbruch mit heftigen Schneefällen. Am 16. 4. 2005, gegen 17.30 Uhr ist der 35-jährige Passant Heinz Schnell (S) auf dem Weg zur Bushaltestelle. Zwar erkennt er die Gefahr, doch um seinen Bus noch zu erreichen, sprintet er den spiegelglatten Gehweg vor dem Haus von Frau Dorn entlang. Er rutscht aus, fällt und zieht sich dabei einen komplizierten Unterarmbruch zu. Frau Dorn, die Hauseigentümerin, hatte weder geräumt noch gestreut, weil sie davon ausging, dass in dieser Jahreszeit der Schnee ohnehin nicht lange liegen bleiben würde. Heinz Schnell verlangt von Frau Dorn die volle Erstattung der Arztkosten in Höhe von 3 000 Euro.

Auszug aus der Städtischen Verordnung über die Reinigung und Sicherung der öffentlichen Wege, Straßen und Plätze:
„Bei winterlichen Wetterverhältnissen muss die Gehbahn auf einer ausreichenden Breite von Schnee und Eis freigehalten und bei Glätte mit Splitt, Sand oder Asche gestreut werden. (...)
Von Montag bis Samstag muss bis 7.00 Uhr (an Sonn- und Feiertagen bis 8.00 Uhr) geräumt und gestreut sein, dies ist bis 20.00 Uhr so oft zu wiederholen, wie es für die Sicherheit der Fußgänger erforderlich ist."

4 Prüfen Sie, ob der Anspruch Schnells nach § 823 I gerechtfertigt ist! Berücksichtigen Sie dabei auch die Regelungen des § 254 I!

Vorgegebene Bewertungseinheiten:

Frage	1	2	3	4
BE	18	10	20	12

Lösungsvorschlag

Alle Paragrafenangaben stammen – soweit nicht anders vermerkt – aus dem BGB.

1.1 *Die Aufgabe hat zwei Teile:*
– detaillierte Erklärung der rechtlichen Bedeutung des Schreibens;
– Prüfung der gegenseitigen Ansprüche.
Prüfen heißt: exakte Normenanalyse und Subsumtion!

Rechtliche Bedeutung des Schreibens:
Das Schreiben von Holzinger ist rechtlich gesehen eine Anfechtungserklärung gemäß § 143 I, und zwar in Schriftform. Holzinger bezweckt damit die Nichtigkeit der fehlerhaften Übereignung des Sofas an Peter Baumann gemäß § 142 I.
Die Anfechtung durch Holzinger wäre unter folgenden Bedingungen möglich:
- Irrtum § 119: Es liegt ein Erklärungsirrtum vor (§ 119 I, 2. Alternative), da H bei der Übereignung des Schlafsofas (§§ 145, 147, 929 I i. V. m. § 854 I) die Artikelnummer verwechselt und H daher das falsche Sofa aushändigt.
- Da es sich um ein wesentlich teureres Sofa handelt, ist davon auszugehen, dass H es bei Kenntnis und Würdigung der Sachlage nicht an P ausgehändigt hätte (§ 119 I, 2. Teilsatz).

Rechtsfolge: Die Übereignung ist gemäß § 119 I anfechtbar.
- H ficht die Übereignung unverzüglich nach Erkennen des Irrtums an (§ 121 I), indem er dem abwesenden Anfechtungsgegner P noch am gleichen Tag, an dem er den Fehler bei der Lagerüberprüfung entdeckt, die schriftliche Anfechtungserklärung zuschickt (§ 143 I). Diese geht dem P am 12. 4. per Post zu.

Rechtsfolge: Nach § 142 I wird die Übereignung von Anfang an nichtig.

Prüfung der gegenseitigen Ansprüche:
Ansprüche H gegen P:
Nachdem die Übereignung von Anfang an nichtig wird (siehe oben), ist H rechtmäßiger Eigentümer des Schlafsofas aus Leder. P ist lediglich unmittelbarer Besitzer des Sofas. Daher kann H nach § 985 das Sofa vom Besitzer P herausfordern. Ein Zurückbehaltungsrecht gemäß § 986 hat P nicht.

Ansprüche P gegen H: *Ggf. genügt eines der beiden folgenden Argumente.*
Es kommen Ansprüche auf Ersatz des Vertrauensschadens gemäß § 122 in Frage:
- P gibt 19 € für den Kleintransporter aus. Da H aber den Austausch des Sofas komplett übernimmt, entsteht P dadurch kein Schaden, da er die einmalige Abholung ohnehin hätte bezahlen müssen. Weitergehende Kosten hatte er laut Text nicht.
- Außerdem schließt § 122 II einen Anspruch auf Schadensersatz für P aus, da Belinda ihn bereits bei der Übergabe auf den Irrtum hingewiesen hat und er daher den Anfechtungsgrund (Irrtum) kannte.
- *Ggf.:* Aufgrund des nach wie vor gültigen Kaufvertrages (§§ 145, 147, 433) über das Schlafsofa hat P gegen H nach wie vor Anspruch auf Übergabe und Übereignung eines mangelfreien Schlafsofas der bestellten Art.

1.2 *Erläutern erfordert neben der Beschreibung eine weitergehende Erörterung der Inhalte. In diesem Fall ist außerdem der Zusammenhang zu zwei konkreten Beispielen aus dem Ausgangsfall herzustellen.*

Willenserklärungen bzw. Rechtsgeschäfte können wirksam, schwebend unwirksam, anfechtbar und nichtig sein.

Schwebend unwirksame Willenserklärungen entstehen z. B., wenn beschränkt Geschäftsfähige Willenserklärungen ohne die Zustimmung ihres gesetzlichen Vertreters abgeben und auch keine der Ausnahmen aus den §§ 107, 110, 112, 113 zutrifft.
Beispiel: Belinda ist 17 und daher beschränkt geschäftsfähig (§§ 2, 106). Ihr Antrag auf Abschluss eines Mietvertrags mit Frau Dorn ist schwebend unwirksam, da Belindas Eltern nicht zugestimmt haben (sie wissen nichts davon, § 107), Belinda hat lediglich einen rechtlichen Vorteil erlangt (sie müsste Miete zahlen, § 107), sie kann den Vertrag nicht mit frei verfügbaren oder dafür zweckbestimmten Mitteln bewirken (§ 110), da der Mietvertrag ein Dauerschuldverhältnis mit monatlich laufenden Mietzahlungen bewirkt *(ggf. §§ 112, 113)*. Da Belindas Willenserklärung schwebend unwirksam ist, hängt ihre Wirksamkeit und damit die Wirksamkeit des Mietvertrages mit Frau Dorn von der Genehmigung der Eltern ab (§§ 108 I, 184).

Nichtig sind Rechtsgeschäfte z. B. dann, wenn sie nur zum Schein oder zum Scherz abgeschlossen werden (§§ 117, 118).
Beispiel: Der Arbeitsvertrag zwischen Belinda und Lukas ist – unabhängig von Belindas beschränkter Geschäftfähigkeit – nichtig, da Belinda ihre Willenerklärung mit Einverständnis von Lukas nur zum Schein abgibt (§ 117), um Frau Dorns Bedingung erfüllen zu können.

Anfechtbar sind Willenserklärungen u. a., wenn der Erklärende bei ihrer Abgabe im Irrtum war (§ 119; Erläuterung siehe Aufgabe 1.1). Wird eine Willenserklärung angefochten, wird das dazugehörige Rechtsgeschäft von Anfang an nichtig (§§ 143 I, 142 I).
Beispiel: Die irrtümliche Übereignung des teureren Sofas kann von H angefochten werden. Dadurch wird die Übereignung nichtig.

2 **Prüfung Anspruch aus Sachmangel:**

- **Schuldverhältnis:** H und P haben einen Kaufvertrag über das Sofa (§§ 145, 147, 433). Aus dem Kaufvertrag ist H verpflichtet, dem P das Sofa frei von Sachmängeln zu liefern.
- **Pflichtverletzung:** Es liegt ein Sachmangel vor, da eine vertraglich vereinbarte Beschaffenheit (Farbe des Sofas) nicht gegeben ist (§ 434 I Satz 1) (*ggf. auch Argumentation über § 434 III, Falschlieferung, möglich*) und dieser Mangel bereits bei Gefahrübergang vorhanden war (§ 446), da die Farbe eine Frage der Herstellung ist. K konnte bei Vertragsabschluss nichts vom Mangel wissen, da dieser erst bei der Lieferung entsteht und P ihn erst beim Auspacken bemerkt (§ 442).

Ergebnis: Der vorrangige Anspruch bei Sachmangel ist die Nacherfüllung (§§ 434, 437, 439). Die Art der Nacherfüllung kann der Käufer wählen (§ 439 I). Gemäß § 439 I kann P von H den Austausch des Sofas verlangen. Die andere Art der Nacherfüllung (Beseitigung des Mangels) ist ohnehin nicht möglich, sodass H auch kein Verweigerungsrecht gemäß § 439 III hat.

3.1 *Prüfen erfordert exakte Normenanalyse und Subsumtion.*

Da J eine Anspruch auf Schadensersatz statt der Leistung hat (§§ 280 I, III, 281), kann er alternativ auch Aufwendungsersatz gemäß § 284 verlangen. Zu prüfen ist, ob die 79 € für den LKW darunter fallen.

- J hat einen Anspruch auf Schadensersatz statt der Leistung.
- J hat Aufwendungen im Vertrauen auf den Erhalt der Leistung gemacht (§ 284), da er den LKW extra für die Abholung des Sofas gemietet hat.
- Die Aufwendungen waren vergeblich, da P das Sofa nicht liefern kann und auch nicht beschaffen will.

- Billigkeit der Aufwendungen: Die Miete eines LKWs wäre billigerweise zuzugestehen, allerdings nicht die Miete für ein ganzes Wochenende, da der Transport innerhalb kurzer Zeit möglich gewesen wäre.
- Ohne die Pflichtverletzung des P wäre zumindest der Teil der Aufwendungen, der über die reine Transportzeit hinausgegangen wäre, zwecklos gewesen.

Ergebnis: J kann von P sicher Aufwendungsersatz für die vergebliche Anmietung eines Transportfahrzeugs verlangen, allerdings nicht in Höhe der 79 €, sondern allenfalls in Höhe der LKW-Miete, die für den regulären Transport des Sofas erforderlich gewesen wäre. So hat P beispielsweise nur 19 € für sein Transportfahrzeug bezahlt.

3.2

Die **Billigkeit** (Gerechtigkeit im Einzelfall, individualisierende Gerechtigkeit) wird durch die Waage verdeutlicht. Sie steht als Symbol dafür, dass für eine gerechte Entscheidung zwischen Gleichheit und Billigkeit abgewogen werden muss, damit sie „recht und billig" ist. Billig ist eine Entscheidung dann, wenn sie möglichst jeder Besonderheit des Einzelfalls gerecht wird.

Weitere Symbole sind das Schwert und die Augenbinde. Die Augenbinde steht für die **Gleichheit** vor dem Gesetz (Gerechtigkeit im Allgemeinen, generalisierende Gerechtigkeit). Niemand darf ohne sachlichen Grund bevorzugt oder zurückgesetzt werden. Das wichtigste Merkmal der Gerechtigkeit ist also die Gleichheit. Die Augenbinde soll sicher stellen, dass Justitia unparteiisch nach gleichen Grundsätzen ohne Ansehen der Person entscheidet.

Das Schwert symbolisiert die **Durchsetzbarkeit** des Rechts durch staatliche Gewalt. Eine Rechtsordnung ist immer nur so gut, wie die in ihr festgeschriebenen Regelungen auch durch staatliche Instanzen durchgesetzt werden können, notfalls auch zwangsweise.

4 **Schadensersatzanspruch aus § 823 I:**

Prüfen erfordert exakte Normenanalyse und Subsumtion.

- Rechtsgutverletzung:
  Der Körper eines anderen wird verletzt: Herr Schnell erleidet einen Armbruch.
- Verletzungshandlung:
  In Frage kommen Tun oder Unterlassen.
  Frau Dorn kommt ihrer Verkehrssicherungspflicht aus der Städtischen Verordnung nicht nach, da sie trotz heftigen Schneefalls vor 20 Uhr den Gehweg nicht räumt.
- Widerrechtlichkeit:
  Frau Dorn hat keine Rechtfertigungsgründe wie z. B. Notwehr oder Selbsthilfe dafür, dass sie nicht geräumt oder gestreut hat.
- Verschulden:
  In Frage kommen Vorsatz oder Fahrlässigkeit: Frau Dorn räumt vorsätzlich (§ 276 I) die Straße nicht, da sie meint, es taut bald.
  Ggf. Argumentation über Fahrlässigkeit, da Frau Dorn die Wetterverhältnisse mangels Sorgfalt nicht richtig einschätzt (§ 276 II).

- Schaden mit Kausalzusammenhang:
  Herr Schnell wäre bei ordentlich geräumtem Weg nicht gestürzt, hätte sich nicht verletzt und daher keine Arztkosten in Höhe von 3 000 € gehabt.

Rechtsfolge:
Herr Schnell kann gemäß § 823 I Ersatz des entstandenen Schadens von Frau Dorn verlangen. Die Schadensersatzhöhe ergibt sich aus §§ 249 ff, d. h. Frau Dorn hat theoretisch gemäß § 249 II den erforderlichen Geldbetrag von 3 000 € zu leisten, da Naturalherstellung (§ 249 I) ausgeschlossen ist. Allerdings ist eine Mitschuld des Herrn Schnell gemäß § 254 I zu berücksichtigen, da er, wenn er nicht gerannt, sondern vorsichtig gelaufen wäre, u. U. nicht so schwer gestürzt wäre. Daher wird der Schadensersatzanspruch des Herrn Schnell in dem Verhältnis herabgesetzt, in dem ihm Mitschuld an dem Sturz zu geben ist.

Leistungskurs Wirtschaft / Recht: Abiturprüfung 2006
Fachgebiet Volkswirtschaftslehre – Aufgabe I

M 1 Auszug aus dem Koalitionsvertrag zwischen CDU, CSU und SPD vom November 2005 (bearbeitet)

- Zur Senkung der Lohnzusatzkosten wird der Beitrag zur Arbeitslosenversicherung zum 1. 1. 2007 von 6,5 % auf 4,5 % reduziert.
- Bei der Haushaltskonsolidierung werden zunächst alle Einsparpotenziale auf der Ausgabenseite geprüft. Als weitere Schritte werden Einnahmeverbesserungen durch [...] den Abbau von Steuervergünstigungen und soweit erforderlich die Erhöhung von Steuern herangezogen.
- Um dem beginnenden Aufschwung Zeit zur Entfaltung zu lassen, wird der Mehrwertsteuersatz erst in 2007 um drei Prozentpunkte auf 19 % steigen. Davon steht dem Bund ein Prozentpunkt zur Senkung der Lohnzusatzkosten zu.
- CDU, CSU und SPD vereinbaren, dass es im Rahmen der notwendigen Konsolidierungsbemühungen eine Erhöhung der privaten Einkommensteuer für besonders hohe Einkommen (über 250 000 € bei Ledigen/500 000 € bei Verheirateten) ab dem 1. 1. 2007 geben soll. Damit steigt für Einkünfte über dieser Höhe der Steuersatz auf 45 %. Die gewerblichen Einkünfte werden von dieser Regelung ausgenommen.

Quelle: http://www.bundesregierung.de/Anlage 920135/Koalitionsvertrag.pdf, aufgerufen am 9. 3. 2006 (bearbeitet)

M 2 „Licht am Ende des Tunnels"

Angela Merkel will Deutschland mit den geplanten Reformen wieder eine Spitzenposition in Europa verschaffen. Dabei will sich die große Koalition von Union und SPD neben der Haushaltssanierung vor allem auf den Abbau der Arbeitslosigkeit konzentrieren.
Daran werde sich letztlich der Erfolg des gemeinsamen Bündnisses messen, erklärten übereinstimmend die designierte Regierungschefin Angela Merkel (CDU) und der künftige Vize-Kanzler Franz Müntefering (SPD) [...] bei der Vorstellung des Koalitionsvertrags in Berlin.
„Deutschland sollte es schaffen, dass wir in zehn Jahren wieder unter den ersten drei Ländern in Europa sind", sagte die CDU-Chefin in Berlin bei der Vorstellung des Regierungsprogramms von Union und SPD. Dies müsse aber auf der Basis sozialer Werte geschehen. Ziel sei es, den „Abwärtstrend zu stoppen, ihn umzukehren". [...] Dem Koalitionsvertrag sei als Prinzip ein Dreiklang aus Sanierung, Reformen und Investitionen zu Grunde gelegt. [...] Merkel erklärte, 2006 könne noch kein verfassungsgemäßer Haushalt erreicht werden. „Aber 2007 muss das gelingen." Dazu würden zehn Milliarden Euro eingespart, fünf Milliarden an Steuersubventionen abgebaut und zehn Milliarden Euro würden durch die Erhöhung der Mehrwertsteuer erzielt. Wenn Deutschland den EU-Stabilitätspakt wieder erfülle, sei dies auch ein wichtiges Zeichen für die Zukunft Europas. „Vertrauen ist das, was wir wieder schaffen müssen", sagte Merkel. [...]

Quelle: http://www.sueddeutsche.de/deutschland/artikel/184/64120/ aufgerufen am 21. 11. 2005 (bearbeitet)

M 3 Das Hauptbuch der Nation – Bundeshaushalt 2005 (Soll)

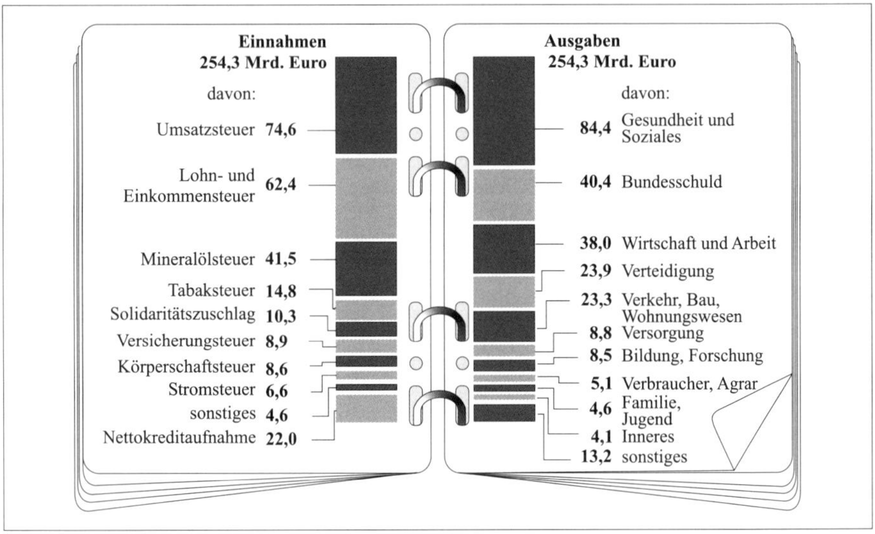

Quelle: BMF, Globus Infografik 9632

M 4 Abschied von der Niedrigzinspolitik eingeleitet:

EZB erhöht Leitzins

Die zweieinhalb Jahre dauernde Phase historisch niedriger Zinsen in den zwölf Euro-Ländern ist zu Ende. Zur Bekämpfung der Inflation erhöhte die Europäische Zentralbank (EZB) am Donnerstag, 1. Dezember, zum ersten Mal seit fünf Jahren den Leitzins und hob ihn von 2,00 auf 2,25 Prozent an.

FRANKFURT. Eine Folge von weiteren Zinsschritten steht aber zunächst nicht an. „Dies ist keine Entscheidung im Voraus, dass wir eine Serie von Zinserhöhungen umsetzen werden", sagte EZB-Präsident Jean-Claude Trichet in Frankfurt. Die Notenbank wolle darüber erst auf Basis neuer Informationen entscheiden. Ökonomen erwarten die nächste Zinsanhebung im Frühjahr 2006. Bis Ende nächsten Jahres könnte der Zins auf maximal 2,75 Prozent steigen.

Die Entscheidung des EZB-Rats sei wegen der gestiegenen Inflationserwartungen erforderlich gewesen, sagte Trichet. Dieser Schritt sei kein Dämpfer für das Wirtschaftswachstum, sondern im Gegenteil eine Voraussetzung dafür: „Preisstabilität ist eine notwendige Bedingung für dauerhaftes Wachstum und Beschäftigungszuwachs."

Die Notenbank sieht stabile Preise bei einer Inflationsrate von knapp unter zwei Prozent gewährleistet. Die hohen Öl- und Benzinpreise haben die Teuerung in der Euro-Zone auch im November mit 2,4 Prozent über dieser Grenze gehalten. Trichet unterstrich, dass die gestiegene Nachfrage in Asien die Ölpreise in die Höhe treibe. Mit einem deutlichen Rückgang sei daher zunächst nicht zu rechnen. Die EZB erwartet 2006 eine stärkere Inflation als bisher und hob ihre Prognose von durchschnittlich 1,9 auf 2,1 Prozent an. Die Wirtschaft werde sich schneller erholen und im nächsten Jahr mit 1,9 Prozent wachsen. Die geplante Mehrwertsteuererhöhung 2007 in der größten Volkswirtschaft Deutschland mit ihren Effekten im kommenden Jahr ist dabei berücksichtigt. Die Notenbanker wollen mit ihrem Schritt verhindern, dass die Tarifparteien wegen der hohen Inflation stark stei-

gende Löhne aushandeln. Dies könnte eine weitere Teuerungswelle – so genannte Zweitrundeneffekte – auslösen. Trichet wollte für die Lohnsteigerungen keine Zahl nennen, die die Bank für angemessen hält.
Trichet wehrte sich gegen die massive Kritik aus den EU-Staaten gegen die Zinserhöhung. „Diese moderate Korrektur mussten wir machen, um unsere volle Glaubwürdigkeit zu bewahren“, sagte der EZB-Präsident. „311 Mill. Menschen erwarten von uns, dass wir Preisstabilität gewährleisten.“ Das Zinsniveau von zwei Prozent sei tiefer gewesen als jemals zu Zeiten der Deutschen Bundesbank.

Quelle: http://www.handelsblatt.com/pshb/fn/relhbi/sfn/buildhbi/cn/GoArt!200053.998683 /SH/0/depot/0, aufgerufen am 7. 12. 2005 (bearbeitet)

M 5 Karikatur: Tut sich schon was?

Quelle: http://de.news.yahoo.com/051114/294/4rlhs.html aufgerufen am 18. 1. 2006 (bearbeitet) © Götz Wiedenroth/CCC,www.c5.net

1 Untersuchen Sie die im Text M 1 dargestellten geplanten Maßnahmen der Großen Koalition im Hinblick auf das Ziel „Abbau der Arbeitslosigkeit“!

2.1 Erläutern Sie anhand von Beispielen aus dem Bundeshaushalt 2005 (M 3) die Aufgaben des Sektors Staat in der Sozialen Marktwirtschaft und zeigen Sie anhand des Kreislaufmodells, wie der Staat diese Aufgabe erfüllt!

2.2 Begründen Sie unter Einbeziehung des Textes M 2 und des Bundeshaushalts 2005 (M 3), warum Deutschland bei der von der Koalition angestrebten Haushaltskonsolidierung kurzfristig offenbar auf Steuererhöhungen angewiesen ist!

3.1 Erklären Sie den Begriff „Leitzins“ (M 4, Z. 3) und arbeiten Sie aus dem Text M 4 die Gründe heraus, die die Europäische Zentralbank (EZB) zu einer Anhebung des Leitzinses bewogen haben!

3.2 Erläutern Sie, auch unter Berücksichtigung von M 3, mögliche Kritikpunkte aus den EU-Staaten an der Zinserhöhung (M 4, Z. 28 f.) aus finanz- und konjunkturpolitischer Sicht!

4 Interpretieren Sie die Karikatur (M 5), gegebenenfalls auch unter Verwendung der Materialien M 1 – M 4 und Ihrer bisher erarbeiteten Ergebnisse!

Vorgegebene Bewertungseinheiten:

Frage	1	2	3	4
BE	16	18	16	10

Lösungsvorschlag

1 *Für die vier im Text aufgelisteten Maßnahmen ist die Zielkonformität bezüglich des Abbaus der Arbeitslosigkeit zu untersuchen, d. h. zu erörtern, ob mit diesen Maßnahmen die Arbeitslosigkeit tatsächlich abgebaut werden kann.*

Senkung der Lohnzusatzkosten zum 1. 1. 2007 durch Reduzierung des Beitrags zur Arbeitslosenversicherung um zwei Prozentpunkte
Als wesentlicher Kritikpunkt am Standort Deutschland werden immer wieder die hohen Lohn- bzw. Lohnnebenkosten genannt. Die Beiträge zur Arbeitslosenversicherung werden je zur Hälfte von Arbeitnehmern und Arbeitgebern getragen. Eine Senkung um zwei Prozentpunkte käme also beiden Tarifseiten zugute.
Eine Verringerung der Lohnnebenkosten könnte
- die Arbeitslosenquote verringern und in der Summe positive Beschäftigungseffekte zur Folge haben, da sie ein positives Signal für Investoren setzt,
- die internationale Wettbewerbsfähigkeit der Arbeitskräfte am Standort Deutschland erhöhen und dadurch die Gefahr einer Abwanderung von Betrieben ins Ausland dämpfen,
- den Ersatz von Arbeitskräften durch Kapitalinvestitionen verlangsamen,
- zu einer Verringerung der Schwarzarbeit führen.

All diese Punkte können von Seiten der **Arbeitgeber** zu einem positiven Beschäftigungseffekt beitragen. Auf Seiten der **Arbeitnehmer** führt eine Senkung der Lohnnebenkosten zu einem höheren verfügbaren Einkommen, das ggf. höhere Konsumausgaben ermöglicht und über positive Multiplikatoreffekte zu Wirtschaftswachstum mit den entsprechenden Beschäftigungseffekten führen kann. Allerdings steht dem die Meinung gegenüber, dass diese Effekte nur dann tatsächlich auftreten, wenn die Finanzierung der Lohnnebenkostensenkung nicht auf die Verbraucher überwälzt wird, da sonst der resultierende Nachfrageausfall den Beschäftigungseffekt wieder zunichte macht (vgl. unten zur Mehrwertsteuer).

Haushaltskonsolidierung durch Senkung der Staatsausgaben, Abbau von Steuervergünstigungen und Steuererhöhungen:
Eine Sanierung des Staatshaushalts kann einen positiven Effekt haben, wenn durch eine mittel- und langfristige Senkung der Staatsquote mehr Spielräume für private Investitions- und Konsumgüternachfrage geschaffen werden, die wiederum positive Impulse für die Beschäftigung setzen können.

Eine Senkung der Staatsausgaben wäre dazu nur dann sinnvoll, wenn wenig arbeitsmarktwirksame Ausgaben betroffen wären. Entstehen durch die Ausgabensenkung Lücken in der gesamtwirtschaftlichen Nachfrage und können diese trotz des positiven Signals der Rückführung der Staatsquote nicht durch zusätzliche private Nachfrage gefüllt werden, hat die Maßnahme zumindest kurzfristig eher negative Beschäftigungseffekte.
Eine Konsolidierung über die Streichung von Steuervergünstigungen bzw. über Steuererhöhungen kann dann positive Beschäftigungseffekte haben, wenn dadurch nur unterproportionale Effekte beim privaten Konsum bzw. Investitionen entstehen (vgl. unten zur Reichensteuer).

Erhöhung des Mehrwertsteuersatzes auf 19 % ab 2007:
Die Erhöhung der Mehrwertsteuer ab 2007 kann 2006 dazu führen, dass Konsum- und Investitionsvorhaben zeitlich vorgezogen werden. Der entsprechende Anstieg der gesamtwirtschaftlichen Nachfrage kann sich positiv auf den Arbeitsmarkt auswirken. Allerdings handelt es sich bei der zusätzlichen Nachfrage nur um eine zeitliche Verschiebung. Gehen die Arbeitgeber davon aus, dass der Nachfragezuwachs nicht dauerhaft anhalten wird, werden sie auch keine auf Dauer angelegten zusätzlichen Arbeitsplätze schaffen.
Ein darüber hinausgehender, dauerhafter Rückgang der privaten Nachfrage ab 2007 aufgrund der höheren Mehrwertsteuer hätte ggf. sogar negative Multiplikator- und Beschäftigungseffekte zur Folge.
Einen ähnlichen Effekt hätten gesunkene Gewinne, für den Fall, dass die Unternehmen die Mehrwertsteuer nicht auf die Verbraucher überwälzen können, da dann die freien Mittel für die Investitionsgüternachfrage ebenfalls sinken würden.

Reichensteuer:
Die Anhebung des Einkommensteuersatzes für Bezieher besonders hoher Einkommen (so genannte Reichensteuer) kann positiv zur Konsolidierung beitragen, ohne den Arbeitsmarkt zu belasten. Die spezifische Konsumquote dieser Einkommensgruppen ist in der Regel ohnehin relativ niedrig, sodass eine Anhebung der Einkommensteuer auf deren Konsumverhalten keinen oder nur einen minimalen Einfluss haben dürfte. Bedenklich wäre eher, wenn Einkommen insgesamt ins Ausland verlagert würden, um diese Steuer zu umgehen und damit weniger Mittel für die Binnennachfrage zur Verfügung stünden.
Die Tatsache, dass gewerbliche Einkünfte von der Reichensteuer ausgenommen sind, dürfte sicher stellen, dass sich keine direkten negativen Effekte für die Investitionstätigkeit und damit den Arbeitsmarkt ergeben.

Fazit: Das von der großen Koalition vereinbarte Maßnahmenpaket kann durchaus positive Impulse für den Arbeitsmarkt setzen. Es beinhaltet aber keine Garantie, da die zur Finanzierung erforderlichen Ausgabenkürzungen und Steuererhöhungen die erwünschte Wirkung kompensieren können.

2.1 *Die Antwort bei dieser Aufgabe muss drei Ebenen miteinander verbinden: Die Aufgaben des Staates in der Sozialen Marktwirtschaft allgemein, Beispiele aus dem Bundeshaushalt und die Zuordnung zu den entsprechenden Strömen und Zusammenhängen im Kreislaufmodell.*

Die soziale Marktwirtschaft ist die Verbindung der Freiheit auf dem Markt mit dem Prinzip des sozialen Ausgleichs im Rahmen einer Wettbewerbswirtschaft. Der Staat hat entsprechend dieser Definition wirtschafts- und sozialpolitische Aufgaben.

Sozialpolitik:
Im Rahmen der Sozialpolitik soll der Staat für den durch das Ziel der sozialen Gerechtigkeit erforderlichen sozialen Ausgleich sorgen. Dies tut er über die Umverteilung von Einkommen und Vermögen. Im Bundeshaushalt kann man dies an der Einnahmen- und

der Ausgabenseite erkennen: Auf der Einnahmenseite zieht der Staat im wesentlichen über Steuereinnahmen Einkommensteile aus der Bevölkerung (direkte Steuern, T^{dir}, wie z. B. Einkommen- oder Grundsteuer) und von den Unternehmen (indirekte Steuern, T^{ind}, wie z. B. Mehrwertsteuer oder Mineralölsteuer) ab. Im Gegenzug verteilt er große Teile dieser Einnahmen wieder an die Bevölkerung über Haushaltsposten wie Gesundheit und Soziales oder Familie und Jugend (Transferleistungen an die Haushalte, Z_H, wie z. B. Kindergeld).

Wirtschaftspolitik:
Im Rahmen der Wirtschaftspolitik hat der Staat z. B. die Aufgabe, für den Ausgleich konjunktureller Schwankungen zu sorgen oder notwendige Strukturanpassungen zu fördern. Dazu verwendet der Staat einen Teil der staatlichen Einnahmen aus dem Bundeshaushalt für staatliche Konsum- und Investitionsausgaben (C_{St}, z. B. im Bereich Verteidigung, Verkehr, Bau und Wohnungswesen) und über Subventionen an Unternehmen (Z_U, z. B. im Bereich Bildung und Forschung und indirekt über die EU im Agrarbereich). Sofern die Einnahmen aus dem Staatshaushalt nicht reichen, muss der Staat das Defizit über den Ausgleichsposten der Nettoneuverschuldung ausgleichen (Kr_{St}). Der Staat nimmt allerdings auch als Unternehmer am Wirtschaftsgeschehen teil und erwirtschaftet daraus entsprechende Einkünfte (z. B. aus Beteiligungen und öffentlichen Unternehmen, Y_{St}).

Bereitstellung öffentlicher Güter:
Eine weitere wichtige staatliche Aufgabe ist die Bereitstellung öffentlicher Güter, für die in einer marktwirtschaftlichen Ordnung kein ausreichender Produktionsanreiz besteht. Dazu zählen u. a. Aufgabenbereiche wie Bildung und innere und äußere Sicherheit (Inneres und Verteidigung) sowie die Bereitstellung von Infrastrukturleistungen wie Straßenbau oder Sozialwohnungen (Verkehr und Wohnungsbau), die im Kreislauf im Wesentlichen im Strom C_{St} erfasst werden.

2.2 *Um die Notwendigkeit der Steuererhöhung begründen zu können, muss man die laut M 2 genannten Ziele der Koalition mit einbeziehen. Es ist daher empfehlenswert diese Ziele vorab aufzulisten, um dann Bezug auf sie nehmen zu können. Begründen heißt, erklären, „warum" etwas so ist und nicht anders. Ein Fazit ist erwünscht.*

Die Ziele der Koalition sind laut M 2 neben der Haushaltssanierung v. a. der Abbau der Arbeitslosigkeit (Z. 3). Deutschland soll innerhalb von 10 Jahren in Europa wieder eine Spitzenposition erreichen (Z. 1 f., 8 f.), dies soll aber auf „der Basis sozialer Werte" (Z. 10) geschehen. Dazu wird mithilfe eines „Dreiklang[s] aus Sanierung, Reformen und Investitionen" baldmöglichst wieder ein „verfassungsgemäßer Haushalt" und die Erfüllung des EU-Stabilitätspaktes angestrebt (Z. 12 ff., 16 f.).
Zur Finanzierung dieses Programms stehen dem Staat prinzipiell drei finanzpolitische Alternativen zur Verfügung: Senkung der Staatsausgaben, Abbau von Steuervergünstigungen und Steuererhöhungen.
Laut M 2 erwartet die Regierung aus der **Senkung der Staatsausgaben** 10 Milliarden Euro und aus dem **Abbau von Steuersubventionen** 5 Milliarden Euro, insgesamt also 15 Milliarden Euro. Diesen 15 Milliarden stehen Ausgaben für die Bundesschuld (Zins- und Tilgungsleistungen) von gut 40 Milliarden gegenüber, von denen im Bundeshaushalt 2005 mehr als 20 Milliarden durch eine Nettoneuverschuldung gedeckt werden mussten. Die 15 Milliarden Mehreinnahmen reichen also nicht aus, um die Finanzierungslücke im Staatshaushalt zu schließen. Daher wäre eine weitere Nettoneuverschuldung notwendig, die nicht nur dem Ziel der verfassungsgemäßen Haushaltskonsolidierung, sondern auch dem EU-Stabilitätspakt entgegenliefe. Die verbleibende Finanzierungslücke sowie ein gewisser Überschuss, z. B. zur Rückführung der Bundesschuld, aber auch zur Finanzierung

der Lohnnebenkostensenkung und der geplanten Investitionen, müssen also zwangsläufig über **Steuererhöhungen** gedeckt werden.
Eine weitere **Senkung der Ausgaben**, z. B. in den großen Bereichen Soziales und Gesundheit oder Wirtschaft und Arbeit, würden sowohl das Ziel „auf der Basis sozialer Werte" als auch den angestrebten „Abbau der Arbeitslosigkeit" gefährden. Ausgabensenkungen beim zweitgrößten Posten, der Bundesschuld, sind weitgehend unmöglich, da Zins- und Tilgungsleistungen nicht beliebig reduziert werden können.
Auch eine weitere **Streichung von Steuervergünstigungen** wäre entweder politisch nicht durchsetzbar, da sie sozial motiviert sind, oder kontraproduktiv, wenn dadurch z. B. das verfügbare Einkommen und damit die gesamtwirtschaftliche Nachfrage sinken würden. Das unerwünschte Resultat wären rückläufige Steuereinnahmen (z. B. aus Verbrauchssteuern und Mehrwertsteuer) und über negative Multiplikatorprozesse weiterer Druck auf den Arbeitsmarkt.

Fazit: Unter den gegebenen Rahmenbedingungen, v. a. angesichts der schwachen Wachstumszahlen, bleibt der Regierung kurzfristig kaum eine andere Wahl, als auch Steuererhöhungen durchzuführen, auch wenn Gegner dieser Maßnahme fordern, statt dessen das Wachstum der Wirtschaft massiv anzukurbeln und dadurch die höheren Steuereinnahmen zu erwirtschaften.

3.1 *Der Begriff „Leitzins" ist zu erläutern und die Gründe für die Leitzinserhöhung sind möglichst vollständig und mit Zeilenangabe aus dem Text M 4 herauszuarbeiten.*

Unter **Leitzins** versteht man den von der Zentralbank festgelegten Zinssatz zur Steuerung der Geldpolitik. Der Leitzins im Eurosystem ist also der Zins, den die EZB für ihre Geschäfte im Rahmen des geldpolitischen Instrumentariums festlegt, d. h. in erster Linie der Zinssatz für die Hauptrefinanzierungsgeschäfte (um den die Zinssätze für die ständigen Fazilitäten ein Art Zinskorridor bilden). Man könnte ihn auch deswegen als Leitzins bezeichnen, weil die Geschäftsbanken die Veränderung dieses Zinssatzes, d. h. ihrer Refinanzierungsbedingungen, im Rahmen ihres Kreditgeschäfts an die Nichtbanken weitergeben. Der Leitzins leitet also auch die Veränderungen auf den Geld- und Kapitalmärkten mit.

Mögliche Gründe für die Anhebung des Leitzinssatzes:

- Die Erhöhung ist wegen der „gestiegenen Inflationserwartungen" (Z. 11) zur Bekämpfung der Inflation (Z. 2) notwendig gewesen. Der Preisanstieg beruht v. a. auf den hohen Öl- und Benzinpreisen, für die wegen der großen Nachfrage in Asien kein Rückgang in Sicht ist (Z. 18 f.).
- Die Inflationsrate überschritt mit 2,4 % (Z. 17) im November klar die von der EZB gesetzte Grenze von „knapp unter zwei Prozent" (Z. 15). Auch für 2006 korrigierte die EZB ihre Prognose auf 2,1 % (Z. 20), also über dem Grenzwert, nach oben. Um ihre Hauptaufgabe, die Sicherung der Preis(niveau)stabilität, zu erfüllen, musste die EZB daher handeln.
- Mit ihrem Zinsschritt will die EZB die Preisstabilität auch als „notwendige Bedingung für dauerhaftes Wachstum und Beschäftigungszuwachs" (Z. 13 f.) sichern und so ihrem Sekundärziel, der Unterstützung der Wirtschaftspolitik, entsprechen.
- Des Weiteren soll mit der Bekämpfung der Inflation verhindert werden, dass die Tarifparteien inflationsbedingt überhöhte Tarifforderungen stellen und damit im Rahmen der Lohn-Preis-Spirale „so genannte Zweitrundeneffekte" verursachen (Z. 25 f.).
- Schließlich wollte die EZB ein Zeichen setzen, um ihre „volle Glaubwürdigkeit zu bewahren" (Z. 29 f.), nämlich als Hüterin der Preisstabilität im Eurosystem.

3.2 *Die Antwort ist so zu formulieren, dass sie die Perspektive verschiedener EU-Staaten ermöglicht.*

Konjunkturpolitische Kritikpunkte:

- Höhere Zinsen reduzieren i. d. R. die Bereitschaft Kredite aufzunehmen und erhöhen die Sparneigung. Auf Seiten der Haushalte kann dies die Konsumgüternachfrage dämpfen, auf Seiten der Unternehmen die Investitionsgüternachfrage.
- Als Ergebnis sinkt die gesamtwirtschaftliche Nachfrage und mit dieser das Wirtschaftswachstum sowie die Steuereinnahmen (→ finanzpolitischer Kritikpunkt).

Finanzpolitische Kritikpunkte:

- Durch die Zinserhöhung können die Steuereinnahmen in den EU-Staaten zurückgehen (vgl. oben!) und diese Einnahmeausfälle die staatliche Haushaltslage auch im Hinblick auf den EU-Stabilitätspakt verschlechtern.
- Während EWU-Mitgliedsstaaten mit hohem Wirtschaftswachstum und hohen Inflationsraten (z. B. Irland) die Zinserhöhung als positiven Schritt bewerten dürften, wird in Staaten mit geringem Wirtschaftswachstum (z. B. Deutschland, Frankreich) diese schwache Entwicklung noch weiter gebremst.
- Für Staaten mit hoher Staatsverschuldung bedeuten höhere Zinsen und der damit verbundene höhere Schuldendienst für das Staatsdefizit ein weiteres Hindernis beim Abbau der Staatsverschuldung und damit auch bei der Erfüllung des EU-Stabilitätspakts.
- Ist eine entsprechende Ausgabenkürzung nicht möglich, steigt ggf. die Finanzierungslücke im Staatshaushalt und es kommt zu einem Teufelskreis, wenn diese Lücke wieder durch Nettokreditaufnahme geschlossen werden muss.
- Höhere Zinslasten beim Schuldendienst binden weitere Haushaltsmittel, sodass die so genannte „Manövriermasse“ für staatliche Aufgaben weiter sinkt.

4 *Die Interpretation von Karikaturen erfolgt in der Regel auf vier Ebenen (vgl. Methodenbeschreibung im Vorwort!). Auch wenn es für eine Karikatur immer verschiedene Interpretationsmöglichkeiten gibt, müssen im Beschreibungsteil grundsätzlich alle Bild- und Textelemente eingeordnet und zueinander in Beziehung gesetzt werden.*

Beschreibung der Karikatur (Inhaltsebene und Bedeutungsebene):

Die Karikatur zeigt zwei Wasserbecken, die durch einen Damm voneinander getrennt sind. Im linken Wasserbecken steht ein Mann, der die Unternehmer bzw. Arbeitgeber darstellen soll. Er steht auf den Zehenspitzen und trotzdem steht ihm das Wasser, hier die Lohnkosten, bis zum Hals. Im rechten Becken steht eine Frau mit einem Kind, die die Privathaushalte darstellen sollen. Auch der Frau steht das Wasser, hier die Verbraucherpreise, bis zum Hals, vor allem weil sie auch ihr Kind noch über Wasser halten muss. Während auf dem Damm die Regierungschefin Angela Merkel steht und eine „Mehrwertsteuerpumpe“ bedient, die das Wasser aus dem linken Becken in das rechte pumpt, sitzt im Damm versteckt ein Vertreter des Deutschen Gewerkschaftsbundes und bohrt mit Tarifforderungen einen Kanal durch den Damm, der das Wasser wieder zurück in das Arbeitgeberbecken laufen lässt. Angela Merkel an der Pumpe will gleichzeitig vom Unternehmer wissen, ob sich schon etwas tut.

Interpretation und Hintergrund:
Thema der Karikatur ist die Senkung der Lohnnebenkosten und deren Finanzierung durch eine Anhebung der Mehrwertsteuer auf 19 % (vgl. M 1). Die Regierung bzw. die Koalition (vgl. M 2), repräsentiert durch Angela Merkel (M 2), will eine einseitige Entlastung der Arbeitgeber durch eine Senkung der Lohn(neben)kosten erreichen. Dabei hat sie tatsächlich nur die Arbeitgeber im Blick: Sie wendet den Verbrauchern den Rücken zu und fragt nur bei den Arbeitgebern nach, ob sich schon etwas tut. Die Erhöhung der Mehrwertsteuer zur Finanzierung der Lohn(neben)kostensenkung kann als indirekte Steuer aber über die Verbraucherpreise (M 4, Z. 22 f.) auf die Verbraucher abgewälzt werden. In der Karikatur geschieht dies auch vollständig durch den Pumpmechanismus, woraufhin das Wasser bei den Verbrauchern aber tatsächlich noch deutlich höher als bei den Arbeitgebern steht (vgl. Pegelstriche an den Messlatten). Dies veranlasst den Deutschen Gewerkschaftsbund durch erhöhte Tarifforderungen bei den Verbrauchern für Entlastung zu sorgen, indem er den Mechanismus der Regierung untergräbt. Allerdings scheint der DGB dabei weder die Arbeitgeber noch die Verbraucher wirklich im Blick zu haben, da er völlig isoliert und eingekapselt alleine vor sich hin arbeitet.
In der Gesamtaussage kritisiert die Karikatur, dass die von Angela Merkel in Gang gesetzte Maßnahme zur Entlastung der Arbeitgeber dazu führt, dass durch die Überwälzung der Mehrwertsteuer die Verbraucher durch erhöhte Verbraucherpreise belastet werden. Dies wird von der Regierung aber gar nicht erkannt bzw. berücksichtigt. Auch scheint der Regierung angesichts ihrer naiven Nachfrage „Tut sich schon was?“ nicht im mindesten bewusst zu sein, dass ihr System gar nicht funktionieren kann, weil es durch die Preis-Lohn-Spirale untergraben wird. Im Endeffekt „tut sich“ also gar nichts: Die Lohnkosten bleiben wegen der Zweitrundeneffekte (M 4) mittelfristig auf hohem Niveau, die Verbraucherpreise durch die Mehrwertsteuererhöhung ebenfalls, sodass keine dauerhaften Wachstums- und Beschäftigungseffekte zu erwarten sind.

Mögliche Punktverteilung:

1	2.1	2.2	3.1	3.2	4
16	9	9	8	8	10

Leistungskurs Wirtschaft/Recht: Abiturprüfung 2006
Fachgebiet Betriebswirtschaftslehre – Aufgabe II

(nicht kombinierbar mit Aufgabe III)

M 1 Im Blick der Banken

Ohne gutes Rating bekommen mittelständische Unternehmen kein Geld von der Bank. Zahlen belegen dies. So bekam jeder zehnte Mittelständler im Jahr 2003 keinen Kredit. Viele Mittelständler arbeiten daran, ihre Bonität zu verbessern. Dass am Bankenrating kein Weg vorbei führt, haben sie längst erkannt. Das Basel-II-Abkommen schreibt den Banken standardisierte Rating-Prozesse vor, mit denen die Kreditprüfer die Unternehmen durchleuchten. Meist fließen die so genannten quantitativen Faktoren wie Gewinn, Eigenkapitalquote, Cash-flow und Verschuldungsgrad zu 60 bis 70 Prozent in die Bewertung ein. Qualitative Faktoren wie Managementkompetenz, Plausibilität der Unternehmens- und Finanzplanung, Nachfolge, Strategie, Marktposition, Wettbewerb und Produktqualität analysieren die Zukunftsperspektiven eines Unternehmens. Sie machen 30 bis 40 Prozent der Ratingnote aus.
Viele Mittelständler kennen jedoch bereits die offenen Baustellen in ihrem Betrieb. Die Eigenkapitaldecke ist zu dünn. Kleine und mittlere Betriebe haben Defizite in der Geschäfts-, Finanz- und Liquiditätsplanung. Sie sind durch eine hohe Fremdkapitalquote von ihren Banken abhängig. Mittelständler müssen sich für alternative Finanzierungen öffnen, um ihr Eigenkapital zu stärken. Denn Kredit bekommt nur, wer eigentlich keinen braucht. Angesichts magerer Zuwachsraten in vielen Branchen tun sich Mittelständler jedoch schwer, durch einbehaltene Gewinne ihr Finanzpolster zu stärken. Sie müssen deshalb Investoren gewinnen, um Eigenkapital ins Unternehmen zu holen.

Quelle: Markt und Mittelstand, 5/2005, S. 64–74 (bearbeitet)

M 2

Die Labotech GmbH ist ein mittelständisches Unternehmen mit 30 Mitarbeitern, das Speziallaborgeräte für medizinische und wissenschaftliche Labors herstellt. Sie erwägt den Einstieg in eine neue Produktsparte. Das Analysegerät „Analysix 3000“ ist zwar schon bis zur Marktreife entwickelt, für die Produktion wären allerdings umfangreiche Investitionen in eine neue Produktionsanlage erforderlich. Das Gerät wird in ähnlicher Form von vielen anderen Herstellern angeboten. Eine Wirtschaftlichkeitsanalyse ergibt folgende Werte:

Fixkosten der Anlage pro Jahr	720 000 €
variable Kosten pro Stück	1 800 €
voraussichtlicher Verkaufspreis pro Stück	3 240 €
Jahreskapazität der Anlage	2 000 Stück
voraussichtliche kurzfristige Kapazitätsauslastung	60 %
voraussichtliche langfristige Kapazitätsauslastung	100 %

M 3

Für ein kompliziertes Bauteil des Analysegeräts mit hohem Fixkostenanteil käme unter Umständen auch Fremdbezug statt Eigenfertigung in Frage. Die Fixkosten der gesamten Produktion würden dadurch um 30 Prozent, die ursprünglichen variablen Kosten pro Stück zunächst um 20 Prozent sinken. Dafür müssten aber je produziertem Analysegerät Fertigteile für 520 € zugekauft werden.

M 4

Bei der Vermarktung des Produkts „Analysix 3000" befürchtet die Geschäftsleitung hohe Haftungsrisiken. Deshalb wurde im Vorfeld überlegt, dieses Geschäftsfeld in eine rechtlich selbstständige Tochtergesellschaft auszulagern. Neben der Gründung einer neuen GmbH nach deutschem Recht wurde auch die Rechtsform der britischen „Private Limited Company by shares" (Ltd.) in Erwägung gezogen.
Bei einer Internet-Recherche stößt die Geschäftsleitung auf folgenden Vergleich:

Limited statt GmbH – die Vorteile auf einen Blick

[...] Gegenüber der deutschen GmbH hat die Limited eine ganze Reihe von Vorteilen, allen voran die Möglichkeit der Haftungsbegrenzung auf 1 englisches Pfund (GBP), [...] eine unbürokratische Handhabung und sehr niedrige Steuersätze (gilt nicht, wenn der Ort der geschäftlichen Oberleitung in Deutschland liegt, das heißt z. B., wenn der alleinige Gesellschafter seinen Sitz in Deutschland hat!) – sie ist damit ideal für Existenzgründer, eignet sich aber auch als Vehikel zur Vermögenssicherung. [...]

	GmbH	**Limited**
Gründungsdauer	mehrere Monate	24 Stunden
Gründungskosten	mehrere 1 000 €	185 €
Haftungskapital (Untergrenze)	25 000 €	1 GBP (ca. 1,50 €)
Körperschaftsteuersatz (vom Jahresgewinn)	25 %	0 % bis 10 000 GBP Jahresgewinn, danach steigende Steuersätze von 19 % bis 30 % ab 1,5 Mio. GBP Jahresgewinn
Pflicht zur doppelten Buchführung	ja	nein

Quelle: http://www.limited24.de/i_vorteile.html, aufgerufen am 13. 10. 2005 (bearbeitet)

1.1 Erläutern Sie, wie mittelständische Unternehmen ihr Banken-Rating verbessern können! Beziehen Sie sich dabei auf zwei quantitative und zwei qualitative Faktoren, die in M 1 genannt werden!

1.2 Erstellen Sie eine Übersicht über die Finanzierungsarten eines Unternehmens und ordnen Sie die im Text (M 1) genannten Alternativen in Ihre Übersicht ein!

2.1 Ermitteln Sie grafisch und rechnerisch die Gewinnzone bei der Produktion von „Analysix 3000" und berechnen Sie den voraussichtlichen, kurzfristig realisierbaren Gesamtgewinn pro Jahr (M 2)!

2.2 Bestimmen Sie die Kapazitätsauslastung, die nötig ist, damit für das Produkt „Analysix 3000" eine Umsatzrentabilität von 30 Prozent erreicht wird (M 2)!

3.1 Ermitteln Sie die Kostenfunktion, die sich bei einem Fremdbezug der Fertigteile ergäbe, und berechnen Sie, bei welchen Stückzahlen der Fremdbezug kostengünstiger ist! Erläutern Sie, wie sich die Entscheidung für den Fremdbezug auf die kurz- und die langfristige Gewinnsituation auswirken würde (M 2 und M 3)!

3.2 Stellen Sie weitere mögliche Auswirkungen des Fremdbezuges (M 2, M 3) dar!

4 Beurteilen Sie, inwieweit die in M 4 genannten Vorteile der Limited gegenüber einer GmbH für die Entscheidung der Labotech GmbH über die Rechtsform ihrer Tochtergesellschaft von Bedeutung sind!

Vorgegebene Bewertungseinheiten:

Frage	1	2	3	4
BE	16	18	16	10

Lösungsvorschlag

1.1 *Es handelt sich im wesentlichen um eine auf einer Textanalyse von M 1 basierte Erläuterung.* ***Quantitative Faktoren*** *im Text: Gewinn, Eigenkapitalquote, Cash-Flow*[1] *und Verschuldungsgrad (Z. 6f.); Liquidität (Z. 14);* ***qualitative Faktoren im Text****: Managementkompetenz, Plausibilität der Unternehmens- und Finanzplanung, Nachfolge, Strategie, Marktposition, Wettbewerb und Produktqualität.*
Erläutern erfordert neben der Beschreibung eine weitergehende Erörterung. Je zwei quantitative und qualitative Faktoren aus der folgenden Auswahl sind zu erläutern.

Quantitative Faktoren:
- Gewinn: Erhöhung des Gewinns durch Kostenreduktion, z. B. durch Rationalisierung oder Abbau von unnötigen Lagerbeständen und Übergang zu Just-in-time-Fertigung
- Eigenkapitalquote: Erhöhung der Eigenkapitalquote z. B. durch Gewinnthesaurierung, Aufstocken der Eigenkapitalanteile bisheriger Gesellschafter oder Gewinnung neuer Gesellschafter
- Verschuldungsgrad: Verringerung des Fremdkapitalanteils, z. B. durch Tilgung von Krediten mit freigesetzten Mitteln aus der Veräußerung von Vermögensgegenständen, insbesondere durch die Realisierung stiller Reserven bei unterbewerteten Aktiva
- Liquidität: Erhöhung der liquiden Mittel durch beschleunigte Rechnungsstellung und verbessertes Mahnwesen

Qualitative Faktoren:
- Managementkompetenz: Erhöhung der Managementkompetenz, z. B. durch Fortbildungsmaßnahmen oder Einstellung von kompetentem Fachpersonal
- Unternehmens- und Finanzplanung: transparente Planung und Dokumentation der Unternehmens- und Finanzplanung, z. B. in den Bereichen längerfristiger Markterschließungsstrategien und Expansionsvorhaben
- frühzeitige Regelung und Qualifikation möglicher Nachfolger in der Geschäftsleitung
- Wettbewerb: Stärkung der Wettbewerbsfähigkeit, z. B. durch Entwicklung neuer Produkte, konkurrenzfähige Preispolitik, gezielte Qualifikationsoffensiven beim eigenen Personal

1 Der Cash-Flow ist nicht im Lehrplan gefordert.

1.2 *Die Finanzierungsarten müssen allgemein in einer Übersicht dargestellt und die im Text genannten Arten eingeordnet werden. Verschiedene Darstellungsformen sind möglich, z. B. als Baumdiagramm oder als Tabelle (die im Text genannten Finanzierungsarten sind kursiv gedruckt).*

Finanzierungsarten

- Außenfinanzierung
  - Eigenfinanzierung
    - *Aufnahme von Gesellschaftern*
    - *„Investoren gewinnen" (Z. 19)*
  - Fremdfinanzierung
    - *„Bankkredit" (Z. 1 f., 14 f.)*
  - Sonderformen Leasing, Factoring
- Innenfinanzierung
  - Selbstfinanzierung offen /verdeckt
    - *„einbehaltene Gewinne" (Z. 18)*
  - Finanzierung aus Rückstellungen und Abschreibungen
  - Umfinanzierung

Alternativ:

	Außenfinanzierung	**Innenfinanzierung**
Eigenkapital	Eigen-/ Beteiligungsfinanzierung: *„Investoren gewinnen"* (Z. 19)	– Selbstfinanzierung Gewinnthesaurierung: *„einbehaltene Gewinne"* (Z. 18) – Finanzierung aus Abschreibungsrückflüssen
Fremdkapital	Fremdfinanzierung durch Darlehen und Kredite: *„Bankkredite"* (Z. 1 f., 14 f.)	Finanzierung aus langfristigen Rückstellungen
Sonderformen	Factoring, Leasing	Umfinanzierung

2.1 *Aus den Textangaben sind zunächst die Kostenfunktion und die Erlösfunktion aufzustellen und die relevante Kapazitätsauslastung von 60 % zu berechnen.*

$K(x) = 1\,800\,x + 720\,000$
$E(x) = 3\,240\,x$
60 % Kapazitätsauslastung = $0{,}6 \cdot 2\,000$ Stück = 1 200 Stück

Nutzenschwelle NS: $E(x) = K(x)$; $\Rightarrow x = 500$
Kurzfristiger Gesamtgewinn bei 60 %: $G(1\,200) = E(1\,200) - K(1\,200) = 1\,008\,000$
Nutzengrenze; bei linearem Kostenverlauf an der Kapazitätsgrenze: $\Rightarrow x = 2\,000$

Die Gewinnzone beginnt bei 500 Stück und endet an der Kapazitätsgrenze von 2 000 Stück. Der kurzfristig realisierbare Gesamtgewinn bei 60 % Kapazitätsauslastung beträgt 1 008 000 €.

Grafische Ermittlung:

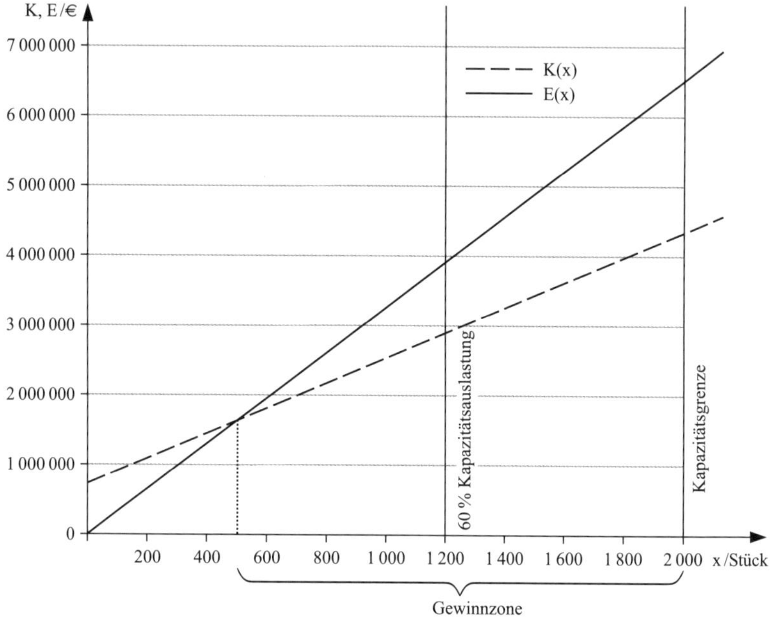

Anmerkung: Die 60 %-Linie muss nicht unbedingt eingezeichnet werden.

2.2 *Die Formel für die Umsatzrentabilität ist mit 30 % bzw. 0,3 gleichzusetzen. Alle weiteren erforderlichen Größenangaben unter 2.1.*

„Umsatz“ entspricht dem Erlös.

Umsatzrentabilität $R_U = \frac{\text{Gewinn}}{\text{Umsatzerlöse}} \cdot 100\,\%$

$$R_U = \frac{E(x) - K(x)}{E(x)} \cdot 100\,\% = 30\,\%$$

$$\Rightarrow R_U = \frac{E(x) - K(x)}{E(x)} = 0{,}3$$

$$E(x) - K(x) = 0{,}3 \cdot E(x)$$

$$3\,240x - (1\,800x + 720\,000) = 0{,}3 \cdot 3\,240x$$

$$1\,440x - 720\,000 = 972x$$

$$468x = 720\,000$$

$$\Rightarrow x = 1\,538{,}46 \approx 1\,539$$

Die Umsatzrentabilität von 30 % wird bei einer Produktionsmenge von 1 539 Stück erreicht. Diese entspricht einer Kapazitätsauslastung von 1 539 : 2 000 · 100 % = 76,95 % bzw. auf Ganze gerundet 77 %.

3.1 *Zur Aufstellung der neuen Kostenfunktion müssen die eingesparten Kosten abgezogen und die zusätzlichen Kosten addiert werden.*

Aufstellen der Kostenfunktion:[2]

20 % der variablen Kosten pro Stück (KD_v):	$0{,}2 \cdot 1\,800 = 360$
Zusätzliche variable Kosten pro Stück bei Fremdbezug:	520
30 % der Fixkosten (K_f):	$0{,}3 \cdot 720\,000 = 216\,000$

Neue Kostenfunktion bei Fremdbezug:

$$\begin{aligned} K_{neu}(x) &= (K_{v\,alt} - \text{eingesparte } K_v + \text{zusätzliche } K_v) \cdot x - (K_{f\,alt} - \text{eingesparte } K_f) \\ &= (1\,800 - 360 + 520) \cdot x - (720\,000 - 216\,000) \end{aligned}$$

$\Rightarrow K_{neu}(x) = 1\,960x + 504\,000$

Berechnen der Stückzahlen, bei denen Fremdbezug günstiger ist:

Hinweise zur Ermittlung: Die Kostenfunktion bei Eigenfertigung und die neue Kostenfunktion bei Fremdbezug haben genau einen Schnittpunkt, da sowohl die alte als auch die neue Kostenfunktion einen linearen Verlauf haben. Eine Handskizze kann diesen Zusammenhang verdeutlichen:

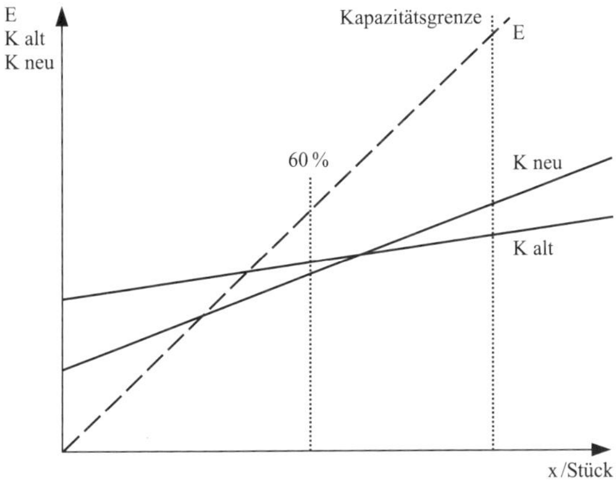

Der Schnittpunkt lässt sich durch Gleichsetzen der beiden Funktionen ermitteln.

$K_{alt}(x) = K_{neu}(x)$

$1\,800x + 720\,000 = 1\,960x + 504\,000$

$160x = 216\,000$

$\Rightarrow x = 1\,350$

Antwort: Solange die Produktionsmenge unter 1 350 Stück liegt, ist der Fremdbezug günstiger als die Eigenfertigung.

2 Zu den Abkürzungen: KD steht für Durchschnittskosten, also Kosten pro Stück, und kann auch durch k (kleines k) ersetzt werden.

Erläutern der Auswirkungen des Fremdbezugs auf die Gewinnsituation

Die Lösung kann rechnerisch oder durch Überlegen gefunden werden. Der Operator „erläutern" erfordert die Berechnung nicht zwingend. Eine schlüssige verbale Lösung genügt.
Zur Erläuterung der „Gewinnsituation" ist die gesamte Gewinnzone, d. h. die Nutzenschwelle, die Nutzengrenze und die Höhe des Gewinns einzubeziehen.

Rein verbale Lösung *(vgl. dazu auch die Skizze oben!):*

Der Fremdbezug hat folgende Auswirkungen auf die Gewinnsituation:
Die Fixkosten sind bei Fremdbezug niedriger als bei Eigenfertigung (d. h. die Kostenkurve bei Fremdbezug beginnt tiefer auf der Y-Achse). Die variablen Kosten sind dagegen bei Fremdbezug höher als bei Eigenfertigung d. h. die neue Kostenfunktion hat eine größere Steigung. Daraus kann man ableiten, dass die **Gewinnzone** beim Fremdbezug aufgrund der niedrigeren Fixkosten eher beginnt, d. h. die **Nutzenschwelle** liegt bei einer geringeren Stückzahl. Auch der **kurzfristig zu erwartende Gewinn** bei 60 % Kapazitätsauslastung ist höher als bei Eigenfertigung, da die 60 % entsprechende Produktionsmenge von 1 200 Stück unter dem Schnittpunkt der beiden Kostenfunktionen bei 1 350 Stück liegt (vgl. Berechnung oben!), d. h. in diesem Bereich verläuft die neue Kostenfunktion wegen der niedrigeren Fixkosten unter der alten Kostenfunktion und ergibt bei gleichem Erlös daher einen höheren Gewinn. **Bei Vollauslastung** wäre allerdings die Eigenfertigung vorzuziehen, da über einer Produktionsmenge von 1 350 Stück (also ab 1 351 Stück) der Fremdbezug wegen der höheren variablen Kosten zu höheren Gesamtkosten und damit geringerem **maximalen Gesamtgewinn** führt.

Lösung auf rechnerischer Basis:

Neue Nutzenschwelle NS_{neu}: $E(x) = K_{neu}(x) = 393{,}75 \approx 394$
Neuer Gesamtgewinn bei 60 % Kapazitätsauslastung:
$G_{neu}(1\,200) = E(1\,200) - K_{neu}(1\,200) = 1\,032\,000$
Neuer Gesamtgewinn an der Kapazitätsgrenze:
$G_{max/neu} = E(2\,000) - K_{neu}(2\,000) = 2\,056\,000$
Alter Gesamtgewinn an der Kapazitätsgrenze:
$G_{max/alt} = E(2\,000) - K_{alt}(2\,000) = 2\,160\,000$

Der Fremdbezug hat folgende Auswirkungen auf die Gewinnsituation:
Die Fixkosten sind bei Fremdbezug niedriger als bei Eigenfertigung: 504 000 € statt 720 000 €; die variablen Kosten sind dagegen bei Fremdbezug höher als bei Eigenfertigung: 1 960 € statt 1 800 € pro Stück. Daraus ergibt sich, dass die **Gewinnzone** beim Fremdbezug aufgrund der niedrigeren Fixkosten eher beginnt. Die neue **Nutzenschwelle** liegt bereits bei einer Stückzahl von 394 Stück (statt 500 Stück bei Eigenfertigung). Außerdem ist bei Fremdbezug der **kurzfristig zu erwartende Gewinn** bei 60 % Kapazitätsauslastung (1 032 000 €) um 24 000 € höher als bei Eigenfertigung (1 008 000 €, vgl. Aufgabe 2.1). **Bei Vollauslastung** wäre allerdings die Eigenfertigung vorzuziehen, da über einer Produktionsmenge von 1 350 Stück (also ab 1 351 Stück) der Fremdbezug wegen der höheren variablen Kosten zu höheren Gesamtkosten und damit geringerem Gesamtgewinn führt. An der Kapazitätsgrenze wäre der **maximale Gesamtgewinn** bei Fremdbezug (2 056 000 €) um 104 000 € niedriger als bei Eigenfertigung (2 160 000 €).

3.2 *Um verschiedene Auswirkungen zu finden, kann man sich an den verschiedenen Funktionsbereichen eines Unternehmens orientieren. Mindestens zwei weitere Auswirkungen, z. B. aus der folgenden Auswahl, sind darzustellen. Darstellen geht über bloßes Nennen hinaus.*

- Beschaffung: Bei Fremdbezug sind geringere Materialwirtschaft und Lagerkapazitäten erforderlich, da Fertigteile ggf. just-in-time beschafft werden können; allerdings entsteht eine entsprechende Abhängigkeit von der Zuverlässigkeit des Zulieferers.
- Produktion: Es ist ein geringerer Arbeitskräfte-, Produktionsmittel-, und Raumbedarf erforderlich; allerdings besteht auch wenig Einfluss auf die Qualität der Teile; ggf. entstehen Schnittstellenprobleme. Der Personalabbau kann sich ungünstig auf das Betriebsklima auswirken.
- Forschung und Entwicklung: Es ist weniger eigene Forschung erforderlich, da die Kernkompetenzen des Zulieferers genutzt werden können; allerdings entsteht eine Abhängigkeit vom technischen Stand und der Innovationskraft des Zulieferers.
- Finanzabteilung/Geschäftsleitung: Geringerer Kapitalbedarf und niedrigere Fixkosten für Produktionsanlagen können zu größerer finanzieller Flexibilität führen.

4 *Die in M 4 genannten Argumente müssen beurteilt, d. h. Vor- und Nachteile gegeneinander abgewogen werden.*

Die **kürzere Gründungsdauer** ist für Labotech dann interessant, wenn die Gründung kurz bevorsteht. Besteht dagegen noch zeitlicher Spielraum, ist dieser Punkt weniger relevant.

Die **Gründungskosten** der GmbH liegen mit mehreren 1 000 € zwar weit über den 185 € einer Limited. Bei der Höhe des auch kurzfristig erwarteten Jahresgewinns von über 1 Mio. € ist dies aber eher unwichtig.

Die **Beschränkung des haftenden Kapitals** auf 1 britisches Pfund wirkt sicher attraktiv. Da das Gründungskapital für die Tochtergesellschaft aber ohnehin viel höher ist, dürften auch die 25 000 € kein wesentliches Problem darstellen.

Alternativ: Hinsichtlich der Kreditwürdigkeit steht die Limited aufgrund des faktischen Haftungsausschlusses noch schlechter da als eine GmbH, sodass die Voraussetzungen für eine vermutlich erforderliche Fremdfinanzierung sich verschlechtern würden und eine Absicherung durch Labotech erforderlich machen würden.

Die **Steuerbelastung** kann nicht als Argument herangezogen werden, da im Text vor der Tabelle in M 4 ausdrücklich darauf hingewiesen wird, dass bei Sitz der geschäftlichen Oberleitung in Deutschland deutsches Steuerrecht gilt. Dies ist mit Labotech als Muttergesellschaft und alleiniger Gesellschafterin der Fall.

Doppelte Buchführung ist zwar aufwändiger als andere Verfahren und damit kostenintensiver, ermöglicht aber auch einen genaueren und aussagekräftigeren Überblick über die Lage und Entwicklung eines Unternehmens als beispielsweise eine reine Einnahmen-Überschussrechnung. Daher sollte für ein Unternehmen in der geplanten Größe (langfristig ca. 6,5 Mio. Jahresumsatz) ohnehin die doppelte Buchführung gewählt werden.

Fazit: Auch wenn auf den ersten Blick die Limited durch den Haftungsausschluss und den geringen Gründungsaufwand attraktiv erscheint, bietet sie für die Tochtergesellschaft der Labotech nicht wirklich überzeugende Vorteile.

Mögliche Punktverteilung:	1.1	1.2	2.1	2.2	3.1	3.2	4
	8	8	12	6	11	5	10

Leistungskurs Wirtschaft/Recht: Abiturprüfung 2006
Fachgebiet Betriebswirtschaftslehre – Aufgabe III

(nicht kombinierbar mit Aufgabe II)

Das an der Börse notierte bayerische Unternehmen Vision AG produziert qualitativ hochwertige Fernsehgeräte, die regelmäßig mit Designpreisen ausgezeichnet werden. Die ausschließlich am Standort Bayern hergestellten Geräte erhielten von der Fachpresse auch zahlreiche Testsiegerauszeichnungen.

M 1 Bilanz der Vision AG der Geschäftsjahre 2003 und 2005 (in Mio. Euro)

Aktiva	**2005**	**2003**	**Passiva**	**2005**	**2003**
Anlagevermögen	51	72	**Eigenkapital**		
Umlaufvermögen			gezeichnetes Kapital	10	7
Vorräte	36	49	Kapitalrücklage	38	19
Forderungen	23	51	Gewinnrücklage	8	53
Flüssige Mittel	12	10	Bilanzgewinn /-verlust	–20	25
			Fremdkapital		
			Pensionsrückstellungen	5	6
			langfr. Bankdarlehen	15	25
			kurzfr. Bankdarlehen	40	22
			Verbindlichkeiten aus Lieferungen und Leistungen	26	25
Bilanzsumme	**122**	**182**	Bilanzsumme	**122**	**182**

Anmerkung: Der Bilanzgewinn des Jahres 2003 wurde ausgeschüttet.

M 2 Auszüge aus der Rede der Vorstandsvorsitzenden Frau Dr. Röhrich anlässlich der Hauptversammlung zum Geschäftsjahr 2005:

„Wir haben unser Unternehmen, die Vision AG, konsequent und rasch auf die veränderten Anforderungen des Marktes ausgerichtet. Damit konnten wir im Verlauf des Jahres 2005 den Trend wenden. Zusätzlichen Rückenwind auf dem Weg zum Turnaround haben wir im Dezember durch die erweiterte Partnerschaft mit der Tiger-Gruppe, dem japanischen Weltmarktführer für LCD-TVs, erhalten. Bereits im Sommer hatte Tiger im Rahmen einer Kapitalerhöhung 8,9 % der Vision-Aktien übernommen und diesen Anteil im Dezember 2005 im Rahmen einer weiteren Kapitalerhöhung auf insgesamt 30 % erhöht. Damit sind uns insgesamt 22 Mio. Euro an flüssigen Mitteln zur Eigenkapitalstärkung zugeflossen.

Eine Verlagerung unseres Unternehmens ins Ausland kommt für uns nicht in Betracht. Im Gegenteil: An unserem Stammsitz in Ostbayern haben wir ein neues Entwicklungszentrum etabliert, das gemeinsam von Vision und Tiger geführt wird. Ziel ist es, auf der Basis der LCD-Panel-Technologie von Tiger und dem digitalen Elektronik-Know-how von Vision eine durchgängig digitale Elektronikplattform für LCD-TVs weiterzuentwickeln mit den Schwerpunkten digitales und hoch auflösendes Fernsehen in Europa. Seit Januar dieses Jahres arbeiten dort über 30 der insgesamt 120 Mitarbeiter aus dem Vision-Entwicklungsbereich. Für unser Unternehmen ergibt sich aus dieser Kooperation eine Stärkung der technologischen Schlagkraft bei gleichzeitiger Verbesserung der Kostenstruktur.

Darüber hinaus ist vorgesehen, dass Vision mittel- und großformatige LCD-Fernsehgeräte unter dem Markenzeichen Tiger produziert. Diese Fertigung wird im 2. Halbjahr 2006 in unserem ostbayerischen Standort anlaufen und trägt wesentlich zu einer zusätz-

lichen Auslastung der Fertigungslinien bei. Die Zusammenarbeit mit Tiger dient also der Absicherung unseres Entwicklungs- und Produktionsstandortes.
Daneben hat Vision durch unsere Produktoffensive 2005 zügig zehn neue Flachdisplay-TVs am Markt eingeführt und damit dem neuen Markt für mittel- und großformatige LCD-Geräte ein breites, attraktives Angebot zur Verfügung gestellt. Im Bereich der traditionellen Bildröhrengeräte haben wir die Sortimentsbreite verringert. Wir werden uns hier auf die preisliche Einstiegsklasse des Premium-Segments konzentrieren. Die Zahl der Varianten wird weiter reduziert, um höhere Stückzahlen pro Produktfamilie fertigen zu können und so die Kostenstruktur zu verbessern.
Ein weiterer Schwerpunkt ist die Schärfung des Profils der Premiummarke Vision. Leitlinie sind unsere zentralen Markenwerte: minimalistische Formensprache, sinnvoller Fortschritt und individuelles Erlebnis. Die zweite Säule zur Stärkung des Markenprofils war unsere Werbekampagne. Der Fokus lag auf den neuen Flat-TV-Produkten, die die Bekanntheit und Attraktivität der Marke weiter stärken. Im Fachgeschäft haben wir die Vision-Fachabteilung gemäß den neuen Markenwerten gestalterisch überarbeitet. Im Vertrieb war die Reaktion auf die neuen Vision-Flach-Displays sehr positiv. Unser Ziel ist es, vor allem in den europäischen Kernmärkten die Distribution weiter zu erhöhen und beim Marktanteil an unsere Position bei Bildröhrengeräten anzuknüpfen."

1 Beurteilen Sie auch mit Hilfe von drei geeigneten Bilanzkennzahlen (M 1) die Entwicklung der Vision AG im angegebenen Zeitraum! Beziehen Sie in Ihre Analyse das Engagement der Tiger-Gruppe (M 2) ein!

2.1 Begründen Sie anhand der Aussagen der Vorstandsvorsitzenden, dass die Kooperation mit Tiger Chancen beinhaltet, und stellen Sie diesen Chancen mögliche Risiken für die Vision AG gegenüber!

2.2 Stellen Sie mögliche Gründe dar, die den Vorstand der Vision AG zum Festhalten am Standort Deutschland veranlasst haben könnten!

3.1 Nennen Sie die Bereiche der Absatzpolitik und ordnen Sie die im Text (M 2) genannten Maßnahmen der Vision AG in diese Bereiche ein!

Die Marketing-Abteilung der Vision AG wird vom Vorstand beauftragt, ihr Konzept im Hinblick auf die Fußball-Weltmeisterschaft 2006 zu ergänzen.

3.2 Schlagen Sie zu jedem Bereich der Absatzpolitik eine entsprechende Maßnahme vor und legen Sie jeweils Argumente dar, die den Vorstand überzeugen könnten!

Das Premiumprodukt der Vision AG, das Plasma-TV-Gerät Xenon, ist zu einem Stückpreis von 2 500 € absetzbar. Für die Monate Januar und Februar 2006 sind folgende Daten bekannt:

	Umsatzerlöse	**Kosten**
Januar 2006	22 000 000 €	22 500 000 €
Februar 2006	25 000 000 €	24 750 000 €

4 Ermitteln Sie unter der Prämisse eines linearen Kostenverlaufs den Break-even-point für das Produkt!

Vorgegebene Bewertungseinheiten:

Frage	1	2	3	4
BE	14	16	18	12

Lösungsvorschlag

1 *Geeignete Kennziffern sind: Finanzierung bzw. Eigenkapitalquote oder Verschuldungsgrad, Investierung I oder II, einzugsbedingte Liquidität. Die Kennziffern Konstitution und Barliquidität haben nur wenig Aussagekraft, für die Berechnung der umsatzbedingten Liquidität fehlen Angaben zur Laufzeit des Fremdkapitals, es sei denn man vereinfacht die Formel und berücksichtigt nur das kurzfristige Fremdkapital.*
Hinweis: Der Bilanzgewinn ist zum kurzfristigen Fremdkapital zu rechnen, da er innerhalb des Geschäftsjahres an die Aktionäre ausgeschüttet wird; der Bilanzverlust ist vom Eigenkapital abzuziehen, da ein Verlust immer das Eigenkapital mindert.

Finanzierung:

$$\text{Finanzierung} = \frac{\text{Eigenkapital}}{\text{Fremdkapital}} \cdot 100\ \%$$

$$\text{Für 2003}: \frac{(7+19+53)}{(25+6+25+22+25)} = \frac{79}{103} \approx 76{,}7\ \%$$

$$\text{Für 2005}: \frac{(10+38+8-20)}{(5+15+40+26)} = \frac{36}{86} \approx 41{,}9\ \%$$

Alternativ:

$$\text{Eigenkapitalquote} = \frac{\text{Eigenkapital}}{\text{Eigenkapital + Fremdkapital}} \cdot 100\ \%$$

$$\text{Für 2003}: \frac{79}{79+103} \approx 43{,}4\ \%$$

$$\text{Für 2005}: \frac{36}{36+86} \approx 29{,}5\ \%$$

Alternativ:

$$\text{Verschuldungsgrad} = \frac{\text{Fremdkapital}}{\text{Eigenkapital}} \cdot 100\ \%$$

$$\text{Für 2003}: \frac{103}{79} \approx 130{,}0\ \%$$

$$\text{Für 2005}: \frac{86}{36} \approx 238{,}9\ \%$$

Beurteilung:
Das **Ziel** dieser Kennziffer(n) ist die Einhaltung der **vertikalen Kapitalstrukturregel**. Diese besagt, dass mindestens so viel Eigenkapital wie Fremdkapital vorhanden sein soll, d. h. der **Sollwert** lautet für die Finanzierungskennziffer 100 % bzw. für die EK-Quote 50 % und liegt für den Verschuldungsgrad ebenfalls bei 100 %. In Deutschland lag die durchschnittliche Eigenkapitalquote in der jüngeren Vergangenheit bei nur etwa 20 % also einem Verhältnis von EK zu FK von ca. 1 : 5.
Während 2003 die Eigenkapitalausstattung im Landesvergleich noch überdurchschnittlich war und den Sollwert zu etwa drei Viertel erreichte, fiel sie bis 2005 stark ab. Die Hauptursache sind die Verluste 2004 und 2005 (Reduzierung der Gewinnrücklage von

53 Mio. Euro trotz Gewinn in 2003 auf nur noch 8 Mio. Euro in 2005; zusätzlich Verlust in Höhe von 20 Mio. Euro in 2005). Ohne die Beteiligung der Tiger AG in Höhe von 22 Mio. Euro (3 Mio. gezeichnetes Kapital, 19 Mio. Kapitalrücklage) wäre(n) die Kennziffer(n) noch deutlich schlechter.

Investierung/Anlagendeckung:

$$\text{Deckungsgrad II} = \frac{\text{Eigenkapital} + \text{langfristiges Fremdkapital}}{\text{Anlagevermögen}} \cdot 100\,\%$$

$$\text{Für 2003:} \frac{79+31}{72} = \frac{110}{72} \approx 152{,}8\,\%$$

$$\text{Für 2005:} \frac{36+20}{51} = \frac{56}{51} \approx 109{,}8\,\%$$

Beurteilung:
Die horizontale Kennziffer der „Investierung" bzw. der Deckungsgrad beschreibt die **Anlagendeckung**, d. h. den Grad der Deckung des Anlagevermögens durch Eigenkapital bzw. langfristiges Kapital. Das **Ziel** ist die so genannte **Fristenkongruenz**, d. h. die Übereinstimmung zwischen der Verweildauer von Vermögensgegenständen im Unternehmen und der Laufzeit des dafür verwendeten Kapitals, das in der (modifizierten) „**Goldenen Bilanzregel**" ausgedrückt wird:

$$\frac{\text{Eigenkapital} + \text{langfristiges Fremdkapital}}{\text{Anlagevermögen}} = 1 \text{ bzw. } 100\,\%$$

Die Anlagendeckung liegt in beiden Jahren über dem geforderten Sollwert. Allerdings zeigt die Entwicklung eine deutlich negative Tendenz: Die Kennziffer ist um fast ein Drittel gesunken. Dies ist in erster Linie auf den starken Rückgang des Eigenkapitals (von 79 auf 36 Mio. Euro) zurückzuführen (vgl. oben!), der auch durch den deutlichen Abbau des Anlagevermögens (von 72 auf 51 Mio. Euro) nicht ausgeglichen werden konnte. Insgesamt ergeben sowohl die starke Reduzierung des Anlagevermögens als auch der drastische, verlustbedingte Rückgang des Eigenkapitals ein deutlich negatives Bild für die Entwicklung der Vision AG. Es ist kaum vorstellbar, dass ein Industrieunternehmen derart große Anteile des Anlagevermögens ohne negative Effekte für die Leistungsfähigkeit des Unternehmens abbauen kann. Zur Kapitalseite vgl. oben bei „Finanzierung"!

Liquidität:

$$\text{Liquidität 3. Grades} = \text{Umsatzbedingte Liquidität} = \frac{\text{gesamtes Umlaufvermögen}}{\text{kurzfr.} + \text{mittelfr. Fremdkapital}} \cdot 100\,\%$$

Die Liquidität 3. Grades lässt sich nur berechnen, wenn man mangels weiterer Angaben davon ausgeht, dass es kein mittelfristiges Fremdkapital gibt.

$$\text{Für 2003:} \frac{110}{72} \approx 152{,}8\,\%$$

$$\text{Für 2005:} \frac{71}{66} \approx 107{,}6\,\%$$

Alternativ:

$$\text{Liquidität 2. Grades} = \text{Einzugsbedingte Liquidität} = \frac{\text{monetäres Umlaufvermögen}}{\text{kurzfr. Fremdkapital}} \cdot 100\,\%$$

$$\text{Für 2003:} \frac{51+10}{72} = \frac{61}{72} \approx 84{,}7\,\%$$

$$\text{Für 2005:} \frac{23+12}{66} = \frac{35}{66} \approx 53{,}0\,\%$$

Beurteilung:
Der **Sollwert für die Liquidität 2. Grades** ist 100 %, da die völlige Abdeckung des kurzfristigen Fremdkapitals zumindest mit geldnahen Vermögensteilen Sicherheit bedeutet. Der Sollwert für die **Liquidität 3. Grades** ist ≥ 200 % (so genannte „banker's rule"). Der Sollwert ist deswegen doppelt so hoch, weil Werte des Umlaufvermögens einbezogen sind, die nicht unmittelbar oder nur mit Verlusten liquide sind (z. B. Vorräte).
Beide Liquiditätskennziffern ergeben eine ähnliche Beurteilung: Weder 2003 noch 2005 werden die geforderten Sollwerte erreicht. Zusätzlich zeigt der starke Rückgang der Kennziffernwerte auf nur noch etwa die Hälfte des Sollwertes eine deutliche Verschlechterung der Liquiditätslage. Dies wiegt umso schwerer, als durch die Beteiligung der Tiger Gruppe der Vision AG flüssige Mittel in Höhe von 22 Mio. Euro zugeflossen sind, ohne die die Kennziffern noch schlechter ausfallen würden. Die wesentlichen Ursachen sind einerseits der starke Rückgang des (monetären) Umlaufvermögens und andererseits die fast doppelt so hohen kurzfristigen Bankdarlehen. Das hohe, kurzfristige Fremdkapital kann kritisch werden, da es die Zahlungsfähigkeit des Unternehmens u. U. gefährdet.
Einschränkend ist zu sagen, dass echte Aussagekraft zur Zahlungsbereitschaft bzw. Liquidität nur ein **exakter Finanzplan** hat, der genaue Termine zu Fälligkeiten des Fremdkapitals und z. B. Forderungen enthält.

Fazit: Die Geschäftslage der Vision AG hat sich von 2003 auf 2005 deutlich verschlechtert. Hohe Verluste werden begleitet von einem deutlichen Anstieg der kurzfristigen Bankdarlehen und einem starken Abbau des Anlage- und Umlaufvermögens, der kaum allein auf Maßnahmen zur Anpassung „auf die veränderten Anforderungen des Marktes" (M 2, Z. 1 f.) zurückzuführen sein kann, sondern auf eine insgesamt rückläufige Entwicklung im operativen Bereich schließen lässt. Erschwerend kommt hinzu, dass ohne die Beteiligung der Tiger Gruppe in Höhe von 22 Mio. Euro (M 2, Z. 8) die Situation noch deutlich kritischer wäre. Von dem in der Vorstandsrede genannten „Turnaround" (M 2, Z. 3) ist in der Bilanz noch nichts zu erkennen.

2.1 *Die Chancen sind dem Text (M 2) zu entnehmen, erfordern also im Wesentlichen eine Textanalyse mit eigenen Ergänzungen (Darstellen geht über bloßes Nennen hinaus). Die im Text genannten Aspekte sollten möglichst vollständig und mit Zeilenangaben wiedergegeben werden. Die Risiken sind selbstständig zu erarbeiten. Mindestens zwei werden erwartet.*

Chancen durch die Kooperation mit der Tiger Gruppe:
- Stärkung der Eigenkapitalstruktur durch die Beteiligung der Tiger Gruppe, die 22 Mio. Euro an flüssigen Mitteln einbrachte (M 2, Z. 4–9).
- Führung des neu errichteten Entwicklungszentrums gemeinsam mit der Tiger-Gruppe (M 2, Z. 11 ff.), die als Weltmarktführer für LCD-TVs (M 2, Z. 5) ihr Know-how einbringen kann.

- Die Kooperation mit dem Weltmarktführer führt nicht nur zu einer „Stärkung der technologischen Schlagkraft", sondern ebenfalls zu einer „Verbesserung der Kostenstruktur" (M 2, Z. 18) durch Synergieeffekte.
- Die Produktion von Fernsehern durch Vision „unter dem Markenzeichen Tiger" (M 2, Z. 20) führt zu einer höheren Kapazitätsauslastung bei Vision und einem Mitnutzen des Markennamens von Tiger.
- Insgesamt dient die „Zusammenarbeit mit Tiger [...] der Absicherung" des „Entwicklungs- und Produktionsstandortes" von Vision in Ostbayern (M 2, Z. 22 f.).

Risiken durch die Kooperation mit der Tiger Gruppe:
- Aufgrund der schlechten wirtschaftlichen Lage der Vision AG (vgl. Aufgabe 1) und der hohen Beteiligung der Tiger Gruppe, die mit 30 % (M 2, Z. 7) über der Sperrminorität liegt, kann aus der Kooperation unter Umständen eine faktische Beherrschung der Vision AG durch die Tiger Gruppe entstehen.
- Die Kooperation mit einem japanischen Hersteller und der Verkauf von Geräten unter dem japanischen Markennamen kann ggf. das Image der Vision AG beeinträchtigen.
- Die Tiger Gruppe kann durch ihre hohe Beteiligung die bisher auf hohe Qualität und anspruchsvolles Design ausgerichtete Produktpolitik der Vision AG (Text vor M 1) ggf. mehr in Richtung Breitenkonsum beeinflussen und so ein tragendes Element der Geschäftspolitik und des Markenimages der „Premiummarke" (M 2, Z. 31) Vision eliminieren.
- Sollte die Tiger Gruppe ihre eigenen Fachkräfte in dem neuen, gemeinsam geführten Entwicklungszentrum einsetzen wollen, wären ggf. Arbeitsplätze von Fachpersonal der Vision AG gefährdet.

2.2 *Darstellen geht über reines Nennen hinaus. Je nach Ausführlichkeit werden mindestens zwei bis drei Aspekte erwartet.*

- Die Vision AG vertreibt keine Massenprodukte, sondern hochwertige, mit Designpreisen und von der Fachpresse ausgezeichnete Geräte. Für derartige Geräte findet sich im Ausland ggf. nur ein kleiner Abnehmerkreis. Marktnähe zum deutschen Markt ist also als Vorteil zu sehen, insbesondere wenn durch die erwartete wirtschaftliche Erholung in Deutschland die Konsumgüternachfrage wächst.
- Die Vision AG benötigt hoch qualifiziertes Personal. Ortsansässige und langjährige Mitarbeiter stellen hohe Zuverlässigkeit und Identifikation mit dem Unternehmen sicher.
- Eine Verlagerung ins Ausland würde – um die Kostenvorteile der Standortverlagerung zu nutzen – mit dem Verlust eines Großteils des Fachpersonals der Vision AG einhergehen. Es bestünde die Gefahr, dass die außergewöhnlich hohe Produktqualität der Vision-Geräte darunter leiden würde.
- Die Premiummarke Vision ist ggf. eng mit dem Label „Made in Germany" verbunden. Dieser Vorteil ginge bei einer Standortverlagerung verloren.
- Trotz hoher Lohn- und Lohnnebenkosten bietet der Standort Deutschland wichtige Vorteile wie hervorragende Infrastruktur, hohe Produktivität und hohes Qualifikationspotenzial der Arbeitnehmer bei zunehmender Flexibilisierung des Arbeitsmarktes.
- Die Soziale Marktwirtschaft fordert auch von Unternehmen die Übernahme von gesamtwirtschaftlicher und -gesellschaftlicher Verantwortung. Angesichts der hohen Arbeitslosigkeit in Deutschland würde eine rein kostenorientierte Standortschließung dem entgegenstehen.

3.1 *Auch diese Aufgabe erfordert neben dem Nennen der absatzpolitischen Bereiche im Wesentlichen textanalytische Fertigkeiten und anschließend die Zuordnung der aus dem Text herausgearbeiteten Maßnahmen. Da die absatzpolitischen Bereiche nur genannt werden sollen, ist auch die Darstellung in Form einer Übersicht oder Tabelle möglich.*

Produktpolitik:
- Markteinführung von 10 neuen Flachdisplay-TVs (Z. 24 f.) → Sortimentpolitik
- Verringerung der Sortimentbreite bei traditionellen Röhrengeräten (Z. 26 f.) zugunsten höherer Stückzahlen bei verbleibenden „Produktfamilien“ (Z. 29 ff.)

Preispolitik:
- Konzentration auf die preisliche Einstiegsklasse des Premiumsegments bei traditionellen Röhrengeräten (Z. 27 f.)

Kommunikationspolitik:
- Stärkung des Premiummarken-Profils mithilfe zentraler Markenwerte: minimalistische Formensprache, sinnvoller Fortschritt, individuelles Erlebnis (Z. 32 f.) (→ Zusammenhang zur Produktpolitik)
- Werbekampagne mit Fokus auf Flat-TVs zur Erhöhung des Bekanntheitsgrades und der Attraktivität der Marke (Z. 34 f.)

Distributionspolitik:
- gestalterische Überarbeitung der Visionfachabteilungen in Fachgeschäften gemäß der neuen Markenwerte (Z. 35 f.)
- Vertrieb der Vision-Flach-Displays über Fachgeschäfte nicht nur in Deutschland, sondern in den europäischen Kernmärkten mit dem Ziel der Erhöhung des Marktanteils (Z. 37 ff.)

3.2 *Die Aufgabenstellung erfordert zwei Leistungen: den Vorschlag je einer Maßnahme aus jedem absatzpolitischen Bereich und zusätzlich jeweils mindestens ein Argument zur Begründung. Zahlreiche verschiedene Lösungen sind denkbar; unten eine Auswahl.*

Maßnahme	**Argument**
Produktpolitik:	
Farbliche Gestaltung der Geräte im WM-Design als limitierte Sonderedition.	Durch die begrenzte Stückzahl entsteht ein zusätzlicher Anreiz für Fußballfans eines dieser wenigen Sondermodelle zu besitzen.
Gestaltung der Verpackung im WM-Design.	Nutzen des WM-Effekts als Blickfang für potenzielle Käufer zur Erhöhung der Verkaufszahlen.
Ergänzung der Fernseher um eine auf die WM begrenzte 24-Stunden-vor-Ort-Austausch-Garantie.	Ausnutzen des Wunsches der potenziellen Kunden unter keinen Umständen auch nur ein einziges Spiel zu verpassen ohne dazu zusätzlichen Aufwand zu haben.

<table>
<tr><td colspan="2">Preispolitik:</td></tr>
<tr><td>Auf die WM-Zeit begrenztes Sonderangebot für besonders hochwertige und teure Geräte.</td><td rowspan="2">Nutzung des WM-Effekts für die Gewinnung von Neukunden.</td></tr>
<tr><td>Auf die WM-Zeit begrenztes Angebot „alt gegen neu“, bei dem für alte Geräte – egal welcher Marke – eine Umstiegsprämie gezahlt wird, die auf den Kaufpreis angerechnet wird.</td></tr>
<tr><td>Auf die WM-Zeit beschränktes Angebot zum Kauf auf Ziel oder Kauf auf Raten ohne Preisaufschlag: Vor der WM kaufen, nach/bis zum Ende der WM zahlen.</td><td>Kaufanreiz für Kunden, die gerade weniger Geld zur Verfügung haben.</td></tr>
<tr><td>Ergänzung der Geräte um eine Sieg-Voucher, der im Falle eines WM-Siegs der deutschen Mannschaft gegen einen Warengutschein für Vision-Produkte eingetauscht werden kann.</td><td>Emotional besetzter Kaufanreiz, der die Hoffnung auf den Sieg der deutschen Mannschaft nutzt, aber auch wirtschaftlich anspricht.</td></tr>
<tr><td colspan="2">Kommunikationspolitik:</td></tr>
<tr><td>Werbekampagne mit dem WM-Maskottchen.</td><td>Nutzung von Übertragungseffekten der WM-Begeisterung; WM-Löwe als Blickfang.</td></tr>
<tr><td>Spezifische Nutzung von Werbemitteln, Werbeträgern und Verkaufsförderung im Umfeld der WM (Sportsendungen, Sportzeitschriften, Bandenwerbung, Trikotwerbung etc.).</td><td>Gezieltes Ansprechen speziell von Fußballfans durch die Werbung und Verkaufsförderung, um deren Wunsch nach optimaler Teilhabe an der WM umsatzsteigernd zu nutzen, statt nur ungezielte und ggf. teurere Breitenwerbung einzusetzen. Assoziative Verknüpfung der Marke mit dem Sport, die auch nach der WM noch genutzt werden kann.</td></tr>
<tr><td>Kostenloses Probesehen mit einem hochwertigen Premiumgerät für die Dauer von einem WM-Spiel mit Zufriedenheitsgarantie.</td><td>Ausnutzen des „Erlebnis-Effekts“: Unter den hohen Standard bei diesem Spiel möchten die Zuschauer nicht wieder zurückgehen und wollen daher das Probegerät erwerben.</td></tr>
<tr><td colspan="2">Distributionspolitik:</td></tr>
<tr><td>Gestaltung der Vision-Fachabteilungen im WM-Look.</td><td>Gezieltes optisches Ansprechen der Zielgruppe der Fußballfans; Demonstration, dass die Marke „am Puls der Zeit“ ist.</td></tr>
<tr><td>Auf die WM-Zeit beschränkter kostenloser Bring-, Aufstell- und Installationsservice mit Verpackungsentsorgung für Großgeräte.</td><td>Vor allem potenzielle Kunden ohne Transportmöglichkeit oder mit weniger technischem Sachverstand werden von diesem Angebot angesprochen.</td></tr>
</table>

4 *Der Break-even-point, also die Nutzenschwelle ist zu ermitteln. Im Zusammenhang mit Zahlenangaben bedeutet „ermitteln" das gleiche wie „berechnen". Zunächst ist aus den Angaben zu Umsatzerlösen und dem Preis die jeweils verkaufte Stückzahl zu ermitteln.*

Erlös E = Preis · Menge; $E = p \cdot x$

$$\Rightarrow x = \frac{E}{p} \quad \Rightarrow x_{Jan} = \frac{22\,000\,000}{2\,500} = 8\,800 \quad \text{und} \quad x_{Feb} = \frac{25\,000\,000}{2\,500} = 10\,000$$

$$\Delta x = 10\,000 - 8\,800 = 1\,200$$

Im Februar wurden 1 200 Stück mehr als im Januar verkauft.

Über die Stückzahl und die Differenz der Kosten kann man die variablen Kosten pro Stück berechnen. Da die Fixkosten in jedem Monat identisch sein müssen, werden die höheren Kosten im Februar ausschließlich durch die höhere Stückzahl verursacht. Die Differenz der Kosten ist also das Produkt aus der Stückzahldifferenz und den variablen Kosten pro Stück. Oder umgekehrt: Teilt man die Kostendifferenz (ΔK) durch die Stückzahldifferenz (Δx) erhält man die variablen Kosten pro Stück (KD_v) da es sich um eine lineare Kostenfunktion handelt.[1]

$$\Delta K = K_{Feb} - K_{Jan} = 24\,750\,000 - 22\,500\,000 = 2\,250\,000$$
$$KD_v = \Delta K : \Delta x = 2\,250\,000 : 1\,200 = 1\,875$$

Kennt man die variablen Kosten pro Stück und die Absatzmenge, kann man aus den Gesamtkosten für diese Absatzmenge die Fixkosten berechnen.

$$K(x) = KD_v \cdot x + K_f$$
$$K_{Jan}(x) = 1875 \cdot 8\,800 + K_f = 22\,500\,00$$
$$\Rightarrow K_f = 22\,500\,000 - (1\,875 \cdot 8\,800) = 22\,500\,000 - 16\,500\,000 = 6\,000\,000$$

Daraus lässt sich die Gesamtkostenfunktion aufstellen:

$$K(x) = 1\,875x + 6\,000\,000$$

Der Break-even-point (Nutzenschwelle) ist der Schnittpunkt zwischen der Kostenfunktion K(x) und der Erlösfunktion E(x), den man ermitteln kann, indem man die beiden Funktionen gleichsetzt.

$$E(x) = K(x) \text{ mit } E(x) = p \cdot x \text{ und } p = 2\,500$$
$$2\,500x = 1\,875x + 6\,000\,000$$
$$\Rightarrow 625x = 6\,000\,000$$
$$\Rightarrow x = 9\,600;$$

Antwort: Der Break-even-point liegt bei einer Produktionsmenge von 9 600 Stück.

Mögliche Punktverteilung:

1	2.1	2.2	3.1	3.2	4
14	9	7	12	6	12

1 Zu den Abkürzungen: KD steht für Durchschnittskosten, also Kosten pro Stück und kann auch durch k (kleines k) ersetzt werden.

Leistungskurs Wirtschaft/Recht: Abiturprüfung 2006
Fachgebiet Recht – Aufgabe IV

Sämtliche Aufgaben sind, soweit möglich, unter Angabe der entsprechenden Normen des BGB zu bearbeiten.

Im Vertrag haben wir, wenn alles gut geht, die Möglichkeit unser Leben frei zu gestalten, wie wir es wollen, im Kleinen wie im Großen, frei von allen Zwängen der Tradition, der Verwandtschaft, der sozialen Herkunft. So richtig hat dieses Idealmodell noch nie funktioniert. […] Denn es gibt einen ziemlich großen Bereich, in dem man nicht so wollen darf, wie man will. Nämlich dort, wo die tatsächliche Gleichheit der Parteien nicht gegeben, die wirtschaftliche Überlegenheit des einen über den anderen so groß ist, dass er ihm die Bedingungen diktieren kann. […] Das Problem der Vertragsfreiheit. Niemand hat es besser formuliert als Otto von Gierke 1889 […]:
„Schrankenlose Vertragsfreiheit zerstört sich selbst. Eine furchtbare Waffe in der Hand des Starken, ein stumpfes Werkzeug in der Hand des Schwachen, wird sie zum Mittel der Unterdrückung des Einen durch den Anderen, der schonungslosen Ausbeutung geistiger und wirtschaftlicher Übermacht. Das Gesetz […] bringt unter dem Schein einer Friedensordnung das *bellum omnium contra omnes* (Krieg aller gegen alle) in legale Formen. Mehr als je hat heute auch das Privatrecht die Aufgabe, den Schwachen gegen den Starken, das Wohl der Gesamtheit gegen die Selbstsucht des Einzelnen zu schützen."

Quelle: Uwe Wesel: Fast alles, was Recht ist. Frankfurt/Main, 7. Auflage, 2002, S. 120f. (bearbeitet)

1.1 Stellen Sie die verschiedenen Ausprägungen der Vertragsfreiheit dar und zeigen Sie, dass die Vertragsfreiheit eine Grundlage der marktwirtschaftlichen Ordnung bildet!

1.2 Erläutern Sie anhand von Beispielen, dass die von Otto von Gierke angesprochene Problematik auch heute noch relevant ist, und erklären Sie, wie ihr in unserer heutigen Rechtsordnung begegnet wird!

Rentner Karl (K) sammelt alte Bücher. Er findet das begehrte Buch des Juristen Gierke im Online-Antiquariat „Oldbook" (O) und bestellt es am 3. Mai zum Preis von 155 €. Es wird Eigentumsvorbehalt vereinbart. Die Zusendung des Buches erfolgt eine Woche später am 10. Mai. In der beigelegten Rechnung wird auf die Bestimmungen des § 286 III verwiesen und vermerkt: „Unsere Rechnungen sind sofort nach Erhalt fällig."
Karl vergisst zu bezahlen und erhält am 19. Juni ein Schreiben von Oldbook, in dem Karl zur Zahlung des ausstehenden Betrages zuzüglich Verzugszinsen für zehn Tage aufgefordert wird.

2.1 Stellen Sie die zwischen Karl und Oldbook abgeschlossenen Rechtsgeschäfte und vollzogenen Realakte sowie die sich daraus ergebenden Eigentums- und Besitzverhältnisse am Buch dar!

2.2 Erläutern Sie die Vorteile des Eigentumsvorbehalts und beschreiben Sie die möglichen juristischen Konsequenzen bei Verzögerung der Zahlung!

2.3 Prüfen Sie, ob Oldbook einen Anspruch auf Zahlung von Verzugszinsen geltend machen kann!

Karl, der aus Verärgerung über die Zinsforderung des Oldbook die Zahlung noch hinauszögert, trifft seine Nichte Belinda (B). Diese hat gerade mit dem Studium der Rechtswissenschaften begonnen. Karl erzählt ihr, dass er vor kurzem ein Werk des Juristen Gierke erworben hat.

Belinda zeigt Interesse an diesem Buch. Da Karl seiner Nichte eine Freude machen will, schenkt er ihr das Buch zu ihrem zwanzigsten Geburtstag noch vor Zahlung des Kaufpreises.

3 Weisen Sie nach, dass in diesem Fall der Rechtsgrundsatz „Niemand kann mehr Recht übertragen, als er selber hat" für das heutige BGB nicht mehr unbeschränkt Gültigkeit hat!

Karl wird bei seiner Suche nach alten Werken erneut fündig. Im Antiquariat „Academica" (A) kauft er ein einzigartiges, vom Autor Mommsen handsigniertes Exemplar des Buches „Römisches Staatsrecht" aus dem Jahre 1875 zum „Freundschaftspreis" von 1 500 €. Weil Karl nicht genug Geld dabei hat, vereinbart er mit dem Antiquariat Abholung und Bezahlung des Buches in den nächsten Tagen. In der Nacht darauf bricht ein Dieb in die Verkaufsräume der Buchhandlung ein und stiehlt etliche sehr wertvolle Werke, unter anderem das „Römische Staatsrecht". Als Karl das Buch abholen will, erfährt er vom Diebstahl. Das Antiquariat, das für den Fall eines Einbruchs versichert ist, räumt ein, dass es für das Buch 1 700 € Versicherungsleistung erhalten hat. Der Dieb kann nicht ermittelt werden.

4.1 Untersuchen Sie, ob Karl vom Antiquariat zu Recht 200 € fordern kann!

4.2 Erklären Sie jeweils unter Abwandlung des vorliegenden Sachverhalts, unter welchen Voraussetzungen Karl gegen das Antiquariat Ansprüche gemäß § 311 a II bzw. §§ 280 I, III, 283 hätte!

Vorgegebene Bewertungseinheiten:

Frage	1	2	3	4
BE	15	20	10	15

Lösungsvorschlag

Alle Paragraphenangaben beziehen sich – soweit nicht anders vermerkt – auf das BGB.

1.1 *Die Fragestellung hat zwei Teile. Darstellen heißt, wesentliche Aspekte eines Zusammenhangs oder Sachverhalts strukturiert wiedergeben. Zeigen bedeutet hier, den Zusammenhang zwischen Marktwirtschaft und Vertragsfreiheit beschreiben. Verschiedene Antworten sind denkbar. Der Zusammenhang zwischen dem Prinzip der Marktwirtschaft und der Vertragsfreiheit muss klar werden (Textteile in Klammern sind optional).*

Unter Vertragsfreiheit versteht man die Freiheit des Einzelnen, sein Leben durch Verträge frei gestalten zu können. Die Vertragsfreiheit lässt sich folgendermaßen unterteilen:
- Abschlussfreiheit: Man kann frei entscheiden, ob und mit wem man einen Vertrag abschließen will (es sei denn es besteht Kontrahierungszwang).
- Gestaltungsfreiheit bzw. Inhaltsfreiheit: Man kann den Typ und den Inhalt eines Vertrages frei gestalten (Grenzen der Gestaltungsfreiheit sind z. B. Sittenwidrigkeit § 138 oder Verstoß gegen gesetzliches Verbot § 134).
- Formfreiheit[1]: Man kann die äußere Form, in der ein Vertrag abgeschlossen wird, frei wählen (sofern keine der wenigen gesetzlich vorgeschriebenen Formvorschriften greift, z. B. für Kaufverträge über Immobilien § 311 b I).

Ein konstituierendes Element der Marktwirtschaft ist die Privatautonomie, d. h. der Grundsatz, dass jeder Bürger seine eigenen privatrechtlichen Angelegenheiten nach seinem

[1] Die Formfreiheit wird in der Literatur zum Teil als Unterpunkt zur Gestaltungsfreiheit abgehandelt.

eigenen Willen selbst regeln kann. Dazu zählt in der Marktwirtschaft die freie Festlegung der Nachfrage durch die Verbraucher und des Angebots durch die Unternehmen. Da in einer von Wettbewerb geprägten marktwirtschaftlichen Ordnung die Koordination auf dem Markt durch das Zusammenspiel von Angebot und Nachfrage entsteht, ist deren freie Festlegung durch die Wirtschaftssubjekte eine zentrale Voraussetzung für das Funktionieren des Marktmechanismus.

1.2 *Zunächst ist die Problematik herauszuarbeiten und anhand von mindestens zwei Beispielen zu belegen (andere als die unten genannten Beispiele sind möglich). Außerdem sind Gegenmaßnahmen in der heutigen Rechtsordnung zu erklären.*

Gierke beschreibt das **Problem**, dass Vertragsfreiheit dann negative Auswirkungen hat, wenn einzelne Marktteilnehmer anderen überlegen sind und diese Überlegenheit missbrauchen, indem sie unterlegene Marktteilnehmer ausbeuten oder unterdrücken.

Beispiele und Grenzen durch die Rechtsordnung:
- Ein großes Unternehmen, das z. B. 80 % der Produkte eines Lieferanten abnimmt, hat diesem Zulieferer gegenüber eine hohe Nachfragemacht, da dieser auf den Großkunden angewiesen ist. Die Nachfragemacht könnte der Großabnehmer missbrauchen, um niedrigere Bezugspreise bei dem Lieferanten durchzusetzen, indem er z. B. droht, sonst den Lieferanten zu wechseln. Ein derartiger Missbrauch von Marktmacht wird unter bestimmten Voraussetzungen auf der Basis des Gesetzes gegen Wettbewerbsbeschränkungen (GWB) vom Bundeskartellamt bekämpft.
- In Zeiten hoher Arbeitslosigkeit haben Unternehmen, die gering qualifizierte Arbeitnehmer suchen, theoretisch die Möglichkeit, Arbeitskräfte zu extrem geringen Löhnen zu beschäftigen. Das Tarifrecht und die soziale Absicherung für Arbeitslose bilden in Deutschland Grenzen nach unten und wirken wie eine Mindestlohnschwelle.
- Im Rahmen der Tarifautonomie handeln Vertreter von Arbeitnehmern und Arbeitgebern die Bezahlung und weitere Arbeitsbedingungen frei untereinander aus. Theoretisch könnte der Arbeitgeber durch die Drohung von Entlassungen seine Forderungen einseitig durchsetzen. Gesetzliche Regelungen zum Kündigungsschutz und Tarifrecht (z. B. Flächentarifverträge) schützen den einzelnen Arbeitnehmer bzw. die Arbeitnehmer als Gruppe.
- Unternehmen sind einzelnen Verbrauchern gegenüber i. d. R. finanziell, aber auch hinsichtlich Rechts- und Sachkenntnis etc. überlegen. Verbraucherschutzgesetze, z. B. zum Sachmangel beim Verbrauchsgüterkauf (Beweislastumkehr) oder zu Allgemeinen Geschäftsbedingungen (z. B. Überraschungs- und Generalklausel §§ 305c, 307) stärken die Rechtsposition des Verbrauchers.
- Im Zusammenhang mit den elektronischen Medien, insbesondere dem Internet, sind technisch und juristisch versierte Gewerbetreibende weniger kompetenten Laien überlegen und könnten sie bei Geschäften im Internet übervorteilen. Umfangreiche Regelungen zu Fernabsatzgeschäften (§§ 312b–f) und Allgemeinen Geschäftsbedingungen (§§ 305–310) beschränken hier die Vertragsfreiheit zugunsten der Verbraucher.

2.1 *Zu bearbeiten sind lediglich das Verpflichtungsgeschäft und das Erfüllungsgeschäft bezüglich des Buches. Das Erfüllungsgeschäft bzgl. des Geldes hat noch nicht stattgefunden.*

Verpflichtungsgeschäft: Karl (K) schließt am 3. Mai mit Oldbook (O) durch Antrag und Annahme einen Kaufvertrag über das Buch von Gierke für 155 € unter Eigentumsvorbehalt ab (§§ 145, 147, 433, 449). **Ergebnis:** An den Besitz- und Eigentumsverhältnissen ändert sich noch nichts.

Erfüllungsgeschäft bezüglich des Buches: O liefert das Buch am 10. Mai an K durch Einigung unter aufschiebender Bedingung der vollständigen Bezahlung und Übergabe (Realakt) des Buches (§§ 145, 147, 929, 854, 158 I). **Ergebnis:** K wird unmittelbarer Besitzer des Buches (§ 854) mit Anwartschaftsrecht, das bei Bezahlung automatisch zum Vollrecht (Eigentum an dem Buch) wird. O bleibt Eigentümer des Buches und ist mittelbarer Besitzer (§ 868) bis zur vollständigen Bezahlung der 155 €.

2.2 *Die Fragestellung hat zwei Teile: Zunächst sind die Vorteile des Eigentumsvorbehalts zu erläutern. Die Vorteile können rechtlicher wie wirtschaftlicher Art sein. Es ist sinnvoll, verschiedene Perspektiven einzunehmen. Mindestens zwei Vorteile sind zu erläutern. Anschließend sollen die möglichen juristischen Konsequenzen einer verzögerten Zahlung im Zusammenhang mit dem Eigentumsvorbehalt beschrieben werden. Die Aufgabenstellung verlangt nur mögliche juristische Konsequenzen im Zusammenhang mit dem Eigentumsvorbehalt, weil andere Konsequenzen, z. B. Verzugszinsen, Gegenstand der Aufgabe 2.3 sind. Die gesamte Frage ist ganz allgemein gestellt und bezieht sich nicht auf den Fall von K und O.*

Vorteile:
Aus Sicht des Verkäufers
- dient der Eigentumsvorbehalt dem Eigentumsschutz des Verkäufers. Dadurch dass bei Eigentumsvorbehalt das Eigentum nicht an den Käufer übergeht, kann dieser den Kaufgegenstand ohne Zustimmung des ursprünglichen Verkäufers auch nicht rechtswirksam an einen Dritten weiterveräußern, es sei denn, der Dritte erwirbt gutgläubig vom Nichtberechtigten.
- ermöglicht der Eigentumsvorbehalt relativ sichere Kreditgeschäfte mit Kunden, die nicht sofort den vollen Kaufpreis zahlen (z. B. Ratenkauf), und erhöht so den möglichen Umsatz.
- sind die Rechte des Käufers an der Sache bis zur vollständigen Zahlung stark beschränkt. Er darf die Sache z. B. nicht wegwerfen oder zerstören. Volle Eigentumsrechte gemäß § 903 erhält der Käufer erst nach der vollständigen Zahlung.

Aus Sicht des Käufers ist vorteilhaft,
- dass er den Kaufgegenstand bereits vor der vollständigen Bezahlung erhält und nutzen kann. (Eine rechtmäßige Weiterveräußerung ist allerdings nur über § 185 möglich.)
- dass größere Anschaffungen, die nicht sofort vollständig bezahlt werden können, möglich sind (z. B. Ratenkauf).

Juristische Folgen einer verzögerten/verspäteten Zahlung:
Bei Eigentumsvorbehalt, kann der Verkäufer gemäß § 449 II erst nach dem Rücktritt vom Vertrag die Sache herausverlangen. Der Rücktritt (§ 323) ist unter folgenden Voraussetzungen möglich:

Schuldverhältnis: Es liegt ein rechtswirksamer Kaufvertrag vor (§§ 145, 147, 433). *(In diesem Fall unter Eigentumsvorbehalt.)*

Pflichtverletzung: Die Zahlung erfolgt trotz Fälligkeit (§ 271) nicht oder nicht vollständig (§ 323 I).

Fristsetzung: Eine vom Verkäufer zur Zahlung gesetzte Frist verstreicht erfolglos bzw. die Fristsetzung ist gemäß § 323 II entbehrlich, z. B. bei einem bereits im Vertrag vereinbarten Zahlungstermin (§ 271 II).

Ergebnis: Ist der Verkäufer vom Vertrag zurückgetreten, kann er, da er noch Eigentümer ist, den Kaufgegenstand vom Käufer herausverlangen (§§ 449, 985). (Ggf.: Der Käufer kann die Herausgabe nicht gemäß § 986 verweigern.)

2.3 *Eine Argumentation über §§ 280 I, II i. V. m. § 286 ist nicht erforderlich, da §§ 286, 288 eine eigenständige Anspruchsgrundlage sind.*

Oldbook kann unter den folgenden Voraussetzungen der §§ 286, 288 Verzugszinsen verlangen:

- **Schuldverhältnis:** K und O haben einen rechtswirksamen Kaufvertrag (unter Eigentumsvorbehalt) über das Buch für 155 € abgeschlossen (§§ 145, 147, 433, 449).
- **Pflichtverletzung:** Es liegt eine verspätete Leistung vor, hier Verzug (§ 286): K zahlt bis zum 19. Mai nicht, obwohl die Leistung mangels vereinbarten Termins sofort fällig (§§ 271 I) und möglich ist.
- **Vertretenmüssen:** K hat die Nichtleistung zu vertreten, da er die Zahlung „vergisst" (Fahrlässigkeit §§ 286 IV, 276 I, II) (Ggf.: Es handelt sich außerdem bei Geldschulden um reine Gattungsschulden, deren Nichterfüllung man prinzipiell zu vertreten hat; „Geld hat man zu haben").
- **Mahnung:** Die Mahnung ist gemäß § 286 III entbehrlich. K kommt schon vor der Mahnung von O bereits am 10. Juni in Zahlungsverzug, da er 30 Tage nach Zugang der Rechnung, in der er als Verbraucher (§ 13) auf die Regelung des § 286 III hingewiesen wurde, das Entgelt für das Buch noch nicht bezahlt hat.

Ergebnis: K befindet sich ab dem 30. Tag nach Zugang der Rechnung in Zahlungsverzug (also ab dem 10. Juni) und ist, da es sich um eine Geldschuld handelt, gemäß § 288 I zur Zahlung von Verzugszinsen für die Zeit des Verzuges (10 Tage) verpflichtet. (Ggf.: Die Berechnung der Verzugszinsen erfolgt über § 288 I.)

3 *Die Aufgabe zielt auf den gutgläubigen Eigentumserwerb von Nichtberechtigten ab.*

Grundsätzlich ist gemäß § 929 eine Eigentumsübertragung nur durch den Eigentümer möglich. Aufgrund des Eigentumsvorbehalts (vgl. Aufgabe 2.1) ist K jedoch nur unmittelbarer Besitzer, aber nicht Eigentümer des Buches. Eine Übereignung ist daher nur durch gutgläubigen Eigentumserwerb unter den folgenden Voraussetzungen möglich.

- Veräußerer ist kein Eigentümer, aber unmittelbarer Besitzer (§ 854): trifft wegen des Eigentumsvorbehalts zu.
- Die Veräußerung der beweglichen Sache erfolgt über § 929 durch Einigung und Übergabe (§ 932 I) an B's 20. Geburtstag.
- B ist gutgläubig (§ 932 II), da sie nicht weiß und auch nicht grob fahrlässig darüber in Unkenntnis ist, dass K nicht Eigentümer des Buches ist.
- § 935 I trifft nicht zu, weil das Buch weder gestohlen noch verloren wurde und dem O auch nicht sonst wie abhanden gekommen ist, da er den Besitz freiwillig an K übertragen hat. Auch § 935 II greift nicht.

Ergebnis: B wird Besitzerin und Eigentümerin des Buches. Sie erhält damit ein umfassenderes Recht an dem Buch (Eigentumsrecht § 903), als K es hatte, da dieser nur unmittelbarer Besitzer (§ 854) mit Anwartschaftsrecht war. K hat also „mehr Recht übertragen, als er selber" hatte.

4.1 *Die Frage zielt auf die Differenz zwischen Kaufpreis und Versicherungsleistung ab.*

Karl kann die 200 € unter den folgenden Voraussetzungen als **Ersatzanspruch** verlangen:
Schuldverhältnis: K und A haben einen rechtswirksamen Kaufvertrag über das Buch für 1 500 € abgeschlossen (§§ 145, 147, 433).
Pflichtverletzung: Aus dem Kaufvertrag besteht für V die Pflicht zur Lieferung des Buches. Es liegt eine nachträgliche Unmöglichkeit gemäß § 275 I BGB vor, da das Buch gestohlen wurde. Dadurch wird A von der Leistungspflicht befreit (§ 275 I).

Ersatzanspruch: A hat einen Ersatzanspruch gegenüber der Versicherung.
Ergebnis: K kann gemäß §§ 275 I, IV, 285 von A die Herausgabe der 1 700 € verlangen. In diesem Fall bleibt er aber zur Bezahlung der Gegenleistung von 1 500 € verpflichtet (§ 326 III S.1). Per Saldo kann K also die Differenz von 200 € fordern.

4.2 *Es genügt keine allgemeine Erklärung, sondern der Bezug zum ursprünglichen Fall muss durch eine abgewandelte Alternative hergestellt werden.*

a) **Variante zu § 311a II**
§ 311a II regelt die ursprüngliche Unmöglichkeit. Er wäre dann anzuwenden, wenn das Buch bereits vor dem Abschluss des Kaufvertrags zwischen A und K entwendet oder z. B. durch ein Feuer zerstört worden wäre und wenn A dies wusste bzw. seine Unkenntnis darüber zu vertreten hätte, z. B. weil sie fahrlässig bestand. Eine weitere Möglichkeit wäre die Übernahme einer Beschaffungsgarantie (§ 276 I) durch A.

b) **Variante zu §§ 280 I, III, 283**
§§ 280 I, III, 283 greifen bei nachträglicher Unmöglichkeit und zwar dann, wenn der Schuldner die Pflichtverletzung zu vertreten hat und der Gläubiger Schadensersatz statt der Leistung will. Das wäre bei A und K z. B. der Fall, wenn das Buch nach Vertragsabschluss entwendet oder zerstört worden wäre, weil A das Buch nicht ausreichend gesichert aufbewahrt hat.

Mögliche Punktverteilung:

1.1	1.2	2.1	2.2	2.3	3	4.1	4.2
8	7	6	6	8	10	7	8

Leistungskurs Wirtschaft/Recht: Abiturprüfung 2007
Fachgebiet Volkswirtschaftslehre – Aufgabe I

M 1 Aufschwung bringt Jobwunder
Arbeitslosenzahl sinkt erstmals seit vier Jahren unter vier Millionen – weitere Besserung 2007 erwartet

Die Zahl der Arbeitslosen in Deutschland ist erstmals seit vier Jahren wieder unter die Marke von vier Millionen gesunken. Im November waren 3,995 Mio. Menschen ohne Arbeit – 89 000 weniger als im Oktober und 536 000 weniger als vor einem Jahr. Noch im Februar hatte die Arbeitslosigkeit über fünf Mio. gelegen. Nach dem aktuellen Bericht der Bundesagentur für Arbeit (BA) sank die Arbeitslosenquote von 9,8 auf 9,6 Prozent. Üblicherweise steigt die Arbeitslosigkeit zu Beginn der kalten Jahreszeit. [...]

Entsprechend optimistisch sind viele Experten für das kommende Jahr. Die BA rechnet damit, dass die durchschnittliche Zahl der Arbeitslosen von 4,5 Mio. in diesem Jahr auf 4,3 Mio. im nächsten Jahr sinkt. Der Sachverständigenrat zur Begutachtung der gesamtwirtschaftlichen Entwicklung erwartet sogar einen Rückgang auf gut 4,2 Mio. im Jahresdurchschnitt. Seine Zuversicht begründet Bert Rürup, Vorsitzender des Sachverständigenrats, mit den gleichen Argumenten wie die positive Entwicklung in diesem Jahr: „Die beschäftigungsfreundliche Lohnpolitik, der erfolgreiche Restrukturierungskurs der hiesigen Unternehmen, die Folgen von Hartz IV sowie vor allem der durch das Anziehen der Exporte bereits Ende 2005 eingeläutete Aufschwung sorgen für diese erfreuliche Entwicklung“, sagte er dem Handelsblatt. Der Impuls aus dem Ausland übersetze sich nun auf das Inland.

Dies wird von der Entwicklung der Zahl der offenen Stellen untermauert. 806 000 offene Stellen wurden der BA im November gemeldet, 216 000 mehr als im Vorjahresmonat. Auch die Zahl der sozialversicherungspflichtig Beschäftigten kletterte seit Februar im Monatsdurchschnitt um mehr als 42 000. „Das war die entscheidende Wende auf dem Arbeitsmarkt“, sagte Rürup.

Die positive Entwicklung auf dem Arbeitsmarkt lässt auch die Kassen der Bundesagentur überquellen. [...] Angesichts der „sensationellen Entwicklung“ bekräftigte das Kieler Institut für Weltwirtschaft seine Forderung, den Arbeitslosenbeitrag stärker als geplant zu senken. Eine Senkung auf 3,5 Prozent wäre „ohne weiteres drin“. Dagegen will die Bundesregierung den Arbeitslosenbeitrag von heute 6,5 Prozent des Bruttolohns nur auf 4,2 Prozent senken.

Quelle: Handelsblatt, 1. 12. 2006, für Prüfungszwecke bearbeitet

1.1 Arbeiten Sie die im Text M 1 erkennbaren Arten der Arbeitslosigkeit heraus, und begründen Sie, warum trotz weiterhin hoher Arbeitslosigkeit die offenen Stellen nicht besetzt werden können!

1.2 Stellen Sie mögliche Auswirkungen einer Senkung des Beitrags zur Arbeitslosenversicherung auf Wachstum und Beschäftigung dar!

M 2 ifo Konjunktur-Uhr Deutschland

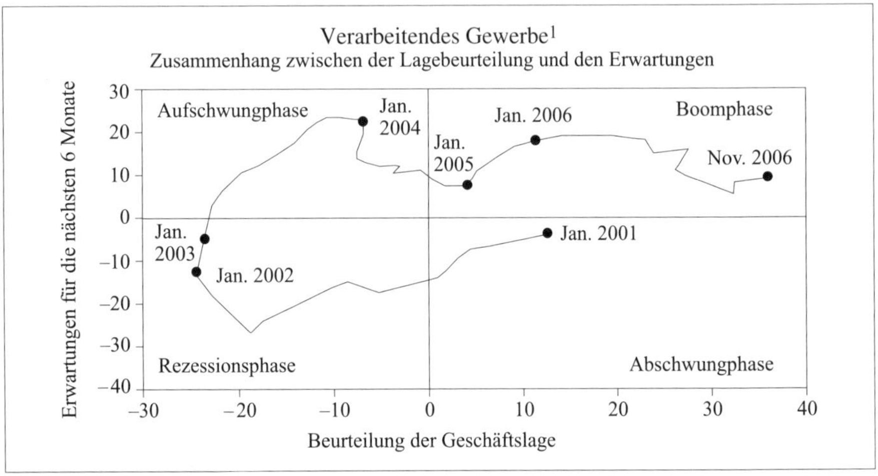

1) Einschließl. Ernährungsgewerbe. Salden, saisonbereinigte Werte.

Quelle: ifo Konjunkturtest, 23. 11. 2006

Auf der Abszisse der Konjunkturuhr werden die Meldungen der befragten Unternehmen zur Geschäftslage (Salden aus den Prozentanteilen der Meldungen „gut“ bzw. „schlecht“) aufgetragen, auf der Ordinate die Geschäftserwartungen für die nächsten 6 Monate (Salden aus den Prozentanteilen der Meldungen „günstiger“ bzw. „ungünstiger“).

Quelle: http://www.cesifo-group.de/portal/page?_pageid=36,1899103&_dad=portal&_schema=PORTAL, aufgerufen am 11. 01. 2007, für Prüfungszwecke bearbeitet

2.1 Beschreiben Sie die Entwicklung der in der „Konjunktur-Uhr“ (M 2) dargestellten Indikatoren im Laufe eines Konjunkturzyklus und geben Sie mögliche Gründe für diese Entwicklung an!

M 3 Karikatur

Quelle: http://www.stuttmann-karikaturen.de, aufgerufen am 19. 12. 2006, © Klaus Stuttmann

2.2 Interpretieren Sie die Karikatur und nehmen Sie zur Meinung der dargestellten Person kritisch Stellung!

M 4 Leitzinsentwicklung im Vergleich

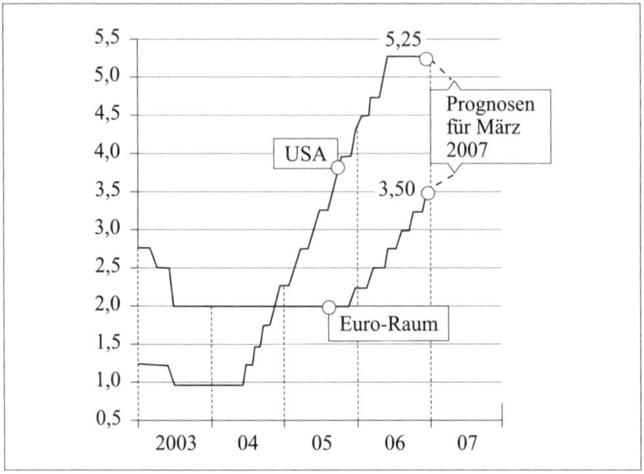

Quelle: Handelsblatt, 8. 12. 2006

M 5 Aussichten für die Inflationsentwicklung

In der zweiten Jahreshälfte 2006 und im Durchschnitt des Jahres 2007 dürften die jährlichen Gesamtinflationsraten weiterhin bei über 2,0 Prozent liegen, wobei das Preisniveau von der zukünftigen Entwicklung der Energiepreise abhängt. Angesichts des starken internationalen Wettbewerbsdrucks ist damit zu rechnen, dass sich der von den Arbeitskosten ausgehende Preisauftrieb insbesondere im verarbeitenden Gewerbe 2007 in Grenzen hält. Laut der im Juni 2006 veröffentlichten Projektion der Experten des Eurosystems ist es jedoch wahrscheinlich, dass weitere indirekte Auswirkungen früherer Energiepreiserhöhungen und angekündigte Änderungen bei den indirekten Steuern einen Aufwärtsdruck auf die Inflation im Euroraum ausüben werden.

Quelle: EZB Monatsbericht Juli 2006, für Prüfungszwecke bearbeitet

3.1 Stellen Sie unter Berücksichtigung der Materialien M 4 und M 5 mögliche Gründe für die von der Europäischen Zentralbank Ende 2005 eingeleitete Zinspolitik dar!

3.2 Erläutern Sie auch anhand der Materialien M 1 und M 2, warum sich die von der Europäischen Zentralbank vorgenommenen Zinserhöhungen (M 4) im Ergebnis nicht negativ auf Wachstum und Beschäftigung in Deutschland ausgewirkt haben!

Vorgegebene Bewertungseinheiten:

Frage	1	2	3
BE	17	25	18

Lösungsvorschlag

1.1 *Die Aufgabenstellung hat zwei Teile:*
a) Herausarbeiten der im Text erkennbaren, d. h. direkt oder indirekt genannten Arten der Arbeitslosigkeit und
b) Begründen, dass trotz hoher Arbeitslosigkeit offene Stellen nicht besetzt werden können.

Herausarbeiten:
- Z. 6 f.: „Üblicherweise steigt die Arbeitslosigkeit zu Beginn der kalten **Jahreszeit**." Saisonale Arbeitslosigkeit, die im Jahresverlauf mit den Jahreszeiten schwankt.
- Z. 14 ff.: „der erfolgreiche **Restrukturierungskurs** ... der Unternehmen ... sorg[t] für diese erfreuliche Entwicklung [am Arbeitsmarkt]". Z. 2 und 19 f.: „3,995 Mio. Menschen ohne Arbeit", „806 000 offene Stellen". Strukturelle Arbeitslosigkeit, d. h. qualitatives Auseinanderklaffen des Arbeitskräfteangebots und der Nachfrage nach Arbeit.
- Z. 15 ff.: „vor allem der durch das Anziehen der Exporte bereits Ende 2005 eingeläutete **Aufschwung** sorg[t] für diese erfreuliche Entwicklung [am Arbeitsmarkt]". Konjunkturelle Arbeitslosigkeit, d. h. Arbeitslosigkeit, die mit dem Wirtschaftswachstum schwankt.

Begründen:
Können offene Stellen trotz hoher Arbeitslosenzahlen nicht besetzt werden, liegt das daran, dass das Arbeitskräfteangebot in bestimmter Hinsicht nicht mit der Nachfrage übereinstimmt, z. B. weil die Bewerber nicht die erforderlichen Qualifikationen aufweisen, nicht bereit sind, für einen Arbeitsplatz einen Wohnsitzwechsel in Kauf zu nehmen oder nicht im erwünschten zeitlichen Umfang arbeiten können oder wollen.

1.2 *Erwartet wird eine schlüssige Wirkungskette durch Multiplikatorprozesse, wobei der autonome Impuls von der Senkung der Arbeitslosenbeiträge ausgeht. Die Sektoren und Ströme des Kreislaufmodells können dafür eine gute Arbeitshilfe sein. Wichtig ist es, in der Antwort explizit sowohl auf das Wirtschaftswachstum als auch auf die Beschäftigung einzugehen. Angesichts der Gesamtpunktzahl auf den gesamten Fragenblock 1 wird eine gut ausgearbeitete Antwort, z. B. mit Ansatzpunkten für U, H, St und ggf. Ausl erwartet.*

Den Beitrag zur Arbeitslosenversicherung tragen je zur Hälfte der Arbeitgeber und der Arbeitnehmer. Primär bedeutet eine Senkung der Arbeitslosenbeiträge daher eine Kostenentlastung bei den Unternehmen und ein höheres verfügbares Einkommen bei den Haushalten. Sowohl die Kostensenkungen in den Unternehmen als auch der ggf. erhöhte Konsum der Haushalte führen zu höheren Unternehmensgewinnen und eröffnen neue Spielräume für Investitionen. Die erhöhte Konsumgüternachfrage und die ebenfalls erhöhte Investitionsgüternachfrage führen kurzfristig wiederum zu höherem Volkseinkommen und Unternehmensgewinnen. Mittelfristig ist bei ausgelasteten Kapazitäten zur Deckung der erhöhten Nachfrage und Realisierung der Investitionen auch eine höhere Beschäftigung zu erwarten, die weitere positive Multiplikatoreffekte auslösen kann.
Die bei höherer Beschäftigung geringeren Ausgaben des Staates sowie die erhöhten Einnahmen aus direkten und indirekten Steuern eröffnen außerdem neue Spielräume für den Staat. Dieser kann dann z. B. durch Steuersenkungen oder staatliche Investitionen ebenfalls Wirtschaftswachstum und Beschäftigung fördern.
Im Hinblick auf das Ausland können die niedrigeren Lohnnebenkosten die internationale Wettbewerbsfähigkeit deutscher Unternehmen erhöhen, die Exportnachfrage ankurbeln

und so die positiven Wachstums- und Beschäftigungseffekte der gestiegenen Binnennachfrage noch verstärken.
Gegebenenfalls erhöht die Senkung der Arbeitslosenbeiträge auch die Attraktivität des Standorts Deutschland, sodass neue Arbeitsplätze geschaffen und Investitionen getätigt werden.

2.1 *Die auf den ersten Blick komplizierte „Konjunktur-Uhr" lässt sich mithilfe der Angaben unter der Grafik gut entschlüsseln. Zuerst sind die dargestellten Indikatoren aus der Grafik bzw. dem Begleittext herauszufinden, dann deren jeweilige Entwicklung in der Grafik zu beschreiben und dazu mögliche Gründe zu geben.*
Bei der Beschreibung muss u. a. auf
- *die Datumsangaben*
- *Extrempunkte der einzelnen Indikatoren*
- *relevante Veränderungen der einzelnen Indikatoren*
- *das Verhältnis der Indikatoren zueinander*

eingegangen werden. Die Zahlenwerte sind nicht unbedingt erforderlich, aber sinnvoll.
Bei den Gründen wäre neben der allgemein gehaltenen Antwort unten auch ein Bezug zu realen Ereignissen im beschriebenen Zeitraum möglich und sogar überlegen (z. B. Terroranschlag am 11. September 2001, Einführung des Euro 2002, EU-Osterweiterung 2004, Bundestagswahl 2005 etc.).
Angesichts der BE-Zahl ist die folgende Lösung im Bereich der Beschreibung zu ausführlich; es sollten aber alle für die Beantwortung in Frage kommenden Aspekte gezeigt werden.

Die Konjunktur-Uhr stellt die konjunkturelle Entwicklung mithilfe der beiden Konjunkturindikatoren „Geschäftslage" (GL) und „Geschäftserwartungen" (GE) der Unternehmen im verarbeitenden Gewerbe dar.

Im **Abschwung** (ab Jan. 2001) sinken beide Indikatoren stetig: die GE von knapp unter Null, die GL von anfangs zwar nicht mehr hohen, aber immerhin noch deutlich positiven ca. + 14 Punkten.
Die negativen GE trotz noch positiver GL sind als typisch zu betrachten, da die GE ein Frühindikator sind, während die GL ein Präsenzindikator ist. Die praktisch stetig sinkende Entwicklung ist typisch für den Abschwung und spiegelt bei den GE z. B. den Rückgang des Auftragseingangs wieder und bei der GL z. B. sinkende Kapazitätsauslastung oder Umsätze.

In der **Rezession** sinken die GE fast stetig weiter bis auf ca. –28 Punkte am Tiefpunkt der Rezession etwa Ende 2001. Die GL erreicht ihren Tiefpunkt erst im Januar 2002 mit ca. –26 Punkten. Im gesamten darauffolgenden Jahr bleiben die GE negativ, steigen aber bis Januar 2003 um immerhin etwa 14 Punkte. Die GL dagegen bleibt nahezu konstant auf ihrem Tiefststand.
Auch hier ist der Vorlauf der GE vor der GL typisch: während die GE zwar wegen geringer Auftragseingänge noch negativ sind, aber zumindest einen positiven Trend in Richtung Aufschwung aufweisen, z. B. weil der Auftragseingang leicht zunimmt, verharrt die GL z. B. wegen konstant geringer Nachfrage und Kapazitätsauslastung auf ihrem niedrigen Niveau.

In der **Aufschwungphase** verlaufen die GE stetig steigend im positiven Bereich und erreichen etwa Ende 2003 ihren Höchstwert von ca. + 23 Punkten. Diese Entwicklung kann z. B. durch stark zunehmende Aufträge und steigende Kapazitätsauslastung in der Anfangsphase des Aufschwungs bedingt sein. Nach einem kurzen Plateau gehen sie jedoch stark um etwa 10 Punkte zurück, bleiben dann aber im positiven Bereich auf etwa gleichem Niveau. Die GL ist im gesamten Zeitraum noch im negativen Bereich, bewegt sich mit zwei kleineren Einschnitten aber stetig in positive Richtung. Noch nicht voll ausgelastete Kapazitäten und noch immer nicht zufriedenstellende Umsätze bei positiver Tendenz können dieses Bild verursacht haben. (Der scharfe Einschnitt in den GE und der erste Einschnitt in der GL fallen praktisch zusammen. Dies könnte z. B. auf einen externen Schock zurückzuführen sein oder darauf hindeuten, dass die Unternehmen im Januar 2004 ggf. bereits ein schroffes Ende der positiven Entwicklung befürchtet haben.)

Die **Boomphase** von etwa Dezember 2004 bis November 2006 beginnt mit einem deutlichen Anstieg der GE von Januar 2005 bis Januar 2006, die dann stagnieren. Der absinkende Bogen gegen Ende kann auf einen folgenden Abschwung hindeuten. Die GL dagegen bewegt sich fast kontinuierlich steil nach oben von 0 bis auf etwa + 38 Punkte. Beide Indikatoren sind insgesamt im positiven Bereich. Während deutlich steigende Kapazitätsauslastung, Umsätze und Gewinne im Bereich der GL jedoch klar den Boom widerspiegeln, zeigen die GE bereits Stagnation und Rückgang z. B. von Auftragseingängen an.

2.2 *Die Interpretation von Karikaturen erfolgt in drei Schritten (siehe Methodenkapitel am Anfang dieses Buches). Im vorliegenden Fall soll außerdem eine kritische Stellungnahme folgen, für die neben der unten formulierten auch andere Möglichkeiten denkbar sind.*

Beschreibung und Bedeutung:
In der Karikatur sind vier Abbildungen eines identischen, offensichtlich schlecht gelaunten Zeitungslesers zu sehen. Der Darstellung ist nicht genau zu entnehmen, zu welcher Bevölkerungsgruppe er gehört. Anzug und Krawatte deuten auf eine gehobene Schicht hin. Die Lesebrille verleiht zwar ein gewisses intellektuelles Aussehen, könnte aber auch ein Zeichen für „Kurzsichtigkeit“ sein.
Auch die Sprechblase, in der der Mann die Mehrwertsteuer negativ kommentiert, enthält viermal exakt den gleichen Text, in dem der Zeitpunkt der Mehrwertsteuererhöhung als „Wahnsinn“ bezeichnet wird.
Lediglich die jeweils zweite Zeile der sichtbaren Zeitungsschlagzeile zur Konjunkturentwicklung ist unterschiedlich und beschreibt jeweils eine der vier Konjunkturlagen des Konjunkturzyklus: Rezession („Konjunktur am Boden“), Aufschwung („Konjunktur zieht an“), Boom („Konjunktur boomt“) und Abschwung („Konjunktur fällt“).

Interpretation:
Die Hauptaussage der Karikatur ist, dass die Mehrwertsteuererhöhung von informierten (Zeitungsleser), ggf. gebildeten Bürgern kategorisch abgelehnt wird, da sie als „Wahnsinn“ betrachtet wird, egal zu welchem Zeitpunkt im Konjunkturzyklus sie durchgeführt wird.
In der Rezession würde sie die ohnehin schon zu geringe Konsumgüternachfrage und Investitionstätigkeit weiter bremsen und eine Erholung der Konjunktur zusätzlich erschweren. Im Aufschwung könnte eine Mehrwertsteuererhöhung einen negativen Impuls setzen, der einen noch schwachen Aufwärtstrend „abwürgen“ könnte. Im Boom führt eine drohende Mehrwertsteuererhöhung zusätzlich zu vorgezogenen Käufen, die die ohnehin überhitzte Wirtschaft weiter ankurbeln und eine bereits bestehende Inflationsentwicklung verstärken würde. Angesichts hoher Steuereinnahmen ist sie auch nicht plausibel. Im Abschwung würde eine Mehrwertsteuererhöhung den Trend prozyklisch verstärken und vorzeitig in eine Rezession führen.
Zusätzlich wird ggf. auch die polemisierende Haltung des Lesers karikiert, der einfach aus Prinzip gegen eine höhere Steuerbelastung ist und sich das Argument der Konjunkturlage so hinbiegt, wie er es braucht. Dabei ist er im übertragenen Sinne „kurzsichtig“,

da er die wirtschaftspolitischen Gründe für die Erhöhung und deren mittelfristig erhoffte positive Wirkung außer Acht lässt.

Kritische Stellungnahme:
Eine kategorische Ablehnung der Mehrwertsteuererhöhung ignoriert die Tatsache, dass das Motiv zu dieser Steuererhöhung der Sanierungsbedarf des Bundeshaushalts und der Schuldenabbau ist. Es wäre sprichwörtlich „kurzsichtig" eine unbeliebte Maßnahme spontan abzulehnen ohne die mittel- und langfristigen Folgen zu bedenken.
Auch das „Zurechtbiegen" der Argumentation auf jedwede Konjunkturphase ist unangemessen. Es gibt durchaus Konjunkturlagen, die besser oder weniger gut für eine Steuererhöhung geeignet sind. Während in der Rezession und im Abschwung eine Steuererhöhung sicher kontraproduktiv wäre, wäre sie in einer konstanten Aufschwungphase leichter zu bewältigen und könnte in einer Boomphase sogar eine erwünschte antizyklische Wirkung im Sinne der antizyklischen Haushaltspolitik haben.

3.1 *Grundsätzlich gilt, dass man, bevor man zu einer Grafik Aussagen machen kann, deren relevante Inhalte herausarbeiten muss. Zunächst ist daher die relevante Zinspolitik kurz zu beschreiben. Dann müssen mithilfe der Materialien M 4 und M 5 mehrere Gründe für diese Politik dargestellt, d. h. strukturiert beschrieben werden.*

Beschreibung der Zinspolitik:
Die EZB hat nach einer langen konstanten Phase die Leitzinsen im Euroraum seit Ende 2005 von 2,0 % schrittweise auf 3,5 % erhöht, also innerhalb eines Jahres fast verdoppelt. Die Anhebungen erfolgten in relativ kleinen Viertelprozent-Schritten.

Gründe für diese Zinspolitik:
- Das oberste Ziel der EZB ist die Preisstabilität, die als eine Inflationsrate von unter, aber nahe zwei Prozent definiert ist. Laut M 5 wurde für 2006 und 2007 eine Inflationsrate von über 2 % prognostiziert und in enge Beziehung zu den Energiepreisen gesetzt. Damit bestand für die EZB Handlungsbedarf, da das Inflationsziel überschritten war und zusätzlich vonseiten der Energiekosten weiterer Inflationsdruck erwartet wurde (M 5, Z. 7 ff.).
- Auch aufgrund angekündigter „Änderungen bei den indirekten Steuern" (M 5, Z. 8, z. B. Mehrwertsteuererhöhung in Deutschland) wurde weiterer „Aufwärtsdruck auf die Inflation" (M 5, Z. 9) erwartet, sodass die EZB wegen der Kombination mit dem bereits überschrittenen Grenzwert von 2 % eingreifen musste.
- Die Grafik in M 4 zeigt, dass das Zinsniveau in den USA bereits seit Mitte 2004 kontinuierlich und steil angehoben wurde, seit Ende 2004 über dem im Euroraum lag und im November 2005 bereits doppelt so hoch war wie im Euroraum. Derartig hohe Zinsunterschiede führen zu einem Kapitalabfluss aus dem Euroraum in die USA und entziehen damit dem Euroraum notwendiges Kapital für Konsum und Investitionen (nachrangiges Ziel der EZB: Förderung der Wirtschaftspolitik in der EU).
- Die Verringerung des hohen Zinsunterschieds zu den USA und die Reduktion des Kapitalabflusses wirken sich außerdem stabilisierend auf den Wechselkurs des Euro aus und begrenzen so das Risiko der wechselkursbedingten importierten Inflation. Dies war insbesondere sinnvoll, da die Energiekosten durch die Bindung an das Rohöl weitgehend auch durch den Dollarkurs mitbestimmt werden.

3.2 *Die Aufgabenstellung hat zwei Teile:*
a) Herstellen des Zusammenhangs zwischen den Zinserhöhungen ab Ende 2005 und der konjunkturellen Entwicklung in diesem Zeitraum mithilfe von M 1 und M 2 und
b) Finden schlüssiger Gründe dafür. Mindestens drei Gründe z. B. aus der Liste unten werden erwartet. Andere Antworten sind denkbar.

Theoretisch erwartet man von einer Zinserhöhung eine Dämpfung der Konsum- und Investitionskreditnachfrage und damit eine restriktive Wirkung auf Wirtschaftswachstum und Beschäftigung. Dieser Zusammenhang ist aber nicht zwingend, da zahlreiche andere Faktoren die konjunkturelle Entwicklung beeinflussen.

- In dem Zeitraum ab Ende 2005 befand sich die deutsche Wirtschaft laut M 2 in einer Boomphase. Darüber hinaus wurde laut Material M 1 für 2007 „weitere Besserung" erwartet. Das Wirtschaftswachstum war im Zeitraum der Zinserhöhungen so solide (M 2), dass die bewusst klein gehaltenen Zinsschritte keine wesentliche dämpfende Wirkung auf das Wirtschaftswachstum hatten.
- Die „beschäftigungsfreundliche Lohnpolitik" (M 1, Z. 14 f.) schuf ein so positives Investitions- und Wachstumsklima, dass die je Schritt nur geringfügigen Zinserhöhungen keine negative Wirkung hatten.
- Der Optimismus der „Experten" (M 1, Z. 8 ff.) bezüglich der „sensationellen Entwicklung" (M 1, Z. 25) kann als psychologischer Verstärker die bremsende Wirkung der Zinserhöhungen leicht aufheben.
- Die „sensationell" positive Entwicklung am deutschen Arbeitsmarkt belebt die Binnennachfrage so stark, dass dies die Zinswirkung überwiegt.
- Ein starker Euro trägt zur Stabilisierung der Energiepreise und damit zur Stabilisierung der Kaufkraft und der Kosten der Unternehmen bei. Beides sind wichtige Voraussetzungen für Wachstum und Beschäftigung. Das Vertrauen in die EZB als Hüterin des Euro wurde durch die aktive Zinspolitik der EZB gestärkt.
- Die Höhe der Leitzinsen ist nur ein einzelner Faktor, der die konjunkturelle Entwicklung beeinflusst. Ihre Wirkung ist daher nur begrenzt.

Mögliche Punktverteilung:

1.1	1.2	2.1	2.2	3.1	3.2
8	9	12	13	10	8

Leistungskurs Wirtschaft/Recht: Abiturprüfung 2007
Fachgebiet Betriebswirtschaftslehre – Aufgabe II

Die Blank AG ist ein großer deutscher Konzern der chemischen Industrie mit zwei großen Bereichen, die in ihrer Branche jeweils zu den weltweit führenden Anbietern zählen: Der Unternehmensbereich *Blank Health Care* erforscht, entwickelt und produziert medizinische und pharmazeutische Produkte, der Unternehmensbereich *Blank Material Science* stellt hochwertige Werkstoffe her, die in zahlreichen Produkten des täglichen Lebens Anwendung finden.
Die Blank AG möchte einen großen Konkurrenten in der Pharmabranche, die Schneidig AG, übernehmen. Nach umfangreichen Gesprächen zwischen den Vorständen der beiden Unternehmen wird eine gemeinsame Aufsichtsratssitzung der beiden Gesellschaften einberufen, auf der die Vorstandsvorsitzende der Blank AG, Dr. Ingelheimer, für den Zusammenschluss mit folgenden Worten wirbt:

„Sehr geehrte Aufsichtsräte,
die Vorstände der beiden Unternehmen sind übereingekommen, dass die Blank AG die Schneidig AG übernehmen soll. Dazu werden wir den Aktionären der Schneidig AG ein Bar-Angebot für ihre Aktien machen, das 20 % über dem aktuellen Börsenkurs liegt.
Die Blank AG wird die dazu nötigen Mittel zunächst durch bestehende Barmittel in Höhe von rund drei Milliarden Euro sowie durch Kredite eines internationalen Bankenkonsortiums aufbringen können. Wir werden die aufgenommenen Fremdmittel im Laufe des nächsten Jahres durch eine Kapitalerhöhung zurückführen, durch die sich unser Grundkapital von 20 Mrd. Euro auf 22 Mrd. Euro erhöhen wird. Gehen wir vom derzeitigen Kurs unserer Aktie von 60 Euro aus, können wir die jungen Aktien zu 55 Euro emittieren und daraus einen Mittelzufluss von sechs Mrd. Euro erwarten. Wir laden unsere Aktionäre schon jetzt ein, an der Kapitalerhöhung teilzunehmen, um so von dieser attraktiven Investition zu profitieren. Außerdem wird sich die Blank AG von zwei sehr profitablen Tochtergesellschaften aus dem Bereich *Material Science* trennen, die nicht mehr zum Kerngeschäft unseres Konzerns gehören. Wir rechnen mit Verkaufserlösen von ca. zwei Mrd. Euro. Die damit verbundene Auflösung von nicht unerheblichen stillen Reserven verbessert auch unsere Bilanzkennziffern und sichert uns weiterhin ein erstklassiges Rating an den internationalen Börsen.
Diese Übernahme passt ausgezeichnet in unsere strategische Zielrichtung, das Gesundheitsgeschäft vor allem im Bereich der Pharma-Spezialprodukte weiter zu stärken und damit unseren Teilkonzern *Blank Health Care* als Hauptwachstumsmotor des Konzerns substanziell auszubauen. Der Zusammenschluss der Pharma-Geschäfte von Blank und Schneidig bietet erhebliches Potenzial zur Hebung von Wachstums- und Kostensynergien. Wir erwarten Synergieeffekte von ca. 500 Mio. Euro jährlich ab dem dritten Jahr nach Abschluss der Transaktion, die unter anderem dadurch realisiert werden, dass wir weltweit ein Zehntel der insgesamt 50 000 Arbeitskräfte im Pharmabereich der beiden Unternehmen einsparen können. Außerdem sollten wir in einigen Marktsegmenten in der Lage sein, den teilweise in den letzten Jahren zu spürenden Preisdruck zu reduzieren. Dem gegenüber stehen einmalige Restrukturierungskosten in Höhe von rund einer Milliarde Euro. Darin sind unter anderem großzügige Abfindungen und Übergangsregelungen für die betroffenen Mitarbeiter enthalten.
Eine Schlüsselrolle für die Synergieeffekte wird die zukünftige Forschungsplattform spielen, die durch Integration der Forschungsaktivitäten entstehen wird. Zudem sind wir mit einem deutlich vergrößerten Forschungs- und Entwicklungsbudget im Pharmabereich besser in der Lage, attraktive neue Produkte auf den Markt zu bringen. Durch die Zusammenführung der innovativen und stark zukunftsträchtigen Aktivitäten der

Schneidig AG mit unseren seit Jahren bewährten Marken, verfügt die Blank AG sofort über ein ausgewogenes Portfolio von etablierten Geschäften und Wachstumsbereichen und erreicht damit eine wesentliche strategische Zielsetzung fünf Jahre früher als geplant.
Auch im Absatzbereich ergänzen sich die beiden Unternehmen hervorragend: Während die Blank AG traditionell starke Marken im Massengeschäft besitzt, ist die Schneidig AG im hochrentablen Pharma-Spezialgeschäft tätig und bewährter Partner vieler Fachärzte."

1.1 Stellen Sie alle Finanzierungsarten dar, die die Blank AG direkt und indirekt zur Übernahme der Schneidig AG einsetzen will, und zeigen Sie, wie sich der Erwerb der Aktien der Schneidig AG und dessen Finanzierung auf einzelne Bilanzpositionen der Blank AG auswirken!

1.2 Beschreiben Sie am Beispiel der geplanten Kapitalerhöhung der Blank AG, was man unter einem Bezugsrecht versteht und welche Funktion es erfüllt! Ermitteln Sie den rechnerischen Wert des Bezugsrechts im vorliegenden Fall!

In der Aufsichtsratssitzung gelingt es der Vorstandsvorsitzenden der Blank AG zwar, die Mehrheit der Aufsichtsratsmitglieder der beiden Gesellschaften für ihren Standpunkt zu gewinnen, es werden jedoch auch Stimmen gegen die Übernahme der Schneidig AG laut.

2.1 Erläutern Sie auch unter Einbeziehung der Aussagen der Vorstandsvorsitzenden, Dr. Ingelheimer, inwiefern der Zusammenschluss der beiden Unternehmen die Unabhängigkeit und Rentabilität der Blank AG stärken könnte!

2.2 Entwickeln Sie – ausgehend von den Darstellungen der Vorstandsvorsitzenden – eine Argumentation für einen Gegner der Übernahme, mit der er die Aktionäre der Blank AG und der Schneidig AG für sich gewinnen könnte!

2.3 Zeigen Sie mögliche volkswirtschaftliche Auswirkungen von Unternehmenszusammenschlüssen auf!

Mit der Übernahme der Schneidig AG erhofft sich die Blank AG auch, Produktinnovationen deutlich früher als Konkurrenzunternehmen auf den Markt bringen und damit jeweils für einen gewissen Zeitraum wie ein Monopolist agieren zu können.

3. Begründen Sie, warum die Blank AG auf realen monopolistischen Märkten eine andere preispolitische Strategie verfolgen kann als auf einem modellhaft vollkommenen monopolistischen Markt! Veranschaulichen Sie die unterschiedlichen Strategien auch graphisch!

Vorgegebene Bewertungseinheiten:

Frage	1	2	3
BE	20	30	10

Lösungsvorschlag

1.1 *Die Aufgabenstellung hat zwei Elemente. Zunächst müssen vor dem Hintergrund der Kenntnisse zu den Finanzierungsarten alle tatsächlich eingesetzten Finanzierungsarten aus dem Text herausgearbeitet und anschließend in die Systematik der Finanzierungsarten eingeordnet werden. Als zweites müssen die Auswirkungen a) des Erwerbs und b) der Finanzierungsaktivitäten auf einzelne Bilanzpositionen ebenfalls kurz beschrieben werden (Operator „zeigen"). Um unnötige Schreibarbeit zu vermeiden, kann man beide Aufgabenteile kombiniert beantworten. Als Arbeitshilfe für den zweiten Teil dient ggf. die Gliederung der Bilanz § 266 HGB. Jeder Geschäftsfall betrifft die Bilanz in mindestens zweifacher Weise (Doppik der Buchführung).*

Erwerb der Schneidig AG:
Durch den Erwerb der Aktien der Schneidig AG erhöht sich das Anlagevermögen im Bereich der Finanzanlagen: Anteile an verbundenen Unternehmen. Demgegenüber verringern sich bei der Bezahlung der Aktien die flüssigen Mittel der Blank AG wie z. B. Kassenbestand oder Bankguthaben.

Finanzierungsarten:

- Die Verwendung vorhandener **Barmittel** in Höhe von drei Mrd. Euro (Z. 16 f.) für die Bezahlung der Aktien reduziert das Umlaufvermögen beim Bilanzposten Kassenbestand. Sie ist eine reine Vermögensverschiebung und daher Umfinanzierung *(ggf. Aktivtausch).*
- Die **Kredite** eines internationalen Bankenkonsortiums (Z. 17 f.) erhöhen die Verbindlichkeiten gegenüber Kreditinstituten und stellen Außen-/Fremdfinanzierung dar. Der Mittelzufluss erhöht bis zur Bezahlung der Aktien die liquiden Mittel (Bankguthaben).
- Die ordentliche **Kapitalerhöhung** (Z. 19 ff.) erhöht sowohl das Grundkapital als auch die Kapitalrücklage. Die Aktien werden über pari/mit Agio ausgegeben. Dies erkennt man daran, dass der erwartete Mittelzufluss sechs Mrd. Euro beträgt: Erhöhung des gezeichneten Kapitals um zwei Mrd. Euro und zusätzlich Erhöhung der Kapitalrücklage um vier Mrd. Euro. Die Kapitalerhöhung stellt Außen-/Eigenfinanzierung dar. Der Zufluss an liquiden Mitteln soll dazu verwendet werden, die Kredite des Bankenkonsortiums zurückzuzahlen (Z. 18 f.); bei dieser Umfinanzierung verringern sich sowohl die liquiden Mittel (Bankguthaben) als auch die Verbindlichkeiten gegenüber Kreditinstituten in gleicher Höhe.
- Durch den **Verkauf der beiden Tochtergesellschaften** (Z. 24 ff.) erhöhen sich die liquiden Mittel (Bankguthaben) zunächst um den Verkaufspreis der beiden Gesellschaften. Gleichzeitig geht das Anlagevermögen im Bereich Finanzanlagen um den Buchwert der beiden Tochtergesellschaften zurück. Da bei dem Verkauf umfangreiche **Stille Reserven** aufgelöst werden (Z. 27 ff.), ergibt sich eine positive Differenz zwischen Mittelzufluss und Anlagevermögensminderung. Diese Differenz erhöht zunächst den Jahresüberschuss (außerordentlicher Ertrag). In Höhe des Verkaufspreises handelt es sich um eine Umfinanzierung, in Höhe der aufgelösten Stillen Reserven um Innen-/Selbstfinanzierung aus freigesetzten verdeckten Rücklagen.

1.2 *Die Aufgabenstellung hat zwei Teile:*

a) Erklärung des Bezugsrechts und seiner Funktionen mit konkretem Bezug zum Beispiel der Blank AG.

b) Ermittlung des rechnerischen Werts des Bezugsrechts bei der Kapitalerhöhung der Blank AG. Die Formel für den rechnerischen Wert des Bezugsrechts muss man kennen.

Erklärung:
Erhöht die Blank AG ihr Grundkapital, so ist sie gemäß § 186 AktG gesetzlich verpflichtet, den bisherigen Inhabern von Blank-AG-Aktien (Altaktionäre) Bezugsrechte für die jungen Aktien anzubieten. Diese Bezugsrechte stellen ein Vorkaufsrecht auf die neu emittierten Aktien zu 55 Euro statt 60 Euro dar.

Funktionen:
Die Bezugsrechte dienen einerseits dazu, die prozentuale Kapital-, Dividenden- und Stimmrechtsverteilung vor der Kapitalerhöhung aufrechterhalten zu können, da jeder Altaktionär Bezugsrechte gemäß seines Kapital- bzw. Stimmenanteils vor der Kapitalerhöhung erhält.
Andererseits dienen die Bezugsrechte zum finanziellen Ausgleich des Kursverlustes, der durch die Neuemission zu erwarten ist. Die Altaktionäre haben mithilfe der Bezugsrechte nämlich die Möglichkeit, die jungen Aktien zum Emissionskurs von 55 Euro zu kaufen, d. h. 5 Euro billiger als der aktuelle Börsenkurs der Aktien von 60 Euro. Entscheidet sich ein Altaktionär gegen den Kauf der jungen Aktien, erhält er eine finanzielle Entschädigung für den Kursverlust seiner alten Aktien, wenn er seine Bezugsrechte verkauft.

Ermittlung des rechnerischen Werts des Bezugsrechts:

$$\text{rechnerischer Wert des Bezugsrechts} = \frac{\text{Kurs der alten Aktien} - \text{Kurs der jungen Aktien}}{\text{Bezugsverhälnis} + 1}$$

Das Bezugsverhältnis ist das Verhältnis von altem Grundkapital zum Nennbetrag der Kapitalerhöhung. Der Nennbetrag der Kapitalerhöhung ergibt sich aus der Differenz zwischen neuem und altem Grundkapital. Für die Blank AG gilt:
Nennbetrag der Kapitalerhöhung = 22 Mrd. Euro – 20 Mrd. Euro = 2 Mrd. Euro (Z. 20)
Bezugsverhältnis = 20 Mrd. Euro zu 2 Mrd. Euro, d. h. 20 : 2 oder gekürzt 10 : 1
Kurs der alten Aktien: 60 Euro (Z. 21)
Emissionskurs der jungen Aktien: 55 Euro (Z. 21)

$$\text{rechnerischer Wert des Bezugsrechts} = \frac{60\,€ - 55\,€}{(10:1)+1} = \frac{5\,€}{11} \approx 0{,}45\,€$$

Der rechnerische Wert eines Bezugsrechts für junge Aktien der Blank AG beträgt 0,45 Euro.

2.1 *Ausgehend von den Aussagen der Vorstandsvorsitzenden im Text müssen positive Effekte des Zusammenschlusses auf a) die Unabhängigkeit und b) die Rentabilität der Blank AG erläutert werden. „Erläutern" geht deutlich über „nennen" hinaus. Da eine hohe Rentabilität auch die Unabhängigkeit fördert, ist eine eindeutige Abgrenzung nicht immer möglich, d. h. ggf. kann die Zuordnung auch anders sein als in der folgenden Lösung. Mindestens zwei Elemente pro Aspekt werden erwartet.*

Unabhängigkeit:
- Die Konzentration der Geschäfte der Blank AG im Kerngeschäft der Pharma-Spezialprodukte (*Blank Health Care;* Z. 30 ff.), einerseits durch den Zusammenschluss und andererseits durch den Verkauf der Tochtergesellschaften außerhalb des Kerngeschäfts (Z. 24 ff.), führt zu einer stärkeren strategischen Marktposition der Blank AG. Dies fördert die Unabhängigkeit auf diesem Markt, da die Einflussmöglichkeiten der Konkurrenz geringer werden.

- Die Innovationsvorsprünge durch die Zusammenlegung der Forschungsaktivitäten und die Erhöhung des Budgets für F & E im Pharmabereich (Z. 44 ff.) können ebenfalls die Marktposition der Blank AG sichern. Damit wird sie unabhängiger von Produkten und Aktivitäten der Konkurrenz.
- Die größere Sortimentbreite durch die Erweiterung der bewährten bisherigen Produktpalette der Blank AG um die „zukunftsträchtigen ... Aktivitäten der Schneidig AG" gewährleistet ein „ausgewogenes Portfolio von etablierten Geschäften und Wachstumsbereichen" (Z. 46 ff.). Dadurch schafft sich die Blank AG ein neues Standbein in innovativen Marktsegmenten und weniger Abhängigkeit von ihren bisherigen Produktfeldern.
- In eine ähnliche Richtung geht die Erweiterung des Kundenkreises: Das traditionelle Massengeschäft der Blank AG wird um das Spezialgeschäft mit Fachärzten der Schneidig AG erweitert (Z. 52 ff.). Die Abhängigkeit vom Massengeschäft wird dadurch reduziert.
- *ggf.:* Die effektive Vergrößerung des Konzerns, Erhöhung des Vermögens und der Bilanzsumme im Zusammenhang mit dem Zusammenschluss führt ggf. dazu, dass die Blank AG weniger anfällig für eine Übernahme durch Konkurrenten wird.
  Dies gilt allerdings nur bei einer soliden Finanzierung. Andernfalls ist eher der umgekehrte Effekt zu erwarten.

Rentabilität:
- Die Blank AG erwartet vom Zusammenschluss erhebliche Wachstums- und Kostensynergien, ab dem 3. Jahr etwa 500 Mio. Euro pro Jahr (Z. 33 ff.). Können diese Kostensenkungen, z. B. durch Personalabbau, dauerhaft realisiert werden, sodass sie die einmaligen Restrukturierungskosten von rund einer Mrd. Euro (Z. 40 f.) übersteigen, ergibt sich ein positiver Effekt auf die Rentabilität der Blank AG.
- Die stärkere Marktposition der Blank AG durch den Zusammenschluss kann neue Preisspielräume für die Blank AG eröffnen bzw. den bisherigen „Preisdruck" reduzieren (Z. 39 f.) und so ggf. zu höheren Umsätzen und höheren Gewinnen führen.
- Das Gleiche gilt für die angestrebten Innovationsvorsprünge durch die neue Forschungsplattform (Z. 43 ff.).
- Die Integration der Geschäfte der Schneidig AG im „hochrentablen Pharma-Spezialgeschäft" (Z. 53 f.) ermöglicht insgesamt eine höhere Rentabilität.

2.2 *Es werden Argumente sowohl aus der Sicht der Blank-Aktionäre als auch aus der Sicht der Schneidig-Aktionäre erwartet. Dabei müssen die Aussagen aus dem Text als Grundlage dienen. Eine „Argumentation" ist mehr als nur eine unverbundene Liste von Argumenten. Angesichts der hohen Punktzahl auf den gesamten Aufgabenblock werden mindestens vier ausgearbeitete Argumente erwartet, wobei aus der Sicht der Schneidig-Aktionäre deutlich weniger Argumentationsspielraum besteht, da diese Aktionäre nach dem Verkauf ihrer Aktien i. d. R. nicht mehr involviert sind.*

Sowohl aus Sicht der Blank-Aktionäre als auch aus Sicht der Schneidig-Aktionäre gibt es Argumente, die gegen den Zusammenschluss sprechen.
Die Schneidig-Aktionäre sollten v. a. folgende Punkte bedenken:
- Die Schneidig AG ist ein innovatives und stark zukunftsträchtiges Unternehmen (Z. 47), das für sich allein eine hervorragende Zukunftsperspektive hat. Sie verspricht hohe Gewinne, Dividenden und Kursgewinne, die die angebotenen 20 % über Börsenkurs für den Aktienverkauf im Rahmen der Übernahme langfristig deutlich übersteigen könnten.

- Ggf. sind zahlreiche Aktien auch in der Hand von Mitarbeitern der Schneidig AG (z. B. Belegschaftsaktien). Diese könnten von dem geplanten Personalabbau im Zuge des Zusammenschlusses persönlich betroffen sein.

Vor allem die Blank-Aktionäre sollten das Zusammenschlussvorhaben kritisch betrachten:

- Dem Finanzierungs- und Restrukturierungsaufwand des Zusammenschlusses (Z. 40 f.) stehen frühestens nach drei Jahren erwartete Synergieeffekte im Kostenbereich gegenüber (Z. 35 ff.). Die vollständige Amortisation der Übernahme wird noch länger dauern. Für diese Zeit ist mit deutlichen Einschnitten bei den Dividenden und bei der Kursentwicklung zu rechnen.
- Ob die prognostizierten Synergieeffekte tatsächlich im erwarteten Umfang eintreten werden, ist ungewiss.
- Der Verkauf der beiden „sehr profitablen Tochtergesellschaften" (Z. 24 f.) zur Finanzierung der Übernahme kommt einem Verkauf des „Tafelsilbers" gleich und ist aus der Sicht der Rentabilität des Gesamtkonzerns nicht einzusehen. Ob die übernommene Schneidig AG in gleichem Maße zum Ertrag des Konzerns beitragen kann, ist fraglich.
- Die mit dem Verkauf verbundene Auflösung der Stillen Reserven ist im Hinblick auf Sicherheit und Kreditwürdigkeit der Blank AG extrem negativ einzustufen.
- Außerdem ist zweifelhaft, ob die zusätzlichen Kredite zur Finanzierung der Übernahme durch die geplante Kapitalerhöhung abgedeckt werden können, da nicht sicher ist, ob junge Aktien im erwünschten Umfang an der Börse platziert werden können.
- Die Emission belastet die Altaktionäre durch Stimmen- und Dividendenanteilsverlust, wenn sie keine jungen Aktien erwerben, oder durch zusätzlichen Kapitaleinsatz, wenn sie anteilsmäßig junge Aktien kaufen.
- Die erforderliche Zusammenführung der bisher sehr unterschiedlich ausgelegten Unternehmen kann gerade im Bereich der F & E sowie beim Absatz schwierig werden. Die auf traditionelle Produkte und das Massengeschäft ausgerichtete Blank AG und der innovative Spezialist im Facharztbereich Schneidig AG passen schon von der Grundausrichtung nicht zusammen. Konflikte in der Unternehmenskultur und beim gesamten Personal, vom Management über die Wissenschaftler bis hin zum Marketing, sind damit vorprogrammiert.
- Ein Zusammenschluss und die damit verbundenen Veränderungen in der Unternehmenspolitik, ggf. auch in Firma und Markennamen, können sich gerade im vertrauensintensiven Spezialgeschäft mit Fachärzten negativ auswirken, insbesondere, wenn die Übernahme durch einen Massenhersteller wie die Blank AG erfolgt. Eine wesentliche Grundlage der bisherigen Erträge der Schneidig AG wäre damit gefährdet, sodass dieses wesentliche Argument für den Zusammenschluss fragwürdig ist.

2.3 *Auswirkungen können positiver wie negativer Art sein. Mindestens drei, angesichts der hohen Gesamtpunktzahl besser vier ausformulierte Aspekte werden erwartet.*

- Im internationalen Vergleich können Unternehmenszusammenschlüsse zu höherer internationaler Wettbewerbsfähigkeit der Gesamtwirtschaft führen. Dies kann positive Auswirkungen auf Arbeitsmarkt, Volkseinkommen, Wirtschaftswachstum und Strukturwandel haben.
- Erfahrungsgemäß führen Unternehmenszusammenschlüsse aber in den allermeisten Fällen zu Personalabbau. Die damit verbundene Erhöhung der Arbeitslosigkeit hat ggf. entsprechend negative Effekte auf die Konjunktur.
- Sofern Zusammenschlüsse über Synergieeffekte zu Kostendegression führen, können bei entsprechendem Preiswettbewerb vorübergehend Preissenkungen möglich sein.
- Generell führt ein höherer Konzentrationsgrad mangels Wettbewerb allerdings zu Preiserhöhungen, die Kaufkraft und Preisstabilität negativ beeinflussen.

- Bei mittlerem Konzentrationsgrad, z. B. im Oligopol, kann ein höherer Innovationsdruck entstehen, der zu technischem Fortschritt und höherer internationaler Wettbewerbsfähigkeit mit den oben beschriebenen positiven gesamtwirtschaftlichen Auswirkungen führen kann. Außerdem haben größere Unternehmen i. d. R. eine breitere finanzielle Basis für die kostenintensive Forschung und Entwicklung.
- Bei zu hoher Konzentration besteht mangels Wettbewerb allerdings kein Innovationsdruck mehr, sodass wichtige Bereiche der Forschung und Entwicklung ggf. brachliegen.
- Bei Monopolen und Quasi-Monopolen sind weder die Versorgung der Bevölkerung, noch Qualität und technischer Fortschritt gewährleistet. Auch besteht die Gefahr politischer Einflussnahme von Großunternehmen. Daher muss der Staat in derartigen Fällen eine wirksame Wettbewerbskontrolle sicherstellen.

3. *Die Aufgabenstellung hat zwei Elemente: Begründung und grafische Veranschaulichung. Sie zielt auf die Preispolitik auf monopolistischen Märkten. Der entscheidende Zugang ist die Unterscheidung von „realen", d. h. in der Regel unvollkommenen, und „modellhaft vollkommenen" Märkten.*

Vollkommener Markt (Abb. 1):
Im vollkommenen Angebotsmonopol sieht sich der Anbieter der gesamten Marktnachfrage gegenüber, da es nur einen Anbieter gibt, dessen Gut durch eine sogenannte Substitutionslücke von allen anderen Gütern getrennt ist. Außerdem besteht vollkommene Markttransparenz, d. h. alle Marktteilnehmer sind vollständig über den Markt informiert. Die Nachfrage lässt sich in der Preis-Absatz-Funktion (PAF) darstellen. Anbieter wie Käufer handeln nach dem Rationalprinzip, d. h. unter anderem, dass der Anbieter seinen Gewinn maximieren will. Die gewinnmaximale Preis-Mengen-Kombination lässt sich über den Cournot'schen Punkt ermitteln. Alle anderen Preis-Mengen-Kombinationen ergeben einen geringeren Gewinn, d. h. eine sinnvolle aktive Preispolitik ist für den Monopolisten im vollkommenen Angebotsmonopol nicht möglich. Das bedeutet für manche Käufer, dass sie das Gut für einen geringeren Preis kaufen können, als sie maximal zu zahlen bereit wären. Die Differenz zwischen maximal akzeptiertem und tatsächlichem Preis nennt man Konsumentenrente.

Realer Markt (Abb. 2):
In realen Monopolen herrschen i. d. R. nicht die Bedingungen des vollkommenen Marktes. Auch wenn es theoretisch nur ein einziges Gut gibt, herrscht keine vollkommene Markttransparenz und/oder die Homogenitätsbedingung ist aufgehoben. Das bedeutet, es gelingt dem Anbieter durch die Schaffung von räumlichen, zeitlichen, sachlichen oder persönlichen Präferenzen, den gesamten Markt in verschiedene Teilmärkte aufzuteilen, ohne dass die Käufer darüber informiert sind. Auf diese Art und Weise kann der Verkäufer für sein Produkt von verschiedenen Käufern verschiedene Preise verlangen und so einen Teil der Konsumentenrente abschöpfen. Das Ergebnis dieser Preisdifferenzierung ist ein höherer Gewinn. Der Gewinn erhöht sich um die Summe der abgeschöpften Konsumentenrente abzüglich der Kosten, die für die Marktaufteilung/Preisdifferenzierung erforderlich sind.
Je stärker der Markt aufgeteilt wird, desto mehr wird von der Konsumentenrente abgeschöpft.

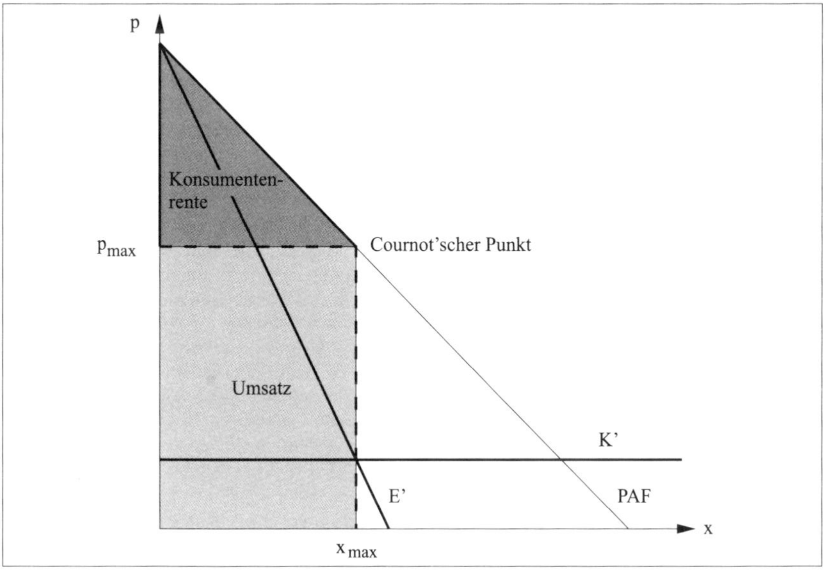

Abb. 1: Preisbildung/Gewinnmaximierung im vollkommenen Monopol

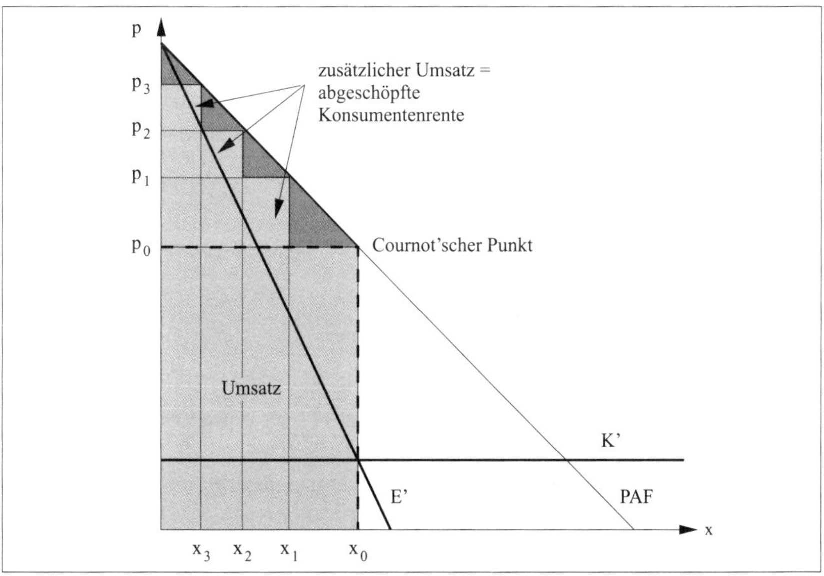

Abb. 2: Preisbildung/Gewinnmaximierung bei Preisdifferenzierung auf einem unvollkommenen Markt

Mögliche Punktverteilung:

1.1	1.2	2.1	2.2	2.3	3
12	8	12	12	6	10

Leistungskurs Wirtschaft/Recht: Abiturprüfung 2007
Fachgebiet Recht – Aufgabe III

(nicht kombinierbar mit Aufgabe IV)

(Sämtliche Aufgaben sind, soweit möglich, unter Angabe der entsprechenden Normen des BGB zu bearbeiten.)

Im Rahmen der europäischen Einigung, insbesondere des Übergangs zur Europäischen Wirtschafts- und Währungsunion, besteht die Notwendigkeit, die nationalen Rechtsordnungen anzugleichen. Derzeit existieren in den verschiedenen Ländern sogar in Kernbereichen des bürgerlichen Rechts erhebliche Unterschiede, wie das folgende Beispiel (M 1) zur Kaufhandlung aus dem französischen *Code Civil* zeigt:

M 1

Art. 1582

La vente est une convention par laquelle l'un s'oblige à livrer une chose, et l'autre à payer. [...]

Art. 1583

Elle est parfaite entre les parties, et la propriété est acquise de droit à l'acheteur à l'égard du vendeur, dès qu'on est convenu de la chose et du prix, quoique la chose n'ait pas encore été livrée ni le prix payé.

Übersetzung:

Art. 1582

Der Verkauf ist ein Übereinkommen, durch das sich der eine Vertragspartner verpflichtet, eine Sache zu liefern, und der andere, sie zu bezahlen. [...]

Art. 1583

Der Verkauf kommt zwischen den Vertragspartnern zustande und das Eigentum wird rechtmäßig vom Verkäufer auf den Käufer übertragen, sobald man sich über die Sache und den Preis einig ist, auch wenn die Sache noch nicht geliefert oder der Preis noch nicht bezahlt wurde.

Quelle: www.adagio.com.fr/consomed/frco0423.htm, aufgerufen am 14. 09. 2006, für Prüfungszwecke bearbeitet

1.1 Vergleichen Sie im Hinblick auf Gemeinsamkeiten und Unterschiede die hier abgedruckten Regelungen der Artikel 1582 und 1583 des *Code Civil* (M 1) mit den entsprechenden Regelungen im deutschen Recht!

Das Bürgerliche Gesetzbuch weist gegenüber anderen europäischen Gesetzen einen hohen Abstraktionsgrad auf.

1.2 Legen Sie Vor- und Nachteile eines hohen Abstraktionsgrads von Normen dar!

M 2 Handy entzieht der Auto-Batterie Energie

[…] Das Landgericht Coburg und das Oberlandesgericht Bamberg wiesen die Klage einer entnervten Sportwagenkäuferin auf Rückgängigmachung des Kaufvertrags ab. Belinda D. hatte vom Autohaus H. die Rückzahlung des Kaufpreises für das Auto von über 40 000 Euro verlangt. Über sechs Monate musste die Klägerin auf die Lieferung ihres Flitzers warten. Und dann das: Sobald sie mit ihrem Handy die ab Werk im Sportwagen eingebaute Freisprechanlage nutzte, entlud sich die Autobatterie, und das obwohl ihr H. zugesichert hatte, dass ihr Handy der Marke M sich problemlos mit der im Auto vorhandenen Freisprechanlage nutzen lässt. Zahlreiche Werkstattaufenthalte beim Autohaus H. verliefen erfolglos: Der Fehler konnte nicht beseitigt werden.
Was nützt der schönste Flitzer, wenn er keine Energie hat? Belinda D. teilte H. mit, dass sie vom Vertrag zurücktrete, und forderte vom Autohaus die Rückzahlung des Kaufpreises. Doch der Firmeninhaber lehnte das Ansinnen ab: Ursache der leeren Batterie sei die fehlende Abstimmung zwischen Handy- und PKW-Software.
Die Gerichte gaben dem beklagten Kfz-Händler nach Anhörung eines Sachverständigen Recht. Die Entladung der Auto-Batterie beruhe tatsächlich darauf, dass die Programme von Handy und Sportwagen nicht optimal zueinander passten. Dies stelle zwar angesichts der Zusicherung von H. in der Tat einen Sachmangel am Auto dar. Doch Abhilfe sei ohne weiteres möglich. Das Mobiltelefon, das die Klägerin nicht vom Autohändler erworben hatte, könne nachgerüstet werden – und zwar für nur 80 Euro! Damit ließe sich das Problem auf einfache Weise lösen. […]

Quellen: Urteil des Landgerichts Coburg vom 09. 09. 2005, Az: 13 O 834/04; Beschlüsse des Oberlandesgerichts Bamberg vom 23. 11. 2005, 18. 01. 2006 und vom 20. 02. 2006, Az: 6 U 61/05; rechtskräftig (für Prüfungszwecke bearbeitet)

2.1 Führen Sie die für die Gerichtsentscheidung (M 2) ausschlaggebende Rechtsnorm an, und erläutern Sie anhand des Sachverhalts, welche Intention der Gesetzgeber mit dieser Regelung verfolgt!

2.2 Prüfen Sie, ob Belinda D. eine Minderung des Kaufpreises vom Kfz-Händler H. verlangen kann!

M 3

Ein halbes Jahr später parkt Belinda D. ihr Auto wie immer ordnungsgemäß vor ihrem Wohnhaus. Kurze Zeit später klingelt ihre Nachbarin an der Wohnungstür und erzählt aufgeregt: „Es tut mir wahnsinnig leid! Mein 9-jähriger Sohn Peter hat sich ohne Erlaubnis das neue Fahrrad seiner Schwester genommen und ist damit aus Versehen an Ihrem Auto entlang geschrammt! Ich hatte ihm zwar mehrfach ausdrücklich verboten, mit diesem Fahrrad zu fahren, weil es viel zu groß für ihn ist. Aber man kann ja Kinder nicht die ganze Zeit beaufsichtigen. Es dürfte aber kein Problem sein, unsere Familie ist haftpflichtversichert."
Der von Belinda D. bestellte Gutachter schätzt den Schaden auf 2 000 Euro.
Die Haftpflichtversicherung der Familie lehnt die Begleichung des Schadens ab, weil Peter nach § 828 (2) BGB für den Schaden nicht verantwortlich und damit auch nicht haftpflichtig sei.
Da die Mutter die gute nachbarschaftliche Beziehung zu Belinda D. nicht gefährden möchte, erklärt sie sich dennoch bereit, für den Schaden selbst aufzukommen.
Belinda D. weiß, dass diese finanzielle Belastung ihre Nachbarn hart treffen würde, und gibt sich nicht damit zufrieden. Sie fragt einen ihr bekannten Anwalt um Rat. Dieser verweist auf die folgende Pressemitteilung des Bundesgerichtshofs (vgl. M 4) und meint, die Versicherung habe mit ihrer Behauptung nicht Recht.

M 4 Zur Haftung von Kindern bei Beschädigung eines parkenden Fahrzeugs

Der VI. Zivilsenat des Bundesgerichtshofs hat in verschiedenen Fällen die Berufungsurteile der Landgerichte bestätigt, die eine Haftung von Minderjährigen bei Beschädigung parkender Fahrzeuge angenommen haben. In einem Fall war der damals neun Jahre alte Beklagte bei einem Wettrennen mit seinem Kickboard gegen einen ordnungsgemäß am rechten Straßenrand geparkten Pkw geprallt. [...] Seit Inkrafttreten des § 828 (2) BGB wird kontrovers erörtert, ob sich diese Vorschrift ohne Ausnahme auf sämtliche Unfälle bezieht, an denen ein Kraftfahrzeug beteiligt ist, und ob demgemäß auch bei der fahrlässigen Beschädigung eines parkenden Fahrzeugs eine Verantwortlichkeit von Kindern dieser Altersgruppe ausgeschlossen ist. Der VI. Zivilsenat des BGH hat nunmehr entschieden, dass nach dem Zweck des § 828 (2) S. 1 BGB ein neunjähriges Kind für die Beschädigung eines parkenden Fahrzeugs verantwortlich sein kann.

Mit der Einführung des § 828 (2) hat der Gesetzgeber dem Umstand Rechnung getragen, dass Kinder regelmäßig frühestens ab Vollendung des zehnten Lebensjahres im Stande sind, die besonderen Gefahren des motorisierten Straßenverkehrs zu erkennen und sich den Gefahren entsprechend zu verhalten. Die Heraufsetzung des deliktsfähigen Alters ist auf Schadensereignisse im motorisierten Straßen- oder Bahnverkehr begrenzt. Hierbei kommen nämlich die altersbedingten Defizite eines Kindes, wie z. B. Entfernungen und Geschwindigkeiten nicht richtig einschätzen zu können, regelmäßig zum Tragen, weil sich Kinder im motorisierten Verkehr unter anderem durch die Schnelligkeit, die Komplexität und die Unübersichtlichkeit der Abläufe in einer besonderen Überforderungssituation befinden. Diese Überforderungssituation ist Grund für das gesetzliche Haftungsprivileg des § 828 (2) BGB. Eine solche Überforderungssituation war in den vom BGH entschiedenen Fällen nicht gegeben, weil sich nach den tatsächlichen Feststellungen der Berufungsgerichte die spezifischen Gefahren des motorisierten Verkehrs nicht ausgewirkt haben. [...]

Quelle: Bundesgerichtshof, Pressemitteilung Nr. 143/2004, für Prüfungszwecke bearbeitet

3.1 Prüfen Sie – auch unter Bezugnahme auf die Pressemitteilung des Bundesgerichtshofs (M 4) –, ob die Fahrzeugeigentümerin Belinda D. gegenüber Peter (vgl. M 3) eine Schadensersatzforderung geltend machen kann!

3.2 Erläutern Sie, mit welcher Begründung die Judikative hier (M 4) den Wortlaut einer von der Legislative erlassenen Norm einschränkend auslegt, und beurteilen Sie, inwiefern die Rechtsprechung des Bundesgerichtshofs zu mehr Rechtssicherheit führt!

Vorgegebene Bewertungseinheiten:

Frage	1	2	3
BE	14	22	24

Lösungsvorschlag

1.1 *Vergleichen bedeutet, Gemeinsamkeiten und Unterschiede sind herauszuarbeiten. Dies kann in einem geschlossenen Text, aber auch tabellarisch erfolgen. Der Vergleich muss allerdings explizit geleistet werden, d. h. eine stichpunktartige Auflistung genügt nicht.*

<table>
<tr><th></th><th>französisches Recht</th><th>deutsches Recht</th></tr>
<tr><td rowspan="6">Gemeinsamkeiten</td><td colspan="2">In beiden Rechtssystemen ist geregelt, dass für den Kauf ein Vertrag erforderlich ist.</td></tr>
<tr><td>Code Civil Art. 1582: „Übereinkommen“, „Vertragspartner“</td><td>§ 433 BGB: „Kaufvertrag“</td></tr>
<tr><td colspan="2">Außerdem werden das Zustandekommen des Kaufvertrags und die Pflichten, die daraus entstehen, geregelt.</td></tr>
<tr><td>Code Civil Art. 1583: „Der Verkauf kommt zustande … sobald man sich … einig ist“
Code Civil Art. 1582 „… der eine Vertragspartner [ist] verpflichtet, eine Sache zu liefern, und der andere, sie zu bezahlen.“</td><td>§ 154 BGB Umkehrschluss: „solange [Käufer und Verkäufer sich] nicht … geeinigt [haben,] ist … der Vertrag nicht geschlossen“
§ 433 BGB: „der Verkäufer [ist] verpflichtet, … die Sache zu übergeben … Der Käufer ist verpflichtet, … den vereinbarten Kaufpreis zu zahlen …“</td></tr>
<tr><td colspan="2">In beiden Rechtssystemen ist die Eigentumsübertragung unabhängig von der Zahlung des Kaufpreises.</td></tr>
<tr><td>Code Civil Art. 1583: „Eigentum wird … übertragen, … auch wenn … der Preis noch nicht bezahlt wurde.“</td><td>§ 929 BGB: Eigentumsübertragung durch „Einigung und Übergabe“ (selbstständiges Erfüllungsgeschäft nach Abstraktionsprinzip)</td></tr>
<tr><td rowspan="4">Unterschiede</td><td colspan="2">Im französischen Recht haben Käufer und Verkäufer jeweils nur eine vertragliche Grundpflicht, im deutschen Recht hat der Verkäufer drei, der Käufer zwei Pflichten.</td></tr>
<tr><td>Code Civil Art. 1582: „der eine Vertragspartner [ist] verpflichtet, eine Sache zu liefern, und der andere sie zu bezahlen.“</td><td>§ 433 BGB: Der „Verkäufer … [ist] verpflichtet, dem Käufer die Sache zu übergeben (1) und das Eigentum … zu verschaffen (2) … frei von Sach- und Rechtsmängeln (3).“
„Der Käufer ist verpflichtet, … den vereinbarten Kaufpreis zu zahlen und die gekaufte Sache abzunehmen.“</td></tr>
<tr><td colspan="2">Die Eigentumsübertragung erfolgt im französischen Recht schon mit Vertragsabschluss (rechtliche Einheit), im deutschen Recht erst mit dem rechtlich vom Kaufvertrag getrennten Erfüllungsgeschäft bezüglich der Sache (Abstraktionsprinzip).</td></tr>
<tr><td>Code Civil Art. 1583: „Eigentum wird … übertragen, sobald man sich über die Sache und den Preis einig ist …“</td><td>§ 929 BGB: Eigentumsübertragung durch „Übergabe“ und „Einigung“ darüber, „dass das Eigentum übergehen soll“</td></tr>
</table>

1.2 *„Darlegen" bedeutet erläutern. Ein einführender Satz, was man unter „Abstraktionsgrad" überhaupt versteht, ist sinnvoll. Je zwei Vor- und Nachteile werden erwartet.*

„Hoher Abstraktionsgrad" bedeutet in diesem Zusammenhang, dass eine Rechtsnorm nicht konkret auf einen Einzelfall, sondern möglichst allgemeingültig formuliert ist. Ist der Abstraktionsgrad hoch, können sich z. B. folgende Vor- und Nachteile ergeben:

Vorteile, z. B.:

- Durch allgemein formulierte Rechtsnormen, die auf verschiedene Fälle angewandt werden können, kann die unbegrenzte Vielzahl von rechtserheblichen Tatbeständen des Lebens auf eine begrenzte Anzahl von Rechtsnormen reduziert werden. Dadurch bleibt das Gesetz vom Umfang her überschaubar.
- Allgemein formulierte Rechtsnormen sind flexibel anwendbar, d. h. sie können im Gegensatz zu konkreten Einzelfallregelungen vielfach auch bei Veränderungen in den politischen, technischen oder gesellschaftlichen Rahmenbedingungen weiterhin gültig bleiben, da die Fälle trotz der Veränderungen unter die abstrakte Regelung subsumiert werden können. Das Gleiche gilt für Sachverhalte, die der Gesetzgeber bei der Ausarbeitung des Gesetzes noch nicht berücksichtigt hat.
- Abstrakt formulierte Rechtsnormen ermöglichen eine grundlegende Systematik des Normenkatalogs, die zur Klarheit des Rechts beitragen kann.
- Die Gleichbehandlung ähnlicher Tatbestände des täglichen Lebens durch die Subsumtion unter eine abstrakte Rechtsnorm kann ggf. zur Gerechtigkeit beitragen *(idem ius omnibus:* allen das gleiche Recht; siehe aber auch Gegenargument unten).

Nachteile, z. B.:

- Sehr allgemein formulierte Rechtsnormen sind für den Laien häufig schwer verständlich.
- Laien können bei abstrakten Rechtsnormen ggf. nur schwer entscheiden, ob ein Sachverhalt unter diese Norm subsumiert werden kann.
- Abstrakte Rechtsnormen müssen in der Regel für den Einzelfall ausgelegt werden. Dadurch sinkt die Rechtssicherheit.
- Eine zu starke Gleichbehandlung unterschiedlicher Fälle könnte unbillig sein und daher die Gerechtigkeit beeinträchtigen *(suum cuique:* jedem das Seine).

2.1 *Die Aufgabenstellung hat zwei Teile:*
a) Zuerst ist die ausschlaggebende Rechtsnorm anzuführen und
b) anschließend mit konkretem Bezug zum gegebenen Fall die grundsätzliche Zielsetzung des Gesetzgebers bei dieser Rechtsnorm zu erläutern.
Zwei Herangehensweisen sind prinzipiell denkbar:
Entweder man sucht nach Ausschlussgründen für das Rücktrittsrecht. Dann ist für die Entscheidung der Punkt der „Erheblichkeit" ausschlaggebend.
Wenn man berücksichtigt, dass Prozessrecht im Leistungskurs Wirtschaft und Recht nicht unterrichtet wird, ist alternativ auch folgende Lösung denkbar: Man kann sich auf den Grundsatz „pacta sunt servanda" und den Interessenausgleich konzentrieren. Dann ist eine Argumentation zum Schadensersatz neben der Leistung für die Klägerin sinnvoll.

Alternative I:
Urteilsgrundlage: Das Gericht lehnt die Klage der Käuferin auf Rücktritt vom Vertrag ab. Es gründet seine Entscheidung auf das Tatbestandsmerkmal der Erheblichkeit, das gemäß § 323 V BGB (Umkehrschluss) bei nicht vertragsgemäßer Leistung eine Voraussetzung für den Rücktritt ist.

Erläuterung: Prinzipiell gilt im Schuldrecht der Grundsatz *pacta sunt servanda,* d. h. Verträge sind einzuhalten. Daher sind für den Rücktritt von einem Vertrag besondere Voraussetzungen zu erfüllen. Dazu gehört gemäß § 323 V BGB (Umkehrschluss) auch, dass eine erhebliche Pflichtverletzung vorliegt. Im beschriebenen Fall liegt zwar ein Sachmangel vor, da das Fahrzeug nicht die vereinbarte Beschaffenheit (Kompatibilität mit dem Handy der Käuferin) aufweist. Da sich jedoch „das Problem auf einfache Weise" durch eine Nachrüstung des Handys lösen lässt und außerdem die Kosten der Nachrüstung mit 80 Euro nur 0,2 % des Kaufpreises des Fahrzeugs von 40 000 Euro betragen, wäre eine Rückgängigmachung des Vertrages völlig unverhältnismäßig. Dem Interesse des Verkäufers an der Aufrechterhaltung des Vertrages wird daher der Vorrang gegeben. Ein Interessenausgleich für die Käuferin ist auch anderweitig möglich (z. B. über Minderung oder Schadensersatz neben der Leistung).

Alternative II:
Grundsätzlich gilt *pacta sunt servanda*, d. h. Verträge sind einzuhalten. Andererseits versucht die Rechtsordnung, der die Rechtsprechung untergeordnet ist, mit dem Ziel der Gerechtigkeit i. d. R. einen Interessenausgleich herzustellen. Das Interesse des Autohauses ist das Festhalten am Vertrag; das ursprüngliche Interesse der Klägerin, eine einwandfreie Nutzung ihres Handys in ihrem Auto. Dies hatte ihr das Autohaus auch zugesichert (Beschaffenheitsgarantie). Die vereinbarte Beschaffenheit ist allerdings nicht gegeben. Dies war auch schon bei Gefahrübergang so und ohne Kenntnis der Käuferin. Es liegt also ein Sachmangel vor, den das Autohaus wegen der Übernahme der Beschaffenheitsgarantie auch zu vertreten hat. Damit hätte die Klägerin einen Anspruch auf Schadensersatz neben der Leistung aus § 280 I BGB (**Urteilsgrundlage**). Der Mangel lässt sich „auf einfache Weise" durch die Nachrüstung des Handys für 80 Euro beheben. Diesen Betrag könnte die Klägerin vom Autohaus H verlangen. Da mit dieser Lösung die Interessen beider Parteien gewahrt sind, wäre es nicht sinnvoll, durch den Rücktritt gegen den Grundsatz *pacta sunt servanda* zu verstoßen.
Hinweis: In der Realität ist nur die erste Lösung möglich, da aufgrund des Prozessrechts das Gericht über die Klage der Käuferin auf Rücktritt entscheiden muss, nicht die optimale Lösung für den vorliegenden Sachverhalt suchen wird. Ein gerichtliches Vergleichsangebot in Richtung der Alternative II wäre aber durchaus denkbar und sinnvoll.

2.2 *Prüfen bedeutet Normenanalyse und Subsumtion.*

Minderung ist prinzipiell anstelle des Rücktritts möglich und zwar unter der Ausnahme der Regelung zur Erheblichkeit (§ 441 BGB). Belinda D. (D) könnte daher unter folgenden Voraussetzungen den Kaufpreis gegenüber dem Autohaus H. (H) mindern:
- **Schuldverhältnis:** D und H haben einen Kaufvertrag über das Auto (§§ 145, 147, 433 BGB). Aus dem Kaufvertrag ist H verpflichtet, D das Fahrzeug frei von Sachmängeln zu liefern.
- **Pflichtverletzung:** Es liegt ein Sachmangel vor, da die vereinbarte Beschaffenheit des Autos nicht gegeben ist (§ 434 I Satz 1 BGB: H hatte die Kompatibilität mit dem Handy zugesichert) und dies bereits bei Gefahrübergang so war (§ 446 BGB: Übergabe des Autos), weil die werksseitig eingebaute Freisprechanlage des Fahrzeugs entgegen der Zusicherung des H nicht mit dem Handy der D kompatibel ist. D wusste nichts von dem Mangel, sonst hätte sie das Auto nicht gekauft *(alternativ:* D durfte sich auf die Zusicherung des H verlassen) (§ 442 BGB).
- **Fristsetzung:** Grundsätzlich müsste D vor Rücktritt bzw. Minderung dem H zunächst eine angemessene Frist zur Nacherfüllung setzen. Eine Frist wurde von D nicht gesetzt, daher muss geprüft werden, ob die Fristsetzung entbehrlich ist *(vgl. „Spickzettel" § 437 Nr. 2!)*: Gemäß § 326 V BGB ist die Fristsetzung entbehrlich, da es sich um einen nicht behebbaren Sachmangel handelt, d. h. eine Nacherfüllung unmöglich

ist. *Alternativ:* Gemäß § 440 BGB ist die Fristsetzung in diesem Fall entbehrlich, da die Nacherfüllung (hier Nachbesserung) fehlgeschlagen ist, weil „zahlreiche Werkstattaufenthalte beim Autohaus H. … erfolglos" waren.
- **Erheblichkeit:** Erheblichkeit des Sachmangels ist für die Minderung nicht erforderlich (§ 441 I BGB).

Ergebnis: Gemäß §§ 437 Nr. 2, 441 BGB kann D gegenüber H sofort den Kaufpreis mindern.

3.1 *Die Fragestellung erfordert eine klassische Normenanalyse und Subsumtion der §§ 823, 828 BGB bezüglich M 3, allerdings unter Einbeziehung von M 4.*

D könnte einen Anspruch aus § 823 I BGB haben:
- **Rechtsgutverletzung:** Das Eigentum eines anderen wird verletzt: Der Lack des Autos von D wird zerkratzt.
- **Verletzungshandlung/Kausalität:** Der Schaden (verkratzter Lack) entsteht durch Peters „Entlangschrammen" an dem Auto.
- **Widerrechtlichkeit:** Für Peters Handlung gibt es keinen Rechtfertigungsgrund (wie z. B. Notwehr oder Selbsthilfe).
- **Verschulden:** In Frage kommen Vorsatz oder Fahrlässigkeit (§ 276 BGB): Peters Verhalten ist als fahrlässig einzustufen. Er beschädigt zwar nur versehentlich, d. h. unabsichtlich das Auto. Allerdings ist er trotz ausdrücklicher Warnung mit dem Fahrrad gefahren, obwohl er wissen musste, dass es „viel zu groß für ihn ist", er es also nicht beherrschen kann. Dies widerspricht der im Verkehr erforderlichen Sorgfalt (§ 276 II BGB).

  Argumentation über Vorsatz kommt nicht in Frage, da er nicht vorsätzlich den Lack des Autos zerkratzt.
- **Deliktsfähigkeit:** Bezüglich der Schuldfähigkeit ist § 828 BGB zu prüfen.
  § 828 II BGB: Peter ist 9 Jahre alt, also älter als sieben, aber noch jünger als zehn Jahre. Gemäß Wortlaut des § 828 II BGB ist er daher „für den Schaden, den er bei einem Unfall mit einem Kraftfahrzeug" verursacht, nicht verantwortlich. Nach der BGH-Entscheidung (M 4) ist § 828 II BGB allerdings nicht auf den ruhenden Verkehr anzuwenden, d. h. auch nicht auf Peters Kollision mit dem parkenden Auto der D.
  § 828 III BGB: Da das Haftungsprivileg aus § 828 II BGB für Peter nicht greift, ist § 828 III BGB zu prüfen. Es ist davon auszugehen, dass Peter die erforderliche Einsicht hatte, dass er mit dem großen Fahrrad einen Schaden verursachen könnte. Mit neun Jahren konnte er durchaus das Verbot und die zugehörige Begründung seiner Mutter verstehen und musste daher wissen, dass er mit dem zu großen Fahrrad überfordert sein könnte. Daher greift auch die Einschränkung des § 828 III BGB für Peter nicht.

Ergebnis: Peter ist Belinda D. zum Ersatz des Schadens an ihrem Fahrzeug verpflichtet (§ 823 I BGB). Die Schadensersatzhöhe ergibt sich aus §§ 249 ff. BGB, d. h. Peter hat gemäß § 249 I, II BGB den laut Gutachter erforderlichen Geldbetrag von 2 000 € zu leisten.

3.2 *Die Aufgabenstellung hat zwei Teile:*
a) Zunächst ist die Begründung des BGH für die einschränkende Auslegung des § 828 II BGB zu erläutern und
b) anschließend die Auswirkung dieser Rechtsprechung auf die Rechtssicherheit zu beurteilen.

Erläuterung der Begründung:
Der BGH hat in seiner Entscheidung (M 4) deutlich gemacht, dass die Anwendung des § 828 II BGB auf die Grundlage seiner Einführung auszurichten ist: Der § 828 II wurde für Kinder unter 10 Jahren zum Schutz vor Schadensersatzforderungen eingeführt, da „Kinder … frühestens ab Vollendung des zehnten Lebensjahres im Stande sind, die besonderen Gefahren des motorisierten Straßenverkehrs zu erkennen …“ (M 4 Z. 13–15). Die „altersbedingten Defizite“ (M 4 Z. 17) betreffen aber ausschließlich den bewegten Verkehr, nicht den ruhenden Verkehr, da durch diesen keine Überforderung hinsichtlich „Schnelligkeit, … Komplexität und … Unübersichtlichkeit der Abläufe“ (M 4 Z. 19 f.) entsteht. Es wäre daher nicht gerechtfertigt, das „Haftungsprivileg“ des § 828 II BGB auf den ruhenden Verkehr auszudehnen.

Beurteilung der BGH-Entscheidung bezüglich der Rechtssicherheit:
Das BGH-Urteil schränkt einerseits die Rechtssicherheit ein, da zur korrekten Interpretation des § 828 II BGB jetzt nicht nur sein Wortlaut, sondern auch die Kenntnis der BGH-Rechtsprechung erforderlich ist. Außerdem muss man nach diesem Urteil davon ausgehen, dass auch bei anderen Rechtsnormen der Wortlaut durch höchstrichterliche Rechtsprechung eingeschränkt werden kann bzw. anders ausgelegt werden kann, als man dies beim Lesen der Rechtsnorm erwarten würde.
Andererseits erhöht das BGH-Urteil die Rechtssicherheit, da der tatsächliche Anwendungsbereich des § 828 II BGB reduziert und deutlicher gemacht wird. Außerdem wird die Anwendung auf die ursprüngliche und tatsächliche Zielsetzung der Rechtsnorm beschränkt, sodass eine ungerechtfertigte Anwendung ausgeschlossen wird.

Mögliche Punktverteilung:

1.1	1.2	2.1	2.2	3.1	3.2
8	6	10	12	14	10

Leistungskurs Wirtschaft/Recht: Abiturprüfung 2007
Fachgebiet Recht – Aufgabe IV

(nicht kombinierbar mit Aufgabe III)

(Sämtliche Aufgaben sind, soweit möglich, unter Angabe de Normen des BGB zu bearbeiten.)

M 1

Folgende Kleinanzeige erschien unter der Rubrik „verschenke/verkaufe" am Mittwoch, 24. 01. 2007, in einer Tageszeitung:

> **Biete** Tisch, 80 x 130 x 82 (B x L x H), Biedermeier, ca. 1830, VB: 1 500 €. Besichtigung möglich, V.Vormann@e-post.de

Bei einer Besichtigung am Samstag, 27. 01. 07, bietet der Antiquitätenhändler Heinrich (H) 1 000 Euro für den Tisch. Er könne den Tisch allerdings erst am Dienstag, 30. 01. 07, abholen, da er erst dann ein geeignetes Transportfahrzeug zur Verfügung habe. Vormann (V) ist über den niedrigen Preis zwar etwas enttäuscht, willigt aber schließlich ein. Heinrich übergibt Vormann eine Anzahlung von 700 Euro, die Bezahlung der restlichen 300 Euro solle bei Abholung erfolgen.

Am Sonntag, 28. 01. 2007, erhält Vormann folgende E-Mail eines anderen Interessenten:

M 2

> **Von:** konrad.knauser@e-mail.com 28. 01. 07, 12.07 Uhr
> **An:** V.Vormann@e-post.de
> **CC:**
> **Betreff: Biedermeiertisch**
> **Anlagen:**
>
> Lieber Herr Vormann,
> vorigen Freitag habe ich bei Ihnen den Biedermeiertisch besichtigt. Leider lagen unsere Preisvorstellungen noch zu weit auseinander. Ich biete Ihnen nun als letztes Angebot 1 200 Euro für den Tisch.
> Wenn Sie schnell antworten, könnte ich den Tisch schon morgen Abend bei Ihnen abholen und gleich bar bezahlen.
> Über eine positive Antwort würde ich mich sehr freuen.
> Mit freundlichen Grüßen
> Konrad Knauser

Vormann zögert nicht lange und schon kurze Zeit später erhält Knauser folgende E-Mail:

M 3

Von:	V.Vormann@e-post.de	28. 01. 07, 12.18 Uhr
An:	konrad.knauser@e-mail.com	
CC:		
Betreff:	**Re: Biedermeiertisch**	
Anlagen:		

Lieber Herr Knauser,
gerne nehme ich Ihr Angebot an.
Bitte kommen Sie am Montag, 29. 01. 2007, um 17.00 Uhr zu mir nach Hause. Dort können Sie gegen Barzahlung von 1 200 Euro den Tisch (wie besichtigt) abholen.
Mit freundlichen Grüßen
V. Vormann

Als Antiquitätenhändler Heinrich am Dienstag, 30. 01. 07, zur vereinbarten Zeit den Tisch bei Vormann abholen will, erklärt Vormann:
„Nun haben Sie Pech gehabt. Ich konnte den Tisch doch noch zu einem höheren Preis an einen anderen Interessenten verkaufen. Er hat den Tisch schon mitgenommen und auch sofort bezahlt."
Heinrich ist erbost und verlangt von Vormann neben seiner Anzahlung (700 Euro) eine Entschädigung von 600 Euro, da er bereits einen Interessenten, den Kunstliebhaber Thomas (T), für den Tisch gewinnen konnte, der bereit war, 1 600 Euro dafür zu bezahlen.
Vormann versucht daraufhin, Knauser zur Rückgängigmachung des mit ihm geschlossenen Kaufvertrags zu bewegen.
<u>Alternative 1</u>:
Knauser geht unter keinen Umständen darauf ein.
<u>Alternative 2</u>:
Knauser ist bereit, den Tisch an Vormann zurückzuverkaufen, allerdings nur zu einem Preis von 1 800 Euro.

1.1 Nennen Sie die verschiedenen Formen, in denen Willenserklärungen abgegeben werden können, und ordnen Sie die im Sachverhalt (M 1 und M 2) vorkommenden Willenserklärungen zu!

1.2 Erläutern Sie an diesem Fallbeispiel das Abstraktionsprinzip des BGB!

2.1 Prüfen Sie, inwieweit die Forderungen von Heinrich gegen Vormann in Alternative 1 berechtigt sind!

2.2 Untersuchen Sie anhand von § 275 (2), ob Vormann in Alternative 2 verpflichtet ist, auf das Angebot von Knauser einzugehen, um den Tisch doch noch an Heinrich übereignen zu können!

Gehen Sie nun davon aus, dass Vormann den Biedermeiertisch von Knauser zurückerwirbt und ihn an den Antiquitätenhändler Heinrich übereignet. Dieser verkauft den Tisch am 14. Februar an den Kunstliebhaber Thomas für 1 600 Euro weiter. Thomas, der den Tisch seiner Frau zum Valentinstag schenken möchte, zahlt 200 Euro an und nimmt den Tisch gleich mit. Es wird vereinbart, dass Thomas den Restbetrag bis spätestens 17. Februar bezahlt.
Am 17. Februar ruft Thomas bei Heinrich an und erklärt ihm, dass er das Geld im Moment nicht habe, sich aber bemühe, es zu beschaffen. Als Heinrich auch in der darauf folgenden Woche nichts von Thomas hört, ruft er mehrmals bei ihm an und fordert ihn auf, endlich das Geld vorbeizubringen. Schließlich betraut Heinrich seinen Rechtsanwalt mit der Angelegen-

heit. Dieser fordert Thomas schriftlich auf, den Restbetrag für den Tisch, entsprechend bezifferte Verzugszinsen und die durch seine Tätigkeit entstandenen Kosten an seinen Mandanten zu bezahlen.

3. Prüfen Sie, ob Heinrich von Thomas den Restbetrag für den Tisch und die Anwaltskosten zuzüglich der Verzugszinsen verlangen kann!

M 4

Am 26. 01. 2005 erging ein Revisions-Urteil des Bundesgerichtshofs (BGH) zu folgendem Sachverhalt (Az: VIII ZR 79-04):

Tatbestand
Die Klägerin veräußert Computer nebst Zubehör über eine Website im Internet. Im Januar 2003 legte sie für das Notebook der Firma S., Typ V, einen Verkaufspreis von 2 650 € fest und gab diesen in ihr EDV-System ein. Mittels einer von der Klägerin verwendeten Software wurden diese Daten anschließend automatisch in die Produktdatenbank ihrer Internetseite übertragen. Als Ergebnis eines Fehlers im Datentransfer enthielt die Datenbank jedoch nicht den eingegebenen Betrag von 2 650 €, sondern einen Verkaufspreis von 245 €.

Der Beklagte bestellte am 1. Februar 2003 ein Notebook des vorgenannten Typs zu dem auf der Internetseite der Klägerin angegebenen Verkaufspreis von 245 €. Die Klägerin bestätigte dem Beklagten mittels einer automatisch verfassten E-Mail vom gleichen Tage den Eingang seiner Bestellung zu diesem Preis. Eine weitere automatisch verfasste E-Mail der Klägerin vom gleichen Tage (15.36 Uhr) hatte folgenden Inhalt:

*„Sehr geehrter Kunde,
Ihr Auftrag wird jetzt unter der Kundennummer … von unserer Versandabteilung bearbeitet. Wir bedanken uns für den Auftrag …“*

Das Notebook wurde mit Rechnung/Lieferschein der Klägerin vom 5. Februar 2003 zum Verkaufspreis von 245 € zuzüglich Versandkosten von 12,80 € an den Beklagten ausgeliefert. Mit Schreiben vom 11. Februar 2003 erklärte die Klägerin die Anfechtung des Kaufvertrags mit der Begründung, das Notebook sei aufgrund eines Systemfehlers irrtümlich mit dem Preis von 245 € versehen worden.
Die Klägerin begehrt die Herausgabe und Rückübereignung des Notebooks gegen Rückzahlung des Kaufpreises. Das Amtsgericht hat die Klage abgewiesen. Auf die nachfolgende Berufung der Klägerin hat das Landgericht das Urteil des Amtsgerichts aufgehoben und der Klage stattgegeben. Mit seiner Revision begehrt der Beklagte die Wiederherstellung des amtsgerichtlichen Urteils durch den Bundesgerichtshof.

Quelle: http://www.jurpc.de/rechtspr/20050026.htm, aufgerufen am 27. 10. 06, für Prüfungszwecke bearbeitet

Der Bundesgerichtshof hat die Revision zurückgewiesen und damit letztlich der Klägerin Recht gegeben.

4. Erläutern Sie mittels einer vollständigen Subsumtion des Sachverhalts die Entscheidung des Bundesgerichtshofs zum Herausgabeanspruch der Klägerin bezüglich des Notebooks (M 4)!

Vorgegebene Bewertungseinheiten:

Frage	1	2	3	4
BE	12	18	14	16

Lösungsvorschlag

1.1 *Die Aufgabenstellung hat zwei Teile: Nennen der verschiedenen Formalternativen und anschließend Zuordnen der in M 1 und M 2 (nicht M 3) vorkommenden Willenserklärungen. Die verschiedenen Formen der Willenserklärung sind teilweise im BGB geregelt, z. T. muss man sie auch einfach wissen.*

Formalternativen	**Beispiele für Willenserklärungen aus dem Sachverhalt**
mündlich	– Gebot der 1 000 Euro bei der Besichtigung am 27. 1. 07 – Einwilligung des Vormann am 27. 1. 07 – Vereinbarung am 27. 1. über die Zahlungsmodalitäten
Schriftform § 126 BGB	–
elektronische Form § 126 a BGB	–
Textform § 126 b BGB	E-Mail von Knauser an Vormann (M 2)
notarielle Beurkundung § 128 BGB	–
öffentliche Beglaubigung § 129 BGB	–
konkludentes/schlüssiges Handeln	ggf.: H gibt V die 700 Euro Anzahlung (Antrag zur Einigung bzgl. der Eigentumsübertragung)

gegebenenfalls: Die Zeitungsanzeige ist keine Willenserklärung, sondern eine *invitatio ad offerendum.*

1.2 *Das Abstraktionsprinzip soll am konkreten Fall erläutert werden. Die Aufgabenstellung zielt auf das Problem wegen der zwei Kaufverträge ab.*

Analog zur Systematik des BGB mit den Teilen Schuldrecht und Sachenrecht werden in der Realität meist zusammenhängende Handlungen, hier die Kaufhandlung im Zusammenhang mit dem Tisch, in verschiedene Rechtsgeschäfte getrennt (→ Trennungsprinzip), die ein rechtliches Eigenleben führen: Im geschilderten Sachverhalt gibt es zwei schuldrechtliche Verträge (Verpflichtungsgeschäfte = Kausalgeschäfte), da Vormann sowohl mit Heinrich als auch mit Knauser jeweils einen rechtswirksamen Kaufvertrag (§ 433 BGB) über den Tisch abschließt. Heinrich schließt einen Kaufvertrag mit Vormann ab und übereignet die Anzahlung von 700 Euro. Unabhängig davon übereignet Vormann trotzdem rechtswirksam den Tisch an Knauser, da die Übereignung des Tisches durch Einigung und Übergabe (§ 929 BGB i. V. m. § 854 BGB) ein selbstständiges Rechtsgeschäft ist. Umgekehrt sind trotz der Übereignung des Tisches an Knauser der Kaufvertrag mit Heinrich und die Übereignung der Anzahlung von Heinrich an Vormann weiterhin rechtswirksam, sodass aus diesen wirksamen Rechtsgeschäften z. B. vertragliche Sekundäransprüche aus Pflichtverletzungen entstehen können.

2.1 *Die Aufgabenstellung hat zwei Teile:*
a) Zum einen muss die Rückforderung der Anzahlung geprüft werden und
b) zum anderen die Forderung bezüglich des entgangenen Gewinns von 600 Euro.
Einen Hinweis darauf gibt der Plural „Forderungen" in der Aufgabenstellung. Prinzipiell sind zwei Herangehensweisen möglich: Rückforderung der Anzahlung nach Rücktritt vom Vertrag (über § 326 I, V BGB) und Schadensersatzforderung statt der Leistung bezüglich des entgangenen Gewinns, oder Schadensersatzforderung statt der Leistung bezüglich des gesamten Betrages. Da von der Subsumtion her die Prüfung des Rücktritts quasi in der umfangreicheren Prüfung des Schadensersatzes statt der Leistung enthalten ist, wird in der folgenden Lösung auf eine Darstellung verzichtet.

H könnte unter den folgenden Voraussetzungen Ersatz der Anzahlung und des entgangenen Gewinns von 600 Euro als Schadensersatz statt der Leistung (hier § 283 BGB) verlangen:
- **Schuldverhältnis:** K und V haben einen wirksamen Kaufvertrag vom 27. 1. 2007 über den Tisch (§§ 145, 147, 433 BGB). Aus dem Vertrag ist V u. a. zur Übereignung des Tisches verpflichtet.
- **Pflichtverletzung:** Es liegt eine nachträgliche Unmöglichkeit gemäß § 275 I BGB vor. V kann den Tisch nicht mehr übereignen, da dieser seit der rechtswirksamen Übereignung am 29. 1., also zwei Tage nach dem Kaufvertrag mit Heinrich, dem Knauser gehört und dieser nicht bereit ist, ihn zurückzugeben.
- **Vertretenmüssen:** Die nachträgliche Unmöglichkeit hat V zu vertreten, da er vorsätzlich (§ 276 I BGB) den Tisch an Knauser übereignet hat, obwohl er bereits gegenüber Heinrich aus dem Kaufvertrag verpflichtet war.
- *ggf.:* Eine Fristsetzung ist entbehrlich, da sie bei Unmöglichkeit sinnlos ist.

Ergebnis: Aufgrund der Unmöglichkeit muss V gemäß § 275 I BGB nicht mehr leisten. Gemäß §§ 280 I, III, 283 BGB kann Heinrich daher Schadensersatz statt der Leistung verlangen. Die Höhe des Schadensersatzes ergibt sich aus §§ 249 ff. BGB und umfasst neben den 700 Euro Anzahlung (§ 249 I BGB) auch den entgangenen Gewinn in Höhe von 600 Euro (§ 252 BGB).

2.2 *Eine schlüssige Argumentation ist verlangt, die die wesentlichen Tatbestandmerkmale von § 275 II BGB einbezieht.*

§ 275 II BGB regelt die sogenannte praktische Unmöglichkeit. Im Gegensatz zur faktischen Unmöglichkeit könnte in solchen Fällen die Leistung theoretisch noch erbracht werden. Daher kann der Schuldner gemäß § 275 II Satz 1 BGB nur dann die Leistung verweigern, wenn die Leistungserbringung für ihn mit einem Aufwand verbunden wäre, der „in einem groben Missverhältnis zu dem Leistungsinteresse des Gläubigers steht". Aufwand bedeutet dabei nicht in erster Linie Kosten, sondern auch andere Anstrengungen. Außerdem ist zu berücksichtigen, ob der Schuldner das Leistungshindernis zu vertreten hat (§ 275 II Satz 2 BGB). Im vorliegenden Fall hätte V folgenden Aufwand: die 1 800 Euro, die Knauser verlangt, abzüglich der 1 000 Euro, die Heinrich als Kaufpreis bezahlen würde, also 800 Euro *(alternativ:* der Aufpreis von 600 Euro, den Knauser beim Rückverkauf gegenüber dem ursprünglichen Kaufpreis verlangt: 1 800 € – 1 200 € = 600 €). Das Leistungsinteresse von Heinrich bezieht sich auf die 600 Euro Gewinn, die ihm entgehen würden.
Die Differenz von 200 Euro stellt kein *grobes* Missverhältnis dar, v. a. wenn man zusätzlich berücksichtigt, dass Vormann die Unmöglichkeit vorsätzlich herbeigeführt hat, um 200 Euro mehr zu erzielen, und diese daher zu vertreten hat (§ 276 I BGB). Unterstützend käme beispielsweise hinzu, wenn bei Heinrich auch noch Interessen wie die

Geschäftsbeziehung zu seinem Kunden, sein Image als verlässlicher Antiquitätenhändler o. ä. eine Rolle spielen würden.
Ergebnis: V muss den Tisch zurückkaufen und den Kaufvertrag mit H erfüllen.

3. *Die Fragestellung erfordert eine Normenanalyse und Subsumtion zur verspäteten Leistung. Dabei muss zwischen dem Primäranspruch bezüglich des Restbetrags für den Tisch und den Sekundäransprüchen auf Anwaltskosten (Schadensersatz neben der Leistung) und Verzugszinsen unterschieden werden.*

Restbetrag für den Tisch:
Schuldverhältnis: Heinrich (H) und Thomas (T) haben einen wirksamen Kaufvertrag vom 14. 2. 2007 über den Tisch für 1 600 Euro (§§ 145, 147, 433 BGB). Aus dem Vertrag ist T u. a. zur Bezahlung der 1 600 Euro verpflichtet, wovon er 200 Euro anzahlt. Da für die Bezahlung des Restbetrages der 17. 2. vereinbart war, kann H den Betrag ab diesem Tag von T verlangen (§ 271 II BGB Umkehrschluss).

Anwaltskosten: H könnte die Anwaltskosten unter den Voraussetzungen der §§ 280 I, II, 286 BGB einen Anspruch auf Schadensersatz neben der Leistung/Ersatz des Verzögerungsschadens haben:
- **Schuldverhältnis:** siehe oben!
- **Pflichtverletzung:** Verspätete Leistung, hier Verzug: Es liegt Verzug (§ 286 BGB) vor, da T aus Geldnot die nachholbare Entgeltforderung nicht begleicht, obwohl sie vereinbarungsgemäß am 17. 2. fällig ist (§ 271 II BGB). Eine Mahnung ist nicht erforderlich, da für die Zahlung ein Termin nach dem Kalender (17. 2.) bestimmt wurde (§ 286 I Nr. 2 BGB). T hat die Nichtleistung zu vertreten, da man für Geldschulden immer einzustehen hat („Geld hat man zu haben"; §§ 286 IV, 276 I BGB).
- **Vertretenmüssen:** bereits bei der Pflichtverletzung geprüft.

Ergebnis: T ist ab dem 18. 2. in Zahlungsverzug. Gemäß §§ 280 I, II, 286 BGB kann H Schadensersatz wegen Verzögerung der Leistung verlangen, also auch die Anwaltskosten, da diese durch die verspätete Bezahlung verursacht sind.

Verzugszinsen:
Geldschulden sind gemäß § 288 I BGB während des Verzugs zu verzinsen. Da T sich ab 18. 2. in Verzug befindet (Prüfung siehe oben!), muss er dem H für die Zeit des Verzugs auch Verzugszinsen auf den unbezahlten Restbetrag zahlen.

4. *Die Aufgabenstellung erfordert eine Erläuterung des BGH-Urteils mithilfe einer vollständigen Subsumtion der Anfechtung wegen Irrtums im gegebenen Fall.*

Die Klägerin kann das Notebook herausverlangen, wenn sie den Kaufvertrag wegen Irrtums anfechten kann.

Irrtum:
- Das Angebot auf der Webseite der Verkäuferin ist eine *invitatio ad offerendum,* kein Antrag. Der Angebotstext war fehlerhaft.
- Die Bestellung des Kunden ist der Antrag zum Kauf des Notebooks für 245 Euro (§ 145 BGB).
- Die zweite automatische E-Mail, in der der Auftrag bestätigt wird, ist die Annahme (§ 147 BGB) des Antrags.

Zwischenergebnis: K und B haben einen Kaufvertrag über das Notebook für 245 € abgeschlossen.
- Es liegt ein Übermittlungsirrtum (§ 120 BGB) vor, da der Kaufpreis trotz korrekter Eingabe von der Übertragungssoftware („Einrichtung") fehlerhaft in die Produkt-

datenbank der Internetseite übermittelt wurde und auch die zweite automatisch verfasste E-Mail, also die Annahme, auf diesen fehlerhaften Datenbankeintrag zurückgreifen musste, sodass diese Willenserklärung von vornherein und automatisch fehlerhaft sein musste (fortgesetzter Irrtum).

Hinweis: § 120 BGB ist ein Sonderfall des Erklärungsirrtums, der allerdings eine gesonderte gesetzliche Regelung erhalten hat.

- Bei Kenntnis und Würdigung der Sachlage hätte die Klägerin die Willenserklärung (Annahme) mit dem viel zu niedrigen Preis (245 Euro statt 2 650 Euro) nicht so abgegeben.

Ergebnis: Die Annahme und damit der Kaufvertrag über das Notebook kann von der Klägerin angefochten werden.

Ablauf und Wirkung der Anfechtung:
Die Klägerin hat am 11. Februar, also 6 Tage nach Rechnungsstellung den Kaufvertrag durch Erklärung (Schreiben) angefochten (§ 143 I BGB). Es kann davon ausgegangen werden, dass sie dies unverzüglich nach Erkennen des Irrtums getan hat (§ 121 I BGB).
Ergebnis: Gemäß § 142 I BGB ist das angefochtene Rechtsgeschäft als nichtig anzusehen.

Rückabwicklung über § 812 BGB:
Der Käufer K ist
- durch die Leistung der Klägerin (Lieferung des Notebooks)
- auf Kosten der Klägerin (Übereignung aus ihrem Vermögen)
- bereichert, da er das Eigentum an dem Notebook erlangt hat.
- Der Kaufvertrag als Rechtsgrund für die Übereignung fällt durch die Anfechtung weg.

Ergebnis: Die Klägerin hat einen Anspruch auf Herausgabe des Notebooks gemäß § 812 I BGB.

Mögliche Punktverteilung:

1.1	1.2	2.1	2.2	3	4
6	6	10	8	14	16

M 1 Geldhändler halten Zinsanhebung für unwahrscheinlich

bf. FRANKFURT, 28. August. Nach den Äußerungen des Präsidenten der Europäischen Zentralbank (EZB), Jean-Claude Trichet, erwarten die Händler am Geldmarkt mehrheitlich, dass der EZB-Rat den Euro-Leitzins am 6. September bei 4 Prozent belassen wird. […] Daran dürfte auch die am Dienstag gemeldete kräftige Zunahme von Geldmenge und Kreditvergabe im Juli nichts ändern, sagte Marco Kramer, ein Volkswirt der Unicredit. […] Die EZB stellte den Banken am Dienstag knapp 210 Milliarden Euro zu einem durchschnittlichen Zinssatz von 4,09 Prozent [Laufzeit eine Woche] zur Verfügung. […] Die Liquiditätsversorgung sei immer noch reichlich, erklärten Fachleute: Der Tagesgeldzins liege deutlich unter dem Leitzins. […] Nach Angabe der EZB stieg die Geldmenge M 3 im Juli mit einer Jahresrate von 11,7 Prozent so stark wie noch nie seit Einführung des Euro Anfang 1999. Der hohe Zuwachs erkläre sich zu einem guten Teil damit, dass Anleger von riskanteren langlaufenden Anleihen in kurzfristige Anlagen wie zum Beispiel Geldmarktfonds, die in M 3 statistisch erfasst werden, umgeschichtet haben. […]

Quelle: Fehr, Benedikt. In: Frankfurter Allgemeine Zeitung, 28. 8. 2007, für Prüfungszwecke bearbeitet

M 2 Produktion und Nachfrage

Nach der im vergangenen Jahr verzeichneten konjunkturellen Dynamik ging das Wirtschaftswachstum in der ersten Hälfte des laufenden Jahres auf ein dem Potenzial entsprechendes Niveau zurück. Die von Eurostat zuletzt veröffentlichten Ergebnisse der Volkswirtschaftlichen Gesamtrechnung für das Euro-Währungsgebiet bestätigen eine Normalisierung der Wachstumsraten. Die Abschwächung der vierteljährlichen Zuwachsrate des realen BIP im Euroraum (0,3 % im zweiten Quartal) sollte vor dem Hintergrund des kräftigen Wachstums von 0,7 % im ersten Quartal gesehen werden. Die privaten Konsumausgaben, die aufgrund signifikanter Effekte der Mehrwertsteuererhöhung in Deutschland im ersten Quartal 2007 stabil waren, nahmen im zweiten Quartal um 0,5 % zu. Die Investitionen gingen um 0,2 % zurück, nachdem sie im ersten Quartal bei hoher Kapazitätsauslastung deutlich (um 2,0 %) zugelegt hatten. Das Wachstum der Konsumausgaben im Euroraum dürfte sich im Zeitverlauf weiter verstärken. Die Angaben zur konjunkturellen Entwicklung im dritten Quartal, die aus verschiedenen Stimmungsumfragen und indikatorbasierten Schätzungen stammen, stützen die Einschätzung, dass das reale BIP nachhaltig zunimmt.

Quelle: EZB Monatsbericht September 2007, für Prüfungszwecke bearbeitet

M 3

Preisentwicklung (Veränderung gegenüber dem Vorjahr in %)

	2005	2006	2007 März	2007 April	2007 Mai	2007 Juni	2007 Juli	2007 August
HVPI (Gesamtindex)	2,2	2,2	1,9	1,9	1,9	1,9	1,8	1,7
Energie (Teilindex des HVPI)	10,1	7,7	1,8	0,4	0,3	0,9	0,0	– 0,9
Rohstoffpreise ohne Energie	9,4	24,8	17,6	15,3	11,9	14,2	7,8	5,4

Arbeitskostenindikatoren (Veränderung gegenüber dem Vorjahr in %)

Q: Quartal	2005	2006 Q 1	2006 Q 2	2006 Q 3	2006 Q 4	2007 Q 1	2007 Q 2
Tarifverdienste	2,1	2,3	2,4	2,1	2,5	2,0	2,3
Lohnstückkosten	1,0	0,8	1,2	1,1	0,1	0,8	1,1

Quelle: EZB Monatsbericht November 2007, für Prüfungszwecke bearbeitet

1.1 Beschreiben Sie das in M 1 angesprochene geldpolitische Instrument und erklären Sie dessen grundsätzliche Wirkungsweise!

1.2 Diskutieren Sie unter Berücksichtigung unterschiedlicher Ursachen von Inflation die Notwendigkeit einer Leitzinserhöhung im September 2007 anhand der Materialien M 1 bis M 3!

M 4 Bundesbankpräsident Axel Weber über Ausgabendisziplin, die Notwendigkeit weiterer Reformen und seine Abneigung gegen laxe Geldpolitik

SZ: *Welche Weichen muss die Politik im guten Konjunkturumfeld stellen?*

Weber: „Die hell strahlende Konjunktursonne darf nicht zu früh zu hitzefrei auf den Reformbaustellen führen." […]

SZ: *Haben die Arbeitnehmer nicht einen kräftigen Lohnzuschlag verdient?*

Weber: Im Umfeld einer immer noch hohen Massenarbeitslosigkeit sollten Tarifabschlüsse […].

SZ: *Bedeuten höhere Löhne nicht mehr Konsum?*

Weber: Den Konsum stützt eine Erhöhung der Beschäftigung stärker und nachhaltiger als […].

Quelle: Einecke, Helga. In: Süddeutsche Zeitung, 16. 6. 2007, Seite 25 f., für Prüfungszwecke bearbeitet

2.1 Interpretieren Sie das von Axel Weber formulierte Bild (M 4, Z. 2 f.) und begründen Sie, warum es sich um eine eher angebotsorientierte Sichtweise handelt!

2.2 Erläutern Sie die gesamtwirtschaftlichen Zusammenhänge, auf welche die zweite und dritte Frage (M 4, Z. 4 und 7) anspielen! Führen Sie die Antworten mit schlüssigen Argumenten aus angebotstheoretischer Sicht fort!

2.3 Zeigen Sie, warum die Geldpolitik im Rahmen einer angebotsorientierten Wirtschaftspolitik einen hohen Stellenwert hat!

M 5

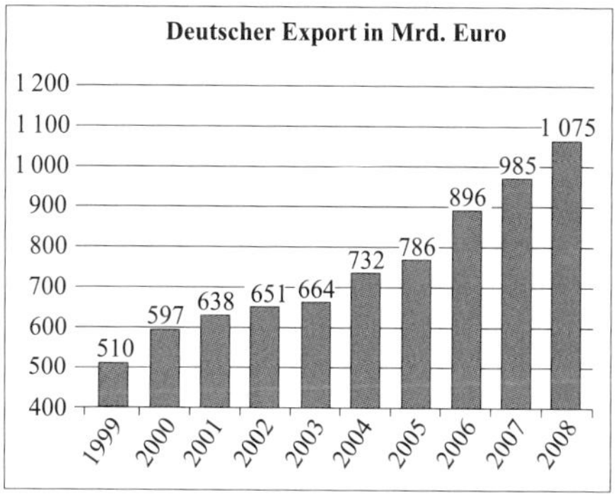

Quelle: http://waehrungen.onvista.de, aufgerufen am 22. 11. 2007; Statistisches Bundesamt, 2007 und 2008 geschätzt

3.1 Erklären Sie, auch unter Verwendung des Marktmodells, was im System flexibler Wechselkurse unter der Aufwertung einer Währung zu verstehen ist und wie sie zustande kommen kann!

3.2 Stellen Sie die idealtypische Wirkung des Wechselkurses auf den Export dar und führen Sie mögliche Gründe für die tatsächliche Entwicklung an (M 5)!

Vorgegebene Bewertungseinheiten:

Frage	1	2	3
BE	22	22	16

Lösungsvorschlag

1.1 *Der Schlüssel zu dieser weitgehend reproduktiven Fragestellung ist das Bestimmen des richtigen Instruments aus den Angaben im Text. Zunächst ist das Instrument zu beschreiben und anschließend zu erklären, welche „grundsätzliche", also idealtypische Wirkung dieses Instrument hat. Ein direkter Bezug zu der im Text beschriebenen Situation ist nicht erforderlich.*

Instrument bestimmen:
Im Text wird auf den „Euro-Leitzins" (M 1, Z. 3) und EZB-Geld mit „Laufzeit eine Woche" (M 1, Z. 7) Bezug genommen, d. h. es handelt sich um das **Hauptrefinanzierungsgeschäft** der EZB.

Instrument beschreiben:
Hauptrefinanzierungsgeschäfte sind wöchentliche, auf eine Regellaufzeit von einer Woche befristete, liquiditätszuführende Geschäfte der EZB (vertreten durch die nationalen Zentralbanken) im Wesentlichen mit Geschäftsbanken im Eurosystem. Im Rahmen dieser Geschäfte erhalten die Geschäftsbanken von der EZB liquide Mittel, für die sie bestimmte Sicherheiten bieten müssen und Zinsen in Höhe des Hauptrefinanzierungssatzes (Leitzins) an die EZB zahlen müssen.

Wirkungsweise erklären:
Die Hauptrefinanzierungsgeschäfte sind das zentrale geldpolitische Instrument im Eurosystem, da über sie der größte Teil des Zentralbankgeldbedarfs der Geschäftsbanken gedeckt wird (im Jahresdurchschnitt etwa drei Viertel).
Je höher der Hauptrefinanzierungssatz, desto „teurer" ist die Refinanzierung für die Geschäftsbanken. Die Geschäftsbanken werden die ungünstigen Refinanzierungskonditionen in Form von höheren Zinssätzen an ihre Kunden weitergeben, d. h. die Kreditfinanzierung für Unternehmen und private Haushalte wird ebenfalls teurer. Dies führt ggf. zu einer Abnahme der Kreditnachfrage und indirekt zu einem Rückgang der Investitionsausgaben der Unternehmen und der Konsumausgaben der Privathaushalte. Die reduzierte Kreditnachfrage dämpft die Geldschöpfung und damit das Geldmengenwachstum. Dies und der beschriebene Rückgang der gesamtwirtschaftlichen Nachfrage fördern das Hauptziel der EZB, die **Preisstabilität**, indem sie einer **geldmengeninduzierten** und **nachfrageinduzierten Inflation** entgegenwirken.
Ein niedrigerer Hauptrefinanzierungssatz dagegen kurbelt idealtypischerweise die Kreditnachfrage und indirekt die **gesamtwirtschaftliche Nachfrage** an und fördert so die Dynamik der gesamtwirtschaftlichen Entwicklung.

1.2 *Diskutieren heißt, pro und kontra gegenüberzustellen und mit einem schlüssigen Fazit abzuschließen. In dieser Aufgabe müssen dazu einerseits verschiedene Inflationsursachen (Grundwissen) und andererseits die Angaben in den Materialien M 1 bis M 3 berücksichtigt werden. Dazu sind geeignete Inhalte aus dem Material wörtlich oder sinngemäß und mit Angabe der Fundstelle zu zitieren. Wichtig ist der Bezugspunkt „September 2007". Es bieten sich zwei Gliederungsalternativen an: Gliederung nach den Größen/Gründen im Material M 1 bis M 3 oder Gliederung nach den verschiedenen Inflationsarten.*

Eine Leitzinserhöhung ist dann notwendig, wenn das oberste Ziel der EZB, die Preisstabilität im Eurosystem, gefährdet ist. **Preisstabilität** besteht nach der Definition der EZB dann, wenn die Inflationsrate (harmonisierter Verbraucherpreisindex HVPI) unter, aber nahe 2 % liegt. Als Basis für ihre geldpolitischen Entscheidungen analysiert die EZB verschiedene monetäre und nicht-monetäre Einflussgrößen.

Klar gegen eine Leitzinserhöhung sprechen folgende Gründe:
Aus M 3 kann man ablesen, dass der Grenzwert des **HVPI** 2005 und 2006 mit 2,2 % überschritten war, der Durchschnittswert für die angegebenen Monate in 2007 aber klar unter 2 % liegt, sodass im September 2007 kein akuter Handlungsbedarf besteht.
Ein ähnliches Signal kommt von den **Tarifverdiensten:** Diese haben sich bis zum 2. Quartal 2007 im Vergleich zum Vorjahr im Durchschnitt moderater entwickelt (M 3). Die Entwicklung der **Lohnstückkosten** ähnelt der vom Vorjahr und liegt rein prozentual deutlich unter der Preissteigerungsrate. Vonseiten der Arbeitskosten besteht daher kaum **kosteninduzierter Inflationsdruck** (**Angebotsinflation**).

Eine uneinheitliche Einschätzung ergeben folgende Größen:
Für eine Leitzinserhöhung würde theoretisch der **Rekordanstieg der Geldmenge M 3** um 11,7 % im Juli sprechen (M 1, Z. 10). Die Ursache liegt aber in erster Linie in einer Umschichtung bei Kapitalanlagen (M 1, Z. 11–13). Diese Gelder werden nicht nachfragewirksam, daher besteht von dieser Seite keine direkte Gefahr der **geldmengeninduzierten Inflation**.
Geldmengeninduzierte Inflation droht allerdings durch die „kräftige Zunahme von Geldmenge und Kreditvergabe" bis Ende August 2007 (M 1, Z. 4 f.). Die hohe Kreditvergabe und die damit verbundene Geldschöpfung haben einen weiteren Anstieg der Geldmenge zur Folge und würden eigentlich **für eine Erhöhung des Leitzinses** sprechen – insbesondere in Verbindung mit dem ohnehin bereits extrem starken Geldmengenwachstum. Andererseits bestehen am Geldmarkt Ende August noch keine Engpässe und der Tagesgeldzinssatz liegt noch deutlich unter dem Leitzins der EZB (M 1, Z. 4 f.), sodass eine **Leitzinserhöhung** vermutlich **wenig Wirkung** zeigen würde.
Deutlicher **Kostendruck** (**Angebotsinflation**) entsteht jedoch durch die Anhebung der Mehrwertsteuer in Deutschland einerseits (M 2, Z. 8) und die hohen Investitionen bei hoher Kapazitätsauslastung im ersten Quartal 2007 andererseits. Allerdings schwächt sich diese Entwicklung im zweiten Quartal 2007 bereits ab, sodass kein eindeutiger Handlungsbedarf besteht (M 2, Z. 10 f.).
Vonseiten der Konsumnachfrage und der gesamtwirtschaftlichen Entwicklung kommen ebenfalls uneinheitliche Signale: Gegenüber dem Vorjahr hat die Dynamik zwar deutlich nachgelassen (M 2, Z. 1–5), die Prognosen ergeben aber, dass die „Konsumausgaben [...] sich [...] weiter verstärken" (M 2, Z. 11 f.) und dass das reale Wirtschaftswachstum „nachhaltig zunimmt" (M 2, Z. 15). Insgesamt besteht im September 2007 allerdings kein einheitliches Bild und daher auch kein direktes Warnsignal vonseiten der **nachfrageinduzierten Inflation**.

Zur importierten Inflation sind keine Aussagen aus M 1 bis M 3 möglich.

Fazit: Obwohl einige Größen, insbesondere der drastische Anstieg der Geldmenge, eine Erhöhung des Leitzinses rechtfertigen würden, spricht weder die Entwicklung des HVPI noch das Gesamtbild der Indikatoren eindeutig für eine derartige Maßnahme.

2.1 *Die Aufgabenstellung ist zweiteilig: Zunächst ist der metaphorische Satz zu interpretieren, d. h. den einzelnen Elementen der Metapher sind ihre realen Entsprechungen im richtigen Zusammenhang zuzuordnen. Anschließend soll begründet werden, warum die genannte Sichtweise eher zur angebotsorientierten Wirtschaftstheorie bzw. -politik passt.*

Interpretation:
Die „hell strahlende Konjunktursonne" steht für eine deutlich positive gesamtwirtschaftliche Entwicklung, die z. B. an hohen Wachstumsraten des realen BIP erkannt werden kann. Die „Reformbaustellen" bezeichnen Problemfelder in der Wirtschaftspolitik, wie z. B. die noch immer hohe „Massenarbeitslosigkeit" (M 4, Z. 5) und die hohe Staatsver-

schuldung (Stichwort „Ausgabendisziplin"; M 4, Überschrift). Mit „hitzefrei" ist gemeint, dass die Arbeit, d. h. das Bemühen um Verbesserungen, eingestellt wird. Mit „zu früh" (M 4, Z. 2) meint Weber, dass erst dann die Bemühungen zurückgefahren werden dürfen, wenn nachhaltig Verbesserungen erzielt wurden. Ein kurzfristiger Konjunkturaufschwung genügt dafür noch nicht.
Insgesamt könnte man Webers Satz entsprechend paraphrasieren: Trotz der deutlich positiven Konjunkturentwicklung darf das aktive Bemühen um Verbesserungen in wirtschaftspolitischen Problemfeldern wie Staatsverschuldung, Arbeitslosigkeit und Beschäftigung noch nicht einfach eingestellt werden, da ein kurzfristiger Aufschwung zwar unterstützend wirkt, für solide und nachhaltige Ergebnisse aber nicht ausreicht.

Begründung:
In der **angebotsorientierten Wirtschaftspolitik** strebt man in erster Linie nach der Verbesserung der Angebotsbedingungen, um langfristig Wachstum und Beschäftigung zu fördern. Zu den Maßnahmen zählen z. B. Deregulierung und Bürokratieabbau, Reduzierung der Steuerlast und der Staatsquote, Senkung von Lohnnebenkosten, Förderung von Flexibilität und Qualität des Arbeitsangebotes, Sicherung des Wettbewerbs u. ä. Diese Maßnahmen entsprechen den von Weber gemeinten Aktivitäten auf der „Reformbaustelle". Diese greifen nur dann nachhaltig, wenn sie langfristig ausgerichtet sind, im Gegensatz zu einer kurzfristig ausgerichteten Stop-and-go-Politik, die keinen Handlungsbedarf mehr sieht, sobald sich die Konjunktur kurzfristig erholt hat.

2.2 *Die Aufgabenstellung ist zweiteilig: Zunächst ist zu erläutern, auf welche gesamtwirtschaftlichen Zusammenhänge sich die genannten Fragen beziehen, und anschließend sind geeignete Antworten zu formulieren, in denen die Sichtweise der angebotsorientierten Wirtschaftstheorie bzw. -politik vertreten wird. Andere Argumentationsansätze als unten sind denkbar.*

Gesamtwirtschaftliche Zusammenhänge:
Die beiden Fragen zielen auf den Zusammenhang zwischen Arbeitslosigkeit, Beschäftigung und Tarifabschlüssen aus nachfrageorientierter Sicht ab, wie er z. B. in der **Kaufkrafttheorie** beschrieben wird.
Die Kaufkrafttheorie geht von folgender Wirkungskette aus: ein „kräftige[r] Lohnzuschlag" (M 4, Z. 4), also Lohnerhöhungen, führt zu einem höheren verfügbaren Einkommen, d. h. zu größerer Kaufkraft der Haushalte, die sich in erhöhtem privaten Konsum äußert. Die erhöhte Konsumnachfrage fördert Produktion, Investitionen und Wirtschaftswachstum und begünstigt so die Schaffung neuer Arbeitsplätze. Diese erhöhen wiederum das verfügbare Einkommen der Privathaushalte und können so einen expansiven Multiplikatorprozess einleiten.

Antworten aus angebotsorientierter Sicht:
Antwort auf Frage 2 – Bezug zur „Massenarbeitslosigkeit": „Im Umfeld einer immer noch hohen Massenarbeitslosigkeit sollten Tarifabschlüsse" moderat sein und dem **Produktivitätszuwachs** entsprechen, sodass nur die produktivitätsbedingten Zugewinne an die Arbeitnehmer verteilt werden, die Kosten- und Gewinnsituation der Unternehmen aber weitgehend konstant bleibt. So sollen langfristig die finanziellen Rahmenbedingungen gewährleistet werden, die beschäftigungswirksame Neuinvestitionen ermöglichen, welche wiederum zur Senkung der Arbeitslosigkeit beitragen können.

Antwort auf Frage 3 – Bezug zum „Konsum":
„Den Konsum stützt eine Erhöhung der Beschäftigung stärker und nachhaltiger als" punktuelle und ggf. überhöhte Lohnerhöhungen. Der primäre Effekt von Lohnerhöhungen ist eine Kostensteigerung für die Unternehmen. Gelingt es den Unternehmen, die Lohnsteigerungen ganz oder teilweise auf die Preise überzuwälzen, steigen die Löhne zwar nominal, die Kaufkraftsteigerung wird aber durch die Preiserhöhungen abgeschöpft (sogenannter **Bumerang-Effekt**). Reagieren die Gewerkschaften auf diesen Kaufkraftverlust wieder mit erhöhten Lohnforderungen, besteht die Gefahr einer **Lohn-Preis-Spirale**, welche die Preisstabilität und damit die Kaufkraft und den privaten Konsum ernsthaft beeinträchtigen kann.
Können die Unternehmen die Lohnsteigerungen nicht auf die Preise überwälzen, reduziert sich ihr Gewinn. Reagieren die Unternehmen mit Vermeidungsstrategien wie **Rationalisierungsmaßnahmen** und **Abwanderung** in Billiglohnländer, führt dies zu Arbeitsplatzabbau und Einkommensverlust anstelle der erhofften Konsum- und Beschäftigungseffekte.

2.3 *Der Operator „zeigen" bedeutet hier, den Zusammenhang zwischen Geldpolitik und angebotsorientierter Wirtschaftspolitik herauszuarbeiten und dabei die Wichtigkeit der Geldpolitik deutlich zu machen.*

Ein Teil der **angebotsorientierten Wirtschaftspolitik**, die in erster Linie die Angebotsbedingungen verbessern will (vgl. Aufgabe 2.1), ist die sogenannte **potenzialorientierte Geldmengenpolitik**. Gemäß der angebotsorientierten Wirtschaftspolitik ist Preisstabilität eine der Rahmenbedingungen, die für eine nachhaltige Wirtschaftsentwicklung erforderlich ist, da stabile Preise sowohl für die Kosten der Unternehmen als auch für die Konsumentscheidungen der privaten Haushalte Planungssicherheit bedeuten. Gemäß der monetaristischen Theorie ist die **Preisstabilität** abhängig vom **Geldmengenwachstum**. Der Schlüssel zu dieser Betrachtungsweise ist die **Quantitätsgleichung:**

Transaktionsvolumen · Preisniveau = Geldmenge · Umlaufgeschwindigkeit

Bei kurzfristig konstanter Umlaufgeschwindigkeit des Geldes führt ein Anstieg der Geldmenge über das Transaktionsvolumen an Gütern und Dienstleistungen hinaus automatisch zu einem Anstieg des Preisniveaus (**Inflation**); andererseits führt ein zu geringer Anstieg, d. h. unter dem Transaktionsvolumen, zu **Deflation**.
Für eine optimale Wirtschaftsentwicklung ist also ein Geldmengenwachstum erforderlich, das sich am Wachstumspotenzial der Wirtschaft orientiert und gleichzeitig Preisstabilität gewährleistet.

3.1 *Ausgangspunkt und Hilfsmittel bei der Lösung sollte die Zeichnung eines Marktmodells für den Devisenmarkt sein. Die verbale Erklärung muss sich auf die Elemente der Abbildung beziehen und den Zusammenhang zwischen Angebot, Nachfrage, Wechselkurs und Aufwertung deutlich machen.*

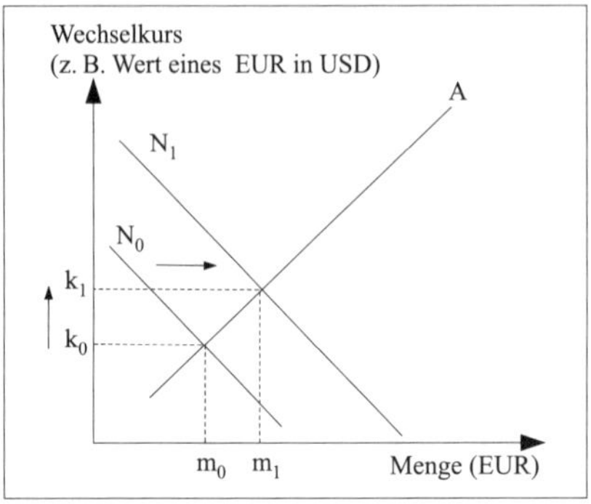

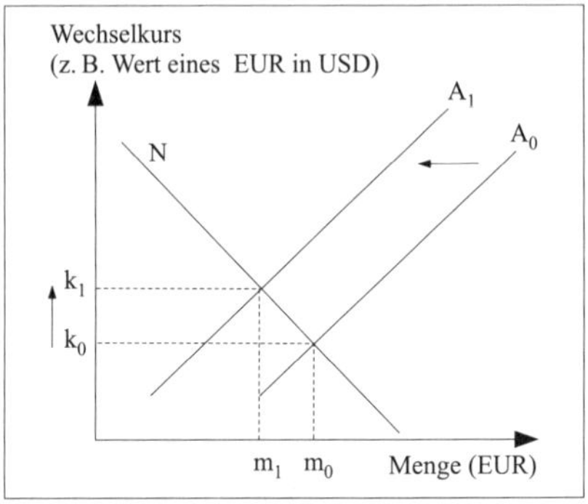

Der **Wechselkurs** ist der Preis der Währung eines Landes, ausgedrückt in der Währung eines anderen Landes. Von freien Wechselkursen spricht man dann, wenn der Wechselkurs einer Währung auf Devisenmärkten ausschließlich durch Angebot (A) und Nachfrage (N) für diese Währung bestimmt wird und es keinerlei Interventionspflicht der Notenbanken gibt.
Die **Aufwertung** einer Währung bedeutet, dass der Wert dieser Währung gegenüber dem der Referenzwährung (= Außenwert) steigt. Beispiel: Wird der Euro gegenüber dem US-Dollar aufgewertet, bedeutet dies, dass der Wert des Euro gegenüber dem US-Dollar steigt, sodass man mehr US-Dollar für einen Euro bezahlen muss. Das heißt, dass der Wechselkurs des Euro gegenüber dem US-Dollar aus Sicht der Mitglieder des Eurosystems von k_0 auf k_1 steigt.

Gründe für eine Aufwertung einer Währung sind entweder der Anstieg der Nachfrage nach dieser Währung (von N_0 auf N_1) oder ein Rückgang des Angebots an dieser Währung (von A_0 auf A_1). Die **Nachfrage** nach einer Währung könnte z. B. steigen, wenn dieses Land steigende Exporte aufweist, die in der Landeswährung zu bezahlen sind, sodass entsprechend viel dieser Währung am Devisenmarkt nachgefragt werden muss. Denkbar wäre auch, dass die Zinsen im Inland gegenüber dem Ausland hoch sind und viele Anleger ihr Geld in dieser Währung anlegen wollen. Das **Angebot** an einer Währung gegenüber einer anderen kann dann zurückgehen, wenn auf dem Devisenmarkt weniger Landeswährung in die Partnerwährung „umgetauscht" wird, da die Importe aus dem Partnerland sinken.

3.2 *Die Aufgabenstellung ist zweiteilig: Zunächst soll die idealtypische, also die allgemein zu erwartende Wirkung des Wechselkurses auf den Export beschrieben werden. Anschließend muss dieser Zusammenhang mit den realen Verläufen (M 5) verglichen und müssen Gründe für Abweichungen zwischen idealtypischem und realem Verlauf gegeben werden. Mindestens zwei Gründe, z. B. aus der unten genannten Lösung, werden erwartet.*

Idealtypische Wirkung:
Eine **Aufwertung** der inländischen Währung gegenüber dem Ausland führt zu einer Verteuerung der Güter und Dienstleistungen für die Käufer aus dem Ausland. Es ist daher zu erwarten, dass die Nachfrage nach diesen Gütern und Dienstleistungen sinkt und das **Exportvolumen** zurückgeht. Umgekehrt würde eine **Abwertung** dieser Währung idealtypisch zu einer Zunahme des Exportvolumens führen.

Tatsächliche Entwicklung und mögliche Gründe:
Vergleicht man die Entwicklung der deutschen **Exporte** mit der **Wechselkursentwicklung** gegenüber dem Dollar (M 5), kann man feststellen, dass kein direkter Zusammenhang zwischen Euro/Dollar-Wechselkurs und Exporten besteht, da die Verläufe weder völlig parallel noch völlig gegenläufig sind.

- Der starke Rückgang und anschließende Tiefstand des Euro gegenüber dem Dollar von **1999 bis 2002** wird fast idealtypisch durch zunächst einen deutlichen Anstieg und dann ein Verharren mit nur noch leichtem Anstieg auf dem höheren Niveau der Exporte widergespiegelt. Allerdings erscheint das Ausmaß der Veränderung der Exporte eher gering im Vergleich zum Kursrückgang. Einer der Gründe könnte sein, dass nur ein Teil der deutschen Exporte in die USA geht und der Euro gegenüber anderen Währungen ggf. nicht gleichermaßen abgewertet wurde, sodass der Export nur zum Teil von der Dollaraufwertung beeinflusst wurde.
- Völlig atypisch ist die Entwicklung der Exporte im Vergleich zur Kursentwicklung von **2002 bis Ende 2004:** Obwohl der Außenwert des Euro gegenüber dem Dollar stark angestiegen ist, gehen die Exporte nicht zurück, sondern steigen ebenfalls, wenn auch nur leicht von 2002 bis 2004. Besonders prägnant ist das im Jahr 2004, wo der steile Kursanstieg von einer deutlichen Exportzunahme begleitet wird.
- Auch der **Zeitraum ab 2005** zeigt atypische Verhältnisse: Trotz des deutlichen Rückgangs des Euro von ca. 1,35 US$ auf unter 1,20 US$ im Jahr 2005 steigt der Export nicht deutlich stärker, sondern nur etwa wie im Jahr davor (als der Kurs sogar im fast gleichen Umfang stieg) um ca. 50 Mrd. Euro an.
  Ungeachtet des folgenden steilen Anstiegs von etwa 1,20 US$ auf etwa 1,50 US$ von Anfang 2006 bis Ende 2007 steigen die Exporte mit fast konstant hohen Steigerungsraten von etwa 100 Mrd. Euro weiter.
  Ein Grund für die unerwarteten Anstiege könnte auch hier der nur partielle Einfluss des Dollars auf das Gesamtvolumen des Exports sein, sodass der Anstieg der Exporte in erster Linie durch andere Handelspartner verursacht sein könnte. Sind dies Länder der EWU, spielt der Wechselkurs gar keine Rolle, und auch im Handel mit Drittländern wird ein immer geringerer Anteil der deutschen Exporte, z. B. nach Südostasien und Mittel- und Osteuropa, in Dollar fakturiert.
  Außerdem könnte der starke Exportanstieg auf andere Faktoren, wie z. B. deutsche Produkte mit technischen oder qualitativen Vorzügen, zurückzuführen sein oder auf Kosten- und damit Preisvorteile deutscher Produkte durch gesteigerte Produktivität und gesunkene Lohnstückkosten in Deutschland.
  Ein weiterer Grund wäre eine überproportional gute konjunkturelle Entwicklung in den USA, die es den US-Kunden trotz des steigenden Euro-Kurses erlaubte, weiterhin deutsche Güter und Dienstleistungen zu importieren. Unter Umständen können auch Unterschiede in der Preisentwicklung, d. h. eine geringere Inflationsrate in Deutschland als in den USA, die Wechselkursentwicklung (über-)kompensiert haben.

Mögliche Punktverteilung:

1.1	1.2	2.1	2.2	2.3	3.1	3.2
10	12	8	8	6	8	8

M 1

Sehr geehrte Damen und Herren,

das Geschäftsjahr 2007 gehörte sicherlich zu den ereignisreichsten Jahren in der noch jungen Geschichte unseres Unternehmens.
Unsere Arbeit im vergangenen Jahr war unter anderem wesentlich von der Akquisition der HL-Group in den USA geprägt. Mit diesem strategischen Schritt haben wir die Wettbewerbsposition der Diagnostic AG nochmals gestärkt. Wir standen der Herausforderung gegenüber, mehr als 5 000 Mitarbeiter in unser Unternehmen zu integrieren. Das haben wir aus meiner Sicht hervorragend gemeistert.
Neben diesen Veränderungen haben wir auch unser operatives Geschäft weiter vorangetrieben und Rekorde beim Umsatz und Ertrag erzielt. Unseren Umsatz konnten wir deutlich um 26 Prozent auf 8,5 Mrd. Euro steigern. Der Jahresüberschuss legte im Jahr 2007 von 210 Mio. auf 330 Mio. Euro zu; dies ist insbesondere bemerkenswert, da gleichzeitig der Zinsaufwand um 200 Mio. auf 420 Mio. Euro anstieg. Entgegen den kritischen Äußerungen der Presse, die durch die Übernahme die Sicherheit und Unabhängigkeit unseres Unternehmens gefährdet sah, haben wir unsere selbst gesteckten Ziele deutlich übertroffen.
An diesem Erfolg der Diagnostic AG möchten wir Sie, liebe Aktionärinnen und Aktionäre, angemessen beteiligen. Wir schlagen daher der Hauptversammlung vor, die Dividende auf 1,40 Euro je Stammaktie zu verdoppeln.
Meine sehr geehrten Damen und Herren, vor einem Jahr habe ich Ihnen unser Wachstumsprogramm GO-2010 vorgestellt und Ihnen die strategischen Initiativen aufgezeigt, mit denen wir unsere Marktposition weiter verbessern wollen. Im abgelaufenen Geschäftsjahr haben wir dabei Fortschritte gemacht – unter anderem, indem wir das Medikament Phonax nach mehreren Jahren aufwändiger Forschungs- und Entwicklungstätigkeit in unser Produktportfolio aufnehmen konnten. Durch die Übernahme der HL-Group stehen uns nun auch die zusätzlichen Kapazitäten zur Verfügung, die erforderlich sind, um das Präparat kostenoptimal produzieren zu können. Ebenso ist es uns damit gelungen, einen potentiellen Mitbewerber in unser Unternehmen zu integrieren. Nicht zuletzt deswegen ist in diesem wichtigen Marktsegment für absehbare Zeit nicht mit Konkurrenz zu rechnen.
Auch künftig wollen wir die besten Produkte für unsere Kunden anbieten und einen wesentlichen Teil des weltweiten Pharma- und Kosmetikmarktes für uns in Anspruch nehmen. Dieser Markt ist durch kontinuierlich steigende Bedürfnisse genauso gekennzeichnet wie durch eingeschränkte personelle und finanzielle Ressourcen im Gesundheitswesen.
Ich möchte mich bei Ihnen, den Aktionärinnen und Aktionären der Diagnostic AG, hochachtungsvoll für Ihre Unterstützung und Ihr Vertrauen bedanken. Gemeinsam können wir weiter wachsen und die Zukunft gestalten – als ein weltweit führendes Unternehmen der Pharmaindustrie.

Mit besten Grüßen

H. L. Peter

Dr. Hans L. Peter,
Vorstandsvorsitzender Diagnostic AG

M 2

Vereinfachte Bilanz der Diagnostic AG in Mio. Euro					
Aktiva					**Passiva**
	2007	**2006**		**2007**	**2006**
Sachanlagen	7 110	4 350	Gezeichnetes Kapital	150	120
Finanzanlagen	2 440	2 380	Kapitalrücklage	2 250	1 560
Vorräte	740	480	Gewinnrücklage	1 300	1 110
Forderungen	2 090	1 870	Lfr. Rückstellungen	600	600
Flüssige Mittel	260	250	Kfr. Rückstellungen	150	120
			Anleihen	1 600	1 100
			Lfr. Verbindlichkeiten	4 330	2 850
			Kfr. Verbindlichkeiten	2 260	1 870
	12 640	9 330		12 640	9 330

M 3

1.1 Arbeiten Sie aus den Bilanzen der Jahre 2006 und 2007 (M 2) heraus, wie die Übernahme der HL-Group durch die Diagnostic AG finanziert worden sein könnte, und ordnen Sie diese Finanzierungsarten in eine Übersicht ein!

1.2 Erklären Sie, wie sich die getroffenen Finanzierungsentscheidungen jeweils grundsätzlich auf die Eigenkapitalrentabilität der Diagnostic AG auswirken können!

1.3 Beurteilen Sie die „Äußerungen der Presse“ (M 1, Z. 14) anhand geeigneter Kennziffern zur horizontalen und vertikalen Bilanzstruktur der Diagnostic AG (M 2)!

2.1 Charakterisieren Sie den Unternehmenszusammenschluss bei der „Akquisition der HL-Group“ (M 1, M 2) nach unterschiedlichen Kriterien!

2.2 Erläutern Sie allgemein auch anhand einer graphischen Darstellung, wie die Diagnostic AG nach der „Akquisition der HL-Group“ für das Produkt Phonax (M 1) die gewinnoptimale Produktionsmenge bestimmen kann! Erklären Sie, warum sich die Diagnostic AG bei der Produktionsmenge des Medikaments Phonax nicht in jedem Fall am Kostenoptimum (vgl. M 1, Z. 27) orientieren sollte! Gehen Sie dabei von einem linearen Kostenverlauf aus!

Der Produktlebenszyklus beschreibt die Gewinn- und Umsatzentwicklung eines Produkts im Zeitverlauf. Man unterscheidet im Allgemeinen die Phasen: „Einführung des Produkts“, „Wachstum“, „Sättigung des Marktes“ und „Degeneration“.

3.1 Stellen Sie für das Produkt Phonax (M 1, M 3) grafisch dar, wie sich Umsatz und Gewinn im Produktlebenszyklus entwickeln könnten! Erläutern Sie Ihre Darstellung!

3.2 „Der Produktlebenszyklus ist das Ergebnis der Markteinflüsse und deshalb von einer Unternehmung nicht beeinflussbar.“ Widerlegen Sie diese Aussage am Beispiel des Produkts Phonax (M 1, M 3), indem Sie für die Phasen der Einführung und Sättigung geeignete absatzpolitische Maßnahmen aufzeigen!

Vorgegebene Bewertungseinheiten:

Frage	1	2	3
BE	24	16	20

Lösungsvorschlag

1.1 *Aus den Bilanzveränderungen von 2006 auf 2007 (M 2) müssen mögliche Finanzierungsquellen herausgearbeitet werden. Der Operator „herausarbeiten“ bedeutet dabei, dass die Veränderungen genannt und ihre Funktion für die Finanzierung kurz erläutert werden müssen. Anschließend müssen die herausgearbeiteten Finanzierungsarten in eine allgemeine Übersicht eingeordnet werden. Verschiedene Darstellungsformen sind möglich, z. B. als Baumdiagramm oder als Tabelle (die in den Bilanzen sichtbaren Finanzierungsarten sind kursiv gedruckt). Ggf. kann die verbale Lösung auch in die Grafik/ Tabelle mit eingebaut werden. Sie darf aber nicht zu knapp ausfallen (vgl. Alternative 2).*

Lösungsalternative 1:

Herausarbeiten:
Folgende Finanzierungsarten lassen sich aus den Bilanzveränderungen von 2006 auf 2007 ablesen:
- Es fand eine **Kapitalerhöhung** durch **Aktienemission** statt, durch die das gezeichnete Kapital um 30 Mio. Euro erhöht wurde und die Kapitalrücklage um 690 Mio. Euro aus der Differenz zwischen Emissionskurs und Nennwert der Aktien (= Agio).
- Durch die **Emission von Anleihen** (z. B. Schuldverschreibungen) wurde Fremdkapital in Höhe von 500 Mio. Euro beschafft.
- Die **Gewinnrücklage** wurde durch Einbehalten von 190 Mio. Euro aus dem Jahresüberschuss 2006 aufgestockt.
- Die **langfristigen Verbindlichkeiten** (z. B. Bankdarlehen) wurden um 1 480 Mio. Euro erhöht.

Übersicht:

- Finanzierungsarten
  - Außenfinanzierung
    - Eigenfinanzierung
      - *Kapitalerhöhung: Erhöhung gezeichnetes Kapital und Kapitalrücklage*
    - Fremdfinanzierung
      - *Erhöhung der langfristigen Verbindlichkeiten*
      - *Emission von Anleihen*
    - Sonderformen: Leasing, Factoring
  - Innenfinanzierung
    - Selbstfinanzierung
      - offen / verdeckt
        - *einbehaltene Gewinne: Erhöhung der Gewinnrücklage*
    - Finanzierung aus Rückstellungen und Abschreibungen
    - Umfinanzierung

Lösungsalternative 2:

	Außenfinanzierung	**Innenfinanzierung**
Eigenkapital	Kapitalerhöhung durch Aktienemission: • Erhöhung des gezeichneten Kapitals um 30 Mio. Euro • Erhöhung der Kapitalrücklage um 690 Mio. Euro aus der Differenz zwischen Emissionskurs und Nennwert der Aktien (= Agio)	Gewinnthesaurierung: Erhöhung der Gewinnrücklage durch Einbehalten von 190 Mio. Euro aus dem Jahresüberschuss 2006
Fremdkapital	Fremdfinanzierung durch • die Emission von Anleihen, z. B. Schuldverschreibungen, in Höhe von 500 Mio. Euro • die Erhöhung der langfristigen Verbindlichkeiten (z. B. Bankdarlehen) um 1 480 Mio. Euro	– – –

1.2 *In dieser Aufgabe sollen grundsätzlich mögliche Auswirkungen der in 1.1 herausgearbeiteten Finanzierungsformen auf die Eigenkapitalrentabilität erklärt werden. Als Ausgangspunkt und Hilfe zur Beantwortung sollte die Formel für die Eigenkapitalrentabilität herangezogen werden.*

Die Formel für die **Eigenkapitalrentabilität** in Jahren mit Kapitalveränderungen lautet:

$$\text{Eigenkapitalrentabilität} = \frac{\text{Jahresüberschuss}}{(\text{EK}_{\text{alt}} + \text{EK}_{\text{neu}}) : 2} \cdot 100\,\%$$

Rein rechnerisch steigt die Eigenkapitalrentabilität, wenn der Zähler der Formel (der Jahresüberschuss) stärker zunimmt als der Nenner (das durchschnittliche Eigenkapital). *(Eine Situation, in der das Eigenkapital abnimmt, ist zwar theoretisch möglich, hier aber irrelevant.)*

Durch eine **Kapitalerhöhung** steigt das Eigenkapital. *Ceteris paribus* sinkt dadurch die Eigenkapitalrentabilität. Das Gleiche gilt für eine **Gewinnthesaurierung**. Wird allerdings durch die mit den Finanzierungsmitteln getätigten Investitionen zusätzlicher Umsatz erwirtschaftet, fällt dieser Effekt geringer aus oder kippt sogar ins Gegenteil.
Sowohl durch die Erhöhung der **langfristigen Verbindlichkeiten** als auch durch die **Emission von Anleihen** steigt der Zinsaufwand. *Ceteris paribus* führt dies zu einem geringeren Jahresüberschuss, sodass die Eigenkapitalrentabilität sinkt. Allerdings könnte auch der *Leverage*-Effekt greifen: Solange die Gesamtkapitalrentabilität (= Rentabilität von Eigen- und Fremdkapital) größer ist als der für eine Fremdfinanzierung zu zahlende Zinssatz, erhöht die Fremdfinanzierung die Eigenkapitalrentabilität. Wird also durch die mit den Fremdfinanzierungsmitteln getätigten Investitionen zusätzlicher Ertrag erwirtschaftet, der den Zinsaufwand für das eingesetzte Fremdkapital übersteigt, steigt auch die Eigenkapitalrentabilität.

1.3 *Zuerst sind die „Äußerungen der Presse" aus dem Text herauszuarbeiten und dann mithilfe geeigneter Bilanzstruktur-Kennziffern zu beurteilen. Der Operator „beurteilen" bedeutet in diesem Fall, dass man anhand der Veränderung geeigneter Kennziffern kommentieren muss, inwieweit die Presseaussagen zutreffen oder nicht. Da die Presse sich auf die Aspekte „Sicherheit" und „Unabhängigkeit" bezieht, muss man aus den Kennziffern zur „horizontalen und vertikalen Bilanzstruktur" mindestens je eine auswählen, die diese Aspekte beinhaltet. Ein schlüssiges Fazit wird erwartet.*

Die einschlägigen horizontalen bzw. vertikalen Kennziffern zur Analyse der Bilanzstruktur sind die Finanzierung bzw. der Verschuldungsgrad, die Investierung (= Anlagendeckung) und die Liquidität.

Vertikale Bilanzstruktur:
Die vertikale Kennziffer der Finanzierung beschreibt die **Kapitalstruktur** eines Unternehmens, d. h. das Verhältnis von Eigenkapital zu Fremdkapital.

$$\text{Finanzierung} = \frac{\text{Eigenkapital}}{\text{Fremdkapital}} \cdot 100\,\%$$

Das **Ziel** dieser Kennziffer ist die Einhaltung der **vertikalen Kapitalstrukturregel**, die besagt, dass mindestens so viel Eigenkapital wie Fremdkapital vorhanden sein soll, d. h. der **Sollwert** ist 100 %. Diese konservative Regel wird damit begründet, dass die Eigentümer des Unternehmens ebenso viel zur Finanzierung beitragen sollen wie die Gläubiger, um relative **Unabhängigkeit** von Fremdkapitalgebern und **Krisenfestigkeit** zu gewährleisten.

Für die Diagnostic AG ergeben sich folgende Werte:

$$\text{Finanzierung 2006} = \frac{2\,790}{6\,540} \cdot 100\,\% = 42{,}7\,\%$$

$$\text{Finanzierung 2007} = \frac{3\,700}{8\,940} \cdot 100\,\% = 41{,}4\,\%$$

Die Kennziffern für die Diagnostic AG erreichen einerseits in beiden Jahren nur weniger als die Hälfte des geforderten Wertes. Andererseits verschlechtert sich der Wert von 2006 auf 2007 aber nur leicht. Aus dieser Kennziffer lässt sich daher kein tiefgreifender Einfluss durch die Übernahme der HL-Group ablesen.

Horizontale Bilanzstruktur:
Die horizontale Kennziffer der „Investierung" beschreibt die **Anlagendeckung**, d. h. den Grad der Deckung des Anlagevermögens durch Eigenkapitel bzw. langfristiges Kapital.

$$\text{Deckungsgrad I} = \frac{\text{Eigenkapital}}{\text{Anlagevermögen}} \cdot 100\,\%$$

$$\text{Deckungsgrad II} = \frac{\text{Eigenkapital + langfristiges Fremdkapital}}{\text{Anlagevermögen}} \cdot 100\,\%$$

Das **Ziel** ist die sogenannte **Fristenkongruenz**, d. h. die Übereinstimmung zwischen der Verweildauer von Vermögensgegenständen im Unternehmen und der Laufzeit des dafür verwendeten Kapitals. Damit soll sichergestellt werden, dass für langfristige Vermögensgegenstände keine Kapitalengpässe entstehen, die den Bestand des Unternehmens gefährden können. Nach der **„Goldenen Bilanzregel"** liegt der Zielwert für den Deckungsgrad bei 100 %.

Für die Diagnostic AG ergeben sich z. B. folgende Werte:

$$\text{Deckungsgrad II 2006} = \frac{2\,790 + 4\,550}{6\,730} \cdot 100\,\% = 109{,}1\,\%$$

$$\text{Deckungsgrad II 2007} = \frac{3\,700 + 6\,530}{9\,550} \cdot 100\,\% = 107{,}1\,\%$$

Die Diagnostic AG erreicht für beide Jahre mehr als den erforderlichen Wert von 100 % und die Übernahme der HL-Group verursacht nur einen geringen Rückgang um 2 Prozentpunkte.

Ggf. ist auch eine noch differenziertere Argumentation unter Einbeziehung des Deckungsgrads I möglich, der in beiden Jahren weit unter dem Sollwert liegt und von 2006 mit 41,5 % auf 2007 mit 38,7 % eine deutliche Verschlechterung zeigt.

Für die horizontale Bilanzstruktur können auch Liquiditätskennziffern herangezogen werden, die hinsichtlich Unabhängigkeit und Sicherheit aussagekräftig sind, da Liquiditätsengpässe die Sicherheit eines Unternehmens gefährden können und die Abhängigkeit von den Gläubigern deutlich erhöhen.

Da die Forderungen nicht in lang- und kurzfristig aufgeteilt sind, lassen sich nur die Bar- und die Umsatzbedingte Liquidität ermitteln.

Da es sich bei der Übernahme um einen langfristig angelegten Prozess handelt, hat nur die **Umsatzbedingte Liquidität** Aussagekraft. Sie beschreibt die mittelfristige Liquidität.

$$\text{Umsatzbedingte Liquidität} = \frac{\text{Umlaufvermögen}}{\text{kurzfristiges Fremdkapital}} \cdot 100\,\%$$

In der sogenannten **Bankers Rule** wird ein Richtwert von 200 % für diese Liquiditätskennziffer formuliert.

Für die Diagnostic AG ergeben sich folgende Werte:

$$\text{Umsatzbedingte Liquidität 2006} = \frac{480 + 1\,870 + 250}{120 + 1\,870} \cdot 100\,\% = 130{,}7\,\%$$

$$\text{Umsatzbedingte Liquidität 2007} = \frac{740 + 2\,090 + 260}{150 + 2\,260} \cdot 100\,\% = 128{,}2\,\%$$

In beiden Jahren ist der Sollwert von 200 % deutlich unterschritten. Allerdings ist die Veränderung von 2006 auf 2007 mit nur 2,5 Prozentpunkten sehr gering.

Fazit: Die Übernahme der HL-Group hat bei keiner Kennziffer eine wesentliche Veränderung von 2006 auf 2007 ergeben. Außerdem kann die Anlagendeckung in beiden Jahren als ausreichend betrachtet werden. Ungeachtet der ohnehin schon schwachen Werte für die Finanzierung und für die Umsatzbedingte Liquidität bestätigen die Kennziffern die von der Presse befürchtete Gefährdung der Sicherheit und Unabhängigkeit nicht, da keine signifikante negative Veränderung im Zusammenhang mit der Übernahme festgestellt werden kann.

2.1 *Charakterisieren heißt, die Art des Zusammenschlusses aufgrund von verschiedenen Merkmalen einzuordnen.*

Unternehmenszusammenschlüsse kann man nach der **Zusammenschlussrichtung** und nach der **Zusammenschlussintensität** einteilen. Die Akquisition der HL-Group durch die Diagnostic AG ist ein **horizontaler Zusammenschluss:** Beide Unternehmen arbeiten als Konkurrenten („potentiellen Mitbewerber"; M 1, Z. 28) in der **gleichen Branche**, sodass die Diagnostic AG durch die Übernahme ihre Wettbewerbsposition stärkt (M 1, Z. 6); außerdem gehören sie der **gleichen Produktionsstufe** an, denn nur so kann die HL-Group ohne weiteren Aufwand die „zusätzlichen Kapazitäten zur Verfügung" stellen, die „erforderlich sind, um das Präparat [der Diagnostic AG] kostenoptimal [zu] produzieren" (M 1, Z. 26 f.).
Hinsichtlich der Zusammenschlussintensität ist die Akquisition eine **Fusion durch Aufnahme**. Man erhält in M 1 zwar keine explizite Information, ob die Firma der HL-Group gelöscht wurde (rechtliche Selbstständigkeit), aber der Vorstandsvorsitzende spricht von „Übernahme" (M 1, Z. 26) und von der Aufgabe, „mehr als 5 000 Mitarbeiter in" die Diagnostic AG „zu integrieren" (M 1, Z. 7 f.), d. h. die wirtschaftliche Selbstständigkeit der HL-Group geht verloren. Für die Aufnahme spricht auch die starke Erhöhung der Sachanlagen bei weitgehend gleichbleibenden Finanzanlagen im Zusammenhang mit der Kapitalerhöhung (M 2). Bei einer Konzernbildung durch mehrheitlichen Anteilserwerb wären nur die Finanzanlagen, nicht aber die Sachanlagen deutlich angestiegen. Auf eine materielle Integration des Produktionsapparates der HL-Group kann auch der deutliche Anstieg der Vorräte und der Forderungen hinweisen (M 2).

2.2 *Die Aufgabe ist zweiteilig. Der Schlüssel zur Lösung des ersten Teils ist das Erkennen der Marktform, in der sich die Diagnostic AG mit dem Produkt Phonax befindet. Für diese Marktform muss mithilfe einer Grafik die Gewinnmaximierung allgemein erläutert werden, d. h. die Bezüge zwischen Grafik und verbaler Lösung müssen klar sein. Im zweiten Teil der Aufgabe wird eine Erklärung hinsichtlich der Abweichung zwischen Kostenoptimum und Gewinnmaximum verlangt.*

Erläutern, auch anhand einer Zeichnung
Nach der Übername der HL-Group befindet sich die Diagnostic AG für das Produkt Phonax in einem **Angebotsmonopol**, da „deswegen […] in diesem wichtigen Marktsegment für absehbare Zeit nicht mit Konkurrenz zu rechnen" ist (M 1, Z. 29 f.). Als Monopolist kann die Diagnostic AG entweder als Preis- oder als Mengenfixierer agieren und sieht sich der gesamten Marktnachfrage, ausgedrückt in der **Preis-Absatz-Funktion** (PAF), gegenüber. Die gewinnmaximale Preis-Mengen-Kombination ermittelt man im (vollkommenen) Angebotsmonopol über den **Cournot'schen Punkt**. Aus der Formel für den Gewinn (Gewinn = Erlös – Kosten) ergibt sich über die erste Ableitung die **Gewinnmaximierungsbedingung** E' = K' (Grenzerlös = Grenzkosten). Grafisch ist dies der Schnittpunkt der Grenzerlöskurve E' mit der Grenzkostenkurve K'. Projiziert man diesen Schnittpunkt senkrecht auf die x-Achse, erhält man die gewinnmaximale Absatzmenge x*. Die senkrechte Projektion auf die PAF ergibt den sogenannten Cournot'schen Punkt, dessen Y-Wert dem gewinnmaximalen Preis p* entspricht.
Bei der Kombination von p* und x* erzielt der Monopolist das absolute Gewinnmaximum.

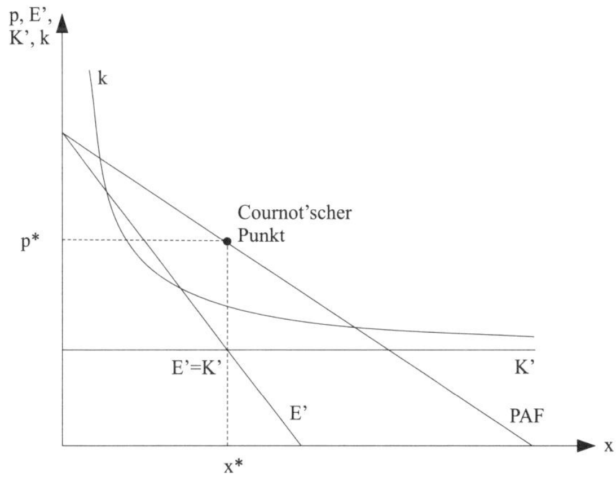

Erklärung der Abweichung des Gewinnmaximums vom Kostenoptimum:
Das **Kostenoptimum (= Betriebsoptimum**) ist das Minimum der Stückkosten, also die Absatzmenge, bei der die Gesamtkosten der Produktion pro Stück (K/x = k) am niedrigsten sind. Nimmt man eine **lineare Gesamtkostenfunktion** an, liegt dieser Punkt an der **Kapazitätsgrenze**, da die Stückkosten stetig fallen. Im (vollkommenen) Angebotsmonopol ist das Gewinnmaximum jedoch nicht allein durch die Kostenstruktur, sondern in erster Linie durch das Nachfrageverhalten, also die Preis-Absatz-Funktion und deren Ableitung E', bestimmt. Deshalb müssen die gewinnmaximale Menge x* (= Cournot'sche Menge) und die Kapazitätsgrenze nicht identisch sein. Ist die Cournot'sche Menge niedriger als die Kapazitätsgrenze, macht es für den Monopolisten keinen Sinn am Kostenoptimum zu produzieren, da das Gewinnmaximum durch den Cournot'schen Punkt festgelegt ist. Die Ursache für dieses Phänomen ist, dass rechts vom Cournot'schen Punkt die Grenzkosten, d. h. die Kosten für jedes zusätzlich produzierte Stück, höher sind als der durch ein zusätzliches Stück erwirtschaftete Erlös (Grenzerlös). In der Grafik sieht man das daran, dass rechts von x* die Grenzkostenfunktion K' über E' verläuft, d. h. die Kosten für die Produktion einer zusätzlichen Einheit sind höher als der zusätzliche Erlös. Dadurch wird der Gesamtgewinn reduziert und sinkt unter das absolute Gewinnmaximum.

3.1 *Die Aufgabe ist zweiteilig: Zum einen soll eine Grafik des Produktlebenszyklus von Phonax erstellt und diese dann noch erläutert werden. Wichtig ist bei der Lösung, dass die Besonderheiten des Produkts und vor allem der Marktform, in der es vermarktet wird, in der Grafik und in der Erläuterung eindeutig erkennbar sind.*

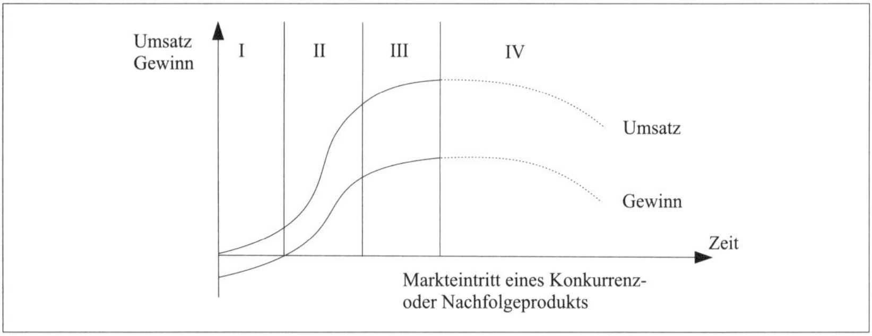

Erläuterung der Grafik:

Einführungsphase (I):
In der Einführungsphase sind bestehende Marktwiderstände zu überwinden. Der Umsatz ist anfangs relativ gering, weil zunächst ggf. nur „Konsumpioniere" bereit sind, das Produkt zu erwerben. Dies gilt insbesondere auf dem Markt für Pharma-Präparate auf Hormonbasis. Die geringen und nur allmählich steigenden Umsätze reichen noch nicht aus, um den hohen Aufwand, z. B. für eine umfassende Kommunikationspolitik zur Produkteinführung, zu decken, sodass noch kein Gewinn erzielt werden kann.

Wachstumsphase (II):
In der Wachstumsphase erreicht das Produkt die **Gewinnzone**. Die Nachfrage und analog der Umsatz steigen zunächst stark an. Dies wird durch einen zunehmenden Bekanntheitsgrad und Imitationseffekte bei den Konsumenten gefördert. Gerade bei einem erfolgreichen Haarwuchsmittel kann bei positiver Resonanz der Kundenkreis sprunghaft ansteigen. Da Preissenkungen mangels Konkurrenz auf dem Markt für Phonax nicht erforderlich sind (vgl. Aufgabe 2.2), steigen die Umsätze entsprechend ebenfalls mit. Mit zunehmender Marktsättigung schwächt sich das Wachstum allmählich ab.

Sättigungsphase (III):
In der Sättigungsphase flacht sich das Umsatzwachstum deutlich ab und stagniert ggf. sogar. Analog steigt der Gewinn nur noch schwach bzw. stagniert. Da es für Phonax wegen der Monopolsituation keine Konkurrenz gibt und in einem Markt für Haarwuchsmittel immer wieder neue Kunden dazukommen, die erst neu mit dem Problem Haarausfall konfrontiert sind, kann diese Phase unter Umständen recht lange dauern. Daher ist sie in der Grafik auch relativ lange nahezu horizontal dargestellt.

Degenerationsphase (IV):
Auf Dauer wird sich die Konkurrenz von diesem Markt sicher nicht ausschließen lassen bzw. die Diagnostic AG ihr Produkt weiterentwickeln. Sobald Nachfolge- oder Konkurrenzprodukte auf den Markt kommen, geht der Umsatz für Phonax deutlich zurück. Der Gewinn geht analog zurück. Er kann ggf. sogar noch eher und schneller sinken, wenn Diagnostic versucht, über Preissenkungen die Wettbewerbsfähigkeit des Produkts zu erhöhen und so den Nachfragerückgang zu bremsen. Gerade bei einem Haarwuchsmittel ist aber in erster Linie die Wirksamkeit für den Kauf entscheidend, sodass Preispolitik nur bedingt wirksam sein wird.

3.2 *Zwei Aspekte sind bei dieser Aufgabenstellung zu beachten:*

- *Es muss konkret und spezifisch auf die Problematik in der Einführungs- und in der Sättigungsphase eingegangen werden.*
- *Es müssen Maßnahmen entwickelt werden, die zu dem Produkt und der zugehörigen absatzpolitischen Situation passen. Daher sind die Informationen dazu aus M 1 und v. a. aus M 3 zu berücksichtigen.*

Andere Lösungen als unten sind möglich, sofern diese Vorgaben berücksichtigt sind.

Einführungsphase:
Das wesentliche Problem der Einführungsphase ist der fehlende Gewinn. Diagnostic wird versuchen, diese Phase so weit wie möglich zu verkürzen. Im Bereich der **Preispolitik** könnte sie dazu explizit zeitlich stark begrenzte Einführungspreise einsetzen, um einen zusätzlichen Kaufanreiz für unentschlossene Kunden zu schaffen und den Umsatz deutlich zu steigern, sodass der Preisabschlag überkompensiert wird. Im Bereich der **Produktpolitik** wäre eine Sondergröße (z. B. 10 % extra) als Einführungsangebot denkbar, da dies nur unterproportional Zusatzkosten verursacht, oder die Ausgabe von Produktproben zusammen mit anderen Produkten von Diagnostic oder als „Give-away" der verkaufenden Apotheke. In der **Kommunikationspolitik** sollten neben den gängigen Streumedien v. a. zielgruppenspezifische Werbemittel und Werbeträger, z. B. Zusatz-Etiketten auf Shampoos gegen Haarausfall oder Flyer bei Friseursalons, Fachärzten und in Apotheken, eingesetzt werden. Im Bereich der **Distribution** ist v. a. zu beachten, dass Phonax apothekenpflichtig ist, sodass hier wenig Spielraum für alternative Absatzwege besteht. Die Apotheke als Vertriebspartner bürgt ja auch für die Seriosität dieses Produkts. Ggf. könnte man Apotheken-Betreiber durch kostenlose Werbemittel zu einer offensiveren Beratungsleistung bewegen und gezielt daran arbeiten, dass Internet-Apotheken das Produkt in ihr Programm aufnehmen.

Sättigungsphase:
Das wesentliche Problem in der Sättigungsphase ist, dass man das reguläre Kundenpotenzial ausgeschöpft hat und bei einem Produkt wie Phonax zur Umsatzsteigerung neue Kunden gewinnen muss. Überzeugte Kunden verwenden das Produkt ohnehin weiter oder benötigen es nicht mehr. Im Bereich der **Preispolitik** könnte man ggf. Aktionswochen mit zeitlich begrenzten Sonderpreisen veranstalten oder unter Umständen eine generelle Preissenkung erwägen, um eine neue Kundenklientel zu erreichen. Im Rahmen der **Produktpolitik** könnte man versuchen, das Produkt weiterzuentwickeln, indem z. B. in den Bereichen Konsistenz, Anwendung, Nebenwirkungen etc. optimiert wird. Eine Anerkennung als Therapie bei den Krankenkassen wäre eine optimale produktpolitische Strategie, da durch die ganze oder teilweise Kostenübernahme der Widerstand bei den Kunden deutlich gesenkt werden könnte. Im Bereich der **Kommunikations- und Distributionspolitik** könnte man verstärkt auf kostenfreie Schulungen von Apothekern und Fachärzten, ggf. auch im zeitlichen Rahmen von Messen, setzen. Die Teilnahme an weiteren, breit angelegten klinischen Studien (vgl. M 3) kann ebenfalls das Image und den Bekanntheitsgrad des Produkts fördern. Die Kommunikation könnte auch verstärkt über Webseiten und Internetforen für betroffene Personen mit Haarausfall stattfinden, indem dort – oder über die Verlinkung auf eigene Seiten – ausführliche Informationen über Wirksamkeit und Erhältlichkeit des Produkts gegeben werden. Erfahrungsberichte zufriedener Kunden können eine erhebliche Multiplikatorwirkung haben.

Mögliche Punktverteilung:

1.1	1.2	1.3	2.1	2.2	3.1	3.2
8	6	10	6	10	10	10

Leistungskurs Wirtschaft/Recht: Abiturprüfung 2008
Fachgebiet Recht – Aufgabe III

(nicht kombinierbar mit Aufgabe IV)

(Sämtliche Aufgaben sind, soweit möglich, unter Angabe der entsprechenden Normen des BGB zu bearbeiten.)

Im Internet findet Ingrid die Website „Life Expectancy“, auf der ihr im Rahmen einer Computeranalyse eine Prognose ihrer Lebenserwartung angeboten wird. Neugierig geworden füllt sie das Online-Formular aus (M 1):

M 1

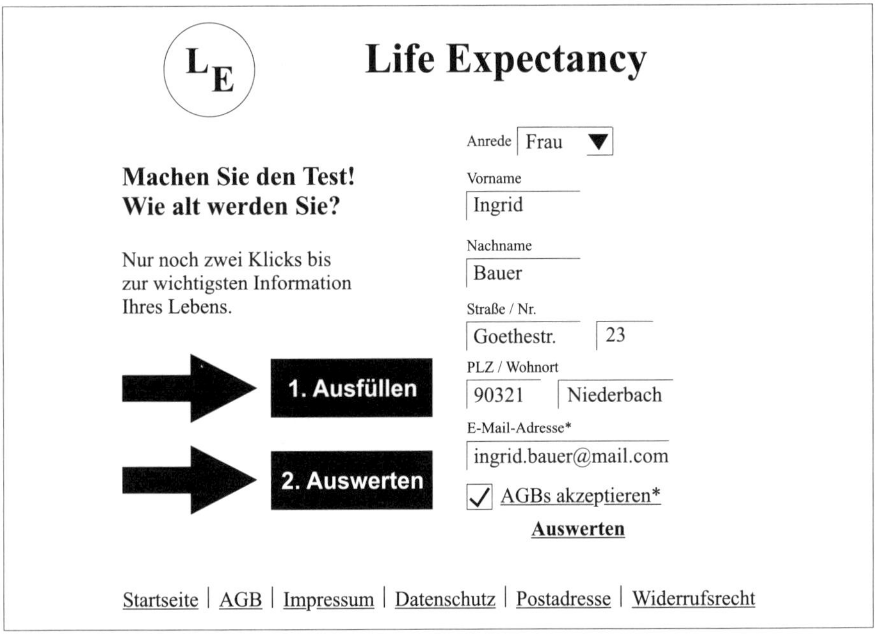

Anschließend klickt sie auf den Button „Auswerten“. Auf dem Bildschirm erscheint folgende Nachricht: „Vielen Dank, Frau Ingrid Bauer, wir haben Ihren Auftrag erhalten und werden die Analyse umgehend durchführen.“ Nach wenigen Minuten bekommt sie bereits das Ergebnis in Form einer E-Mail, die als Anlage ein Zertifikat enthält.

Zu ihrer Verwunderung findet sie zwei Tage später im Briefkasten eine Rechnung der „Life Expectancy“ über 59 Euro. Ingrids Mutter schreibt dem Internetdienstleister daraufhin eine E-Mail, in der sie erklärt, dass sie keinesfalls bereit ist, die 59 Euro zu bezahlen, weil ihre 17 Jahre alte Tochter noch minderjährig ist und auf der Internetseite nicht erkennbar war, dass der Service kostenpflichtig ist.

Kurz darauf antwortet die „Life Expectancy“ mit folgender Zahlungserinnerung:

M 2

> … durch das Anklicken des entsprechenden Buttons sind unsere AGB – und damit auch die darin angegebene Servicepauschale von 59 Euro Vertragsbestandteil geworden.
> Weiterhin machen wir Sie darauf aufmerksam, dass die Überlassung eines Rechners mit Internetzugang an einen Minderjährigen ohne Aufsicht aus unserer Sicht eine konkludente Zustimmung der Erziehungsberechtigten für eventuelle rechtsgeschäftliche Erklärungen darstellt. Außerdem weisen wir Sie darauf hin, dass Minderjährige solche Geschäfte im Rahmen ihres Taschengeldes abschließen können.
> Insofern sich ein Minderjähriger ohne Kenntnis der Erziehungsberechtigten Zugang zum Internet verschafft hat, liegt unseres Erachtens eine Aufsichtspflichtverletzung vor, denn es besteht auch die Pflicht zur Kontrolle der Freizeitbeschäftigungen des Minderjährigen. In diesem Falle wird die Zahlungsforderung in Form eines Schadensersatzanspruchs gegen die Aufsichtspflichtigen geltend gemacht, da wir bereits den Datenbankzugang freigeschaltet hatten, wodurch uns Kosten entstanden sind.
> Daher gehen wir vom Fortbestand der Forderung aus und bitten Sie, den in der Ihnen vorliegenden Rechnung genannten Betrag an uns zu überweisen.
>
> Mit freundlichen Grüßen
>
> Dr. Belinda Krenek

1.1 Arbeiten Sie unter Berücksichtigung der einschlägigen Normen des BGB heraus, wie die „Life Expectancy" versucht, ihre Zahlungsforderung zu begründen (M 1, M 2)!

1.2 Konzipieren Sie ein Antwortschreiben, mit dem Ingrids Mutter die Argumente der „Life Expectancy" juristisch widerlegen kann!

1.3 Klären Sie anhand des obigen Falls, ob im Rahmen von Vertragsabschlüssen beschränkt Geschäftsfähiger im Internet zentrale Rechtsfunktionen gewährleistet sind!

Kurz nach ihrem 18. Geburtstag kauft Ingrid (I) beim Autohändler Voss (V) einen fünf Monate alten Vorführwagen des Typs „Xenos II". Nach Zahlung des Kaufpreises von 11 600 € fährt Ingrid stolz mit dem Auto nach Hause. Das Auto verfügt über verschiedene praktische Extras, z. B. eine Zentralverriegelung, die gleichzeitig das Schiebedach schließt. Vier Wochen später sperrt Ingrid das Fahrzeug wie gewohnt ab und bemerkt nicht, dass das Schiebedach einen Spalt offen bleibt. Während der Nacht regnet es stark und das eindringende Wasser verursacht Schäden an der Elektronik. In der Werkstatt wird ihr mitgeteilt, dass der Austausch des entsprechenden Moduls 450 € kosten würde.

Zwei Wochen zuvor hatte Voss einen Brief des Fahrzeughersteller erhalten (M 3). Er hatte jedoch vergessen, die darin enthaltene Information an die betroffenen Kunden weiterzuleiten.

M 3

Xenos Qualitätssicherung

Rückrufaktion

An alle Vertragshändler

Bei den Fahrzeugen Xenos II treten bei der Schließautomatik des Schiebedachs vereinzelt Störungen auf. Die volle Funktionsfähigkeit kann durch Austausch eines Gummiformteils (Teile Nr. MG-1299) wiederhergestellt werden.

Wir bitten Sie darum, Ihre Kunden umgehend zu informieren und die entsprechende Reparatur vorzunehmen. Setzen Sie sich bitte vor Ausführung der Arbeiten mit der Xenos Qualitätshotline in Verbindung.

Mit freundlichen Grüßen

Xenos Technical Support
(Region Deutschland)

2.1 Prüfen Sie, ob Ingrid von Voss die Reparatur des Schiebedachs und den Austausch der Elektronik verlangen kann!

2.2 Zeigen Sie anhand des Sachverhalts (M 3) die betriebswirtschaftliche Notwendigkeit dieser Rückrufaktion aus Sicht des Herstellers auf!

M 4

MOGELPACKUNG

Quelle: www.Tomicek.de © Tomicek/CCC/www.c5.net

3. Interpretieren Sie die Karikatur und diskutieren Sie ihre Kernaussage ausführlich anhand der §§ 474, 475, 476!

Vorgegebene Bewertungseinheiten:

Frage	1	2	3
BE	26	20	14

Lösungsvorschlag

1.1 *Die Aufgabenstellung bezieht sich lediglich auf die rechtliche Argumentationsgrundlage von „Life Expectancy". Es muss nicht überprüft werden, ob die Argumentation auch rechtlich haltbar ist. Herausarbeiten heißt hier, die Rechtsgrundlagen und konkreten Paragrafen im BGB zu suchen, auf die sich die Argumentation von Life Expectancy stützt, und den Zusammenhang herzustellen.*

Life Expectancy beruft sich auf folgende Rechtsgrundlagen:

- Regelungen zum **Vertragsabschluss:** Durch die Angabe ihrer Daten und das Anklicken der entsprechenden Schaltflächen hat Ingrid objektiv betrachtet eine Willenserklärung (Antrag § 145 BGB) abgegeben, die nach der Annahme (§ 147 BGB) durch Life Expectancy ein Rechtsgeschäft zur Folge hat. Nach der Auffassung von Life Expectancy handelt es sich dabei um einen Werkvertrag (§ 631 BGB), da in den AGB ausdrücklich auf die damit verbundene Vergütung hingewiesen wird. Durch einen Werkvertrag wird der Besteller (Ingrid) verpflichtet, die vereinbarte Vergütung zu entrichten (§ 631 I BGB).
- Regelungen zu den **Allgemeinen Geschäftsbedingungen** (AGB, §§ 305 ff. BGB): Life Expectancy besteht auf der **wirksamen Einbeziehung der AGB**, also auch der Vergütungsvereinbarung. § 305 BGB regelt, was AGB sind und unter welchen Voraussetzungen AGB Vertragsbestandteil werden. Die AGB müssen vom Verwender für eine Vielzahl von Verträgen vorformuliert sein, was bei Life Expectancy der Fall ist, da sie auf der Website über einen Link als Dokument für jedermann einsehbar sind. Des Weiteren muss ein ausdrücklicher Hinweis auf die AGB vorhanden sein (§ 305 II Nr. 1 BGB). Dies trifft zu, da der Kunde den Button „AGBs akzeptieren" durch Anklicken aktivieren muss. Damit erklärt der Kunde auch gleichzeitig sein Einverständnis mit den AGB (§ 305 II BGB, letzter Teilsatz). Es besteht auch die Möglichkeit, in zumutbarer Weise von den AGB Kenntnis zu nehmen, da man sie über den Link ansehen und vermutlich auch ausdrucken kann (§ 305 II Nr. 2 BGB). Da alle Bedingungen des § 305 BGB erfüllt sind, geht Life Expectancy davon aus, dass die AGB und damit auch die Servicepauschale Vertragsbestandteil geworden sind.
- Regelungen zur **Geschäftsfähigkeit** (§§ 106 ff. BGB): Ingrid ist 17 und daher beschränkt geschäftsfähig (§§ 2, 106 BGB). Das bedeutet, sie braucht für Rechtsgeschäfte, die nicht lediglich rechtliche Vorteile beinhalten, i. d. R. die Zustimmung ihres gesetzlichen Vertreters (§ 107 BGB). Die Zustimmung ist eine Willenserklärung und kann theoretisch mündlich, schriftlich oder durch schlüssiges Handeln gegeben werden. Life Expectancy geht von einem wirksamen Rechtsgeschäft mit Ingrid aus, da sie das Überlassen des Computers mit Internetzugang als **konkludenten** (= schlüssigen) **Generalkonsens**, d. h. als eine allgemeine Zustimmung der Eltern zu Internetgeschäften ihrer Tochter, betrachten. Darüber hinaus verweisen sie auf den sogenannten **Taschengeldparagrafen** (§ 110 BGB), der besagt, dass Rechtsgeschäfte, die ein beschränkt Geschäftsfähiger im Rahmen der ihm zur Verfügung stehenden Mittel abschließt und bezahlt, rechtswirksam sind.

- Regelungen zur **Haftung des Aufsichtspflichtigen** (§ 832 BGB): Für den Fall, dass Ingrid keine Erlaubnis hatte, den PC zu benutzen, beruft sich Life Expectancy auf die Aufsichtspflicht der Eltern für ihre minderjährige Tochter und geht davon aus, dass bei einer unerlaubten Benutzung des PC eine **Aufsichtspflichtverletzung** vorliegt, aus der sie einen **Schadensersatzanspruch** in Höhe der entstandenen Kosten für die Freischaltung der Daten ableitet.

1.2 *In dieser Teilaufgabe muss jetzt gezeigt werden, dass die von Life Expectancy angeführten Rechtsgrundlagen juristisch nicht haltbar sind. Die Antwort soll in Form eines Briefes gestaltet werden.*

Sehr geehrte Frau Dr. Krenek,

in Ihrer Zahlungserinnerung bestehen Sie auf Ihrer Forderung über 59 Euro gegenüber meiner Tochter bzw. gegen uns als Erziehungsberechtigte.
Wir gehen allerdings aus folgenden Gründen davon aus, dass Sie keinen rechtswirksamen Anspruch auf Zahlung haben:

- Zwischen Ihnen und unserer Tochter ist kein kostenpflichtiger Vertrag zustande gekommen. Da die Vergütungsvereinbarung nicht explizit auf der Seite, die zum Vertragsabschluss führt, genannt ist, kann sie allenfalls aufgrund der AGB Vertragsbestandteil geworden sein. Nachdem auf der eigentlichen Vertragsabschlussseite aber keinerlei Hinweis auf eine Kostenpflicht gegeben wird, konnte meine Tochter gar nicht damit rechnen. Daher ist die Klausel zur Vergütung in Ihren AGB als sogenannte „**Überraschungsklausel**" zu werten und deshalb gemäß § 305 c BGB nicht Vertragsbestandteil geworden. Der Vertrag kam daher nicht als kostenpflichtiger Vertrag zustande.
- Die Erlaubnis der Eltern an ihre 17-jährige Tochter, den Computer mit Internetanschluss zu benutzen, kann angesichts der vielfältigen anderen Nutzungsmöglichkeiten unter keinen Umständen als generelle Zustimmung für Rechtsgeschäfte interpretiert werden, durch die der Minderjährigen rechtliche Nachteile entstehen (§ 107 BGB), insbesondere da wir unsere Tochter hinreichend auf die Risiken im Internet hingewiesen haben.
- Ihr Hinweis auf einen Vertrag im Rahmen des Taschengeldes ist nicht haltbar, da derartige Geschäfte vom Minderjährigen mit den entsprechend zur freien Verfügung überlassenen Mitteln „bewirkt" werden müssen, d. h. die Bezahlung hätte direkt beim Vertragsabschluss stattfinden müssen. Dies war nicht der Fall, da Ihre Rechnung erst zwei Tage später bei uns eingetroffen ist. Daher war der Vertragsabschluss allenfalls **schwebend unwirksam** und in seiner Wirksamkeit somit von der **Genehmigung** durch mich als Erziehungsberechtigte abhängig (§§ 108 I, 184 BGB). Diese Genehmigung verweigere ich ausdrücklich, sodass kein rechtswirksamer Vertrag zwischen Ihnen und meiner Tochter besteht.
- Ansprüche aus einer **Aufsichtspflichtverletzung** weisen wir zurück, da Computerbenutzung inklusive Internet bei einer 17-Jährigen, also fast Volljährigen, die bei der Benutzung dieses Mediums noch nie in irgendeiner Weise negativ aufgefallen ist, ganz sicher nicht der Aufsichtspflicht unterliegt. Im Übrigen greift § 832 BGB ohnehin nicht, da für einen Schadensersatzanspruch Widerrechtlichkeit, d. h. eine **unerlaubte Handlung** gemäß § 823 BGB, vorliegen müsste. Meine Tochter hat Ihnen keinesfalls widerrechtlich einen Schaden zugefügt. Im Übrigen ist eine Schadensersatzpflicht aus § 823 BGB i. V. m. § 832 BGB ohnehin ausgeschlossen, da durch den Verlust der Vergütung für Sie kein Schaden an einem absoluten Rechtsgut entstanden ist.

Aus den genannten Gründen haben Sie keinen Anspruch auf Zahlung der 59 Euro. Wir betrachten die Angelegenheit hiermit als erledigt.

Mit freundlichen Grüßen…

1.3 *Ausgangspunkt der Fragestellung sind „zentrale Rechtsfunktionen" (Grundwissen). Es soll überprüft werden, inwieweit diese Rechtsfunktionen im Internet gewährleistet sind. Dabei soll konkret auf die Rechtsgeschäfte beschränkt Geschäftsfähiger und auf den gegebenen Fall eingegangen werden.*

Zentrale Rechtsfunktionen im Zusammenhang mit beschränkt Geschäftsfähigen sind z. B. die Schutzfunktion und die Ordnungsfunktion.

Schutzfunktion:
Der § 305 c BGB ist eine klassische **Verbraucherschutz**-Regelung. Da diese Rechtsnorm auch für Internet-basierte Geschäfte uneingeschränkt anwendbar ist, ist die Schutzfunktion hier voll gewährleistet.
Die Regelungen der §§ 106 ff. zur Geschäftsfähigkeit dienen in erster Linie dem **Schutz beschränkt Geschäftsfähiger**. Diese Regelungen gelten prinzipiell auch für Internet-basierte Geschäfte, sodass diese Rechtsfunktion gewährleistet ist. In Ingrids Fall ist das Rechtsgeschäft wegen der fehlenden Zustimmung der Eltern zunächst schwebend unwirksam, da Ingrid wegen der „Servicepauschale" nicht lediglich einen rechtlichen Vorteil erlangt. Durch die Nichtgenehmigung der Mutter wird das Rechtsgeschäft unwirksam, sodass Ingrid vor der unerwarteten Forderung geschützt wird.

Hinsichtlich des **Schutzes des Vertragspartners** sind allerdings Einschränkungen zu machen: Im Internet kann man nicht erkennen, ob ein Kunde beschränkt geschäftsfähig ist. Außerdem können sich beschränkt Geschäftsfähige durch bewusst falsche Altersangaben im Internet als Volljährige ausgeben. Daher besteht für den Vertragspartner immer ein gewisses Risiko, dass Rechtsgeschäfte wegen mangelnder Geschäftsfähigkeit und Genehmigung unwirksam sind und mit entsprechenden Komplikationen zu rechnen ist.
Auch andere rechtliche Regelungen zum **Schutz Minderjähriger** können so unterlaufen werden. Minderjährige können per Internet-Bestellung mit falscher Altersangabe ggf. Produkte erwerben, für die sie noch gar keine Altersfreigabe haben, und hebeln damit den Schutzmechanismus der Altersbeschränkung aus.

Ordnungsfunktion:
Die Ordnungsfunktion dient in erster Linie der **Rechtssicherheit**. So soll für alle Beteiligten am Rechtsverkehr durch Klarheit, Bestimmtheit und Beständigkeit der rechtlichen Regelungen Rechtssicherheit bestehen. Im vorliegenden Fall trifft dies zu, da z. B. die Regelungen der §§ 832, 823 BGB zur Haftung des Aufsichtspflichtigen und in § 110 BGB zu Rechtsgeschäften im Rahmen des Taschengelds so eindeutig sind, dass diesbezüglich die Rechtslage im vorliegenden Fall klar ist. Dies war auch für Life Expectancy jederzeit erkennbar, sodass die Auseinandersetzung eigentlich überflüssig ist.
Inwieweit die Computerbenutzung von Minderjährigen der Aufsichtspflicht unterliegt, ist allerdings nicht im Gesetz formuliert. Sofern es keine einschlägige Rechtsprechung dazu gibt, kann es hier prinzipiell zu Rechtsunsicherheit kommen, auch wenn im vorliegenden Fall der § 832 BGB nicht anwendbar ist.

Fazit: Grundsätzlich sind die Rechtsfunktionen auch im Internet gewährleistet. Aufgrund der räumlichen Trennung der Beteiligten ergeben sich jedoch Manipulationsmöglichkeiten, die die volle Wirksamkeit der Rechtsfunktionen einschränken. Das gilt sowohl für die beschränkt Geschäftsfähigen, die z. B. Schutzmechanismen unterlaufen, als auch für deren Vertragspartner, wenn sie bewusst getäuscht werden.

Andere Lösungen sind möglich, sofern sie Internet-Geschäfte, beschränkt Geschäftsfähige und den konkreten Fall einbeziehen.

2.1 *Bei der Lösung muss zwischen Ansprüchen hinsichtlich der Reparatur des Schiebedachs und hinsichtlich der beschädigten Elektronik unterschieden werden. Prüfen erfordert eine Lösung im Gutachtenstil.*

Ingrid (I) könnte gegenüber Voss (V) Ansprüche bezüglich des Schiebedachs und der Elektronik aufgrund eines Sachmangels mit Mangelfolgeschaden geltend machen (§§ 434, 437, 439 BGB).

Anspruch auf Nacherfüllung bezüglich des Schiebedachs (§§ 434, 437 Nr. 1, 439 BGB):
- **Schuldverhältnis:** I und V haben einen Kaufvertrag über das Auto (§§ 145, 147, 433 BGB). Aus dem Kaufvertrag ist V verpflichtet, I das Fahrzeug frei von Sachmängeln zu liefern.
- **Pflichtverletzung:** Es liegt ein **Sachmangel** vor, da zwar keine Vereinbarung über die Beschaffenheit oder Verwendbarkeit der Sache getroffen wurde, aber die übliche und erwartbare Beschaffenheit des Autos (bzw. die gewöhnliche Verwendbarkeit) nicht gegeben ist (§ 434 I Satz 2 Nr. 2 BGB), da die Schließautomatik Störungen hat (M 3). Dies war bereits bei Gefahrübergang so (§ 446 BGB: Übergabe des Autos), da der Fehler vonseiten des Herstellers verursacht wurde (Rückrufaktion, M 3). I wusste nichts von dem Mangel, da sie den Fehler, der erst nach vier Wochen auftritt, weder bemerkt hat noch von V über die Rückrufaktion informiert worden war (§ 442 BGB).
- *ggf.:* Die Verjährungsfrist von zwei Jahren ist noch nicht abgelaufen, da I den Schaden vier Wochen nach dem Kauf meldet (§ 438 I Nr. 3 BGB).

Ergebnis: Ein vorrangiger Anspruch bei Sachmangel ist die **Nacherfüllung**. Diese kann nach Wahl des Käufers entweder durch Beseitigung des Mangels (Reparatur) oder durch Lieferung einer mangelfreien Ware erfolgen (§§ 437 Nr. 1, 439 BGB). I kann daher die Reparatur des Schiebedachs innerhalb einer angemessenen Frist verlangen (§§ 434, 437 Nr. 1, 439 BGB). *ggf.:* V könnte die Reparatur nur dann verweigern, wenn sie nur mit unverhältnismäßigen Kosten möglich wäre, was hier kaum der Fall sein dürfte (§ 439 III BGB).

Anspruch auf Schadensersatz bezüglich der Elektronik (§§ 434, 437 Nr. 3, 280 I BGB):
- **Schuldverhältnis:** siehe oben!
- **Pflichtverletzung:** siehe oben!
- Schaden mit Kausalzusammenhang: Der Schaden an der Elektronik entsteht nur wegen des offenen Schiebedachs (**Mangelfolgeschaden**) und bei rechtzeitiger Benachrichtigung hätte I bereits zwei Wochen vor dem Wasserschaden die Schließautomatik reparieren lassen können.
- **Vertreten müssen:** V hat zwar nicht den Sachmangel, aber den Mangelfolgeschaden an der Elektronik zu vertreten, da er fahrlässig „vergessen" hatte, die Rückrufbenachrichtigung an I weiterzuleiten (§ 276 I, II BGB).
- *ggf.:* Fristsetzung: nicht erforderlich, da es um einen Schadensersatz neben der Leistung geht.
- *ggf.:* Verjährung: siehe oben!

Ergebnis: I kann von V **Schadensersatz neben der Leistung** bezüglich der Elektronik verlangen (§§ 434, 437 Nr. 3, 280 I BGB). Gemäß §§ 249 ff. BGB wäre dies der Austausch der Elektronik (Naturalherstellung) oder Schadensersatz in Geld.

2.2 *In dieser Aufgabe soll der Zusammenhang zwischen rechtlichen Regelungen zum Sachmangel und betriebswirtschaftlichen Konsequenzen von Mängeln gezeigt werden.*

Eine Rückrufaktion bei Mängeln vonseiten des Herstellers dient immer der Abwendung eines größeren Schadens für das Unternehmen, indem Mangelfolgeschäden vorgebeugt wird. So lange kein Folgeschaden entsteht, ist der Hersteller primär nur zur **Nacherfüllung** verpflichtet; im vorliegenden Fall also nur zur Reparatur der Schließautomatik. Informiert ein Hersteller die Käufer seiner Waren nicht, obwohl ihm ein Mangel bekannt ist, handelt er mindestens fahrlässig, wenn nicht sogar vorsätzlich, sodass ein **Vertretenmüssen** gemäß § 276 BGB vorliegt. Entstehen dann **Folgeschäden**, muss der Hersteller Schadensersatz leisten. Dadurch werden zusätzliche Kosten verursacht, die häufig die Kosten der Mangelbeseitigung deutlich übersteigen, sodass das Verschweigen betriebswirtschaftlich keinen Sinn macht. Im vorliegenden Fall entsteht zusätzlich zu den Reparaturkosten noch der Aufwand für den **Schadensersatz** bezüglich der Elektronik. (Allerdings haftet hier Voss, nicht der Hersteller.)
Da erfahrungsgemäß die Mehrheit der unzufriedenen Kunden ihre Meinung weitergibt, beugt eine konsequente Rückrufpolitik auch schlechter Mundpropaganda vor und dient der **Imagepflege** und **Qualitätssicherung**.

3. *Die Interpretation von Karikaturen erfolgt in drei Schritten (siehe Methodenkapitel am Anfang dieses Buches). Im vorliegenden Fall soll außerdem die Kernaussage ausführlich anhand der gegebenen Paragrafen diskutiert werden, d. h. es sollen Argumente für und gegen die Kernaussage im Zusammenhang mit den Paragrafen gefunden werden. Ein abschließendes Fazit wird erwartet.*

Beschreibung und Bedeutungszuordnung:
In der Karikatur sitzt ein offensichtlich unangenehm überraschter Mann mit Zipfelmütze, der den „deutschen Michel", also den deutschen Durchschnittsbürger, darstellen soll, an einem Tisch. Er hebt einen überdimensionalen und mit einer Schleife geschmückten Eierwärmer von seinem Frühstücksei, das normal groß, also viel kleiner als der Eierwärmer ist. Die Aufschrift „Verbraucherschutz-Gesetz" auf dem übergroßen Eierwärmer lässt in Verbindung mit der Bildunterschrift „Mogelpackung" folgende Interpretation zu:

Interpretation:
Die Kernaussage der Karikatur ist, dass die Verbraucherschutzgesetze dem deutschen Verbraucher als deutlich größeres „Geschenk" dargestellt wurden, als sie tatsächlich sind. Unter der großen und schön aufgemachten „Verpackung" steckt jedoch nur ein kleines „Standard-Ei", also Regelungen, die deutlich weniger Verbraucherschutz beinhalten, als der Verbraucher erwartet. Es handelt sich also gewissermaßen um eine „Mogelpackung".

Diskussion:
Die §§ 474, 475, 476 BGB beinhalten Sonderregelungen zum **Verbrauchsgüterkauf**.

- § 474 BGB regelt, dass für Kaufverträge über bewegliche Sachen zwischen Unternehmern (§ 14 BGB) als Verkäufer und Verbrauchern (§ 13 BGB) als Käufer zusätzlich zu den generellen Rechtsnormen noch die Sonderregelungen der folgenden Paragrafen gelten. Das bedeutet, dass Verbraucher durchaus durch **Sonderrechte** geschützt werden. Allerdings werden in § 474 I BGB diese Sonderrechte gleich wieder eingeschränkt, indem in Satz 1 persönlich ersteigerte, gebrauchte Sachen und in Satz 2 Immobilien davon ausgeschlossen werden.
- § 474 II BGB bietet eine deutliche Erweiterung des Verbraucherschutzes, da das **Versendungsrisiko** (§ 447 BGB) beim Verkäufer bleibt, bis die Ware vom Transporteur an den Kunden übergeben wurde.

- Auch § 476 BGB verbessert die Rechtsposition des Verbrauchers deutlich, indem zu seinen Gunsten festgelegt wird, dass innerhalb der ersten sechs Monate nach Lieferung einer Sache davon ausgegangen wird, dass der Mangel bereits bei Gefahrübergang vorhanden war. Die Beweislast dafür, dass der Mangel beim Gefahrübergang noch nicht vorlag, liegt daher beim Verkäufer (**Beweislastumkehr**).
  Allerdings decken die sechs Monate nur ein Viertel der gesamten Gewährleistungsfrist von i. d. R. zwei Jahren ab. Nach dem Ablauf dieser sechs Monate müsste der Verbraucher nachweisen, dass die Sache bereits beim Gefahrübergang einen Mangel hatte. Dies dürfte in vielen Fällen schwierig sein, da einem Verbraucher nicht die entsprechenden technischen Möglichkeiten und der erforderliche Sachverstand zur Verfügung stehen.
- § 475 I BGB legt fest, dass der Unternehmer eine ganze Reihe von Rechten des Verbrauchers nicht ausschließen kann. Damit werden **einseitige Haftungsbeschränkungen**, z. B. im Rahmen von AGB, unmöglich gemacht und zentrale Verbraucherschutzregelungen (z. B. die Kostenübernahmeverpflichtung bei Nacherfüllung § 439 II BGB) sichergestellt. Allerdings schränkt § 475 III BGB die Anwendbarkeit im Zusammenhang mit Schadensersatz gleich wieder zulasten des Verbrauchers ein, sodass ein Unternehmer Schadensersatzansprüche doch vielfach ausschließen kann. Jedoch wird auch diese Einschränkung wieder relativiert, da ungeachtet des § 475 III BGB die verbraucherfreundlichen Regelungen zu Allgemeinen Geschäftsbedingungen der §§ 307 bis 309 BGB gelten.
- § 475 II BGB schreibt für einen Verbrauchsgüterkauf die gesetzliche **Verjährungsfrist** von zwei Jahren faktisch fest. Allerdings wird die Verjährungsfrist für gebrauchte Sachen gleich wieder eingeschränkt, indem eine Halbierung auf ein Jahr ermöglicht wird.

Fazit: Das deutsche Recht enthält umfangreiche Regelungen zum Verbraucherschutz, die durch die Schuldrechtsreform nochmals deutlich ausgeweitet wurden. Allerdings wird dem Verbraucher kein absoluter Schutz gewährt, sondern der Gesetzgeber hat versucht auch im Rahmen der Verbraucherschutzgesetze das Prinzip des Interessenausgleichs zu berücksichtigen. Diese Einschränkungen rechtfertigen jedoch nicht die Bezeichnung „Mogelpackung“.

Mögliche Punktverteilung:

1.1	1.2	1.3	2.1	2.2	3.
10	10	6	15	5	14

Leistungskurs Wirtschaft/Recht: Abiturprüfung 2008
Fachgebiet Recht – Aufgabe IV

(nicht kombinierbar mit Aufgabe III)

(Sämtliche Aufgaben sind, soweit möglich, unter Angabe der entsprechenden Normen des BGB zu bearbeiten.)

M 1

In der demokratischen Stadt Athen hatten die freien Bürger Privateigentum, im despotischen Staat Sparta dagegen die meisten nicht. Athen entwickelte sich zu einer blühenden Wirtschaftsmacht, Sparta stagnierte. Sparta versuchte Fremdlinge vom Land fern zu halten, Athen förderte Handel und Wandel.
Privateigentum bedeutet, dass jeder mit seinem Besitz tun und lassen kann, was er will, solange er nicht anderen schadet. Privateigentum ist ein Stück persönlicher Freiheit. Die Idee der Freiheit wurde wesentlich von den alten Athenern entwickelt. Der athenische Staatsmann Perikles (ca. 500 bis 429 v. Chr.) gilt als der berühmteste Repräsentant dieser Demokratie, die auf Recht und Privateigentum aufbaute. In einer Rede schilderte er die Vorzüge des athenischen Systems: „Die Freiheit, der wir uns erfreuen, erstreckt sich auch auf das gewöhnliche Leben; wir verdächtigen einander nicht, und wir nörgeln nicht an unserem Nachbarn herum, wenn er es vorzieht, seinen eigenen Weg zu gehen.“ In Athen waren Bürger und Staat klar getrennt. Der Bürger lebte nicht für den Staat, er hatte sowohl Rechte als auch Pflichten gegenüber der Gemeinschaft.

Quelle: Nikolaus Piper, Die Geschichte der Wirtschaft, Beltz & Gelberg, Weinheim, 2002, S. 39 f., für Prüfungszwecke bearbeitet

1.1 Erläutern Sie unter Einbeziehung des Textes (M 1) die Bedeutung des Privateigentums für die wirtschaftliche Entwicklung! Zeigen Sie weitere von unserer Rechtsordnung garantierte persönliche Freiheiten auf, die für unsere Wirtschaftsordnung von zentraler Bedeutung sind!

M 2

„Indem das Recht den Bürgern die Freiräume ihres Handelns begrenzt, sichert es zugleich ihre Freiräume vor Zugriffen der Mitbürger. Um es in einem Bild zu sagen: Wo auf bisher frei verfügbarem Feld Grenzen errichtet werden, wird jedem sein Bereich gesichert, aber nur um den Preis, dass die Bewegungsfreiheit eines jeden eingeschränkt wird. Die Bindung aller ist der Preis für die gesicherten Freiheiten eines jeden.“

Quelle: Reinhold Zippelius, Das Wesen des Rechts, Verlag C. H. Beck, München, 1997, S. 35, für Prüfungszwecke bearbeitet

M 3 Bayern auf Nikotin-Entzug
Rauchverbot: Landtag beschließt ein Gesetz ohne Schlupflöcher

„Freiheit besteht darin, dass man alles tun kann, was einem anderen nicht schadet.“ – so zitiert Marcel Huber, Staatssekretär im Gesundheitsministerium, den Dichter Matthias Claudius. Nach monatelanger Diskussion wurde im Landtag am gestrigen Mittwoch fraktionsübergreifend das Gesetz zum Schutz der Gesundheit verabschiedet – eines der schärfsten Rauchverbote in Deutschland.
Von Januar an ist das Rauchen in Gaststätten, Bierzelten und öffentlichen Gebäuden verboten. Nebenräume für Raucher sind nicht gestattet. Ausnahmen gibt es nur wenige.

Das Rauchen unter freiem Himmel bleibt erlaubt, also auch in Biergärten und den Freiflächen von Bayerns Wirtshäusern. Ein Pfaffenhofener Wirt sieht nun finstere Zeiten auf Bayerns Wirte zukommen und prophezeit das Aus für Kneipen und Dorfwirtschaften, wenn die Raucher den Stammtischen fernbleiben. Der von ihm gegründete Verein zum Erhalt der bayerischen Wirtshauskultur werde nun rechtliche Schritte gegen das Rauchverbot prüfen. Auch ein Wiesn-Wirt will gegen den Eingriff in die unternehmerische Freiheit klagen. Von Gegnern des Rauchverbots wird die staatliche Bevormundung kritisiert, die nicht nur mittelständische Existenzen zerstören, sondern auch das Denunziantentum fördern werde.

Quelle: Süddeutsche Zeitung vom 13. 12. 2007, S. 3, für Prüfungszwecke bearbeitet

1.2 Diskutieren Sie, inwieweit die in M 1 und M 2 formulierten Grundsätze im „Gesetz zum Schutz der Gesundheit" (M 3) Berücksichtigung gefunden haben! Stellen Sie anhand weiterer rechtlicher Normen dar, wie das positive Recht versucht, diesen Grundsätzen Rechnung zu tragen!

Ärger beim Grillen

Hartmut (H) plant ein großes Grillfest im Garten seines Hauses. Dazu bestellt er beim Direktvermarkter Gustl (G) ein großes Spanferkel. Am Telefon entwickelt sich folgendes Gespräch:

Hartmut: „Ich bräuchte das Spanferkel dann für Freitag, den 27. Juni. Liefern Sie bitte unbedingt pünktlich um 8 Uhr früh, damit wir rechtzeitig mit dem Grillen anfangen können und das Spanferkel bis zum Mittagessen fertig ist."

Gustl: „Sie können sich da hundertprozentig auf mich verlassen."

Gustl schreibt nur das Datum in seinen Notizblock und hat bis zum Liefertermin vergessen, um welche genaue Uhrzeit es sich handelt.

Als Hartmut am Morgen des 27. Juni vergeblich auf das Spanferkel wartet, ruft er mehrmals bei Gustl an, kann aber niemanden erreichen. Er muss daher improvisieren und kauft das Spanferkel nach längerem Suchen bei einem Metzger in der Umgebung. Er ist froh, noch einen Ersatz gefunden zu haben, obwohl er nahezu den doppelten Preis zahlen muss. Als Gustl am frühen Nachmittag liefern will, erklärt ihm der verärgerte Hartmut, dass er das Spanferkel natürlich nicht mehr haben wolle.

2.1 Prüfen Sie, ob Hartmut das Spanferkel abnehmen und bezahlen muss!

2.2 Erläutern Sie, ob Hartmut die entstandenen Mehrkosten für das beim Metzger erworbene Spanferkel von Gustl verlangen kann!

2.3 Begründen Sie, ob im vorliegenden Konflikt durch die gesetzlichen Regelungen eine gerechte Lösung erreicht wird!

M 4 Randale bei Grillfest – Für ungeladenen Gast endet Grillfest im Krankenhaus

Günnersbach (eigener Bericht) Für Hartmut H. hatte das Grillfest im eigenen Garten so gut angefangen. Doch nach einigen Stunden tauchten auf der Party vier Bekannte seiner Tochter Belinda auf, die der Hausherr gar nicht eingeladen hatte. Als sich einer der Neuankömmlinge, der 20-jährige Sascha S., an der Musikanlage zu schaffen machte und anfing, mit CDs des Hausherrn um sich zu werfen, wurde es Herrn H. zu bunt. Zusammen mit einigen Freunden stellte er die Jugendlichen zur Rede und forderte Sascha S. auf, die Finger von der Anlage zu lassen und sofort zu gehen. Als Sascha S. nicht gleich reagierte, schlug Herr H. mit der Faust zu. Glassplitter seiner Brille verletzten Sascha S. so unglücklich im Auge, dass er sich in ärztliche Behandlung begeben musste.

M 5 Rechtskommentar zu § 227 BGB

„Geschützt sind Rechtsgüter aller Art, so vor allem Leben, Gesundheit, Freiheit, auch die Freiheit zur Fortbewegung im Straßenverkehr und zum Aufsuchen des Arbeitsplatzes, das Eigentum, das Hausrecht, die Ehre. Welche Verteidigung erforderlich ist, richtet sich nach der objektiven Sachlage und nicht danach, ob sie der Angegriffene für erforderlich hielt oder halten konnte (Urteil Bundesgerichtshof, Aktenzeichen …). Der Angegriffene muss das am wenigsten schädliche oder gefährliche Mittel zur Abwehr einsetzen, braucht sich aber nicht auf das Risiko einer ungenügenden Abwehrhandlung einlassen …“

Quelle: Bassenge, Diederichsen et al., Palandt, Bürgerliches Gesetzbuch, Beck'sche Kurzkommentare, München, 2003, für Prüfungszwecke bearbeitet

3.1 Untersuchen Sie, ob Hartmut Schadenersatz aus unerlaubter Handlung leisten muss (M 4)! Diskutieren Sie dabei unter Einbeziehung von M 5, ob Hartmut in Notwehr handelte!

3.2 Unterscheiden Sie ausgehend von M 5 die Begriffe „subjektives Recht“, „objektives Recht“ und „Richterrecht“!

Vorgegebene Bewertungseinheiten:

Frage	1	2	3
BE	20	22	18

Lösungsvorschlag

1.1 *Die Fragestellung ist zweiteilig: Zuerst soll der Zusammenhang zwischen Privateigentum und wirtschaftlicher Entwicklung hergestellt werden. Im zweiten Teil sollen mindestens zwei weitere in der Rechtsordnung garantierte persönliche Freiheiten erläutert werden, die ebenfalls eine Schlüsselfunktion in unserer Wirtschaftsordnung haben.*

Bedeutung des Privateigentums:
Ein zentrales Element eines marktwirtschaftlichen Systems ist das **Privateigentum** an Produktionsmitteln und die **Privatautonomie**, d. h. die freie Entscheidung der Wirtschaftssubjekte, wie sie mit den ihnen zur Verfügung stehenden Mitteln, also auch mit ihrem Privateigentum, wirtschaften. Im antiken Athen lautete die Regel, dass „jeder mit seinem Besitz tun und lassen kann, was er will, solange er nicht anderen schadet“ (M 1, Z. 5 f.). Dabei werden die Wirtschaftssubjekte versuchen, rational zu handeln und ihr Eigentum durch wirtschaftliches Handeln nicht nur zu erhalten, sondern möglichst zu vermehren. Die **Gewinnmaximierung** der Unternehmer und die **Nutzenmaximierung** der privaten Haushalte sollen dabei zur ökonomisch optimalen Verteilung der knappen Ressourcen führen und so die wirtschaftliche Entwicklung optimieren.

Weitere persönliche Freiheiten:
Eine weiteres zentrales Element unserer Wirtschaftsordnung ist die **Vertragsfreiheit**. Sie garantiert, dass jeder frei entscheiden kann, ob und mit wem, mit welchem Inhalt und in welcher Form er Verträge abschließt (Abschlussfreiheit, Gestaltungsfreiheit, Formfreiheit). Dieser Freiheit sind nur in besonderen, gesetzlich geregelten Fällen Grenzen gesetzt. Die Vertragsfreiheit ist ein wesentliches Element der oben beschriebenen Privatautonomie und fördert ebenfalls die Wirtschaftsentwicklung, da über freie Entscheidungen Gewinn- und Nutzenpotenziale flexibel ausgeschöpft werden können.

Das Grundgesetz enthält weitere wirtschaftlich bedeutsame Freiheiten, z. B. Art. 2 GG Recht auf die freie Entfaltung der Persönlichkeit, Art. 9 GG Vereinigungsfreiheit, Art. 11 GG Freizügigkeit, Art. 12 GG freie Berufswahl.

Mindestens eine dieser Freiheiten ist im Rahmen der Antwort auszuarbeiten.

Die **freie Berufswahl** hat eine zentrale Bedeutung für die wirtschaftliche Entwicklung, da sie es Menschen theoretisch ermöglicht, den Beruf zu wählen, der ihren Neigungen und ihrer Eignung am besten entspricht, sodass sie einen optimalen Beitrag zur persönlichen und gesamten wirtschaftlichen Entwicklung leisten können. *Ggf.:* Allerdings sind der freien Berufswahl in der Realität Grenzen gesetzt, z. B. durch die Nachfrage auf dem Arbeitsmarkt.

1.2 *Im ersten Teil der Aufgabe verlangt der Operator „diskutieren" eine Betrachtung von pro und kontra zur Berücksichtigung der Grundsätze aus M 1 und M 2 im „Gesetz zum Schutz der Gesundheit" und ein Fazit zum Abschluss. Dazu müssen die Grundsätze herausgearbeitet werden. In einem zweiten Teil der Aufgabe sollen weitere Rechtsnormen gefunden werden, die die Grundsätze aus M 1 und M 2 berücksichtigen bzw. umsetzen.*

Einbeziehung der Grundsätze im „Gesetz zum Schutz der Gesundheit":

- Einerseits werden **persönliche Freiheit** (M 1) **und Freiräume** (M 2) der Raucher durch das „Gesetz zum Schutz der Gesundheit" eingeschränkt, da das Rauchen nicht mehr überall erlaubt ist. Andererseits werden dadurch die **Rechte** (M 1) der Nichtraucher auf Schutz ihrer Gesundheit und auf unbelästigten Aufenthalt in den betroffenen Arealen gestärkt, sodass für sie neue Freiräume (M 2) entstehen.
- Die **unternehmerische Freiheit** der Gastwirte bei der Nutzung ihres Privateigentums (M 1) wird durch das Rauchverbot deutlich eingeschränkt, sodass sogar die Gefährdung „mittelständischer Existenzen" befürchtet wird. Andererseits eröffnen sich durch den gesicherten rauchfreien Raum neue, nichtrauchende Kundenkreise, deren **Bewegungsfreiheit** (M 2) jetzt vergrößert wird, da z. B. Gaststättenbesuche mit Babys oder Kindern, für Menschen mit Atemwegserkrankungen o. ä. wieder möglich werden.
- Die „staatliche Bevormundung" der Raucher entspricht zwar nicht dem Grundsatz von **persönlicher Freiheit** (M 1), aber dem Grundsatz der **Pflicht gegenüber der Gemeinschaft** und der **Schadensbegrenzung**, da Rauchen nachweislich Schäden und Folgekosten für die Gesellschaft verursacht, z. B. im Gesundheitswesen, die durch das Rauchverbot in geschlossenen Räumen ggf. vermindert werden.
- Das Rauchverbot ist ein drastischer **staatlicher Eingriff in die Rechte** der Raucher entgegen des athenischen Grundsatzes, dass der Bürger nicht für den Staat lebt. Andererseits gibt es kein vollständiges, willkürliches Rauchverbot, sondern es werden durch das Gesetz die bisher ungeschützten **Rechte** der Nichtraucher dort **geschützt**, wo es notwendig ist.

Fazit: Die Grundsätze in M 1 und M 2 zielen in erster Linie auf das Prinzip des **Interessenausgleichs** im Zusammenhang mit der **persönlichen Freiheit des Einzelnen**. Jedes menschliche Zusammenleben verursacht Konflikte, z. B. zwischen Rauchern und Nichtrauchern, für die die Rechtsordnung möglichst einen Interessenausgleich gewährleisten soll. Im „Gesetz zum Schutz der Gesundheit" wird zwar das Interesse der Gemeinschaft und der Nichtraucher an der Gesundheit der Bürger umfassend geschützt und dafür die Rechte der Raucher und Betreiber von Gaststätten u. ä. stark eingeschränkt, andererseits werden aber auch deren Interessen berücksichtigt, indem klar geregelt ist, dass es kein vollständiges Rauchverbot gibt, und wo weiterhin geraucht werden darf.

2.1 *Der Operator „prüfen" erfordert eine vollständige Subsumtion. Es handelt sich um eine klassische Prüfung einer verspäteten Leistung.*

Hartmut (H) könnte die Abnahme und Bezahlung des Spanferkels (§ 433 II BGB) verweigern, wenn er wegen der verspäteten Leistung des Gustl (G) vom Vertrag zurücktreten kann (§ 323 BGB).

- **Schuldverhältnis:** H und G haben einen wirksamen **Kaufvertrag** (gegenseitiger Vertrag) über das Spanferkel (§§ 145, 147, 433 BGB). G muss aufgrund des Kaufvertrages dem H das Ferkel mangelfrei liefern, H das Ferkel abnehmen und den vereinbarten Kaufpreis bezahlen.
- **Pflichtverletzung:** Es liegt eine **verspätete Leistung** vor, da S die fällige und nachholbare Leistung am 27. Juni morgens nicht erbracht hat: Vereinbarter Leistungszeitpunkt gemäß § 271 II BGB war der 27. Juni 8 Uhr früh.
- **Fristsetzung:** Eine Fristsetzung durch H ist nicht erfolgt, da er den G telefonisch nicht erreicht hat. Daher muss geprüft werden, ob die Fristsetzung entbehrlich war: Gemäß § 323 II Nr. 2 ist die **Fristsetzung entbehrlich**, da H dem G im Vertrag den festen Termin gesetzt hatte und auch darauf hingewiesen hatte, dass das Leistungsinteresse an die Lieferung „pünktlich um 8 Uhr früh" gebunden sei (**relatives Fixgeschäft**).

Ergebnis: Gemäß § 323 kann H auch ohne Fristsetzung vom Vertrag zurücktreten. Dies tut er, indem er G erklärt „dass er das Spanferkel natürlich nicht mehr haben wolle" (§ 349 BGB). Damit wird er von der Pflicht zur Abnahme und Bezahlung des Spanferkels frei.

2.2 *Die Aufgabe erfordert eine Erläuterung, ob H den Ersatz des Verzugsschadens von G verlangen kann. Der Operator „erläutern" erfordert nicht unbedingt ein „Prüfen" durch Subsumtion; eine entsprechende Prüfung wäre aber auch möglich, sofern sie in einem geschlossenen Text erfolgt.*

H könnte dann die Mehrkosten von G verlangen, wenn er einen Anspruch auf Schadensersatz hat. Da es bei dem Schadensersatz um das Spanferkel selbst geht, handelt es sich um **Schadensersatz statt der Leistung** (§§ 280 I, III, 281 BGB).
Wie in 2.1 geprüft, besteht zwischen G und H ein gegenseitiger Vertrag und G leistet verspätet. Für einen Schadensersatzanspruch statt der Leistung gemäß §§ 280 I, III, 281 BGB ist neben einer entbehrlichen oder erfolglosen Fristsetzung durch H außerdem noch das Vertretenmüssen des G erforderlich.
Zum **Vertretenmüssen:** G handelt zumindest fahrlässig (§ 276 I, II BGB), als er sich zwar das Datum, aber nicht die Uhrzeit notiert und daher den genauen Termin vergisst. *Ggf.:* Außerdem übernimmt er mit seiner Äußerung „Sie können sich da hundertprozentig auf mich verlassen" auch eine Garantie für den Liefertermin (§ 276 I BGB).
Zur **Fristsetzung:** H hat dem G zwar keine Frist gesetzt, angesichts der besonderen Umstände des Falles und unter **Abwägung der beiderseitigen Interessen** ist die Fristsetzung entbehrlich (§ 281 II BGB): H hat betont, dass der Termin „8 Uhr" unabdingbar ist; G hat für die pünktliche Lieferung eine Garantie übernommen; H hat mehrfach vergeblich versucht, G per Telefon zu erreichen, erst dann hat er das Ersatzspanferkel besorgt und kann daher mit dem zweiten Spanferkel nichts mehr anfangen; G kann das Spanferkel vermutlich anderweitig verkaufen.
Fazit: H kann von G auch die Mehrkosten für das zweite Spanferkel verlangen.

Hinweis: Kommt man bei der Überprüfung der besonderen Umstände zu einem negativen Ergebnis für H, ändert sich auch das Endergebnis in 2.2 analog und ggf. auch die Argumentation in Aufgabe 2.3.

2.3 *„Gerechtigkeit" steht hier im engen Zusammenhang mit Interessenausgleich, d. h. der Berücksichtigung der Interessen aller Beteiligten.*

Die Lösung des Konflikts zwischen G und H ist aus folgenden Gründen insgesamt gerecht geregelt:

- Theoretisch würde G durch die Fristsetzung vor einem sofortigen Rücktritt geschützt. Da aber H ganz eindeutig klar macht, wie wichtig die pünktliche Lieferung ist, muss dieser Vertragsbestandteil besonders geschützt werden. Da G sich wissentlich auf dieses **relative Fixgeschäft** einlässt, muss er auch die strengeren Vorschriften zur Entbehrlichkeit der Fristsetzung in Kauf nehmen.
- Ähnliches gilt für den Schadensersatz: Es muss zwischen den **beiderseitigen Interessen** abgewogen werden: H hat bei Vertragsabschluss und am Vormittag des Festes alles getan, was in seiner Macht stand, damit der Vertrag korrekt abgewickelt werden kann. G dagegen war fahrlässig, obwohl er für die pünktliche Lieferung garantiert hat, und war für H nicht erreichbar. Außerdem ist das Spanferkel nach dem Mittagessen beim Fest für H nicht mehr verwertbar, während G als „Direktvermarkter" sicher noch einen anderen Käufer finden kann. Daher ist es gerecht, dass dem Interesse des H Vorrang gegeben wird und G den Mehrpreis ersetzen muss.

3.1 *Die Aufgabe hat im Prinzip zwei Teile: Die Prüfung hinsichtlich des Schadensersatzes und die Diskussion hinsichtlich der Notwehr. Allerdings ist das Ergebnis hinsichtlich des Schadensersatzes von der Entscheidung bezüglich der Notwehr abhängig, sodass es in den ersten Teil einbezogen werden muss.*

S könnte Schadensersatz von H verlangen, wenn S einen Anspruch wegen **unerlaubter Handlung** gegen H hat (§ 823 BGB).

Prüfung § 823 I BGB:
Rechtsgutverletzung: H verletzt das Eigentum (die Brille) und den Körper des S durch seinen Schlag.
Schaden mit Kausalzusammenhang: Die Zerstörung der Brille und die Verletzung mit erforderlicher ärztlicher Behandlung werden unmittelbar durch Hs Fausthieb verursacht.
Verschulden: H schlägt ganz bewusst zu, sodass Vorsatz vorliegt (§ 276 I BGB).
Widerrechtlichkeit: H handelt widerrechtlich, wenn er keinen Rechtfertigungsgrund wie z. B. Notwehr hat.

Diskussion „Notwehr":
Notwehr gemäß § 227 BGB bedeutet prinzipiell die Abwehr eines rechtswidrigen Angriffs. In Frage kommt dabei „diejenige Verteidigung, welche <u>erforderlich</u> ist", um den Angriff abzuwenden. Das bedeutet, dass eine gewisse **Verhältnismäßigkeit** zwischen Angriff und Verteidigungshandlung bestehen muss. So wird es auch im Rechtskommentar formuliert: Gemäß der Sachlage „muss das am wenigsten schädliche oder gefährliche Mittel" eingesetzt werden, ohne aber das Risiko einzugehen, dass die Abwehrhandlung ungenügend ist (M 5, Z. 6 ff.). Allerdings erfolgt die Einschätzung der Angemessenheit gemäß der tatsächlichen Sachlage und nicht gemäß der Ansicht des Angegriffenen. Im vorliegenden Fall hat der Eindringling Sascha (S) Gegenstände (CDs) des H herumgeworfen und ggf. beschädigt und ist entgegen der Aufforderung von H nicht sofort gegangen, sodass tatsächlich ein widerrechtlicher Angriff auf das Eigentum und das Hausrecht (M 5, Z. 3) stattfand. Allerdings wurde H, ohne noch weitere Versuche einer friedlichen Lösung zu unternehmen, grob tätlich und nahm dabei bewusst die Verletzung des S in Kauf. Da der Körper eines Menschen ein deutlich höheres Rechtsgut als ein paar

CDs und der Hausfrieden bei der Party ist, muss das Zuschlagen des H als unangemessen eingestuft werden, da es nicht „das am wenigsten schädliche oder gefährliche Mittel“ (M 5, Z. 6) in dieser Situation war.
Fazit: § 227 BGB greift nicht, es handelte sich nicht um Notwehr, sodass der Schlag widerrechtlich war.

Ergebnis: S kann von H Schadensersatz wegen unerlaubter Handlung verlangen (§ 823 I BGB). Die Höhe des Schadensersatzes bemisst sich nach §§ 249 ff. BGB und beinhaltet z. B. die Kosten der Brille und der ärztlichen Behandlung. Ggf. kommt auch Schmerzensgeld in Frage (§ 253 II BGB).
ggf.: Unter Umständen kommt auch ein Schadensersatzanspruch aus § 823 II BGB wegen Verstoß gegen ein Schutzgesetz (hier: aufgrund der Körperverletzung) in Frage.

3.2 *Die Aufgabe ist im Wesentlichen eine Reproduktionsaufgabe, bei der M 5 einbezogen werden muss.*

Objektives Recht ist die Gesamtheit aller rechtlichen Regelungen, die das Zusammenleben der Menschen verbindlich regelt, z. B. die Artikel des Grundgesetzes, die Paragrafen des BGB oder des StGB. In M 5 wäre der § 227 BGB eine derartige objektive rechtliche Regelung.
Unter **subjektivem Recht** versteht man die Ansprüche eines bestimmten Rechtssubjektes in einem konkreten Fall. Im vorliegenden Fall ist dies der Anspruch des S auf Schadensersatz gegenüber H wegen der unerlaubten Handlung, oder auch die Tatsache, dass der Fausthieb von H wegen der Unverhältnismäßigkeit nicht als Notwehr einzuordnen ist.
Richterrecht entsteht durch die Rechtsprechung. Höchstrichterliche Entscheidungen regeln die Fälle, die vom objektiven Recht nicht hinreichend berücksichtigt sind. In M 5 wird das Tatbestandsmerkmal „erforderlich“ des § 227 BGB z. B. durch ein BGH-Urteil konkretisiert. Das Richterrecht ergänzt damit das objektive Recht und dient ggf. seiner Fortentwicklung.

Mögliche Punktverteilung:

1.1	1.2	2.1	2.2	2.3	3.1	3.2
10	10	8	8	6	12	6

(nicht kombinierbar mit Aufgabe II)

M 1 Wirtschaftliche Entwicklung in Deutschland (Jahresdurchschnittswerte)

	1973	1974	1975	2006	2007	2008
Wachstum des BIP_{real} (in %)	4,8	0,9	−0,9	3,0	2,5	1,3
Arbeitslosenquote (in %)[1] Arbeitslose (in Tausend)	1,2 273	2,6 582	4,7 1 074	12,0 4 487	10,1 3 776	8,9 3 263
Inflationsrate (in %)	7,2	6,9	5,8	1,6	2,3	2,8
Ölpreis (in US $ pro Barrel)	3,05	10,73	10,73	61,08	69,08	99,75

1 bezogen auf abhängige zivile Erwerbspersonen

Quelle: www.destatis.de, arbeitsagentur.de, opec.org, aufgerufen am 13. 12. 2008

1.1 Vergleichen Sie ausführlich die konjunkturelle Lage in Deutschland in den Jahren 1973 bis 1975 mit der wirtschaftlichen Entwicklung im Zeitraum von 2006 bis 2008 anhand der statistischen Daten (M 1)!

M 2

Quelle: www.wiedenroth.karikatur.de, aufgerufen am 20. 10. 2008, für Prüfungszwecke bearbeitet

1.2 Nehmen Sie vor dem Hintergrund der Karikatur kritisch zur Aussagekraft des Indikators Arbeitslosenquote Stellung!

M 3 Die Rückkehr der Stagflation

Die Notenbankchefs klangen nach ihrem Treffen am Montag in Basel beunruhigt. Nicht nur, dass Amerika längst in eine Rezession geschlittert ist. Auch die gestiegene Inflation in vielen Ländern macht ihnen zu schaffen. Wenn beides zusammenkommt, ist das der Albtraum der Ökonomen. Er heißt „Stagflation". Das Kunstwort aus „Stagnation" und „Inflation" hat der britische Finanzminister Iain Macleod 1965 geprägt. Er beschrieb damit eine Situation, in der die Preise steigen und die Wirtschaft nicht wächst. […]
Die Stagflation ist deshalb so bemerkenswert, weil sie die Wirtschaftspolitik hilflos macht. […] In Deutschland gab es diese Situation nach dem ersten Ölpreisschock 1973. […] Bis dahin hatten Wirtschaftspolitiker in einer naiven Interpretation des britischen Ökonomen John Maynard Keynes geglaubt, man könne Wirtschaftswachstum und Beschäftigung durch Inflation erkaufen. Legendär ist der folgende Satz des damaligen Finanzministers Helmut Schmidt aus dem Jahre 1972: „Mir scheint, dass das deutsche Volk – zugespitzt – fünf Prozent Preisanstieg eher vertragen kann als fünf Prozent Arbeitslosigkeit." In der Stagflation bekam er beides.
Heute, mehr als drei Jahrzehnte nach der Stagflation der Siebziger, ist vieles gleich – aber manches eben doch auch ganz anders. […] So können sich die Wechselkurse heute frei bewegen. […] Außerdem ist das Ziel der Geldwertstabilität heute stärker in der Geldpolitik verankert. Auch die Höhe der Inflationsraten ist nicht vergleichbar.
Ein wichtiges Element der Stagflation in den siebziger Jahren war außerdem die Lohn-Preis-Spirale. […] Der Deutsche-Bank-Ökonom Norbert Walter warnt: „Ich sehe Risiken, dass es [auch heute] zu solchen Zweitrunden-Effekten kommen könnte."

Quelle: Christian Siedenbiebel. In: Frankfurter Allgemeine Sonntagszeitung, 16. 03. 2008, Nr. 11, S. 45, für Prüfungszwecke bearbeitet

2.1 Erläutern Sie, warum eine Stagflation eine atypische Konjunkturlage darstellt (M 1 und M 3), und begründen Sie, warum eine derartige Lage „die Wirtschaftspolitik hilflos macht" (M 3, Z. 7 f.)!

2.2 Stellen Sie auch unter Einbeziehung des volkswirtschaftlichen Kreislaufmodells mögliche Gründe für die Aussage des damaligen Finanzministers Helmut Schmidt dar (M 3, Z. 12 ff.)!

M 4 Bundestag billigt Konjunkturpaket

Anfang Dezember wurde ein erstes Konjunkturpaket der Bundesregierung zur Belebung der Wirtschaft verabschiedet.
„Wir wollen sicherstellen, dass möglichst viele Arbeitsplätze erhalten werden und möglichst viele Branchen ihre gute Entwicklung fortsetzen können. Dazu wird die Bundesregierung Investitionshilfen […] geben – branchenspezifisch und auf schnelle Investitionsmöglichkeiten ausgerichtet," sagte die Kanzlerin damals.
Auf wenig Gegenliebe stieß das geplante Konjunkturpaket bei Wirtschaftsexperten. Der Chef des arbeitgebernahen Instituts der Deutschen Wirtschaft (IW), Michael Hüther, sagte, das Programm sei „als Ganzes keine große Hilfe […]." Was völlig fehle, sei ein klares Signal an Konsumenten, monierte er. „Hier sollte man schnell durch die Abschaffung des Solidaritätszuschlags erkennbar ab Januar für jeden auf dem Lohnzettel etwas tun", forderte Hüther. Dies würde für Konsumenten eine Entlastung von 12 bis 13 Milliarden Euro bringen. […]
Im Einzelnen wird im Konjunkturpaket beispielsweise Käufern von Neuwagen die Kfz-Steuer zwölf Monate lang erlassen. Für besonders schadstoffarme Autos soll die Befreiung insgesamt maximal 24 Monate gelten. Ab 2011 soll die Steuer von Hubraum auf Schadstoffausstoß umgestellt werden.

Quelle: Autorentext, nach www.n24.de, aufgerufen am 16. 01. 2009

3.1 Diskutieren Sie die Entscheidung der Bundesregierung, mit Investitionshilfen einzelne Branchen zu fördern (vgl. M 4, Z. 4 ff.) im Vergleich zu dem Vorschlag, „für jeden auf dem Lohnzettel etwas zu tun“ (M 4, Z. 10 ff.)!

Im Rahmen des Konjunkturpakets wurde als eine Maßnahme der zeitlich begrenzte Erlass der Kfz-Steuer beschlossen (vgl. M 4, Z. 14 ff.)

3.2 Ordnen Sie die vorgeschlagene Maßnahme in eine Systematik umweltpolitischer Instrumente ein! Beziehen Sie zu diesem Instrument aus umwelt- und konjunkturpolitischer Sicht Stellung!

Vorgegebene Bewertungseinheiten:

Frage	1	2	3
BE	18	22	20

Lösungsvorschlag

1.1 *Der Operator „vergleichen" erfordert die Darstellung der Gemeinsamkeiten und Unterschiede der konjunkturellen Lage in den Jahren 1973–1975 bzw. 2006–2008. Dazu muss aus den Daten der Indikatoren in M 1 die Konjunkturlage abgeleitet und benannt werden. Die Aufgabenstellung fordert einen „ausführlichen" Vergleich.*

Für das Wirtschaftswachstum ist der Schlüsselindikator in M 1 die Entwicklung des realen Bruttoinlandsprodukts. Vergleicht man die **BIP-Wachstumsraten** der beiden Zeiträume, kann man feststellen, dass die Wachstumsraten zwar jeweils sinken, die Veränderung in den 70er-Jahren aber deutlich stärker ausfällt und auch eine andere Dynamik aufweist. Der Rückgang des Wirtschaftswachstums um 3,9 Prozentpunkte von 1973 auf 1974 ist drastisch, reduziert sich aber bis 1975 mit 1,8 Prozentpunkten auf weniger als die Hälfte. Anders im aktuellen Zeitraum: Nach nur 0,5 Prozentpunkten Rückgang von 2006 auf 2007 beschleunigt sich die abnehmende Entwicklung bis 2008 auf mehr als das Doppelte (1,2 Prozentpunkte). Das Ende des ersten Betrachtungszeitraums weist 1975 eine negative Wachstumsrate (Depression) von –0,9 Prozent auf; dagegen ist 2008 mit 1,3 Prozent ein geringer, aber immerhin eindeutiger Zuwachs zu verzeichnen. Während die Wirtschaft 1975 im Vergleich zum Vorjahr also sogar real schrumpft, gibt es 2008 immer noch ein Wirtschaftswachstum.
Bei der **Arbeitslosenquote** ist dagegen eine völlig unterschiedliche Entwicklung festzustellen. Während sie sich zwischen 1973 und 1975 jedes Jahr praktisch verdoppelt, d. h. insgesamt von 1,2 auf 4,7 % fast vervierfacht, sinkt sie zwischen 2006 und 2008 von 12,0 % auf 8,9 %, also etwa um ein Viertel. Zu beachten ist dabei aber das deutlich unterschiedliche Niveau in beiden Zeiträumen: Trotz des prozentual großen Anstiegs in den 70er-Jahren erreicht die Quote auch im Krisenjahr 1975 nur einen vergleichsweise niedrigen Wert von 4,7 %, während sie trotz des Rückgangs der vorhergehenden Jahre 2008 fast doppelt so hoch wie 1975 ist. Diese Entwicklung wird durch die **absolute Zahl der Arbeitslosen** bestätigt. Sie ist in den 70er-Jahren deutlich geringer als heute. Mit etwa 3,3 Mio. Arbeitslosen liegt der niedrigste aktuelle Wert im Jahr 2008 etwa dreimal so hoch wie der höchste Wert in den 70er-Jahren (1,1 Mio. im Jahr 1975). Allerdings ist der eigentlich atypische Rückgang um 1,2 Mio. zwischen 2006 und 2008 angesichts des rückläufigen Wirtschaftswachstums beachtlich im Vergleich zum Anstieg um etwa 0,9 Mio. bis 1975.
Auch die Entwicklung der **Inflationsrate** weicht in beiden Zeiträumen deutlich voneinander ab. Während die Jahre 1973–1975 einen tendenziell fast idealtypischen Rückgang parallel zum Wirtschaftswachstum um 1,4 Prozentpunkte zeigen, bewegt sich die Teuerungsrate von 2006–2008 mit +1,2 Prozentpunkten um fast den gleichen Wert in die andere Richtung. Allerdings ist das Ausgangsniveau 1973 mit 7,2 % im Vergleich extrem hoch und selbst der niedrigste Wert 1975 liegt mit 5,8 % mehr als doppelt so hoch wie der höchste Wert von 2,8 % im Jahr 2008.
Die Entwicklung des **Ölpreises** zeigt dagegen wieder Gemeinsamkeiten. In beiden Zeiträumen steigt der Preis stark an, von 1973–1974 steigt er von 3,05 US $ auf 10,73 US $ auf mehr als das Dreifache, 1975 bleibt er dann konstant. Zwischen 2006 und 2008 steigt der Preis um mehr als 60 % von gut 61 US $ auf knapp 100 US $, wobei der größte Sprung um über 40 % von 2007 auf 2008 liegt. Auch wenn der Anstieg prozentual in den 70er-Jahren deutlich höher ausfällt, muss festgestellt werden, dass 2008 ein Barrel Rohöl fast zehnmal so viel kostet wie noch 1975.

Zusammenfassend kann man aus den Daten für die Jahre 1973–1975 eindeutig auf eine **Rezession** mit anschließender Talsohle schließen. Als eine der Ursachen dafür kann der dramatische Anstieg des Ölpreises gesehen werden (1. Ölkrise). Auffällig ist die vergleichsweise hohe Inflationsrate, die trotz der rückläufigen Tendenz auf eine **Stagflation** hinweist, d. h. ein hoher Preisanstieg trotz Stagnation der Wirtschaft.

Die Daten der Jahre 2006–2008 zeigen ebenfalls eine rezessive, aber viel moderatere Entwicklung, in der Spätindikatoren wie Arbeitslosenquote (weiteres Absinken) und Inflationsrate (weiteres Ansteigen) noch nicht auf den Rückgang reagiert haben. Dies deutet auf das Überschreiten eines oberen Wendepunktes (Boom) und eine beginnende Rezession in der Konjunkturentwicklung hin. Der starke Ölpreisanstieg hat 2008 konjunkturell nicht im gleichen Umfang durchgeschlagen wie 1974/1975.

1.2 *Vor dem Hintergrund der Analyseergebnisse der Karikatur M 2 (s. a. Karikaturinterpretation im Methodenkapitel) soll die Aussagekraft der Arbeitslosenquote als Maßgröße für die Arbeitslosigkeit bewertet werden. Abschließend wird ein Fazit verlangt.*

Beschreibung und Interpretation der Karikatur: Die Karikatur zeigt Kanzlerin Angela Merkel auf einer Bühne vor einer säulenartigen Kulisse mit der Aufschrift Arbeitslosigkeit. Sie hält eine Rede oder gibt eine Pressekonferenz zum Thema Arbeitslosigkeit und Beschäftigung vor einem größeren Publikum. Eine Tafel neben ihr trägt den Slogan „Vollbeschäftigung in Sicht!". Sowohl die Anordnung der Säulenkulisse als auch der Slogan implizieren, dass Merkel von sinkender Arbeitslosigkeit und den Erfolgen der Arbeitsmarktpolitik spricht. Einer der Zuhörer ist allerdings irritiert, d. h., er stellt diese Sicht der Dinge in Frage mit dem Ausruf „Und was ist da unter der Bühne los?!". Dort befinden sich Menschen, die zum Protest und um auf sich aufmerksam zu machen, mit Fäusten gegen die Bühne hämmern (nur einer ist zu sehen). Die nach unten durchragenden Säulen der Kulisse tragen die Aufschriften „ABM" für Arbeitsbeschaffungsmaßnahme, „1€-Job", „Frührente" und „Stille Reserve", d. h., die Personen unter der Bühne haben eigentlich keine Erwerbstätigkeit, werden aber trotzdem nicht in der Arbeitslosenquote erfasst und sollen den Zuschauern vor der Bühne offensichtlich verheimlicht werden.
Die Karikatur spielt kritisch auf die **Berechnung der Arbeitslosenquote** an. Diese ergibt sich in der Berechnung der Bundesagentur für Arbeit aus dem Anteil der registrierten Arbeitslosen an der Gesamtzahl der zivilen Erwerbspersonen:

$$\text{Arbeitslosenquote} = \frac{\text{registrierte Arbeitslose}}{\text{Erwerbspersonen}} = \frac{\text{registrierte Arbeitslose}}{\text{Erwerbstätige + registrierte Arbeitslose}}$$

Diese Formel enthält in der Statistik aber nicht die sogenannte **versteckte Arbeitslosigkeit**. Darunter fallen Personen, die aus verschiedenen Gründen nicht in der Statistik erfasst sind, obwohl sie keine Arbeit haben und grundsätzlich einer Erwerbstätigkeit nachgehen wollen. Dies kann der Fall sein, wenn jemand nicht arbeitslos gemeldet ist, obwohl er gerne arbeiten würde („**Stille Reserve**": z. B. erziehende Elternteile, die wieder Teilzeit arbeiten würden; arbeitslose Akademiker ohne Ansprüche in der Arbeitslosenversicherung). Auch **Frührentner**, Teilnehmer an einer **ABM-Maßnahme** und **1€-Jobber** werden, wie es die Karikatur deutlich macht, nicht einbezogen. Dies hat zur Folge, dass die Arbeitslosenquote das tatsächliche Ausmaß der Arbeitslosigkeit unterzeichnet, sodass auch die Arbeitsmarktpolitik der Bundesregierung in einem positiveren Licht erscheint, als es der Realität entspricht.

Fazit: Die Kritik an der Aussagekraft des Indikators Arbeitslosenquote ist dahingehend berechtigt, dass z. T. Menschen, die dem Arbeitsmarkt zur Verfügung stehen und auch Arbeit wollen, nicht erfasst werden und so die tatsächliche Höhe der Arbeitslosigkeit zu niedrig ausgewiesen wird. Die Einführung neuer Arbeitsmarktmaßnahmen kann außerdem zu einem rein statistischen Sinken der Arbeitslosenquote führen, obwohl dadurch Erwerbspersonen nur „geparkt" werden. Man könnte gegebenenfalls eine bessere Aussagekraft erhalten, wenn man die oben genannten Personengruppen mit einbeziehen oder zumindest gemeinsam mit der Arbeitslosenquote separat ausweisen würde.

2.1 *Die Aufgabe ist zweiteilig: Zunächst soll unter Bezugnahme auf M 1 und M 3 die Sondersituation der Stagflation dargestellt werden. Unter Rückgriff auf das Instrumentarium und die Zielsetzungen der Fiskalpolitik soll anschließend erklärt werden, warum diese Sondersituation zur Hilflosigkeit der Wirtschaftspolitik führt.*

Erläutern der Stagflation: Bei der **Stagflation** handelt es sich laut M 3 um eine Situation „in der die Preise steigen und die Wirtschaft nicht wächst“ (Z. 6). Es liegt also eine **hohe Inflationsrate bei gleichzeitiger wirtschaftlicher Stagnation** vor. Dies ist insofern atypisch, als die ökonomische Theorie davon ausgeht, dass ein niedriges Wirtschaftswachstum mit geringen Preissteigerungen verbunden ist bzw. hohe Wachstumsraten mit einer hohen Inflation.
Dabei werden folgende idealtypische Zusammenhänge zugrunde gelegt, die auf dem Marktmodell basieren: Während eines Booms werden infolge der starken Nachfrage Kapazitätsgrenzen erreicht. Darauf reagieren die Unternehmen bei nachhaltig hoher Nachfrage mit Preissteigerungen. In einer Rezession dagegen führt die im Vergleich zum Angebot geringe Nachfrage dazu, dass Unternehmen ihre Produkte nicht mehr absetzen können. Sie senken daher die Preise, um zusätzliche Nachfrage zu generieren und die Nachfragelücke zu schließen.
Da das gleichzeitige Vorhandensein von stagnierendem Wirtschaftswachstum und Inflation nicht diesem idealtypischen Ursache-Wirkungs-Zusammenhang entspricht, kann die Stagflation als **atypische Wirtschaftslage** bezeichnet werden.

Begründen der Hilflosigkeit der Politik: Grundsätzlich kann die Politik zur Steuerung der Wirtschaft auf **geld- und fiskalpolitische Instrumente** zurückgreifen.
Da das oberste Ziel der Europäischen Zentralbank (EZB) die Preisstabilität ist, müsste sie zur Eindämmung der Inflation eine **restriktive Geldpolitik** verfolgen. Dies hätte über den geldpolitischen Transmissionsmechanismus allerdings negative konjunkturelle Auswirkungen: Bei einer **restriktiven Geldpolitik** werden die Leitzinsen erhöht und die Liquidität wird beschränkt. Höhere Leitzinsen und geringere Volumina verteuern und erschweren die Refinanzierung für die Geschäftsbanken, die entsprechend die Kreditzinsen für die Nichtbanken erhöhen. Mit steigenden Zinsen werden Investitionen unrentabler, der kreditfinanzierte Konsum sinkt und gleichzeitig steigt die Attraktivität des Sparens und damit die Sparneigung. Die gesamtwirtschaftliche Nachfrage sinkt idealtypisch entsprechend, sodass ein nachfrageinduzierter Preisniveauanstieg gebremst werden kann. Allerdings verschärft in einer Stagflation der Rückgang der gesamtwirtschaftlichen Nachfrage auch den konjunkturellen Einbruch, sodass ein Zielkonflikt zwischen Konjunktur- und Geldpolitik besteht. Außerdem ist nicht sicher, dass die Inflationsrate überhaupt gesenkt werden kann, wenn angebotsseitige Ursachen wie hohe Energie- und Rohstoffpreise die Wirksamkeit der restriktiven Geldpolitik begrenzen.
Im Rahmen der **Konjunkturpolitik** könnte die Bundesregierung zur Förderung der Wirtschaft auf **fiskalpolitische Maßnahmen** wie Steuersenkungen oder Konjunkturprogramme zurückgreifen, um die Nachfrage zu stärken. Vorausgesetzt, dass diese Maßnahmen ihre Wirkung rechtzeitig und in ausreichendem Maße entfalten, könnten sie eine erhöhte Konsumnachfrage der privaten Haushalte und Investitionen der Unternehmen zur Folge haben. Über positive Multiplikatoreffekte könnte dies wiederum die Sicherung und ggf. Schaffung von Arbeitsplätzen, damit verbundenes Volkseinkommen und damit wieder Wirtschaftswachstum nach sich ziehen. Allerdings besteht die Gefahr, dass durch diese Stimulierung der gesamtwirtschaftlichen Nachfrage sogar neue Spielräume für Preiserhöhungen geschaffen werden.

Fazit: Zwischen der Förderung des Wirtschaftswachstums und der Gewährleistung der Preisstabilität besteht v. a. in einer stagflationären Situation ein Zielkonflikt. Weder mit fiskal- noch mit geldpolitischen Maßnahmen sind beide Ziele gleichzeitig zu erreichen. Dies rechtfertigt die Aussage, dass die Stagflation „die Wirtschaftspolitik hilflos macht“ (M 3, Z. 7 f.).

2.2 *Um Gründe für Helmut Schmidts Aussage geben zu können, sollte diese Aussage zunächst erläutert werden. Unter Zuhilfenahme des Kreislaufmodells soll schlüssig erklärt werden, wie Schmidt zu dieser Aussage kommen konnte. Schmidts Aussage soll nicht kritisch hinterfragt werden.*

Helmut Schmidt war der Meinung, dass eine relativ hohe Inflationsrate von 5 % für das deutsche Volk, insbesondere die Privathaushalte, weniger negative Folgen hätte als eine Arbeitslosenquote von 5 % (vgl. M 3, Z. 12 ff.). Diese Meinung beruht auf der wirtschaftspolitischen Annahme, dass es möglich ist, die Arbeitslosigkeit zu senken, indem man eine höhere Inflationsrate zulässt. Eine expansive Geldpolitik, die das Ziel der Preisstabilität zumindest zeitweise außer Acht lässt, könnte über den geldpolitischen Transmissionsmechanismus die Rahmenbedingungen für kreditfinanzierte Investitionen und Konsum verbessern und so die gesamtwirtschaftliche Nachfrage und in der Folge die Produktion stimulieren. Ein höheres Wachstum aufgrund dieser Produktionsausdehnung hätte dann auch eine positive Wirkung auf den Arbeitsmarkt.
Eine mit dieser Politik verbundene **hohe Inflationsrate** führt zwar theoretisch zu sinkenden Realeinkommen der privaten Haushalte. Nicht jedoch, solange die Arbeitnehmer Lohnsteigerungen durchsetzen können, mit denen sie ihren erlittenen Kaufkraftverlust ausgleichen können. Solange die Unternehmen wiederum die dadurch gestiegenen Kosten auf die Preise abwälzen können, hat dies zwar eine Lohn-Preis-Spirale zur Folge, aber kurzfristig keine negativen Auswirkungen auf die Arbeitsplätze.
Eine **hohe Arbeitslosenquote** dagegen bedeutet grundsätzlich ein geringeres Volkseinkommen. Arbeitslose erhalten zwar Transferleistungen des Staates, diese sind aber im Normalfall deutlich geringer als das zuletzt erzielte Einkommen. In der Folge sinkt auch der Konsum der privaten Haushalte. Der nachlassende Konsum hat gleichzeitig Absatzrückgänge und eine geringere Kapazitätsauslastung bei den Unternehmen zur Folge. Damit sinkt auch das Volkseinkommen aus Unternehmertätigkeit (verteilte Gewinne). Wenn sich daran über einen längeren Zeitraum nichts ändert, werden die Unternehmen erst Kurzarbeit einführen und dann Arbeitsplätze abbauen und damit einen weiteren Anstieg der Arbeitslosenquote und einen Rückgang des Volkseinkommens verursachen. In der Folge sinkt dann die Nachfrage aufgrund des oben beschriebenen Zusammenhangs noch weiter (**negative Multiplikatoreffekte**). Darüber hinaus belasten eine geringe gesamtwirtschaftliche Nachfrage und eine hohe Arbeitslosenquote auch den **Staatshaushalt**, da weniger Steuereinnahmen erzielt werden können und gleichzeitig die Transferausgaben steigen. Dies führt zu geringeren finanziellen Spielräumen des Staates und ggf. zu einer höheren Staatsverschuldung – auch das hat dann negative Auswirkungen für „das deutsche Volk".
Ggf.: Neben diesen wirtschaftlichen Folgen hat die Arbeitslosigkeit auch negative **gesellschaftliche Folgen**. Da in unserer Gesellschaft Erfolg oder Glück oft an materiellem und beruflichem Erfolg festgemacht werden, sinken Selbstwertgefühl und sozialer Status der von Arbeitslosigkeit Betroffenen.

Fazit: Folgt man dieser Argumentation, dann scheint kurzfristig betrachtet die Inflation gegenüber der Arbeitslosigkeit tatsächlich das kleinere Übel zu sein.

3.1 *„Diskutieren" heißt, dass positive und negative Effekte der beiden in M 4 angesprochenen Möglichkeiten gegenübergestellt werden sollen. Ein schlüssiges Fazit wird erwartet.*

Im Text M 4 werden zwei unterschiedliche Möglichkeiten „zur Belebung der Wirtschaft" (Z. 1 f.) genannt: Zum einen die Entscheidung der Bundesregierung, einzelne Branchen mit Investitionshilfen zu unterstützen (vgl. Z. 4 ff.). Zum anderen der Vorschlag des IW-Chefs Michael Hüther, „für jeden auf dem Lohnzettel etwas [zu] tun", d. h. „durch die Abschaffung des Solidaritätszuschlags" (Z. 9 ff.) die Verbraucher steuerlich zu entlasten.

Für **branchenspezifische Investitionshilfen** spricht, dass in Branchen, die durch die Verwerfungen auf den Finanzmärkten in eine Krise geraten, Eigentümer, Arbeitnehmer und Geschäftspartner betroffener Unternehmen vor ungerechtfertigten Härten geschützt und prinzipiell wettbewerbsfähige Unternehmen am Standort Deutschland erhalten werden können. Nach Überwindung der Krise können diese dann wieder zum Wirtschaftswachstum beitragen. Außerdem können diese Hilfen schnell und zielgerichtet an ausgewählte Unternehmen vergeben werden.
Allerdings ist angesichts des Ausmaßes der Krise die Entscheidung, welche Unternehmen unterstützt werden sollen, extrem problematisch. Durch die Hilfen kommt es auf jeden Fall zu Wettbewerbsverzerrungen und ggf. sozial unausgewogenen Ergebnissen. Dies gilt insbesondere, wenn es Unternehmen auch ohne Not gelingt, Staatshilfen in Anspruch zu nehmen und die Lasten unternehmerischer Fehlentscheidungen auf den Staat abzuwälzen. Darüber hinaus werden unter Umständen notwendige Strukturanpassungen verzögert oder verhindert.
Die vom IW-Chef geforderte **Abschaffung des Solidaritätszuschlags** führt unmittelbar zu einer steuerlichen Entlastung der Verbraucher und erhöht damit direkt das verfügbare Einkommen der privaten Haushalte. Resultiert diese Entlastung in einem Anstieg des privaten Konsums, kann dies zu einer wirtschaftlichen Belebung in weiten Bereichen der Wirtschaft führen. Außerdem würden anstelle von staatlichen Eingriffen in das marktwirtschaftliche System, mit den oben beschriebenen negativen Folgen, die Verbraucher durch ihre Konsumentscheidungen systemkonform über den Fortbestand der notwendigen und wettbewerbsfähigen Unternehmen entscheiden, ohne dass der Staat steuernd eingreift. Unter Umständen fließt das gestiegene verfügbare Einkommen aber auch nicht in den Konsum, sondern wird angelegt. Zu diesem **Angstsparen** kann es beispielsweise kommen, weil die privaten Haushalte pessimistische Zukunftserwartungen haben, v. a. wenn sie befürchten, arbeitslos zu werden. In diesem Fall würde die Steuersenkung wirkungslos verpuffen und lediglich ein negativer Effekt auf der Einnahmenseite des Staatshaushalts entstehen.

Fazit: Vor dem Hintergrund der Entscheidungsproblematik und der Gefahr von Subventionsmissbrauch und Wettbewerbsverzerrungen bei branchenspezifischen Unterstützungszahlungen wäre die Abschaffung des Solidaritätszuschlags als Maßnahme zu bevorzugen; insbesondere auch deshalb, weil sie systemkonform ist, notwendige strukturelle Anpassungen fördert und auf breiterer Ebene positive Multiplikatoreffekte auslösen kann.

Je nach Argumentation kann das Fazit auch anders ausfallen.

3.2 *Die Aufgabe ist zweiteilig. Zunächst soll eine systematische Übersicht über die Instrumente der Umweltpolitik gegeben und die Maßnahme (Kfz-Steuererlass) in diese Systematik eingeordnet werden. Anschließend soll die Maßnahme aus Sicht der Umwelt- und der Konjunkturpolitik bewertet werden. Dabei sind verschiedene Argumentationslinien möglich.*

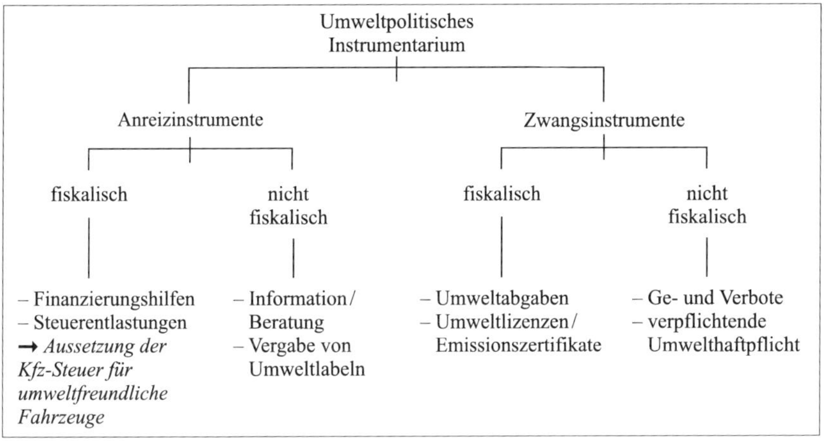

Andere Lösungen sind möglich.

Die Aussetzung der Kfz-Steuer für Neuwagen ist ein zeitlich befristetes, fiskalisches Anreizinstrument. Der Staat versucht damit, Autokäufern einen Anreiz für den Kauf umweltfreundlicher Fahrzeuge zu geben, und verzichtet dafür zeitlich begrenzt auf die Einnahmen aus der Kfz-Steuer.

Konjunkturpolitisch könnte die in M 4 beschriebene Anreizmaßnahme der Aussetzung der Kfz-Steuer für Neuwagen für 12 bzw. für 24 Monate bei besonders schadstoffarmen Fahrzeugen (vgl. Z. 14 ff.) die Nachfrage nach Neuwagen und damit die gesamtwirtschaftliche Nachfrage anregen und so die erwünschte konjunkturelle Belebung auslösen. Gleichzeitig hätte der Austausch älterer Fahrzeuge gegen neue, umweltfreundlichere Autos eine Reduzierung des Schadstoffausstoßes im Straßenverkehr zur Folge, der den **umweltpolitisch** von der Bundesregierung angestrebten Emissionsabbau fördern würde. Allerdings ist fraglich, inwieweit die zeitlich befristete Kfz-Steuer-Aussetzung tatsächlich den Ausschlag für den Erwerb eines Neuwagens gibt, wenn man bedenkt, wie gering die Steuereinsparung in Relation zum Kaufpreis ausfällt. Es ist aber möglich, dass ohnehin geplante Autokäufe vorgezogen werden, um den Steuervorteil zu nutzen. Dies könnte bei ausreichendem Umfang zwar einen positiven Impuls auslösen; inwieweit dieser aber ausreicht, um einen **konjunkturellen** Einbruch in dieser deutschen Schlüsselindustrie zu verhindern, bleibt ungewiss. **Umweltpolitisch** ist kritisch zu sehen, dass durch die vorzeitige Verschrottung alter und Herstellung neuer Kfz auch neue Umweltbelastungen verursacht und zusätzliche Ressourcen verbraucht werden. Ob per Saldo ein positiver Umwelteffekt erzielt wird, ist fragwürdig, insbesondere weil auch weniger schadstoffarme Fahrzeuge gefördert werden.

Mögliche Punktverteilung:

1.1	1.2	2.1	2.2	3.1	3.2
10	8	12	10	10	10

(nicht kombinierbar mit Aufgabe I)

M 1 Soziale Marktwirtschaft ist mehr als Hartz IV

Die aktuelle Krise auf den Finanzmärkten bringt marktwirtschaftliche Prinzipien generell in Verruf und damit auch die deutsche Wirtschaftsordnung, die soziale Marktwirtschaft. Lange Zeit ein Erfolgsmodell, hatte sie allerdings schon vor der aktuellen Krise viel Vertrauen verloren. Nur noch rund ein Drittel der Deutschen hatte in den letzten Jahren eine „gute Meinung" über die deutsche Wirtschaftsordnung, etwa ebenso viele lehnten sie ab. […]

Ist die deutsche Wirtschaftsordnung nicht zureichend sozial? Woran kann man das überhaupt messen? Üblicherweise, aber sehr oberflächlich, wird das Soziale mit dem sozialen Netz gleichgesetzt. Ein Blick auf die Entwicklung der Ausgaben zeigt, dass von einem sozialstaatlichen „Abbau" nicht die Rede sein kann: […] Die Sozialleistungsquote (also der Anteil der Sozialausgaben am Bruttoinlandsprodukt), die anfangs rund 15 Prozent betrug, stieg bereits bis Mitte der 70er Jahre auf 33 Prozent an. Seither debattieren wir schon über die „Grenzen des Sozialstaats"! […]

Die Väter der sozialen Marktwirtschaft, die Freiburger „Ordoliberalen" um Walter Eucken, aber auch Ludwig Erhard, interpretierten das „Soziale" der sozialen Marktwirtschaft primär anders: Sie wiesen vor allem auf die sozialen Effekte einer wettbewerbsorientierten, weitgehend monopolfreien Marktwirtschaft hin: Freiheit der Entscheidungen für Konsumenten und Produzenten, die Orientierung der Produktion an den Wünschen der Verbraucher, eine durch Wettbewerb erzwungene hohe wirtschaftliche Effizienz – all das führe zu entsprechend hohen Pro-Kopf-Einkommen und damit zum „Wohlstand für alle". […]

Seit Beginn der sozialen Marktwirtschaft ruht das „Soziale" noch auf einer dritten Säule: Auch die Wirtschaftspolitik verfolgt soziale Ziele. So verlangt [beispielsweise] das Stabilitätsgesetz ein beständiges Preisniveau, einen hohen Beschäftigungsstand sowie angemessenes Wirtschaftswachstum. […]

Woher dann das eingangs beschriebene Unbehagen an der deutschen Wirtschaftsordnung? Es ist zum einen die Folge einer kurzsichtigen Allianz von Politikern und Wählern, die sich von zusätzlichen Sozialausgaben beiderseitige Vorteile versprechen, ohne die langfristigen Folgen zu bedenken. Zum anderen beeinträchtigen zunehmend Konstruktionsfehler im deutschen Sozialstaat seine Effizienz und verursachen unnötig hohe Kosten. So lastet etwa die Finanzierung der Sozialausgaben seit Bismarck weitgehend auf dem Arbeitsverhältnis.

Der Reformbedarf bedeutet aber keine grundsätzliche Abkehr von der sozialen Marktwirtschaft, auch nicht vom Sozialstaat. Die marktwirtschaftliche Basis muss jedoch wieder mehr Dynamik erhalten, der Sozialstaat effizienter gestaltet werden, um im globalen Wettbewerb auf Dauer bestehen zu können. Dann könnte die soziale Marktwirtschaft sogar als europäisches Modell zwischen Laissez-faire-Kapitalismus und Staatskapitalismus neue Anziehungskraft gewinnen. Ihre Freiburger Väter forderten nämlich einen starken Staat, der wirksame Spiel- und Haftungsregeln für die marktwirtschaftlichen Akteure setzt und damit vor Entartungen schützt, wie wir sie auf den Finanzmärkten erlebt haben.

Quelle: www.sueddeutsche.de, aufgerufen am 13. 11. 2008

1.1 Arbeiten Sie aus M 1 die drei Säulen heraus, auf denen nach Aussage des Autors „das Soziale“ in der sozialen Marktwirtschaft ruht, und erläutern Sie dabei ausführlich, inwiefern die im Text genannten Ziele des Stabilitätsgesetzes auch eine soziale Intention haben (M 1, Z. 23 ff.)!

1.2 Erläutern Sie, warum für die Umsetzung der drei Säulen des „Sozialen“ (vgl. 1.1) ein „starker Staat“ (M 1, Z. 39) gefordert wird. Gehen Sie auch darauf ein, inwieweit sich der Staat bei seinem Eingreifen Grenzen setzen sollte!

1.3 Zeigen Sie mögliche Probleme auf, die sich daraus ergeben, dass „die Finanzierung der Sozialausgaben […] weitgehend auf dem Arbeitsverhältnis“ lastet (M 1, Z. 31 f.)!

Für die Erreichung des Zieles der Preisniveaustabilität ist seit Bestehen der Europäischen Währungsunion die Europäische Zentralbank (EZB) verantwortlich. In einem Umfeld, das durch die internationale Finanzkrise gekennzeichnet ist, wird die Umsetzung der geldpolitischen Strategie zunehmend schwieriger.

M 2

Während der gegenwärtigen Finanzkrise befanden sich die Zentralbanken fortlaufend in enger Konsultation und arbeiteten bei beispiellosen gemeinsamen Maßnahmen – wie der Bereitstellung von Liquidität zur Verringerung von Engpässen an den Finanzmärkten – zusammen. […]
Die jüngste Verschärfung der Finanzkrise hat zu größeren Abwärtsrisiken für das Wachstum geführt, wodurch die Aufwärtsrisiken für die Preisstabilität weiter abgenommen haben. Eine gewisse Lockerung der weltweiten monetären Bedingungen ist daher angebracht. […]
Es ist [jedoch] nach wie vor zwingend erforderlich, breit angelegte Zweitrundeneffekte bei der Lohn- und Preissetzung, d. h. eine Lohn-Preis-Spirale, zu vermeiden.

Quelle: EZB Monatsbericht Oktober 2008, für Prüfungszwecke bearbeitet; kostenfrei auf der EZB-Webseite erhältlich

M 3

Obwohl die Regierungen rund um den Globus milliardenschwere Rettungspakete für den Finanzsektor geschnürt haben, kommen die Kreditgeschäfte zwischen den Banken nicht ins Rollen. Das gegenseitige Misstrauen ist so groß, dass sich die Institute untereinander kaum noch Geld leihen – stattdessen horten sie es massenhaft bei der Europäischen Zentralbank.
[…] Seit Wochen deponieren die Banken des Euro-Raums bis zu 240 Milliarden Euro bei der Europäischen Zentralbank (EZB) – das ist locker 500- bis 1 000-mal so viel wie in normalen Zeiten. […]

Quelle: iwd – Informationsdienst des Instituts der deutschen Wirtschaft Köln, Nr. 45/2008, 06. 11. 2008, © Deutscher Instituts-Verlag, Köln, S. 6

M 4

Schlüsselzinssätze der EZB (Zinssätze in % p. a.)				
mit Wirkung vom	Einlage-fazilität	Hauptrefinanzierungsgeschäfte		Spitzen-refinanzierungs-fazilität
		Mengentender	Zinstender	
		Festzinssatz	Mindestbietungs-satz	
14. März 2007	2,75	–	3,75	4,75
13. Juni 2007	3,00	–	4,00	5,00
09. Juli 2008	3,25	–	4,25	5,25
08. Okt. 2008	2,75	–	4,25	4,75
09. Okt. 2008	3,25	–	–	4,25
15. Okt. 2008*	3,25	3,75	–	4,25
12. Nov. 2008	2,75	3,25	–	3,75

* Am 8. Oktober 2008 gab die EZB bekannt, dass die wöchentlichen Hauptrefinanzierungsgeschäfte beginnend mit dem am 15. Oktober abzuwickelnden Geschäft mit *vollständiger* Zuteilung zum Zinssatz für die Hauptrefinanzierungsgeschäfte durchgeführt werden.

Quelle: EZB Monatsbericht November 2008, Statistikteil: S. 7, für Prüfungszwecke bearbeitet; kostenfrei auf der EZB-Webseite erhältlich

2.1 Erklären Sie das Instrument der ständigen Fazilitäten und deren Bedeutung für den Geldmarkt!

2.2 Erläutern Sie die im Herbst 2008 vorgenommenen geldpolitischen Maßnahmen (M 4) vor dem Hintergrund der Finanzkrise (M 2 und M 3)!

2.3 Stellen Sie dar, welche Bedeutung „Zweitrundeneffekte bei der Lohn- und Preissetzung" (M 2, Z. 9 f.) für die geldpolitischen Überlegungen der Europäischen Zentralbank (EZB) haben, und beurteilen Sie die derzeitige Gefahr von Zweitrundeneffekten vor dem Hintergrund der gegenwärtigen wirtschaftlichen Lage!

Vorgegebene Bewertungseinheiten:

Frage	1	2
BE	32	28

Lösungsvorschlag

1.1 *Die Aufgabe ist zweiteilig. Zunächst sind im Text M 1 die „drei Säulen" zu identifizieren und kurz zu beschreiben. In einem zweiten Schritt ist ausführlich darzulegen, inwieweit die genannten Ziele des Stabilitätsgesetzes auch soziale Ziele verfolgen.*

Laut Aussage des Textes M 1 ruht „das Soziale" der sozialen Marktwirtschaft auf folgenden drei Säulen:
Die **erste Säule** ist das sogenannte **„soziale Netz"**, mit dem die soziale Marktwirtschaft „üblicherweise, aber sehr oberflächlich" (Z. 8) gleichgesetzt wird. Im Text wird das soziale Netz über die Sozialleistungsquote definiert, also über den „Anteil der Sozialausgaben am Bruttoinlandsprodukt" (Z. 11).
Die **zweite Säule** spiegelt sich in der Überzeugung der „Väter der sozialen Marktwirtschaft" (Z. 14) wider. Für sie ist ein funktionierendes **marktwirtschaftliches System** per se schon sozial, da die Elemente, die ein solches System ausmachen, wie z. B. die Entscheidungsfreiheit aller Marktteilnehmer, die Ausrichtung der Produktion nach den Wünschen der Konsumenten und die „durch Wettbewerb erzwungene [...] Effizienz" (Z. 19 f.), zu „entsprechend hohen Pro-Kopf-Einkommen" (Z. 20) und damit zum „Wohlstand für alle" (Z. 21) führen.
Die **dritte Säule** ist schließlich die **Wirtschaftspolitik**, wie sie seit Beginn der Sozialen Marktwirtschaft im Stabilitätsgesetz verankert ist. Sind beispielsweise die Ziele Preisniveaustabilität, ein hoher Beschäftigungsstand und stetiges, angemessenes Wirtschaftswachstum (vgl. Z. 22–25) gewährleistet, sichert dies automatisch die Lebensgrundlage der breiten Bevölkerung und damit soziale Sicherheit.

Preisniveaustabilität hat eine positive soziale Wirkung, da die reale Kaufkraft von Einkommen und Vermögen erhalten bleibt. Durch Inflation sind v. a. Menschen mit niedrigeren laufenden Einkommen, mit staatlich regulierten Einkommen und mit Geldvermögen negativ betroffen. Je geringer das Einkommen, desto höher ist die Konsumquote im Vergleich zu Besserverdienern. Im Fall der Inflation ist also ein prozentual höherer Anteil des Einkommens vom Kaufkraftverlust betroffen und ein Ausweichen durch Konsumverzicht ist für Geringverdiener kaum möglich, da sie in erster Linie erforderliche Güter der Lebenshaltung kaufen. Der Unterschied in der Einkommenssituation wird durch Inflation also noch verstärkt. Dieser Effekt widerspricht dem sozialen Ziel der Einkommensumverteilung „von oben nach unten" und kann durch Preisstabilität verhindert werden. Verstärkt wird der negative Effekt von Preissteigerungen dadurch, dass laufende Einkommen nur mit zeitlichen Verzögerungen an die Preisentwicklung angepasst werden. Die Anpassung von Löhnen und Gehältern erfolgt erst durch Tarifverhandlungen, die von staatlich regulierten Einkommen wie Renten, Pensionen und Sozialtransfers i. d. R. mit noch größeren zeitlichen Verzögerungen (*time lags*) durch den erforderlichen politischen Entscheidungsprozess. Außerdem wird der Kaufkraftverlust durch die Einkommenserhöhungen oft nur zum Teil ausgeglichen. Dadurch entsteht wieder ein realer Kaufkraftverlust, der nur durch Preisstabilität vermieden werden kann. Ähnliches gilt auch für Sparer, also Besitzer von Geldvermögen. Sie profitieren von der Preisniveaustabilität, da für sie keine schleichende Entwertung ihres angelegten Geldes durch Inflation entsteht, die auch durch inflationsbedingte Zinserhöhungen i. d. R. nur unzureichend und nur mit zeitlicher Verzögerung kompensiert wird. Preisstabilität verhindert auch eine sozial ungerechtfertigte Bevorzugung von Schuldnern (überwiegend Unternehmen und der Staat) und Eigentümern von Sachvermögen wie Immobilien (überwiegend Unternehmen und wohlhabende Bevölkerungsschichten). Inflation würde diese Gruppen, zu denen i. d. R. nicht die Bezieher niedriger Einkommen gehören, bevorzugen, da der reale Schuldenwert durch Inflation zulasten der Gläubiger sinken wür-

de und Sachwerte eine Wertsteigerung ohne realwirtschaftliche Grundlage erfahren würden. Dieser Effekt würde einer sozial angelegten Einkommensverteilung entgegenlaufen. Die Gewährung der Preisniveaustabilität verhindert also einen realen Einkommens- und Vermögensverlust der weniger wohlhabenden Bevölkerung und eine sozial unerwünschte Umverteilung zugunsten wohlhabender Bevölkerungsteile.
Ein möglichst **hoher Beschäftigungsstand** ist deshalb ein soziales Ziel, weil durch einen hohen Beschäftigungsstand für möglichst viele Bürger laufende Einkommen entstehen und damit Konsummöglichkeiten und die Chance eröffnen, am wirtschaftlichen Wohlstand teilzuhaben. Steuern und Sozialabgaben aus laufenden Einkommen sichern außerdem die Finanzierung der sozialen Aufgaben des Staates mit ab. Ersparnisbildung aus laufenden Einkommen ermöglicht private soziale Absicherung. Darüber hinaus verhindert ein hoher Beschäftigungsstand die unerwünschten gesellschaftlichen Folgen der Arbeitslosigkeit wie Verarmung, Verlust des Selbstwertgefühls, soziale Isolierung und ggf. politische Radikalisierung aufgrund des fehlenden beruflichen und materiellen Erfolges.
Ein hoher Beschäftigungsstand wird durch ein stetiges und **angemessenes Wirtschaftswachstum** ermöglicht, da in einer wachsenden Wirtschaft Arbeitsplätze gesichert und geschaffen werden können. Dies hat ebenfalls positive soziale Auswirkungen, weil das im Zusammenhang mit dem Wirtschaftswachstum geschaffene Volkseinkommen einen Wohlstandszuwachs in breiten Teilen der Bevölkerung ermöglicht und über Steuern und Abgaben zur Finanzierung der Sozialpolitik und der Sozialen Sicherung beiträgt.

1.2 *Der Operator „erläutern" fordert eine umfassende Darstellung, warum für die in 1.1 herausgearbeiteten Säulen ein starker, also handlungsfähiger Staat notwendig ist. Die Frage nach den Grenzen staatlicher Eingriffe zielt darauf ab, dass trotz aller Eingriffe das Funktionieren des Marktes gewährleistet bleiben muss.*

Die drei Säulen des Sozialen können nur von einem handlungsfähigen, also starken Staat gewährleistet und umgesetzt werden, da für ihre Umsetzung staatliche Rahmenvorgaben und Eingriffe erforderlich sind.
Bei der ersten Säule, dem **sozialen Netz**, geht es um einen sozialen Ausgleich, bei dem die gesellschaftliche Solidarität mit sozial Schwächeren im Vordergrund steht. Die Finanzierung des sozialen Ausgleichs erfolgt über die **Umverteilung von Einkommen und Vermögen** von „oben nach unten". Diese Umverteilung kann ein marktwirtschaftliches System nicht leisten, d. h., ein „starker" Staat muss über seine politischen Befugnisse entsprechende gesetzliche Regelungen schaffen, die einen staatlichen Eingriff in die Einkommens- und Vermögensverhältnisse der Bevölkerung ermöglichen. Bei diesen Eingriffen muss der Staat allerdings maßhalten, um die Leistungsgerechtigkeit nicht zu gefährden. Wer viel leistet, muss dafür auch ein entsprechendes Einkommen als Gegenleistung zur Verfügung haben. Werden den Leistungsträgern zu große Einkommensanteile staatlich abgezogen, führt dies zum Verlust der Leistungsmotivation oder zu Umgehungs- und Vermeidungsstrategien bezüglich staatlicher Abgaben. Beides hätte negative Auswirkungen auf die Leistungsfähigkeit der Wirtschaft und die Grundlage der sozialen Umverteilung. Auch aus diesem Grund ist bei Eingriffen das Prinzip der **Subsidiarität** zu wahren. Das heißt, grundsätzlich ist der Bürger für die Absicherung möglicher Lebensrisiken selbst verantwortlich und der Staat soll erst dann eingreifen, wenn der Bürger mit dieser Aufgabe überfordert ist. Das System der Gesetzlichen Sozialversicherung ist in Deutschland historisch gewachsen, aber nicht zwingend in der bestehenden Form erforderlich. Risiken wie z. B. Erwerbsunfähigkeit, Krankheit oder Unfall können auch über private Versicherungen abgesichert werden, wie dies zum Teil schon heute der Fall ist. Ein starker Staat muss dann lediglich dafür sorgen, dass eine gesetzliche Verpflichtung zur privaten Vorsorge besteht, und im Sinne des Sozialen Ausgleichs diejenigen „auffangen", denen eine private Absicherung nicht möglich ist.

Die zweite Säule, eine **leistungsfähige Wirtschaftsordnung**, erfordert unter anderem, dass der Staat einen funktionierenden Wettbewerb sicherstellt. Das heißt, ein „starker“ Staat muss Wettbewerbsverzerrungen bzw. -beschränkungen durch entsprechende **gesetzliche Regelungen** unterbinden und Verstöße dagegen entsprechend sanktionieren können. Beispiele hierfür sind das **Kartellverbot** und die **staatliche Fusionskontrolle**. Die Grenzen staatlicher Eingriffe sind da erreicht, wo positive Effekte durch Vereinbarungen zwischen Unternehmen entstehen, die den Wettbewerb mittelfristig sogar fördern können. So kann z. B. die Einigung auf gewisse technische Standards die Entwicklung vorantreiben und somit die Leistungsfähigkeit der Wirtschaft stärken. Außerdem setzen nationale Regelungen in Zeiten der Globalisierung unter Umständen zu enge Regeln, beispielsweise wenn Fusionen unterbunden werden, die eine starke Stellung der Unternehmen im internationalen Markt verhindern. Daher sollte die staatliche Wettbewerbsaufsicht nicht kategorisch, sondern stets mit Blick auf längerfristige und globale Auswirkungen eingreifen.
Die dritte Säule, die **aktive Wirtschaftspolitik**, ist nur bei entsprechenden staatlichen Befugnissen und Instrumenten möglich. Diese sind in Deutschland u. a. im **Stabilitätsgesetz** verankert, das dem Staat die Möglichkeit gibt, bei Bedarf steuernd einzugreifen. Beispielsweise kann der Staat in einer wirtschaftlich schwachen Situation seine Investitionen erhöhen oder steuerliche Anreize setzen, um eine gesamtwirtschaftliche Nachfragelücke zu schließen. Auch hier gilt aber, dass die staatlichen Eingriffe nur im Bedarfsfall und möglichst marktkonform erfolgen sollen, d. h., sie dürfen die Regeln des Marktes nicht außer Kraft setzen. Die Souveränität der Wirtschaftssubjekte muss gewährleistet bleiben, d. h., die Entscheidungsfreiheit über die Nachfrage und das Angebot im Konsum- und Investitionsgüterbereich muss bei den privaten Marktteilnehmern bleiben.

1.3 *Der Operator „aufzeigen“ geht über ein reines Nennen der möglichen Probleme hinaus. Eine ausführliche Erläuterung ist nicht gefordert, in jedem Fall aber ein geschlossener Text, aus dem der problematische Zusammenhang zwischen der „Finanzierung der Sozialausgaben“ und dem „Arbeitsverhältnis“ klar wird.*

Wie in Text M 1 angedeutet, werden die deutschen Sozialausgaben weitgehend aus den Arbeitgeber- und Arbeitnehmerbeiträgen zur gesetzlichen Sozialversicherung finanziert. Nur ein geringer Teil der Sozialleistungen, z. B. die Sozialhilfe, ist steuerfinanziert. Aus der Tatsache, dass der erwerbstätige Teil der Bevölkerung und die Arbeitgeber durch ihre Beiträge die Sozialausgaben der Gesamtbevölkerung zu einem weit überwiegenden Teil tragen müssen, ergeben sich vielfältige Probleme:
Zunehmende Sozialausgaben resultieren i. d. R. in **steigenden Sozialversicherungsbeiträgen**. Für Arbeitnehmer bedeutet dies höhere Abzüge und so eine größere Differenz zwischen Brutto- und Nettolöhnen. Bei gleichbleibenden Bruttolöhnen bedeutet dies eine reale Lohnkürzung und einen Kaufkraftverlust, der negative Multiplikatoreffekte auf die Gesamtwirtschaft haben kann. Für Arbeitgeber bedeuten steigende Sozialversicherungsbeiträge **höhere Lohnnebenkosten**, die den Produktionsfaktor Arbeit verteuern. Wie oben beschrieben, können diese Kosten wegen des Kaufkraftverlusts bei den Arbeitnehmern nicht durch höheren Konsum kompensiert werden; im Extremfall entwickeln sich der Konsum und die Ertragslage der Unternehmen sogar negativ. Dies kann zu Rationalisierungsmaßnahmen und Standortverlagerungen führen und einen Verlust an Arbeitsplätzen mit sich bringen. Dies wiederum ist gleichbedeutend mit geringeren Einnahmen und höheren Ausgaben für die Sozialversicherung.
Die **demografische Entwicklung** in Deutschland verschärft dieses Problem zusätzlich, da durch die hohe Lebenserwartung älterer Menschen und gleichzeitig rückläufige Geburtenraten einer steigenden Zahl an Leistungsempfängern immer weniger Beitragszahler gegenüberstehen. Die steigende Lebenserwartung, verbunden mit der im Alter zu-

nehmenden Inanspruchnahme von Leistungen der Sozialen Sicherung, verschärft diese Situation, sodass sich die Ausgaben zunehmend nicht mehr aus den aktuellen Einnahmen decken lassen.
Das Sozialversicherungssystem in der heutigen Form kann ohne weitere Beitragserhöhungen nicht aufrechterhalten werden. Dies verstärkt die oben beschriebene Problematik steigender Sozialversicherungsbeiträge in einer Art Teufelskreis und sollte zu einer grundsätzlichen Diskussion über einen Systemwechsel führen.

2.1 *Der Operator „erklären" erfordert die Darstellung der Funktionsweise des Instruments der Ständigen Fazilitäten und deren Bedeutung für den Geldmarkt. Diese reproduktive Aufgabe kann aus dem Hintergrundwissen gelöst werden, ein Materialbezug ist nicht nötig.*

Die **Ständigen Fazilitäten sind ein Teil des geldpolitischen Instrumentariums der EZB**. Man unterscheidet zwischen der Spitzenrefinanzierungsfazilität und der Einlagefazilität.
Im Rahmen der **Spitzenrefinanzierungsfazilität** können sich die Geschäftsbanken bei der EZB Liquidität in gewünschter Höhe bis zum nächsten Geschäftstag („über Nacht") beschaffen, um Liquiditätsengpässe zu überbrücken. Sie müssen dafür Zinsen in Höhe des Spitzenrefinanzierungssatzes zahlen und Wertpapiere als Sicherheiten bieten.
Im Rahmen der **Einlagefazilität** können Geschäftsbanken überschüssige Liquidität in unbegrenzter Höhe „über Nacht" bei der EZB anlegen. Sie erhalten dafür Zinsen in Höhe des Einlagensatzes.
Der Einlagensatz ist in der Regel sehr niedrig, der Spitzenrefinanzierungssatz dagegen sehr hoch. Diese beiden Zinssätze bilden daher die untere und die obere Grenze einer Art Zinskorridor für Tagesgeld auf dem Geldmarkt. Aufgrund der unattraktiven Konditionen werden diese beiden Fazilitäten nur dann in Anspruch genommen, wenn der Geldmarkt, insbesondere das Interbankgeschäft, keine attraktivere Möglichkeit bietet. Sie sind daher für die EZB ein guter Indikator der Liquiditätssituation auf dem Geldmarkt.

2.2 *Als Basis für die Erläuterung müssen zunächst die in M 4 dokumentierten geldpolitischen Maßnahmen beschrieben werden. Dabei ist zu beachten, dass nur auf den Zeitraum „Herbst 2008" Bezug genommen werden muss. Die Erläuterung zielt hier in erster Linie auf Gründe für die geldpolitische Strategie im Zusammenhang mit der Finanzkrise (vgl. M 2 und M 3) ab.*

Beschreibung: Aus M 4 können für den Herbst 2008 wesentliche Veränderungen abgelesen werden: Für die **Hauptrefinanzierungsgeschäfte** wurde zum einen zwischen 8. Oktober und 12. November der Zinssatz in zwei 0,5 %-Schritten von 4,25 % auf 3,25 % deutlich gesenkt. Außerdem wurde das **Zuteilungsverfahren** vom Zinstender auf den Mengentender umgestellt. Entgegen der üblicherweise parallel verlaufenden Entwicklung wurden die Zinssätze für die **Ständigen Fazilitäten** unterschiedlich verändert. Während der **Einlagenzinssatz** nach einer 0,5-prozentigen Senkung am 8. Oktober bereits am 9. Oktober wieder um 0,5 % auf 3,25 % angehoben wurde, wurde der **Spitzenrefinanzierungssatz** gleichzeitig um je 0,5 % auf 4,25 % gesenkt. Das Ergebnis ist in zweierlei Hinsicht ungewöhnlich: Zum einen wurde der Zinskorridor von der lange üblichen 2 % Differenz auf 1 % verengt, zum anderen war am 9. Oktober der Spitzenrefinanzierungssatz identisch mit dem Hauptrefinanzierungssatz, der normalerweise in der Mitte des Zinskorridors liegt. Dorthin bewegte er sich erst am 15. Oktober wieder durch die Senkung auf 3,75 % und gleichzeitig mit der Umstellung des Tenderverfahrens auf den Mengentender. Im November erfolgte schließlich eine parallele Senkung aller drei

Zinssätze um 0,5 %, sodass der enge Korridor von 1 % um den Hauptrefinanzierungssatz von jetzt 3,25 % erhalten blieb. Das Tenderverfahren blieb unverändert beim Mengentender.

Erläuterung: Infolge der Finanzkrise, die ab Juli 2008 auf die reale Wirtschaft übergriff, verstärkten sich die Anzeichen für einen Wirtschaftsabschwung, gleichzeitig reduzierten sich die Inflationsrisiken (M 2, Z. 5–7). Daher konnte die EZB den vorherigen Kurs ihrer eher kontraktiven Geldpolitik zur Erreichung des Primärziels der Preisstabilität lockern, und im Rahmen des Sekundärziels „Unterstützung der allgemeinen Wirtschaftspolitik der Gemeinschaft" die EU-Mitglieder in ihrem Bemühen um Verhinderung einer Rezession unterstützen.
Die schrittweise **Senkung des Hauptrefinanzierungssatzes** entspricht einer **expansiven Geldpolitik** angesichts der drohenden Rezession im Zuge der Finanzkrise. Durch die Senkung der Leitzinsen wurde die Refinanzierung für die Geschäftsbanken billiger, sodass diese theoretisch ihren Kunden günstigere Kredite anbieten konnten. Idealtypischerweise sollte dadurch die Kreditnachfrage und damit die Nachfrage nach Konsum- und Investitionsgütern steigen. Auch die Haben-Zinsen verringerten sich, sodass Sparen theoretisch unattraktiver wurde, idealtypisch die Sparquote sinken und die Konsumquote steigen sollte. Der erstrebte positive Effekt für die gesamtwirtschaftliche Nachfrage sollte der Konjunktur einen positiven Impuls geben und einer Rezession entgegenwirken.
Die **Umstellung des Zuteilungsverfahrens** vom Zins- auf den Mengentender sollte über die verbilligte Refinanzierung hinaus dem Bankensystem auch quantitativ **mehr Liquidität** zur Verfügung stellen. Beim Zinstenderverfahren muss die gewünschte Liquidität von den Geschäftsbanken auf Basis des Mindestbietungssatzes ersteigert werden. Dabei kommen nur die Banken mit den höchsten Geboten zum Zug, in der Regel die größeren Banken. Beim Mengentenderverfahren dagegen erhalten die Geschäftsbanken zu einem von der EZB fixierten Zinssatz eine von der EZB bestimmte und damit in der Zuteilung frei steuerbare Geldmenge. Das Mengentenderverfahren verbessert also die Liquiditätssituation des gesamten Bankensystems und soll so den oben beschriebenen Multiplikatorprozess gegen die Rezession auch auf kleine Banken ausweiten. Dass die EZB dabei darüber hinaus ab dem 15. Oktober jeweils die komplette gewünschte Summe zuteilt (vgl. Fußnote zu M 4), verbessert die Liquiditätsversorgung der Geschäftsbanken zusätzlich. In die gleiche Richtung zielt die **Senkung des Spitzenrefinanzierungssatzes** für unbegrenzte Über-Nacht-Liquidität.
Der hohe Liquiditätsbedarf der Geschäftsbanken, der die oben beschriebenen Veränderungen beim Haupt- und Spitzenrefinanzierungsgeschäft auslöste, beruht im Wesentlichen darauf, dass das Vertrauen zwischen den Geschäftsbanken im Zuge der Finanzkrise stark abgenommen hat, sodass das **Interbankgeschäft** zeitweise fast vollständig zum Erliegen kam. „Stattdessen hort[et]en" die Banken das Geld „massenhaft bei der Europäischen Zentralbank" (M 3, Z. 4 f.), d. h., die im Zuge der Refinanzierung zugeteilten Mittel wurden nicht im Interbankgeschäft weitergegeben, sondern die Einlagefazilität nahm drastisch zu. Die EZB übernahm damit faktisch den Liquiditätsausgleich, der normalerweise zwischen den Geschäftsbanken im Interbankgeschäft stattfindet. Auch eine Verengung des Zinskorridors soll den Interbankhandel stützen, indem sie die Schwankungsbreite der Zinsen am Geldmarkt reduziert und den Geldmarktsatz nahe am Leitzins hält.
Die gesamten Maßnahmen im Rahmen der **expansiven Strategie der EZB** waren darauf ausgerichtet, die Liquiditätsausstattung der Wirtschaft zu verbessern, um einem wirtschaftlichen Abschwung entgegenzuwirken.

2.3 *Vor dem Hintergrund der Geldpolitik der EZB ist zunächst allgemein die Bedeutung der sogenannten Lohn-Preis-Spirale („Zweitrundeneffekte") zu beschreiben. Anschließend soll beurteilt, also eine Wertung abgegeben werden, inwieweit in der derzeitigen wirtschaftlichen Lage die Gefahr derartiger Zweitrundeneffekte besteht. Ein abschließendes Fazit wird erwartet.*

Darstellen der Lohn-Preis-Spirale: Unter **Zweitrundeneffekten**, der sogenannten **Lohn-Preis-Spirale**, versteht man folgenden Zusammenhang: Ein steigendes Preisniveau führt in Tarifverhandlungen zu Forderungen der Gewerkschaften nach höheren Tarifabschlüssen zum Ausgleich des inflationsbedingten Kaufkraftverlusts. Der primäre Effekt von Lohnerhöhungen ist eine Kostensteigerung für die Unternehmen. Gelingt es den Unternehmen, die höheren Lohnkosten (teilweise) auf die Preise überzuwälzen, erhöht dies wiederum das Preisniveau (Bumerang- oder Zweitrundeneffekt). Es kann zu einem Kreislauf aus Preis- und Lohnerhöhungen kommen, in dem sich das Lohn- und Preisniveau gegenseitig hochschaukeln, sodass die Preisstabilität als oberstes Ziel der EZB akut gefährdet ist.
Preisstabilität als vorrangiges Ziel der EZB ist definiert als eine Inflationsrate (gemessen am Harmonisierten Verbraucherpreisindex HVPI) von nahe, aber unter 2 %. Da eine Lohn-Preis-Spirale über mehrere Perioden über diesen Grenzwert hinausführen kann, muss die Geldpolitik der EZB daran ausgerichtet sein, Zweitrundeneffekte zu vermeiden (vgl. M 2, Z. 9 f.).

Beurteilen der derzeitigen Situation: Die Geldpolitik der EZB beruht auf der sogenannten Zwei-Säulen-Strategie. Neben der mittel- bis langfristigen Entwicklung der Geldmenge (zweite Säule) werden als erste Säule die kurz- bis mittelfristigen Bestimmungsfaktoren der Preisentwicklung im Euroraum mithilfe zahlreicher Indikatoren beurteilt (wirtschaftliche Analyse). Dazu zählt u. a. auch die Entwicklung der Löhne und Gehälter.
Die aktuelle konjunkturelle **Abschwungphase** reduziert die Gefahr von Preissteigerungen (vgl. M 2, Z. 5 ff.). Das zeigen auch die extrem niedrigen Inflationsraten, die z. T. sogar mit Deflations-Tendenzen in Verbindung gebracht werden (Inflationsrate in Deutschland im Mai 2009 laut Statistischem Bundesamt 0,0 %). Vor dem Hintergrund dieser Entwicklung sollte das Argument steigender Preise deshalb im Rahmen von Tarifverhandlungen derzeit keine ausschlaggebende Rolle spielen.
Gewerkschaften könnten die Forderungen nach Tariflohnerhöhungen aber rückwirkend mit einem **Nachholbedarf** begründen: Zum einen, weil die Reallöhne und damit die Kaufkraft infolge der relativ hohen Inflationsraten des Jahres 2008 gesunken sind, zum anderen mit dem Argument, dass die Arbeitnehmer an den guten Unternehmensergebnissen der vergangenen Jahre nicht ausreichend beteiligt wurden.

Fazit: Angesichts der derzeitigen Wirtschaftslage, die vermehrt von Unternehmensinsolvenzen und Arbeitsplatzabbau quer durch alle Branchen und von geringen Inflationsraten bis hin zur Deflationsangst geprägt ist, erscheint die Gefahr von Zweitrundeneffekten eher gering, sofern die Gewerkschaften bei ihren Forderungen die gesamtwirtschaftliche Lage im Blick behalten und anstehende Tarifabschlüsse moderat ausfallen.

Mögliche Punktverteilung:

1.1	1.2	1.3	2.1	2.2	2.3
12	12	8	8	10	10

Leistungskurs Wirtschaft/Recht: Abiturprüfung 2009
Fachgebiet Betriebswirtschaft – Aufgabe III

Die StarWings AG war ein weltweit operierender deutscher Automobilhersteller, der vor zehn Jahren durch die Fusion der Star AG mit der US-amerikanischen Wings LLC* entstand. Im Geschäftsjahr 2008 wurde die Wings LLC wieder ausgegliedert und an einen Finanzinvestor verkauft. Aus der StarWings AG wurde durch Umfirmierung wieder die Star AG.
Bereits im Jahr 2007 gab es Pressemeldungen zu der offensichtlich bevorstehenden Trennung der beiden Unternehmen.

* LLC: *Limited Liability Company*, Grundform einer US-amerikanischen Kapitalgesellschaft

M 1 StarWings AG: Zehn schwierige gemeinsame Jahre

Kurz und knapp hat Dr. Raimund Wolf, der Chef der StarWings AG, das Ende einer Ära besiegelt: „Wir haben die Voraussetzungen für einen neuen Start für Star und für Wings geschaffen."
Vor zehn Jahren wurde der transatlantische Zusammenschluss bekannt gegeben. Eine „Fusion unter Gleichen" sollte es sein.
Der Ehealltag erweist sich allerdings als mühsam, schon wegen der Entfernungen zwischen den beiden Zentralen in den USA und in Deutschland. Viermal pro Woche fliegt ein firmeneigener Airbus hin und her. Vom geplanten Kontinentwechsel können von 30 US-amerikanischen Managern nur zehn überzeugt werden. Die Wings-Mitarbeiter sind frustriert, weil ihnen ihrer Meinung nach nicht die notwendige Aufmerksamkeit in der Führungsetage entgegengebracht wird. Transkontinentale Treffen der Führungsebenen kosten das Unternehmen viel Geld, während die Mitarbeiter zum Sparen angehalten werden. Die Stimmung verschlechtert sich, als die Wings-Sparte zwei Jahre nach dem gemeinsamen Start deutliche Verluste macht. Zudem zeichnet sich immer mehr ab, dass zwischen beiden Unternehmen nur schwer Synergien zu erreichen sind.
Den verwöhnten Ingenieuren der Star AG sind die US-Teile nicht gut genug. Den Amerikanern sind Ideen der Star AG zu teuer. Der Gewinn der deutschen Marke bricht ein und Qualitätsmängel führten zu Rückrufaktionen. Mit Umstrukturierungsmaßnahmen soll das Unternehmen wieder auf die Gewinnstraße zurückgebracht werden. Schließlich holt das Unternehmen ein altes Problem wieder ein: die Amerikaner melden hohe Verluste. In der Folge sind nicht nur Mitarbeiterentlassungen und Werkschließungen geplant, nein, es werden auch erste Gespräche geführt, die eine Trennung der beiden Unternehmen ankündigen.

Quelle: Nach Handelsblatt, 15. 05. 2007

Anlässlich der Bilanzpressekonferenz, die auch im Zeichen der Finanzkrise stand, berief der Aufsichtsrat der Star AG zum Ende des Geschäftsjahres 2008 eine Vorstandssitzung ein, bei der für die Teilnehmer folgende Unterlagen bereit gestellt wurden (M 2, M 3):

M 2

Bilanz (in Mio. Euro)					
Aktiva	**Star AG 2008**	**Star Wings AG 2007**	**Passiva**	**Star AG 2008**	**Star Wings AG 2007**
Immaterielle Vermögenswerte	5 202	7 614	Gezeichnetes Kapital	2 673	2 673
Sachanlagen	14 650	32 747	Kapitalrücklage	8 613	8 613
Vermietete Gegenstände	19 638	36 949	Gewinnrücklage	25 243	26 060
Finanzanlagen	33 373	59 893	langfristige Rückstellungen	13 443	31 307
Vorräte	14 086	18 396	kurzfristige Rückstellungen	7 820	15 244
Forderungen	25 009	46 583	langfristige Verbindlichkeiten	36 182	59 145
Wertpapiere	6 583	7 043	kurzfristige Verbindlichkeiten	41 120	74 592
Flüssige Mittel	16 553	8 409			
	135 094	**217 634**		**135 094**	**217 634**

M 3 SWOT-Analyse[2] für die Star AG zum Ende des Geschäftsjahres 2008

Strengths (Stärken)	Weaknesses (Schwächen)
• Produktivitätssteigerung von ca. 7 Prozent in europäischen Werken durch das Sanierungsprogramm „Fit for the Future" im Jahr 2008 • signifikante Qualitätssteigerung bei allen Modellen durch ständigen Verbesserungsprozess • Senkung der Produktionskosten um 4,3 Prozent an allen Standorten im Jahr 2008 • konsequenter Ausbau der Marktposition im Jahr 2008 • Steigerung der Absatzzahlen in allen Sparten im Jahr 2008 • Erfolgreiche Etablierung der Modellreihe „City" als Standardmodell im Segment der oberen Mittelklasse • Forschungs- und Entwicklungsinvestitionen zur technologischen Weiterentwicklung der Modellreihe „City"	• Verluste im Geschäftsjahr 2008 • Wertberichtigungen in der Bilanz in nicht unerheblichem Umfang aufgrund der Börsenkrise • Modellpalette im Pkw-Bereich bedient überwiegend die obere Mittelklasse und die Oberklasse, das Kleinwagensegment ist noch unterrepräsentiert • Modellpalette weist relativ hohe Verbrauchswerte auf

Opportunities (Chancen)	Threats (Gefahren)
• moderate Tarifabschlüsse halten Lohnkosten in europäischen Werken in Grenzen • positives Image unserer Fahrzeuge • Profil als Hersteller faszinierender und überzeugender Produkte • Ausdehnung des Kerngeschäfts auf den größten Wachstumsmarkt (baldiger Baubeginn eines neuen Montagewerks in China) • Umsetzung der Vision, die sauberste Diesel-Pkw-Generation und die sparsamsten Luxuslimousinen mit Hybridantrieb der Welt anzubieten • deutliche Ausweitung des Angebots an Hybridfahrzeugen durch Entwicklung einer neuartigen, besonders leistungsfähigen Lithium-Ionen Batterie	• schlechtere Bewertung der Aktie der Star AG auf den Märkten in Europa und in New York durch die Finanzkrise • unerwartet hohe Preissteigerungen auf dem Energiesektor • weltweit stark verändertes Nachfrageverhalten hin zu kleineren, verbrauchsärmeren Fahrzeugen • weltweite Einbrüche bei den Absatzzahlen auf dem Automobilmarkt durch die Finanzkrise

2 Die SWOT-Analyse (engl. Wortbildung aus *Strengths* (Stärken), *Weaknesses* (Schwächen), *Opportunities* (Chancen) und *Threats* (Gefahren)) ist eine Methode des strategischen Managements. Damit werden sowohl innerbetriebliche Stärken und Schwächen *(Strengths-Weaknesses)* als auch externe Chancen und Gefahren *(Opportunities-Threats)* betrachtet, welche die Handlungsfelder des Unternehmens betreffen.

1.1 Stellen Sie am Beispiel der Unternehmen Star AG und Wings LLC Probleme bei Unternehmenszusammenschlüssen dar (M 1)!

1.2 Zeigen Sie die Notwendigkeit des Aufsichtsrats am Beispiel der dargestellten Aktiengesellschaften (StarWings AG und Star AG)!

2.1 Begründen Sie Veränderungen in der Bilanz der StarWings AG bzw. der Star AG (M 2), die sich aus der Trennung der beiden Unternehmen ergeben haben könnten!

2.2 Erläutern Sie an ausgewählten Positionen der Bilanz der Star AG (M 2), wie stille Reserven entstehen können! Berücksichtigen Sie dabei beide Seiten der Bilanz!

2.3 Erklären Sie, warum durch die Börsenkrise „Wertberichtigungen in der Bilanz in nicht unerheblichem Umfang nötig" werden können und warum dies für die Star AG als „Schwäche" ausgelegt werden kann (M 3)!

3.1 Ordnen Sie eine Auswahl der in der SWOT-Analyse (M 3) erkennbaren Unternehmensziele in ein Zielsystem ein, das auch die unterschiedliche Rangordnung der Ziele berücksichtigt! Erläutern Sie an Beispielen aus der SWOT-Analyse, dass Zielbeziehungen nicht immer eindeutig sein müssen!

3.2 Erklären Sie anhand einer graphischen Darstellung die Auswirkung zusätzlicher Investitionskosten in Forschung und Entwicklung (M 3) auf den Break-Even-Point (Nutzenschwelle) der Modellreihe „City"! Gehen Sie dabei von einer linearen Kosten- und Erlösfunktion aus!

3.3 Diskutieren Sie Maßnahmen, mit denen das Unternehmen trotz der anfallenden Forschungs- und Entwicklungskosten den Gesamtgewinn der Modellreihe „City" sichern könnte!

Vorgegebene Bewertungseinheiten:

Frage	1	2	3
BE	16	20	24

Lösungsvorschlag

1.1 *Der Operator „darstellen" verlangt eine Beschreibung von Problemen im Zusammenhang mit Unternehmenszusammenschlüssen. Der Inhalt der Antwort soll sich am konkreten Beispiel von StarWings orientieren.*

Bei der Fusion von Star und Wings handelte es sich um einen transatlantischen Zusammenschluss zwischen einem deutschen und einem amerikanischen Unternehmen. Gerade bei internationalen Unternehmenszusammenschlüssen ergeben sich häufig grundsätzliche Probleme.
Ein Hauptproblem bei Star und Wings war offensichtlich die Tatsache, dass es sich um zwei Unternehmen auf zwei verschiedenen Kontinenten und aus zwei verschiedenen Kulturkreisen handelt. Die große räumliche Entfernung hat unter anderem verhindert, dass die Führungsmannschaft vollständig zusammengeführt werden konnte, da für zwei Drittel der amerikanischen Führungskräfte ein Wohnsitzwechsel schlichtweg nicht infrage kam. Als direkte Folge daraus entstanden **hohe Kosten** und **zeitlich-organisatorische Einschränkungen**, da die betroffenen Manager viermal pro Woche im unternehmenseigenen Großraumjet eingeflogen wurden. Diese Kosten standen im direkten Widerspruch zum unternehmensweiten Sparkurs für das Gros der Mitarbeiter und führten entsprechend zu Unmut in den unteren Mitarbeiter-Etagen. Eine weitere Folge der fehlenden Präsenz der amerikanischen Manager am Stammsitz in Deutschland war der Eindruck der amerikanischen Belegschaft, dass ihre Belange nicht ausreichend im Unternehmen vertreten wurden, sodass **keine Identifikation mit dem neuen Gesamtunternehmen**, sondern eher **Konkurrenzdenken** entstand. Dieses Spartendenken verschärfte sich von der deutschen Seite dadurch, dass der amerikanische Teil des neuen Unternehmens nach zwei Jahren **Verluste** machte, die das Gesamtunternehmen stark belasteten. Mit der Zeit zeigte sich auch, dass die erhofften **Synergie-Effekte** zwischen den beiden Unternehmen nicht realisierbar waren, da die elitären Qualitätsansprüche der Deutschen einerseits und die amerikanischen Produktvorstellungen andererseits nicht in Übereinstimmung gebracht werden konnten. Insgesamt lagen die Vorstellungen und Erwartungen der Verantwortlichen **kulturell bedingt zu weit auseinander**, sodass das Konzept einer „**Fusion unter Gleichen**" nie Realität wurde. Gewinneinbrüche beim deutschen Teil und erneut hohe Verluste beim amerikanischen Teil führten zu starken **Rentabilitätsproblemen** und letztendlich zu der Entscheidung, die Fusion rückgängig zu machen.

1.2 *Der Operator „zeigen" erfordert eine Begründung. Diese soll konkret am Beispiel von StarWings und Star erfolgen. Als Basis sind die relevanten Regelungen aus dem AktG heranzuziehen.*

Der Aufsichtsrat ist das gesetzlich vorgeschriebene **Kontrollgremium** in einer Aktiengesellschaft (§§ 95 ff. AktG). Er setzt sich i. d. R. aus Vertretern der Aktionäre und der Arbeitnehmer zusammen, die die Gesellschaft gegenüber dem Vorstand vertreten. In diesem Rahmen sind seine wesentlichen Aufgaben u. a. in §§ 84 und 111 AktG geregelt.

- Der Aufsichtsrat **bestellt die Mitglieder des Vorstands** und beruft sie ggf. ab. Damit soll erreicht werden, dass im Vorstand Mitglieder sind, die die Interessen der Aktionäre und der Belegschaft vertreten. Im Beispiel der StarWings AG waren im Vorstand sowohl Vertreter der amerikanischen als auch der deutschen Seite, auch wenn dies organisatorisch problematisch war.
- Der Aufsichtsrat hat die **Geschäftsführung** des Vorstands zu **überwachen** und kann dazu die Bücher und alle weiteren wichtigen Unterlagen und Bestände der AG einsehen und prüfen. Da die Aktionäre als Eigentümer des Unternehmens keine direkte Kontrollmöglichkeit über den Vorstand und seine Geschäftsführung haben, soll die

Überwachung durch den Aufsichtsrat sicherstellen, dass die angestellten Manager des Vorstands in ihrer Geschäftsführung die Interessen des Gesamtunternehmens, der Aktionäre und der Belegschaft berücksichtigen und keine Unternehmenspolitik betreiben, die ihren individuellen Karrierezwecken dient oder dem Gesamtunternehmen schadet. Bei StarWings dürfte dies besonders wichtig gewesen sein, da zwischen den Zielen der deutschen und der amerikanischen Manager zahlreiche Konflikte bestanden, die den Blick auf das Wohl des Gesamtunternehmens verstellen konnten.

- Der Aufsichtsrat erteilt dem Abschlussprüfer den Prüfungsauftrag für den Jahres- und den Konzernabschluss. Der Unternehmenserfolg wird im Jahresabschluss eines Unternehmens offengelegt. Die **Überprüfung des Jahresabschlusses** übernimmt der Aufsichtsrat für die Aktionäre. So musste der Vorstand der Star AG dem Aufsichtsrat gegenüber den Verlust von 2007 auf 2008 (vgl. Gewinnrücklage in M 2) begründen.
- Der Aufsichtsrat muss eine **außerordentliche Hauptversammlung** einberufen, wenn das Wohl der Gesellschaft es fordert. Im Zusammenhang mit der Trennung wurde sicherlich durch den Aufsichtsrat eine Hauptversammlung einberufen, um zu entscheiden, welcher Kurs (Werkschließungen oder Auflösung der Fusion) genommen werden sollte.
- **Bestimmte Arten von Geschäften** dürfen von der Geschäftsführung nur mit Zustimmung des Aufsichtsrats vorgenommen werden, es sei denn, drei Viertel der Hauptversammlung stimmen dem vom Aufsichtsrat abgelehnten Geschäft zu. Die ursprünglich geplanten Werkschließungen bei StarWings wären nur mit Zustimmung des Aufsichtsrats bzw. der Hauptversammlung möglich gewesen.

2.1 *Der Operator „begründen“ verlangt hier die Angabe von Gründen für die Bilanzveränderungen, die auf der Trennung der Unternehmen beruhen, d. h., es müssen Veränderungen aus M 2 ausgewählt werden, die plausibel auf der Trennung beruhen könnten. Da nahezu jeder Bilanzposten betroffen sein könnte, ist eine Gliederung nach Bilanzseiten und -blöcken sinnvoll.*

Auf der **Aktivseite** fällt auf, dass bis auf die flüssigen Mittel jeder Bilanzposten deutlich gesunken ist. Im Bereich des **Anlagevermögens** liegt dies zum einen an der physischen Trennung der beiden Unternehmensteile, da Sachanlagen (z. B. Maschinen, Gebäude) und vermietete Gegenstände von Wings ausgegliedert wurden und 2008 nicht mehr in der Bilanz der Star AG erscheinen (Rückgang insgesamt auf etwa die Hälfte). Analog dazu beruht der Rückgang des immateriellen Vermögens um etwa ein Drittel auf der Ausgliederung von z. B. Patenten und Lizenzen von Wings. Der starke Rückgang der Finanzanlagen um fast 45 % spiegelt vermutlich die Veräußerung der Anteile an Wings im Zuge der Trennung wider. Die Ausgliederung des Produktionsapparates von Wings wird im **Umlaufvermögen** naturgemäß von einem Rückgang der zugehörigen Vorräte um gut 4 Mrd. Euro begleitet. Der drastische Rückgang der Forderungen impliziert u. U., dass mehr als 45 % der Forderungen der StarWings AG zu Wings gehörten und bei der Ausgliederung mitgenommen wurden. Ggf. wurden aber auch offene Forderungen im Zuge der Umstrukturierung verstärkt abgebaut. Der **Anstieg der flüssigen Mittel** auf fast das Doppelte kann durch die Veräußerung der Anteile von Wings an den Finanzinvestor, aber auch durch den Abbau von Forderungen entstanden sein.
Im Bereich der **Passiva** fällt v. a. der Rückgang der Rückstellungen und der Verbindlichkeiten ins Auge. Bei den Rückstellungen wurden diejenigen Anteile, z. B. an langfristigen Pensionsrückstellungen (–57%) oder auch kurzfristigen Rückstellungen für Steuern und Gewährleistung (–49%), die fest mit Wings verbunden waren, mit ausgegliedert. Das Gleiche gilt u. U. für die von Wings verursachten Verbindlichkeiten, die der Finanzinvestor mit übernommen hat. Ggf. wurden aber auch mit dem Erlös aus den Anteilen von Wings oder aus Forderungsabbau bereits Verbindlichkeiten von Star getilgt. Die

langfristigen Verbindlichkeiten, z. B. gegenüber Fremdkapitalgebern wie Banken, sind jedenfalls um etwa 38 % gesunken, die kurzfristigen, z. B. gegenüber Lieferanten, um etwa 45 %. Letzteres kann auch direkt mit der Reduktion der Produktionskapazität zusammenhängen.

2.2 *„Erläutern" erfordert eine ausführliche Darstellung. Dazu sollte zunächst die Entstehung von Stillen Reserven generell beschrieben und dann der konkrete Bezug zur Aktiv- und Passiv-Seite der Star AG-Bilanz hergestellt werden.*

Stille Reserven entstehen grundsätzlich durch die **Unterbewertung von Aktiva** und die **Überbewertung von Passiva**. Die Ursache für diese vom Zeitwert abweichende Werterfassung in der Bilanz liegt in erster Linie im Grundsatz der kaufmännischen Vorsicht, der ein Ausweisverbot für nicht realisierte Gewinne und ein Ausweisgebot für drohende Verluste zur Folge hat. Diese sind im strengen und gemilderten Niederstwertprinzip für Vermögensgegenstände und im Höchstwertprinzip für Verbindlichkeiten verankert (Imparitätsprinzip). Das strenge Niederstwertprinzip gilt zwingend für das Umlaufvermögen und für Gegenstände des Anlagevermögens mit dauerhaftem Wertverlust, das gemilderte Niederstwertprinzip mit Wahlrecht gilt für Teile des Anlagevermögens mit voraussichtlich nur vorübergehender Wertminderung.

Bei der Star AG könnten im Bereich der **Aktiva** Stille Reserven z. B. bei den Finanzanlagen bestehen, wenn im Zuge der Finanzkrise Wertpapiere und Beteiligungen an Wert verloren haben und die Star AG trotz positiver Perspektiven auf Werterholung in der Bilanz den niedrigeren aktuellen Wert angesetzt hat. Selbst geschaffene immaterielle Vermögenswerte durften 2008 laut HGB generell nicht aktiviert werden, können aber erhebliche, auch veräußerbare Werte darstellen. (Ab 2009 besteht ein Aktivierungswahlrecht laut § 248 HGB, das aber nicht genutzt werden muss, sodass hier auch weiterhin Stille Reserven entstehen können.) Im Bereich der Sachanlagen könnten Stille Reserven bestehen, wenn Maschinen oder Fuhrpark bereits voll abgeschrieben sind, aber weiter genutzt werden bzw. einen realisierbaren Zeitwert haben.
Bei den **Passiva** könnten v. a. im Bereich der Rückstellungen Stille Reserven bestehen, wenn z. B. überhöhte Beträge für Gewährleistungsfälle angesetzt wurden oder Pensionsrückstellungen über die tatsächlichen Pensionsverpflichtungen hinausgehen. Ggf. können auch Kursschwankungen bei Fremdwährungsverbindlichkeiten zu Stillen Reserven geführt haben, wenn z. B. durch den Anstieg des Euro gegenüber dem Dollar im Zuge der Finanzkrise der Zeitwert der Verbindlichkeit unter dem Buchwert liegt.

2.3 *Die Aufgabe ist zweiteilig. Zunächst soll der Zusammenhang zwischen erforderlichen Wertberichtigungen und der Börsenkrise erklärt und dann ein möglicher Imageverlust durch die Wertberichtigungen begründet werden. Nicht ganz klar ist, ob mit dem Wort „Börsenkrise" die Finanzkrise generell oder nur ihre Auswirkung auf die Börse gemeint ist.*

Eine **Wertberichtigung** ist die Anpassung des Buchwerts eines Bilanzpostens an den Zeitwert bei Veränderungen des Marktwerts. Wie oben in 2.2 beschrieben, gilt aufgrund der deutschen Bilanzierungsvorschriften für Vermögen das Niederstwertprinzip mit dem Ausweisverbot für nicht realisierte Gewinne und Ausweisgebot für drohende Verluste. Eine Wertberichtigung ist auf jeden Fall immer dann erforderlich, wenn bei einem Vermögensgegenstand ein dauerhafter Wertverlust vorliegt; im Umlaufvermögen besteht die Notwendigkeit grundsätzlich.
Im Zuge der Finanzkrise könnte dieser Anpassungszwang für die Star AG z. B. im Bereich der Finanzanlagen entstanden sein, wenn Beteiligungen an fremden Unternehmen

einen nachhaltigen Wertverlust erlitten haben. Das Gleiche kann für Gebäude oder Grundstücke der Star AG gelten, wenn infolge der Immobilienkrise der Zeitwert zu überhöhten Preisen gekaufter Immobilien dauerhaft unter den Anschaffungspreis gefallen ist. Kursverluste bei den Wertpapieren des Umlaufvermögens führen grundsätzlich zu Wertberichtigungen. Ergeben sich durch Insolvenzen oder Zahlungsschwierigkeiten von Schuldnern Forderungsausfälle für die Star AG, müssen diese ebenfalls als Wertberichtigung auf Forderungen ausgewiesen werden. Da alle diese Bilanzposten der Star AG deutlich gesunken sind, könnten außer der Trennung von Wings auch Wertberichtigungen für diese Veränderungen verantwortlich sein.

Die Wertberichtigungen werden in der Gewinn- und Verlustrechnung in Form von Abschreibungen als Aufwand erfasst, d. h., sie mindern den Jahresüberschuss und können im Extremfall zu einem Jahresfehlbetrag führen oder diesen erhöhen. Im Fall der Star AG liegt für das Jahr 2008 ein Jahresfehlbetrag vor, da die Gewinnrücklage gesunken ist. Dieser Jahresfehlbetrag kann auch auf erforderlichen Wertberichtigungen beruhen. Der negative Jahresabschluss kann dazu führen, dass die gesamte Unternehmensentwicklung der Star AG als negativ eingeschätzt wird. Aufgrund des Verlusts ist keine Dividendenzahlung für die Aktionäre möglich, sodass die Wertschätzung für die Aktie auch aufgrund negativer Bewertung durch Analysten sinken und durch Verkäufe zu einem Kursverlust der Aktie an der Börse führen kann. Damit wird das Börsenimage der Star AG geschwächt. Der Rückgang der Gewinnrücklage schwächt außerdem die Eigenkapitalbasis und damit die Sicherheit und Kreditwürdigkeit der Star AG. Sowohl die Fremd- als auch Eigenkapitalbeschaffung können aus diesen Gründen erschwert sein und damit die Finanzierungskraft des Unternehmens für notwendige Geschäftsentscheidungen beeinträchtigen.

3.1 *Die Aufgabe ist eigentlich dreiteilig: Zunächst ist eine Systematik, d. h. ein Schaubild oder eine tabellarische Übersicht, zu erstellen, die „auch" nach der Rangordnung der Ziele gegliedert ist. Mit Rangordnung ist die Gliederung in Ober-, Zwischen- und Unterziele gemeint. Weitere Gliederungskriterien sollten an den konkreten Zielen aus M 3 ausgerichtet sein. Nachdem die Gliederung mehr als eine Ebene haben soll, bietet sich eine Matrixdarstellung an. Aus M 3 sollen dann einige Ziele ausgewählt und in die Systematik eingeordnet werden. Sinnvoll ist die Auswahl dann, wenn sie möglichst viele Teile der Systematik abdeckt. Zuletzt soll die Problematik der Nicht-Eindeutigkeit von Zielbeziehungen erläutert werden. Mindestens zwei Beispiele werden erwartet.*

Mögliches Zielsystem und Ziele der Star AG:

	Geldwirtschaftliche Ziele	**Güterwirtschaftliche Ziele**	**Ökologische Ziele**
Oberziel	Erreichung der Gewinnzone	Ausbau der Marktposition	Reduzierung des Treibstoffverbrauchs
Zwischenziel	Senkung der Produktionskosten	Steigerung der Absatzzahlen	Ausweitung des Angebots an Hybridfahrzeugen
Unterziel	Begrenzung der Lohnkosten	Bau eines Montagewerkes in China	Entwicklung einer neuartigen Lithium-Ionen-Batterie

Erläuterung zur Eindeutigkeit der Zielbeziehungen:
Ziele können komplementär (Ziele fördern sich gegenseitig), indifferent (Ziele beeinflussen sich nicht) oder konkurrierend (Ziele behindern sich gegenseitig) sein (z. T. findet sich als Extremform von „konkurrierend" auch noch „antinom", d. h., zwei Ziele schließen sich vollständig gegenseitig aus).

- Die angestrebte Qualitätssteigerung kann mit der Senkung der Produktionskosten konkurrieren. Ein Rückgang von Ausschuss und Nachbesserungsmaßnahmen durch ein höheres Qualitätsniveau in der Fertigung kann aber auch zu Kostensenkungen beitragen (komplementär).
- Der konsequente Ausbau der Marktposition kann völlig unabhängig vom Bau des Montagewerks in China sein (indifferent), allerdings ist es auch möglich, dass durch das Werk vor Ort die Position auf dem asiatischen Markt leichter ausgebaut werden kann, sodass die Ziele komplementär wären.
- Die angestrebte Produktivitätssteigerung von 7 % durch ein Sanierungsprogramm kann zwar dazu beitragen, das Ziel der Produktionskostensenkung um 4,3 % zu erreichen, d. h., die beiden Ziele wären komplementär. Es ist allerdings auch möglich, dass die Kosten des Sanierungsprogramms kurzfristig die Senkung der Produktionskosten in der geplanten Höhe verhindern, sodass die Ziele in einem Konkurrenzverhältnis stehen.
- Die angestrebte signifikante Qualitätssteigerung kann in indifferenter Beziehung zur Steigerung der Absatzzahlen im Jahr 2008 sein. Langfristig bedeutet eine überzeugende Qualität aber auch einen Marketingvorteil, der sich positiv auf die Absatzzahlen auswirken kann (komplementär).

3.2 *Gefordert ist eine Grafik mit einer linearen Kostenfunktion, die darstellt, wie sich zusätzliche Investitionskosten (M 3) auf den Break-Even-Point (Nutzenschwelle) auswirken. Diese Grafik ist außerdem zu erläutern, d. h., es ist explizit auf die Elemente der Grafik Bezug zu nehmen. Eine bloß grafische oder rein verbale Erklärung erfüllt nicht die Anforderungen.*

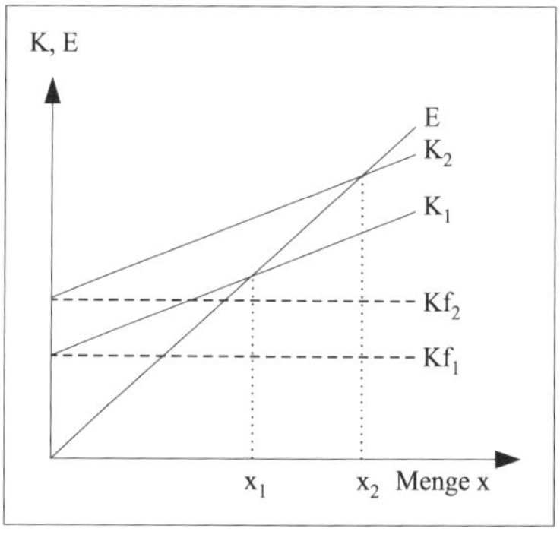

Höhere Investitionskosten in Forschung und Entwicklung sind unabhängig von der produzierten Stückzahl und stellen daher **Fixkosten** dar. Diese zusätzlichen Fixkosten verschieben den Graph der Fixkosten parallel nach oben von Kf_1 auf Kf_2. Dadurch verschiebt sich auch der Graph der **Gesamtkosten** parallel nach oben von K_1 auf K_2, da die Gesamtkosten die Summe aus fixen und variablen Kosten sind. Bei gleichbleibendem **Erlös** E führt diese Erhöhung der Gesamtkosten um die zusätzlichen Investitionskosten dazu, dass der Schnittpunkt der Gesamtkostenfunktion mit der Erlösfunktion nach rechts wandert von x_1 auf x_2. Das bedeutet, dass der **Break-Even-Point** und damit die **Ge-**

winnzone erst bei der höheren Absatzmenge x_2 erreicht wird. Bei einem geringeren Absatz macht das Unternehmen Verlust. Dies liegt daran, dass die höheren Investitionskosten durch den Verkauf der Produkte der Star AG erwirtschaftet werden müssen.

3.3 *„Diskutieren" bedeutet, die positiven und negativen Aspekte verschiedener Maßnahmen gegenüberzustellen. Mindestens zwei Maßnahmen und ein Fazit werden erwartet.*

Der **Gesamtgewinn** errechnet sich aus dem Erlös abzüglich der Gesamtkosten. Grundsätzlich bestehen zwei Varianten, die erhöhten Forschungs- und Entwicklungskosten mit Blick auf den Gesamtgewinn zu neutralisieren: Entweder ein Erlösanstieg um den gleichen Betrag oder eine Kostensenkung an anderer Stelle.
Ein **Erlösanstieg** könnte durch einen **höheren Verkaufspreis** für das Modell „City" erreicht werden, da Erlös = Preis × Absatzmenge. Durch eine Preiserhöhung könnte der Kostenanstieg zwar auf unkomplizierte Weise kompensiert werden, allerdings kann ein höherer Preis auch dazu führen, dass die Absatzzahlen zurückgehen, weil bestimmte Käufer nicht bereit sind, so viel zu bezahlen. Damit würde das Ziel verfehlt.
Die Erlössteigerung könnte auch durch eine **höhere Absatzmenge** der Modellreihe „City" erreicht werden. Für diese müssen i. d. R. allerdings auch zusätzliche Marketingmaßnahmen ergriffen werden. Ist die Differenz aus dem zusätzlichen Erlös und den Kosten des zusätzlichen Marketings kleiner als der Investitionskostenzuwachs, kann der Gesamtgewinn nicht gehalten werden.
Eine **Kostensenkung** an anderer Stelle, z. B. in der Beschaffung oder der Fertigung der Modellreihe „City", könnte sowohl im **Fixkostenbereich** (z. B. betriebliche Zusatzleistungen für Mitarbeiter) als auch bei den **variablen Kosten** (z. B. Einsatz günstigerer Materialien oder weniger qualifizierter und daher schlechter bezahlter Mitarbeiter) der Modellreihe ansetzen. Das Risiko der Kostensenkung ist, dass dadurch z. B. die Motivation und Produktivität der Belegschaft oder auch die Qualität des Produktionsergebnisses beeinträchtigt werden, sodass der erwünschte Kostenvorteil nicht erreicht wird, weil längere Arbeitszeiten und/oder Kosten für Nachbesserung und durch Ausschuss entstehen.

Fazit: Es ist unwahrscheinlich, dass kurzfristig das Gesamtgewinnziel der Modellreihe gehalten werden kann. Sinnvoller wäre es, im Rahmen einer „Mischkalkulation" auch den Ertrag oder Kostensenkungspotenziale anderer Modellreihen bzw. des Gesamtunternehmens mit einzubeziehen. Darüber hinaus ist es Standard, dass Investitionskosten sich erst nach und nach amortisieren und bis dahin Abstriche beim Gesamtgewinn gemacht werden müssen.

Mögliche Punktverteilung:

1.1	1.2	2.1	2.2	2.3	3.1	3.2	3.3
8	8	6	8	6	8	8	8

Leistungskurs Wirtschaft/Recht: Abiturprüfung 2009
Fachgebiet Recht – Aufgabe IV

(Sämtliche Aufgaben sind, soweit möglich, unter Angabe der entsprechenden Normen des BGB zu bearbeiten.)

M 1

„Damit es gerecht zugeht, erhalten alle die gleiche Aufgabe: Klettern Sie auf diesen Baum!"

M 2 Art. 53 Bayerisches Gesetz über das Erziehungs- und Unterrichtswesen (BayEUG): Vorrücken und Wiederholen

(1) In die nächsthöhere Jahrgangsstufe rücken Schülerinnen und Schüler vor, die während des laufenden Schuljahres oder des sonstigen Ausbildungsabschnitts die erforderlichen Leistungsnachweise erbracht und dabei den Anforderungen genügt haben.

(2) Schülerinnen und Schüler, die die Erlaubnis zum Vorrücken nicht erhalten haben, können die bisher besuchte Jahrgangsstufe derselben Schulart wiederholen.

(3) [1]Das Wiederholen ist nicht zulässig für Schülerinnen und Schüler, die
1. dieselbe Jahrgangsstufe zum zweiten Mal wiederholen müssten,
2. nach Wiederholung einer Jahrgangsstufe auch die nächstfolgende wiederholen müssten. [...]

(4) [...]

(5) [1]Von den Folgen nach Absatz 3 kann die Lehrerkonferenz befreien, wenn zuverlässig anzunehmen ist, dass die Ursache des Misserfolgs nicht in mangelnder Eignung oder schuldhaftem Verhalten der Schülerin oder des Schülers gelegen ist. [...]

1.1 Interpretieren Sie die Karikatur im Hinblick auf die zugrunde liegende Gerechtigkeitsproblematik! Stellen Sie dar, inwiefern in Art. 53 BayEUG (M 2) eine andere Gerechtigkeitsvorstellung verwirklicht ist!

1.2 Zeigen Sie an jeweils einem Beispiel, wie der Gesetzgeber versucht, im Bereich der Geschäfts- und Deliktsfähigkeit von Minderjährigen einen gerechten Ausgleich von Interessenskonflikten herbeizuführen!

M 3 Anfrage in einem Internetforum

Hallo,

als begeisterter Sammler von Musikinstrumenten habe ich neulich ein einzigartiges Exemplar des Saxophons „Tonemaster 66" aus dem Jahr 1952 im Internet entdeckt, angeboten von einem gewissen Markus Kant. Am 12. 04. 2009 habe ich dieses Instrument zum Preis von 4 700 € erworben. Eigentlich sollte ich das Instrument selbst in Würzburg abholen, da mir aber der Weg aus München zu weit war, vereinbarten wir die Zusendung zu mir nach Hause auf meine Kosten. Allerdings wurde der LKW der als äußerst zuverlässig geltenden Spedition während des Transports am 15. 04. 2009 ohne eigenes Verschulden in einen Unfall verwickelt. Dabei wurde das Saxophon vollständig zerstört. Hr. Kant verlangt nun trotzdem 4 700 € von mir. Ich finde das äußerst ungerecht. Deshalb wäre ich nur bereit zu zahlen, wenn er mir ein vergleichbares Instrument beschaffen könnte – schließlich habe ich ja nichts mit dem Unfall zu tun! Außerdem vermute ich, dass Kant das Instrument – wie meist üblich – versichern ließ.

Folgende Fragen habe ich daher an Euch:

a) Kann ich von Kant verlangen, dass er mir ein vergleichbares Instrument besorgt?
b) Bin ich verpflichtet, das Saxophon zu bezahlen?
c) Ändert sich etwas für mich, wenn Kant das Saxophon im Rahmen einer unternehmerischen Tätigkeit verkauft hat?
d) Spielt es für mich eine Rolle, ob Kant für das zerstörte Saxophon eine Versicherungsleistung erhält bzw. anderweitig Schadenersatz erlangt?

Ich wäre dankbar, wenn mir jemand helfen könnte!

Vorab herzlichen Dank, Sven Schmitt

2 Verfassen Sie einen Beitrag für das Forum, in welchem Sie die von Sven Schmitt gestellten Fragen (M 3) juristisch fundiert beantworten!

M 4

M 5 Rechtskommentar zu § 832 BGB

„Der Aufsichtsbedürftige ist zu beobachten, zu belehren und aufzuklären, zu leiten, auf sein Verhalten ist Einfluss zu nehmen. Bei Kindern bestimmt sich das Maß der gebotenen Aufsicht nach Alter, Eigenart und Charakter, nach der Voraussehbarkeit des schädigenden Verhaltens sowie danach, was verständige Eltern nach vernünftigen Anforderungen in der konkreten Situation an erforderlichen und zumutbaren Maßnahmen treffen müssen, um Schädigungen Dritter durch ihr Kind zu verhindern, (…).“

Quelle: Bassenge, Peter, Otto Palandt: Palandt, Bürgerliches Gesetzbuch, Beck'sche Kurzkommentare, C. H. Beck, München, 2003, für Prüfungszwecke bearbeitet

3.1 Prüfen Sie, ob Herr Schmitt von Andrea Schadensersatz verlangen kann (M 4)!

3.2 Diskutieren Sie unter Einbeziehung von M 5, ob Schmitt einen Anspruch auf Ersatz der Reparaturkosten gegen die aufsichtspflichtige Tanzlehrerin, Frau Eigner, geltend machen kann!

3.3 Ändern Sie den in M 4 dargestellten Sachverhalt so ab, dass ein Anspruch von Herrn Schmitt gegen Andrea auf Schadensersatz nach § 829 BGB in Betracht kommen könnte!

Vorgegebene Bewertungseinheiten:

Frage	1	2	3
BE	14	22	24

Lösungsvorschlag

Alle Paragrafenangaben beziehen sich – soweit nicht anders vermerkt – auf das BGB.

1.1 *Eine Karikaturinterpretation beinhaltet die Beschreibung der relevanten Bild- und Textelemente, die Bedeutungszuordnung und schließlich die Interpretation dessen, was der Karikaturist kritisieren will (vgl. auch Karikaturinterpretation im Methodenkapitel). Hier soll die Interpretation gezielt mit Bezug zum Thema „Gerechtigkeit" erfolgen. Anschließend ist ein Vergleich mit dem Gerechtigkeitsbegriff aus M 2 durchzuführen.*

Die Karikatur zeigt einen Mann, der Kleidung nach ggf. ein Personalchef, der einer Gruppe von Tieren verschiedenster Spezies mit unterschiedlichen physischen Voraussetzungen und Fortbewegungsarten (klettern, schwimmen, kriechen, fliegen, robben, laufen) den Auftrag gibt, auf den Baum rechts im Bild zu klettern. Der Aussage des Mannes zufolge „erhalten alle die gleiche Aufgabe", „damit es gerecht zugeht".
Der Karikaturist kritisiert mit seiner Darstellung die unzulässige Gleichsetzung von „**Gerechtigkeit**" mit „**Gleichheit**" im Sinne eines absoluten Gerechtigkeitsbegriffs (*idem ius omnibus*). Bloße Gleichbehandlung verschiedener Betroffener in gleichen Situationen führt aber nicht automatisch zu Gerechtigkeit, da die individuellen Besonderheiten der einzelnen Betroffenen damit völlig ausgeblendet werden. In der Karikatur wird das dadurch deutlich, dass für den Vogel und den Affen die Aufgabenstellung leicht zu bewältigen ist und die Schnecke eine Chance hat, der Elefant aber allenfalls den Baum umwerfen könnte, während der Fisch und die Robbe völlig chancenlos sind. Im Umkehrschluss will die Karikatur hervorheben, dass Gerechtigkeit immer auch etwas Relatives und Subjektives ist. Der Gerechtigkeitsbegriff muss daher zweidimensional als eine Kombination bzw. Abwägung von „Gleichheit" und „**Billigkeit**" gesehen werden. Billigkeit bezeichnet die auf den Einzelfall abgestellte Bewertung der Gerechtigkeit, also eine Art „Situationsrecht". Der Maßstab ist dabei nicht die Gleichbehandlung, sondern die Angemessenheit für den Einzelnen in der konkreten Situation. Beurteilt man die einheitliche Aufgabe für die verschiedenen Tiere vor diesem Hintergrund, ist sofort augenscheinlich, dass die Aufgabenstellung zwar „gleich", aber alles andere als „gerecht" ist, da die individuellen physischen und motorischen Voraussetzungen der Tiere nicht berücksichtigt wurden.

In Art. 53 BayEUG wird beiden Ebenen des Gerechtigkeitsbegriffs Rechnung getragen. Einerseits ist der **Gleichheitsgrundsatz** gegeben, da laut Absatz 1 einheitlich nur diejenigen Schüler vorrücken dürfen, die „die erforderlichen Leistungsnachweise erbracht und dabei den Anforderungen genügt haben" (Z. 2 f.) und alle anderen „die bisher besuchte Jahrgangsstufe derselben Schulart wiederholen" (Z. 5) müssen. Andererseits wird der Aspekt der **Billigkeit** in zweifacher Weise berücksichtigt: Zum einen werden Schüler, die bereits zum zweiten Mal innerhalb von zwei Jahrgangsstufen das Klassenziel nicht erreichen, von der Wiederholung ausgeschlossen (Absatz 3), da es unbillig wäre, jemandem unbegrenzt die Möglichkeit zur Wiederholung zu geben. Zum anderen besteht die Möglichkeit einer Befreiung von diesem Wiederholungsverbot für besondere Fälle, bei denen „zuverlässig anzunehmen ist, dass die Ursache des Misserfolgs nicht in mangelnder Eignung oder schuldhaftem Verhalten der Schülerin oder des Schülers gelegen ist" (Z. 11 ff.) (Absatz 5). Erreicht z. B. ein Schüler wegen einer längeren Erkrankung das Klassenziel innerhalb von zwei Jahrgangsstufen zum zweiten Mal nicht, kann ihm die Lehrerkonferenz trotzdem die Erlaubnis zum Vorrücken erteilen. Das BayEUG ermöglicht also eine auf die konkrete Situation ausgerichtete, angemessene Lösung und trägt so dem Grundsatz der Billigkeit Rechnung.

1.2 *Neben der Beschreibung des latenten Interessenkonflikts im Minderjährigenrecht sind an je einem selbst formulierten, konkreten Beispiel die Regelungen zum Interessenausgleich zwischen Minderjährigen und den anderen Beteiligten zu beschreiben.*

Die Regelungen zur **Geschäftsfähigkeit** wie auch zur **Deliktsfähigkeit** Minderjähriger stellen grundsätzlich auf das **Alter** und die **Reife** des Minderjährigen ab. Wo altersbedingt keine volle Reife in wirtschaftlichen Angelegenheiten oder auch in der Einsicht in schädigendes Verhalten vorliegt, dienen die gesetzlichen Regelungen dem **Schutz** des Minderjährigen, auch wenn damit berechtigte **Interessen** der anderen Beteiligten beschnitten werden.

Beispiel zur Geschäftsfähigkeit: Schließt ein beschränkt Geschäftsfähiger einen Kaufvertrag ohne Einwilligung seiner Eltern und außerhalb der Sonderregelungen der §§ 107, 110, 112, 113 ab, so ist das Rechtsgeschäft zunächst schwebend unwirksam. Das Gleiche gilt für die Übereignung des Geldes bei der Bezahlung des Kaufpreises. Allerdings ist die Übereignung der gekauften Sache aufgrund von § 107 (lediglich rechtlicher Vorteil) in der Regel rechtswirksam. Genehmigen die Eltern das Geschäft im Nachhinein nicht, steht der Verkäufer vor der Situation, dass der Kaufvertrag nichtig ist und der Minderjährige auch einen Herausgabeanspruch auf das bezahlte Geld (§ 985) hat, da er nach wie vor Eigentümer ist. Das Eigentum an der Ware hat der Verkäufer allerdings verloren. Um hier einen **Interessenausgleich** zu erreichen, gibt der Gesetzgeber dem Verkäufer die Möglichkeit, über § 812 die Kaufsache vom Minderjährigen herauszufordern. Allerdings überwiegt auch in einem solchen Fall das **Schutzinteresse** des Minderjährigen, wenn beispielsweise die Sache bereits abgenutzt oder verbraucht wurde. Dieses **Risiko** trägt grundsätzlich der Verkäufer, wenn er wissentlich Geschäfte mit Minderjährigen abschließt. Um hier wieder einen gewissen Interessenausgleich zu schaffen, gewährt der Gesetzgeber dem Verkäufer allerdings ein Widerrufsrecht, wenn er erst nach dem Geschäft erfährt, dass der Käufer minderjährig ist (§ 109 I), oder wenn der Minderjährige dem gutgläubigen Verkäufer gegenüber wahrheitswidrig behauptet hat, er hätte die Einwilligung seines gesetzlichen Vertreters zu dem Geschäft (§ 109 II).

Andere Lösungen mit Schwerpunkt auf Ratenzahlung, „Taschengeldparagraf" o. Ä. sind denkbar.

Beispiel zur Deliktsfähigkeit: Schädigt ein beschränkt Deliktsfähiger einen anderen durch eine unerlaubte Handlung, so wird der Minderjährige durch den § 828 II und III in vielerlei Hinsicht vor der Verantwortlichkeit und damit der Schadensersatzpflicht aus § 823 geschützt. Das grundsätzlich berechtigte Interesse des Geschädigten auf Schadensersatz wird damit ausgeschlossen. Dies gilt z. B. für Unfälle im Straßenverkehr bei Minderjährigen bis einschließlich 10 Jahren. Hier wird dem **Schutzinteresse** des Kindes Vorrang gegeben, da es erwiesenermaßen die Gefahren des Straßenverkehrs noch nicht voll einschätzen kann, aber andererseits auch nicht vollkommen von der Teilnahme am Straßenverkehr auch ohne Aufsichtsperson ausgeschlossen werden kann (z. B. Schulweg). Ab 11 Jahren ist ein Minderjähriger für schuldhaft und widerrechtlich verursachte Schäden bei einem Straßenverkehrsunfall allerdings verantwortlich, wenn man zusätzlich davon ausgehen kann, dass der Minderjährige **Einsicht** in die Folgen der schädigenden Handlung hatte oder haben musste. Das Gleiche gilt außerhalb des Straßenverkehrs bereits ab 7 Jahren. In solchen Fällen, in denen Minderjährige also ganz bewusst einem anderen Schaden zufügen oder zumindest billigend in Kauf nehmen, wird ihr Schutzinteresse zweitrangig gegenüber dem **Interesse des Geschädigten**. Es wird also immer von der altersgemäßen Wahrnehmungs- und Einsichtsfähigkeit abhängig abgewogen, wessen Interesse Vorrang gegeben wird.

Andere Lösungen, auch z. B. mit Schwerpunkt auf Aufsichtspflicht o. Ä., sind denkbar.

2 *Die Lösung soll einerseits in der Formulierung dem Eintrag in einem Forum entsprechen und andererseits juristisch fundiert sein, d. h., sie ist mithilfe der entsprechenden Rechtsnormen aus dem BGB zu begründen.*

Hallo Sven, ich versuche im Folgenden, dir juristisch fundiert Rat aus dem BGB zu geben. Habe allerdings Verständnis dafür, dass ich als Laie keine rechtsverbindlichen Aussagen machen kann.

zu a) Kann ich von Kant verlangen, dass er mir ein vergleichbares Instrument besorgt?
Eine Ersatzlieferung als Nacherfüllung (§ 439 I) kannst du immer nur dann verlangen, wenn es sich um eine **Gattungsschuld** handelt, d. h., wenn es von der Ware noch weitere identische Stücke gibt. Da es sich bei dem Saxophon um ein gebrauchtes Instrument handelte, liegt eine **Stückschuld** vor, bei der keine Ersatzlieferung möglich und diese daher ausgeschlossen ist. Mit der Zerstörung des Saxophons wurde die Leistung im Nachhinein **objektiv unmöglich** und der Verkäufer damit von seiner Leistungspflicht frei (§ 275 I).

zu b) Bin ich verpflichtet, das Saxophon zu bezahlen?
Das kommt ganz darauf an, ob ein **Verbrauchsgüterkauf** vorliegt oder nicht. Falls dieser „Markus Kant" ein Unternehmer (§ 14) ist und du als Sammler das Saxophon nur für private Zwecke, also als Verbraucher (§ 13), kaufen wolltest, handelt es sich um einen Verbrauchsgüterkauf, d. h., die Gefahr der zufälligen (unverschuldeten) Zerstörung des Saxophons (§ 446) und damit auch die **Preisgefahr** (bezüglich der Verpflichtung zur Bezahlung gemäß § 433) geht erst dann auf dich über, wenn die Ware an dich ausgehändigt wird. Die Zeit des Transports liegt im Risikobereich des Verkäufers, weil § 447 I zum Versendungskauf für einen Verbrauchsgüterkauf nicht anwendbar ist (§ 474 II). Durch die Zerstörung des Saxophons und die daraus resultierende Unmöglichkeit der Leistung (vgl. a) wirst du von deiner **Zahlungspflicht** frei (§§ 275 I, 326 I).
Ist Herr Kant allerdings Privatmann, handelt es sich nicht um einen Verbrauchsgüterkauf, sodass § 447 I anwendbar wäre, weil du ausdrücklich gewünscht hast, dass das Saxophon an dich geliefert wird. Damit hätte das Risiko der Zerstörung des Saxophons bei dir gelegen, sodass du auch weiterhin zur Bezahlung des Kaufpreises verpflichtet bleibst, da Kant mit der Übergabe des Saxophons an die „als äußerst zuverlässig geltende" Spedition seine Leistungspflicht bereits erfüllt hatte.

zu c) Ändert sich etwas für mich, wenn Kant das Saxophon im Rahmen einer unternehmerischen Tätigkeit verkauft hat?
Siehe erster Teil meiner Antwort zu b): Wenn du als Privatmann und Verbraucher gekauft hast und daher ein Verbrauchsgüterkauf vorlag, wirst du von der Zahlungspflicht frei. Weitere Änderungen könnten sich ergeben, sofern ein **Fernabsatzgeschäft** als Sonderform des Verbrauchsgüterkaufs (gleiche Voraussetzungen!) vorliegt. Da der gesamte Geschäftsabschluss über Telekommunikationsmittel stattgefunden hat, trifft dies wohl zu (§ 312 b). Dann hättest du außerdem ein **Widerrufsrecht** innerhalb einer Frist von 14 Tagen oder ggf. auch länger (§ 312 d i. V. m. § 355) und würdest auch so von deiner Pflicht zur Bezahlung frei. Im Endergebnis bleibt das für dich aber erst einmal gleich.

zu d) Spielt es für mich eine Rolle, ob Kant für das zerstörte Saxophon eine Versicherungsleistung erhält bzw. anderweitig Schadensersatz erlangt?
Das spielt für dich dann eine Rolle, wenn du wie im zweiten Teil der Antwort zu a) zur Bezahlung weiter verpflichtet bist oder wenn Kant eine höhere Summe erhält, als du zahlen musst. In beiden Fällen kannst du gemäß §§ 275 IV, 285 I die **Ersatzleistung** der Versicherung oder des Schadensverursachers fordern und musst den Kaufpreis an Kant bezahlen.

3.1 *Der Operator „prüfen" verlangt eine exakte Normenanalyse und Subsumtion. Die Fragestellung bezieht sich eindeutig auf eine Haftung von Andrea, nicht ihrer Eltern.*

Zu prüfen ist, ob Herr Schmitt gegen Andrea wegen unerlaubter Handlung gemäß §§ 823, 828 Schadensersatz für den Schaden an dem Saxophon verlangen kann.

Prüfung § 823:
- **Rechtsgutverletzung:** Das Eigentum eines anderen wird verletzt: Das Saxophon von Herrn Schmitt erleidet einen Schaden an der Mechanik.
- **Verletzungshandlung:** Infrage kommen Tun oder Unterlassen. Andrea nimmt trotz des Verbots der Tanzlehrerin das Saxophon in die Hand und lässt es dann fallen.
- **Widerrechtlichkeit:** Andrea hat keine Rechtfertigungsgründe wie z. B. Notwehr oder Selbsthilfe dafür, dass sie die Anweisung der Tanzlehrerin missachtet hat.
- **Verschulden:** Infrage kommen Vorsatz oder Fahrlässigkeit: Andrea hat das Saxophon zumindest nicht mit der erforderlichen Sorgfalt behandelt, sodass Fahrlässigkeit angenommen werden kann (§ 276 I, II). Die Anweisung der Tanzlehrerin missachtet sie sogar absichtlich, also vorsätzlich (§ 276 I).
- **Schaden mit Kausalzusammenhang:** Das Saxophon wurde nur beschädigt, weil Andrea es fallen gelassen hat. Die Beschädigung verursacht die geschätzten Reparaturkosten von ca. 250 Euro.

Zwischenergebnis: Gemäß § 823 I könnte Herr Schmitt den Ersatz des entstandenen Schadens von Andrea verlangen. Da Andrea minderjährig ist, ist aber zusätzlich der § 828 zu prüfen.

Prüfung § 828:
Andrea ist 10 und daher beschränkt deliktsfähig gemäß § 828 III (Absatz I und II greifen nicht, da Andrea nicht unter 7 ist und es sich nicht um einen Unfall im Straßenverkehr handelt).
Es kann davon ausgegangen werden, dass eine Zehnjährige die Bedeutung eines ausdrücklichen Verbots kennt und auch weiß, dass Musikinstrumente mit besonderer Vorsicht zu behandeln sind. Darüber hinaus muss ihr klar sein, dass sie nicht einfach das Instrument eines Berufsmusikers ohne Erlaubnis nehmen darf. Daher ist anzunehmen, dass Andrea, als sie das Saxophon nahm und dann versehentlich fallen ließ, durchaus die Einsicht in die möglichen negativen Folgen hatte und wegen des ausdrücklichen Verbots auch in das Unrecht ihrer Handlung.

Rechtsfolge:
Da alle Tatbestandsmerkmale der §§ 823, 828 III erfüllt sind, muss Andrea Schadensersatz an Herrn Schmitt leisten. Die Höhe des Schadensersatzes bemisst sich nach §§ 249 ff., d. h. im vorliegenden Fall der Betrag der Reparaturkosten von ca. 250 Euro.

3.2 *Der Operator „diskutieren" verlangt Pro- und Kontra-Argumente und ein abschließendes Fazit. Dabei sind die Fallbeschreibung (M 4) und der Inhalt des Rechtskommentars (M 5) einzubeziehen.*

Der Rechtskommentar M 5 besagt, dass vom Aufsichtspflichtigen „der Aufsichtsbedürftige […] zu beobachten, zu belehren und aufzuklären, zu leiten, [und] auf sein Verhalten […] Einfluss zu nehmen" ist (Z. 1 f.). Das ausdrückliche Verbot „etwas zu berühren" (M 4) durch die Tanzlehrerin spricht dafür, dass sie diese Vorgaben erfüllt hat. Allerdings könnte man auch argumentieren, dass ein rein verbales Verbot in einem derart sensiblen Umfeld und bei einer Exkursion mit einer ganzen Tanzgruppe nicht ausreichend ist, sondern dass die Tanzlehrerin darüber hinaus aktiv auf das Verhalten von Andrea hätte Einfluss nehmen müssen, indem sie die Gruppe permanent beobachtet und ggf. eingegriffen hätte.

Ein zweiter Aspekt in M 5 ist „das Maß der gebotenen Aufsicht nach Alter, Eigenart und Charakter [der Kinder und] nach der Voraussehbarkeit des schädigenden Verhaltens" (Z. 2 ff.). Der Dialog in M 4 gibt keinen Aufschluss über Andreas generelles Verhalten. Bei sonst unauffälligen Zehnjährigen könnte man durchaus ein ausdrückliches Verbot als angemessen betrachten. Dass Frau Eigner bereits vorab ein ausdrückliches Verbot ausgesprochen hat, könnte allerdings den Schluss zulassen, dass ihr bewusst war, dass mit unerwünschtem Verhalten zu rechnen war, sodass ein rein verbales Verbot das Alter, die Eigenart und/oder den Charakter der Gruppenmitglieder zu wenig berücksichtigt hat. Eine darüber hinausgehende aktive Aufsicht wäre „erforderlich" und „zumutbar" (M 5, Z. 5) gewesen.

Fazit: Je nachdem, ob die Tanzgruppe oder speziell Andrea bisher unauffällig waren oder ob die Tanzlehrerin bereits wusste, dass das Verhalten kritisch sein kann, wird man einen Schadensersatzanspruch ablehnen oder anerkennen.

Je nach Argumentation kann das Fazit auch anders ausfallen.

3.2 *Auf Basis des Falls in M 4 muss selbst ein Sachverhalt formuliert werden, der die Tatbestandsmerkmale des § 829 erfüllt, d. h., die Basis der Lösung muss eine Normenanalyse sein. Tatbestandsmerkmale des § 829 sind: Unerlaubte Handlung, z. B. nach § 823; keine Verantwortlichkeit, z. B. wegen § 828 I–III; keine Schadensersatzpflicht eines aufsichtspflichtigen Dritten; insbesondere materiell deutlich bessere Stellung des Schädigers im Vergleich zum Geschädigten; Schadensersatzhöhe, die die zum Lebensunterhalt notwendigen Mittel des Schädigers nicht übersteigt. Die Formulierung kann wieder in Dialogform erfolgen, dies wird aber nicht vorausgesetzt.*

Damit ein Schadensersatzanspruch gemäß § 829 angenommen werden kann, müssten gegenüber M 4 beispielsweise folgende Abänderungen vorgenommen werden:
- Andrea ist erst 6 Jahre alt und daher nicht deliktsfähig, d. h., sie kann für den Schaden am Saxophon gar nicht verantwortlich gemacht werden, obwohl eine unerlaubte Handlung gemäß § 823 vorliegt.
- Andrea war außerdem bisher noch nie negativ aufgefallen.
- Frau Eigner führte die ganze Zeit aktiv Aufsicht und hatte sogar noch eine weitere Begleitperson dabei. Andrea nutzte allerdings einen unbeobachteten Moment, der dadurch entstand, dass ein anderes Kind, dem übel war, sich übergeben musste und die ganze Aufmerksamkeit erforderte.
- Andrea ist finanziell sehr gut gestellt, da sie von ihren Großeltern ein ansehnliches Vermögen geerbt hat. Herr Schmitt dagegen hat als Aushilfsmusiker ein eher mageres und v. a. unregelmäßiges Einkommen.

Ergebnis: Da für Andrea ein Betrag von 250 Euro nicht der Rede wert ist, Herr Schmitt aber einerseits finanziell deutlich schlechter gestellt ist als Andrea und andererseits sein Instrument als Grundlage seiner Erwerbstätigkeit braucht, könnte man in dieser Konstellation davon ausgehen, dass gemäß § 829 aus Gründen der Billigkeit (siehe auch Aufgabe 1.1) eine Schadloshaltung des Herrn Schmitt gerechtfertigt wäre d. h., die ca. 250 Euro Reparaturkosten müssten aus Andreas Vermögen bezahlt werden.

Mögliche Punktverteilung:

1.1	1.2	2	3.1	3.2	3.3
8	6	22	12	6	6

Ihre Meinung ist uns wichtig!

Ihre Anregungen sind uns immer willkommen. Bitte informieren Sie uns mit diesem Schein über Ihre Verbesserungsvorschläge!

Titel-Nr.	Seite	Vorschlag

Bitte hier abtrennen

Bitte hier abtrennen

Zutreffendes bitte ankreuzen!

Die Absenderin/der Absender ist:

- ☐ Lehrer/in in den Klassenstufen: ______
- ☐ Fachbetreuer/in
  Fächer: ______
- ☐ Seminarlehrer/in
  Fächer: ______
- ☐ Regierungsfachberater/in
  Fächer: ______
- ☐ Oberstufenbetreuer/in
- ☐ Schulleiter/in
- ☐ Referendar/in, Termin 2. Staatsexamen: ______
- ☐ Leiter/in Lehrerbibliothek
- ☐ Leiter/in Schülerbibliothek
- ☐ Sekretariat
- ☐ Eltern
- ☐ Schüler/in, Klasse: ______
- ☐ Sonstiges: ______

Unterrichtsfächer: (Bei Lehrkräften!)

______

STARK Verlag
Postfach 1852
85318 Freising

19-VM9

Bitte ausfüllen und im frankierten Umschlag an uns einsenden. Für Fensterkuverts geeignet.

Kennen Sie Ihre Kundennummer? Bitte hier eintragen.

Absender (Bitte in Druckbuchstaben!)

Name/Vorname

Straße/Nr.

PLZ/Ort/Ortsteil

Telefon privat

Geburtsjahr

E-Mail

Schule/Schulstempel (Bitte immer angeben!)

(Bitte blättern Sie um)